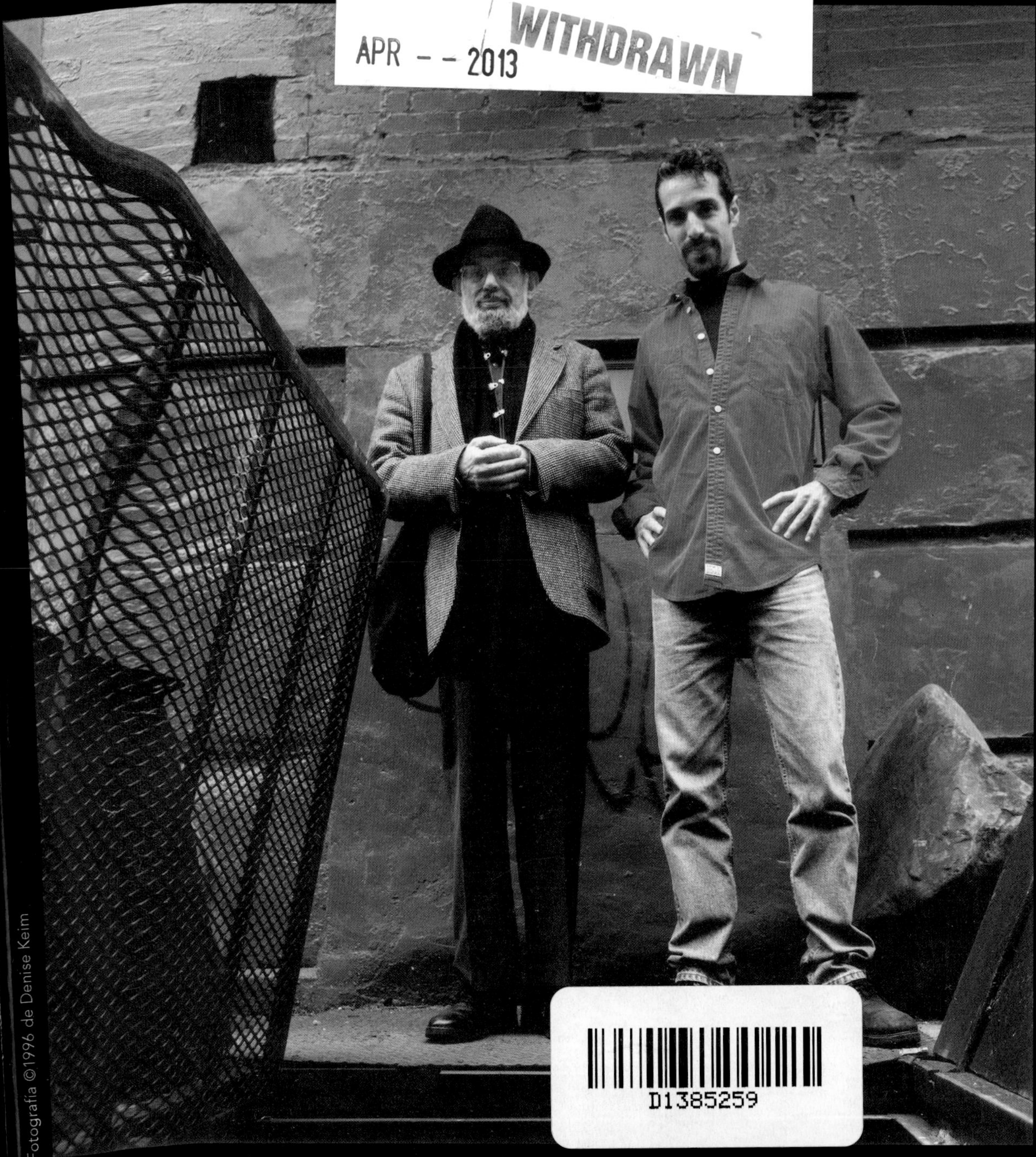

Fotografía ©1996 de Denise Keim

Allen Ginsberg y Eric Drooker en el Lower East Side de la ciudad de Nueva York, 1996.

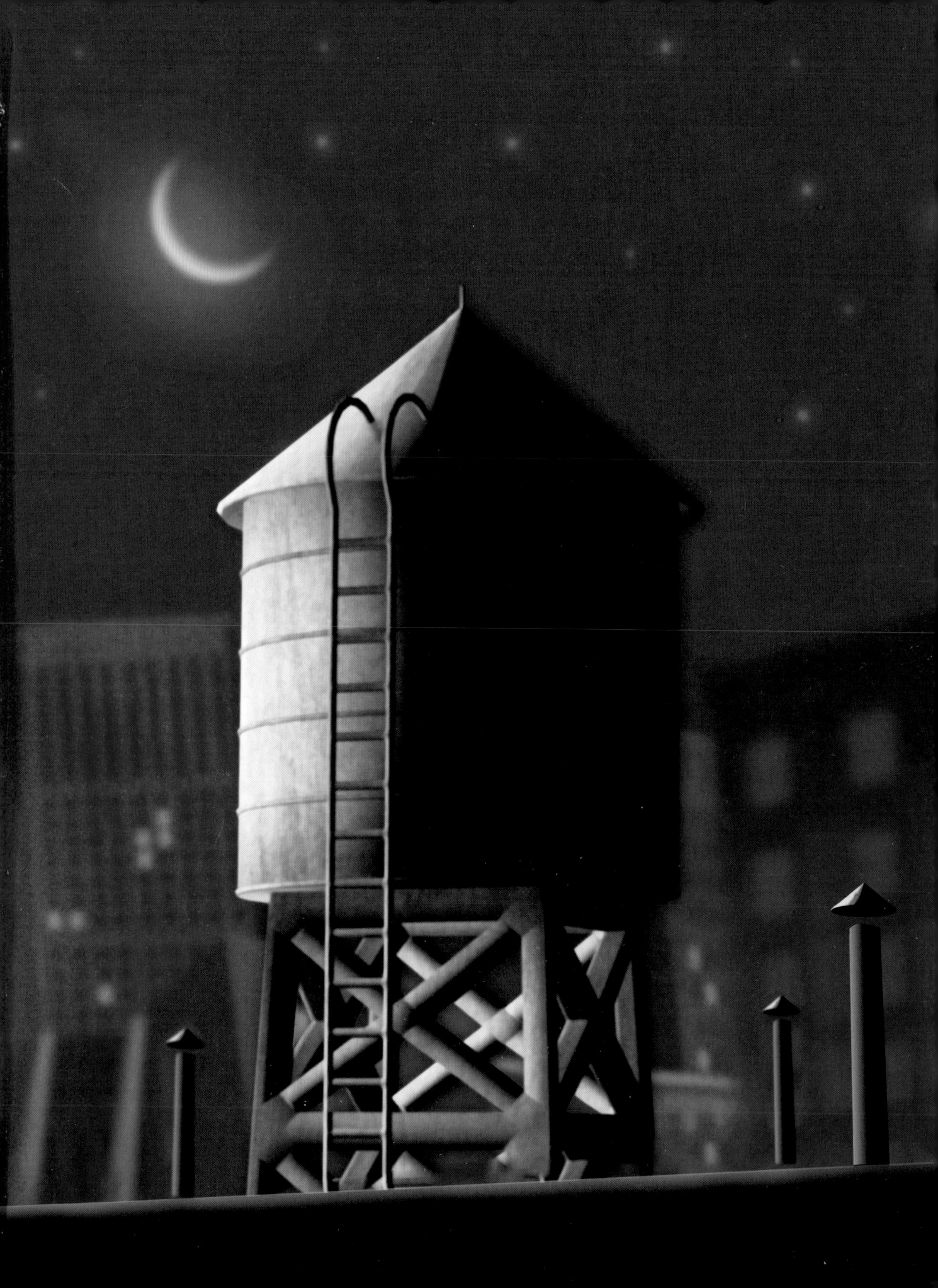

Oscilloscope Laboratories presents

A Werc Werk Works Production

in association with Telling Pictures and Rabbit Bandini Productions

A Rob Epstein/Jeffrey Friedman film

James Franco **Howl** David Strathairn Jon Hamm Bob Balaban

Alessandro Nivola Treat Williams with Mary-Louise Parker and Jeff Daniels

Casting by Bernie Telsey, CSA Music by Carter Burwell

Animation Designed by Eric Drooker Animation Producer John Hays Costume Designers Kurt and Bart

Production Designer Thérèse DePrez Editor Jake Pushinsky Director of Photography Ed Lachman, ASC

Based in part on *Howl and Other Poems* by Allen Ginsberg

Co-Producers Brian Benson Andrew Peterson Mark Steele

Executive Producers Gus Van Sant Jawal Nga Producers Rob Epstein Jeffrey Friedman

Producers Elizabeth Redleaf Christine Kunewa Walker

Written for the Screen and Directed by Rob Epstein & Jeffrey Friedman

WERC WERK WORKS   OSCILLOSCOPE   DOLBY DIGITAL In Selected Theatres

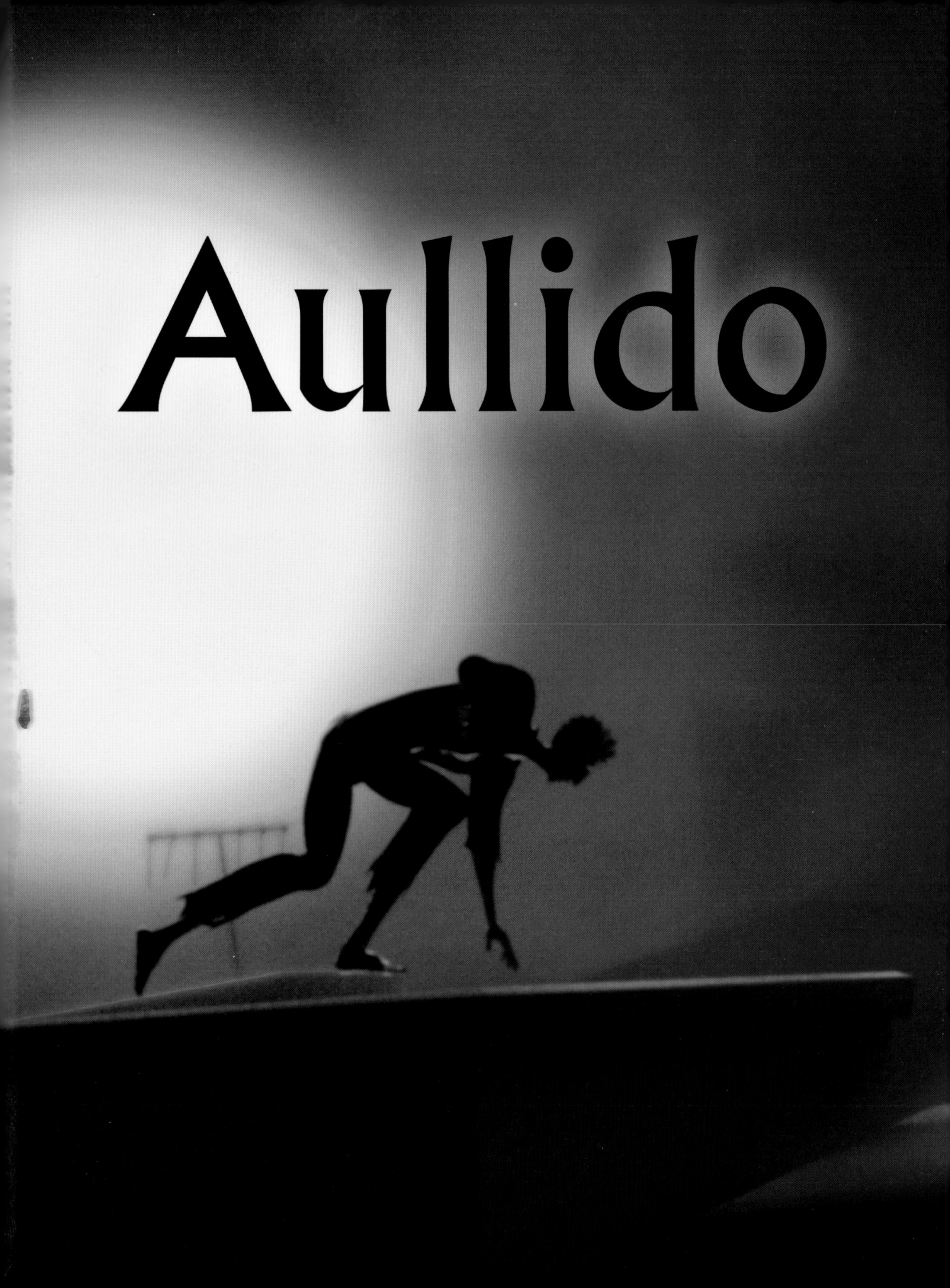
Aullido

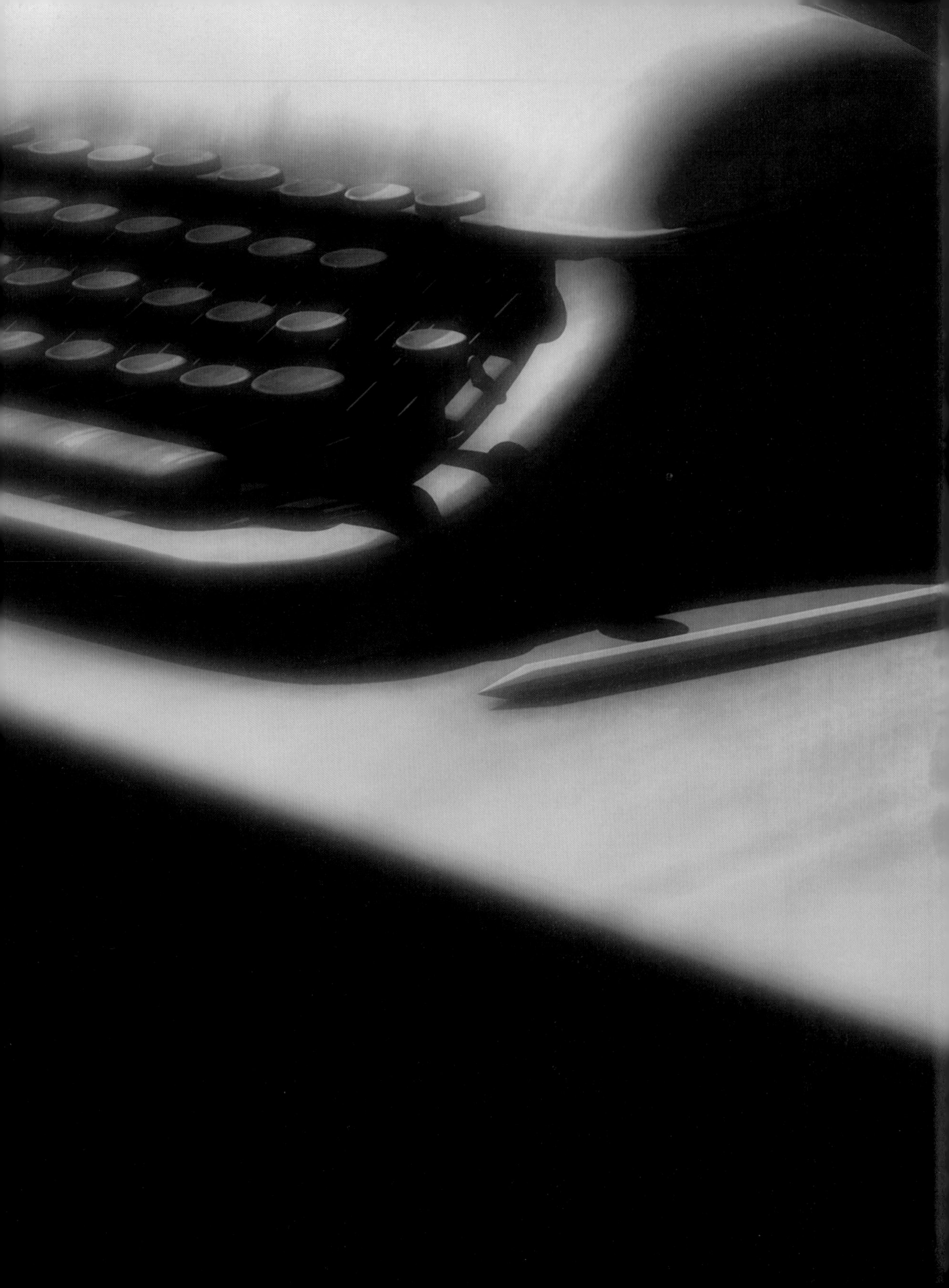

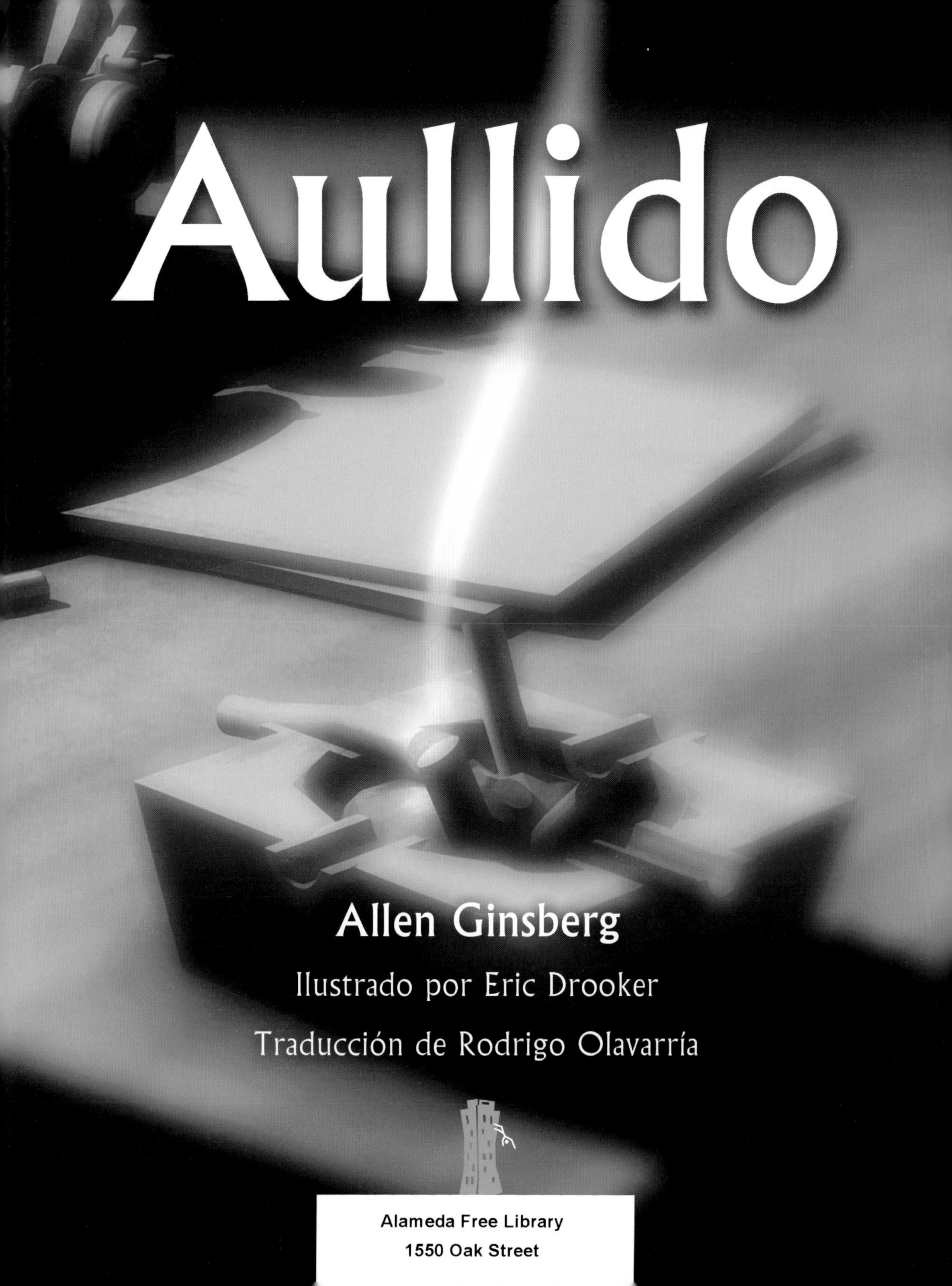

Aullido

Allen Ginsberg

Ilustrado por Eric Drooker

Traducción de Rodrigo Olavarría

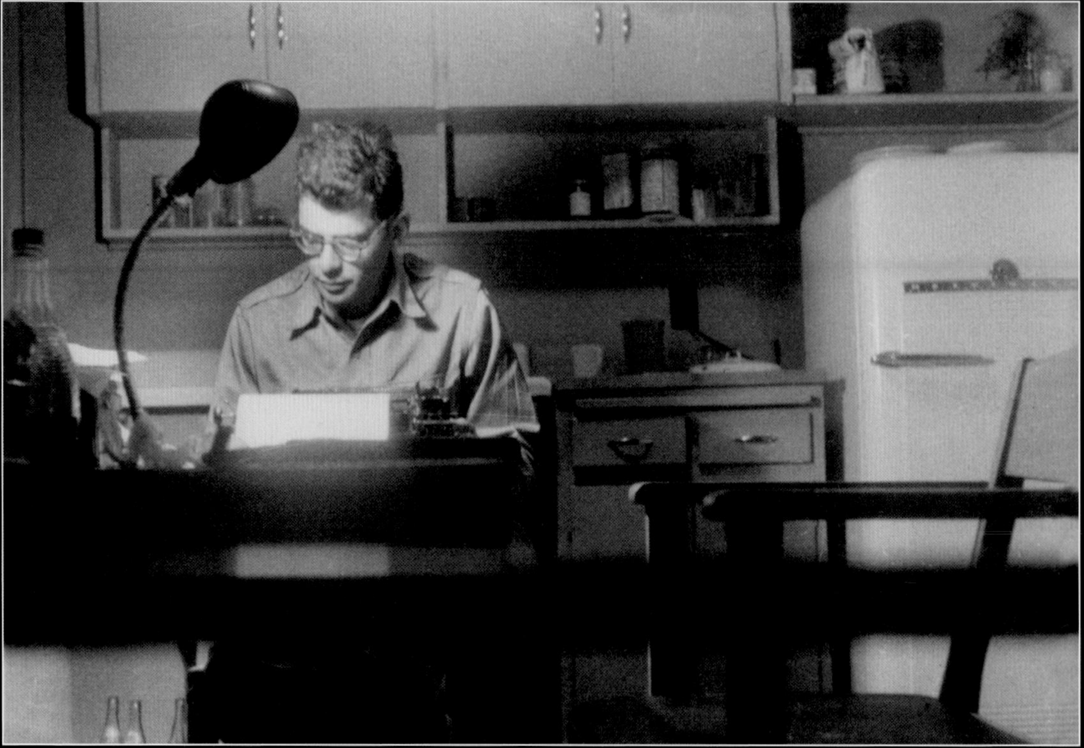

Allen Ginsberg mecanografiando el manuscrito de *Aullido*,1955.

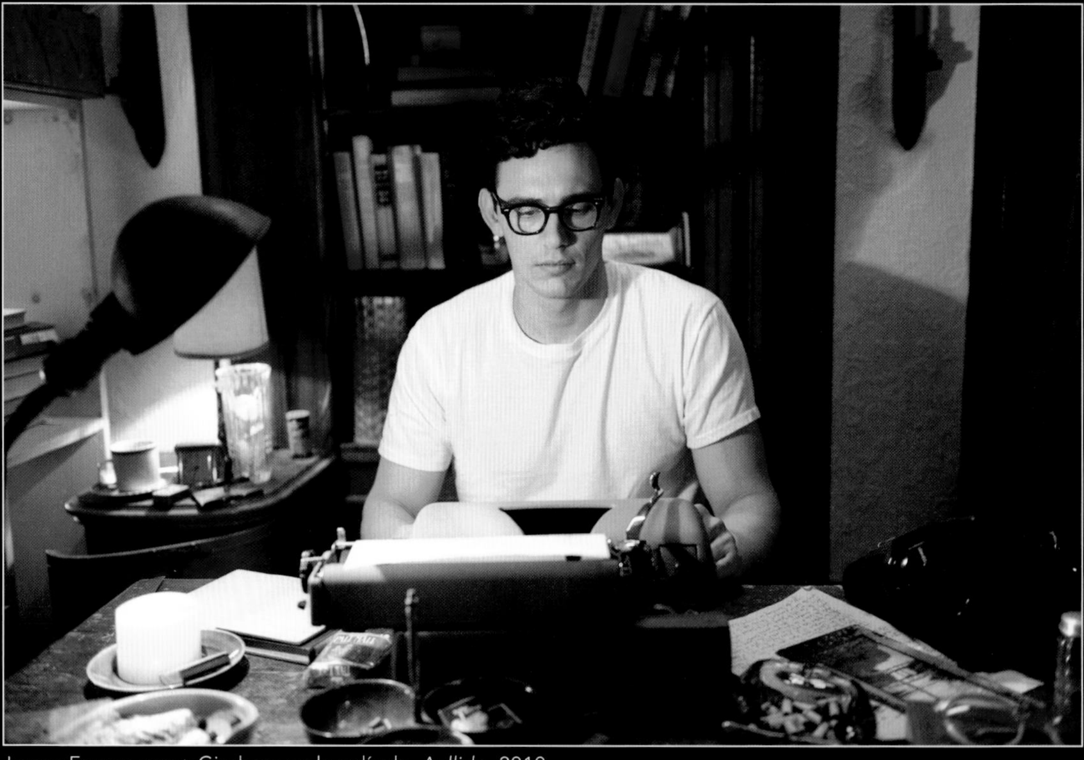

James Franco como Ginsberg en la película, *Aullido*, 2010.

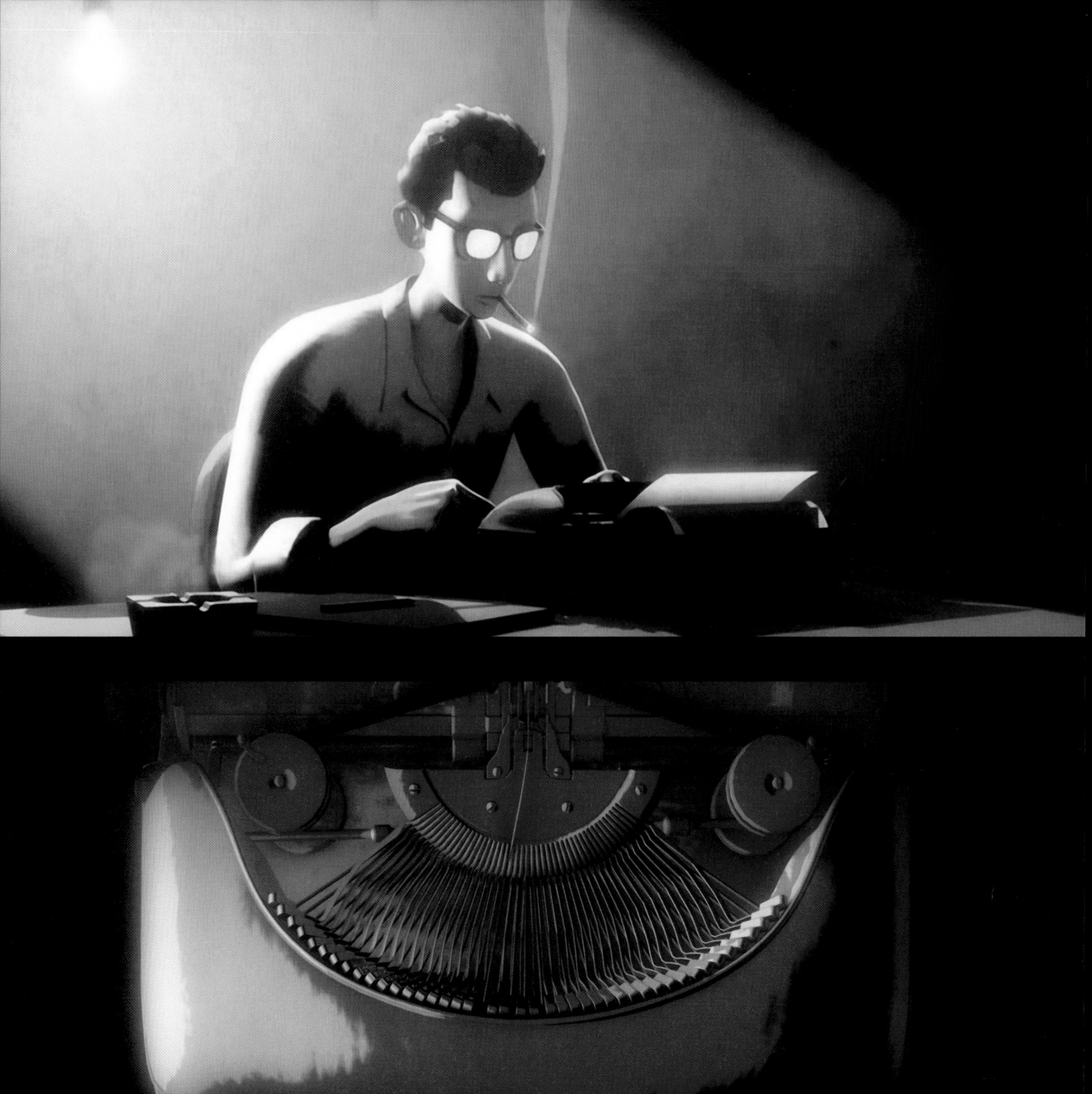

HOWL. A GRAPHIC NOVEL
HOWL © Copyright 1956, 2010, Allen Ginsberg, LLC.
Art Copyright © 2010, Erik Drooker
Introducction © Copyright 2010, Erik Drooker
All rights reserved

Primera edición en Sexto Piso: 2011

Copyright © Editorial Sexto Piso, S.A. de C.V., 2011
San Miguel # 36
Colonia Barrio San Lucas; Coyoacán, 04030; México D. F., México

Sexto Piso España, S. L.
c/ Monte Esquinza 13, 4.º Dcha.
28010, Madrid, España.

www.sextopiso.com

Las ilustraciones de este libro forman parte de la animación diseñada por Eric Drooker
para la película *Howl (Aullido)*.
Algunas de las imágenes de Eric Drooker se publicaron por primera vez como
portadas de *The New Yorker*.
Diseño de libro y cubierta de Eric Drooker.
www.Drooker.com

Gracias a Rob Epstein y Jeffrey Friedman, y a John Hays,
quienes estuvieron a cargo del proceso de animación.

El poema «Aullido» fue publicado por primera vez por City Lights Books en 1956.
Lea *Howl and Other Poems*, y *Howl on Trial: The Battle for Free Expression*,
publicado por City Lights Books. Cuando visite San Francisco, por favor pase por la librería
City Lights, «un punto de encuentro literario desde 1953».
www.citylights.com

Fotografía de la página 6: Allen Ginsberg mecanografiando el manuscrito de *Aullido*,
por Peter Orlovsky.

ISBN: 978-84-96867-99-4
Dep. legal: M-40783-2011

Impresión: Brizzolis, arte en gráficas
Impreso en España

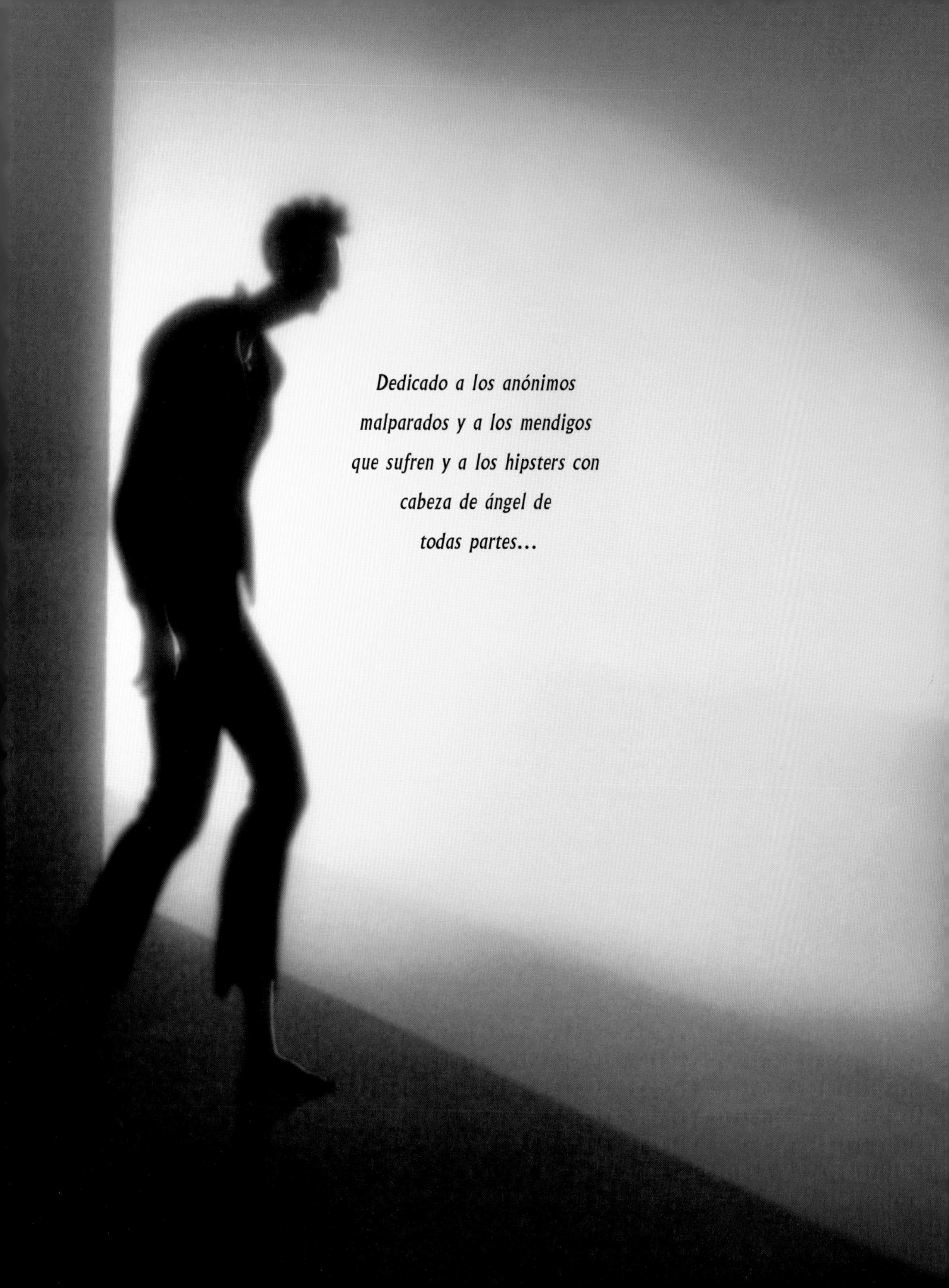

Dedicado a los anónimos
malparados y a los mendigos
que sufren y a los hipsters con
cabeza de ángel de
todas partes...

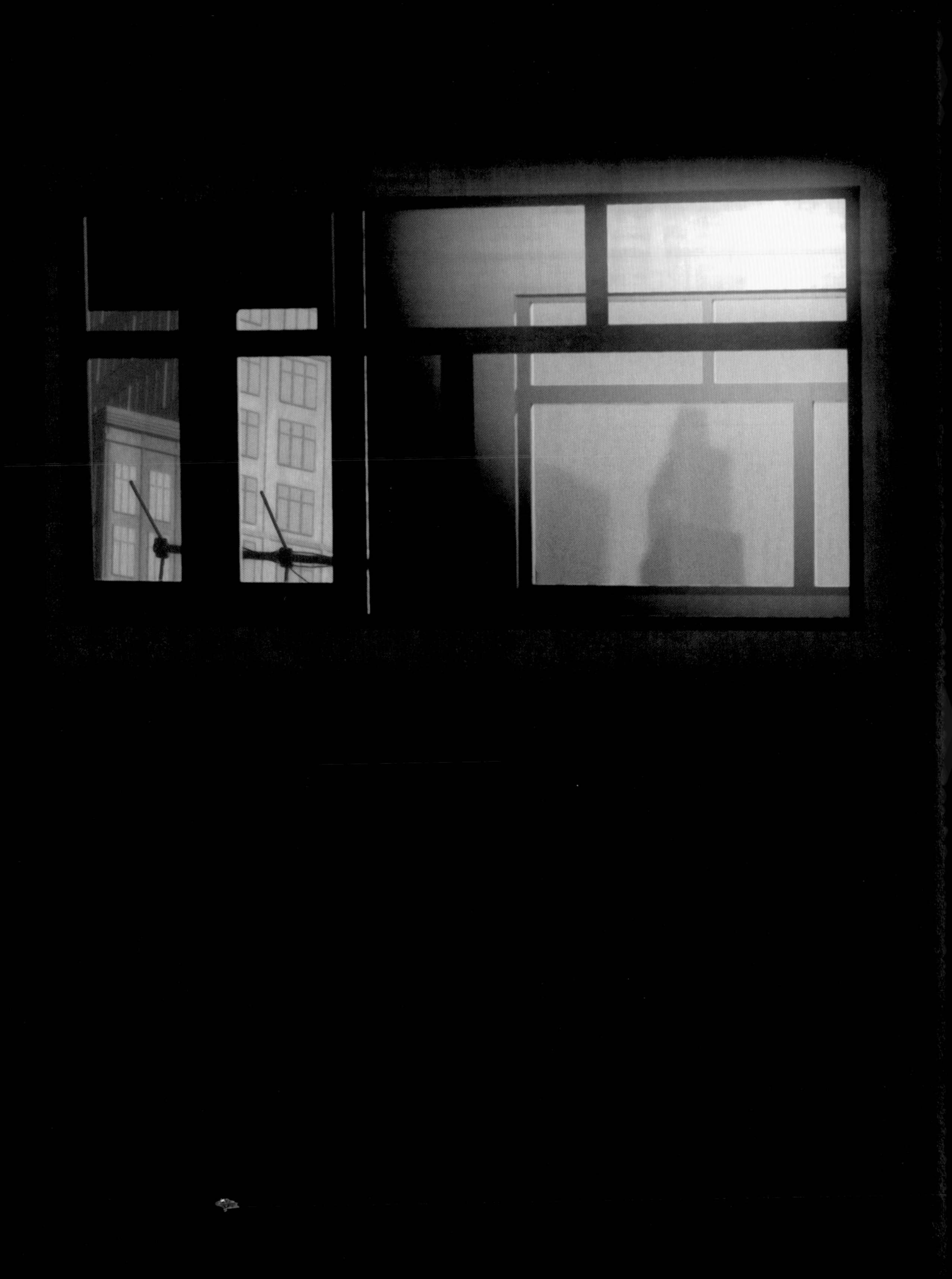

Índice

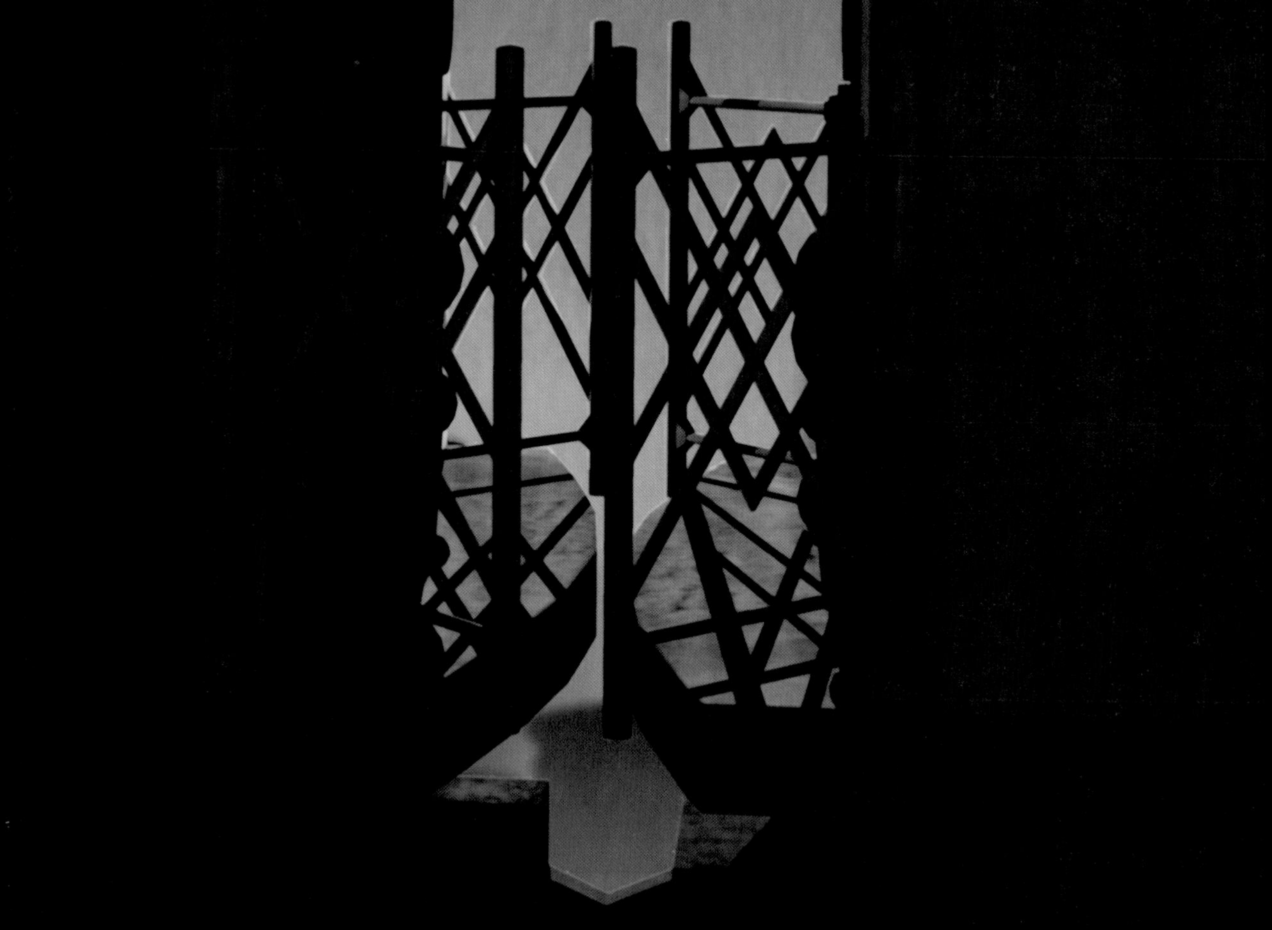

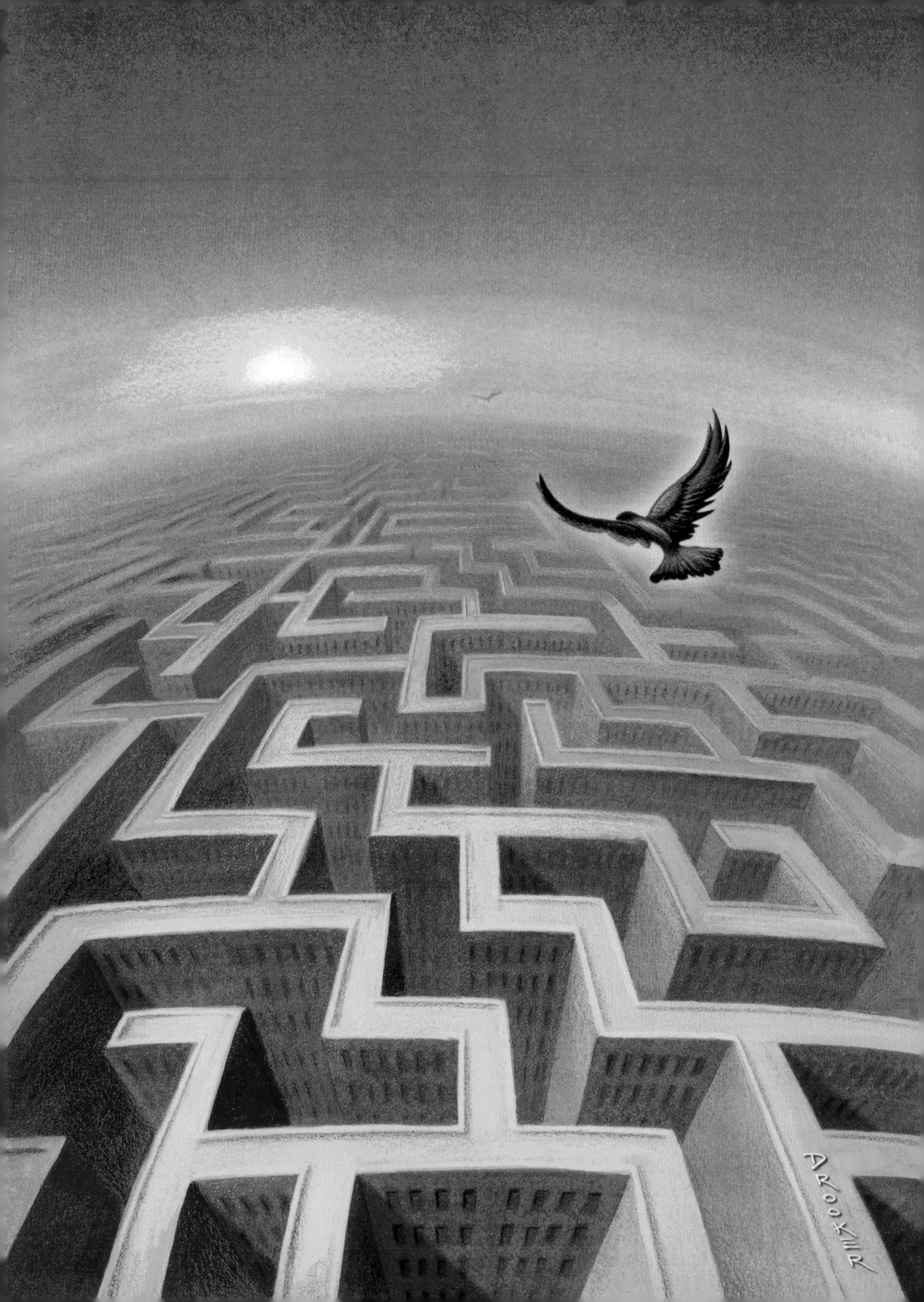
DROOKER

La primera vez que coincidí con Allen Ginsberg, una larga y cálida noche de verano de 988, las calles estaban furiosas. Los antidisturbios, a caballo, avanzaban lentamente hacia nosotros, imponiendo un toque de queda a medianoche, pero la estridente multitud se resistía a abandonar Tompkins Square Park —un refugio para punks, personas sin hogar ocupas, artistas y otra escoria que había estado «manteniendo bajos los precios de los nmuebles» en el Lower East Side de Manhattan. Cuando la policía cargó, blandiendo sus porras, nos perdimos entre la multitud.

Cuando me encontré con Allen un año más tarde y se dio cuenta de que yo era el artista que había creado muchos de los carteles del barrio, confesó que había estado despegándolos de los muros y farolas, y recopilándolos en casa. Sugirió que hiciéramos juntos un cartel. Según pasaba el tiempo, colaboramos en numerosos proyectos, haciendo resaltar sus palabras sobre mis imágenes.

Nuestro libro, *Illuminated Poems*, se convirtió en un clásico underground y finalmente, llamó la atención de los cineastas Rob Epstein y Jeffrey Friedman, que estaban empezando a dirigir una película sobre la temprana obra de Ginsberg, «Aullido», y su relevancia histórica —con actores de Hollywood interpretando a Ginsberg y a sus amigos Jack Kerouac y Neil Cassady—. Cuando se acercaron a mí con la original idea de animar «Aullido», pensé que estaban chalados y dije «¡claro, y ya que estamos, vamos a animar el nfierno de Dante!» Entonces me dijeron que trabajaría con un equipo de animadores que darían vida a mis imágenes… ¿Cómo decir no?

La última vez que quedé con Allen Ginsberg fue durante una fría noche de invierno tres meses antes de su muerte. Me había invitado por teléfono a cenar con él en su restaurante chino favorito. Como era habitual, discutimos sobre la actualidad, la política y finalmente, llegamos al tema del arte. Allen mencionó la pintura *El triunfo de la muerte*, de maestro del siglo XVI Pieter Brueghel el Viejo.

«¿La has visto alguna vez… *la real?*», preguntó.

«No… todavía no. ¿Dónde está?», pregunté.

«En España, en el Museo del Prado. ¡Es *enorme* y realmente terrorífica!»

Tras la cena fuimos a su apartamento, donde Allen estaba ocupado con deshacerse de cosas que ya no necesitaba.

«Eh Eric, ¿quieres esta chaqueta? Parece de tu talla.»

Me pasó un blazer rojo carmín. Me lo probé…

«Te queda bien», dijo, «ahora es tuyo.»

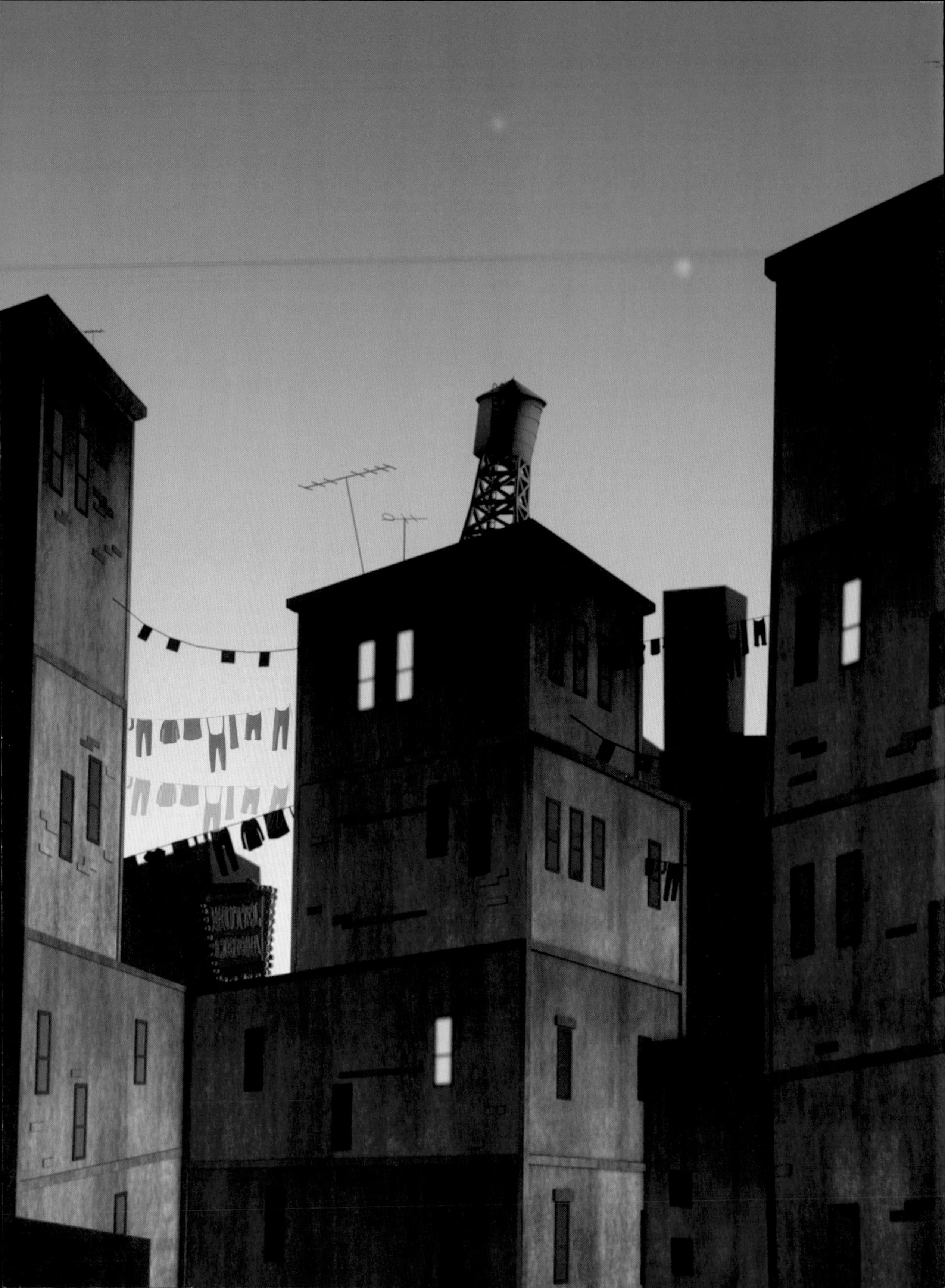

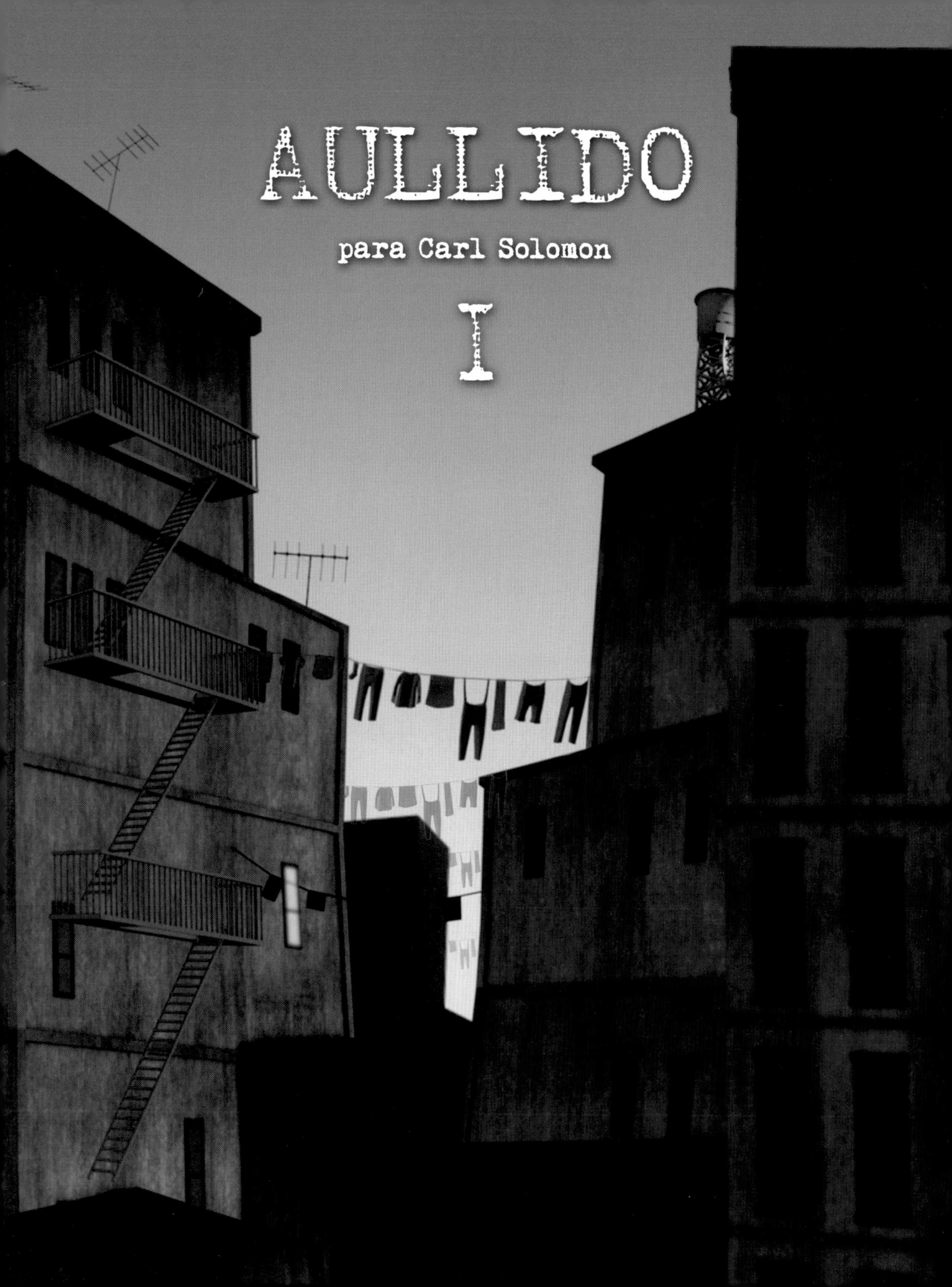
AULLIDO
para Carl Solomon
I

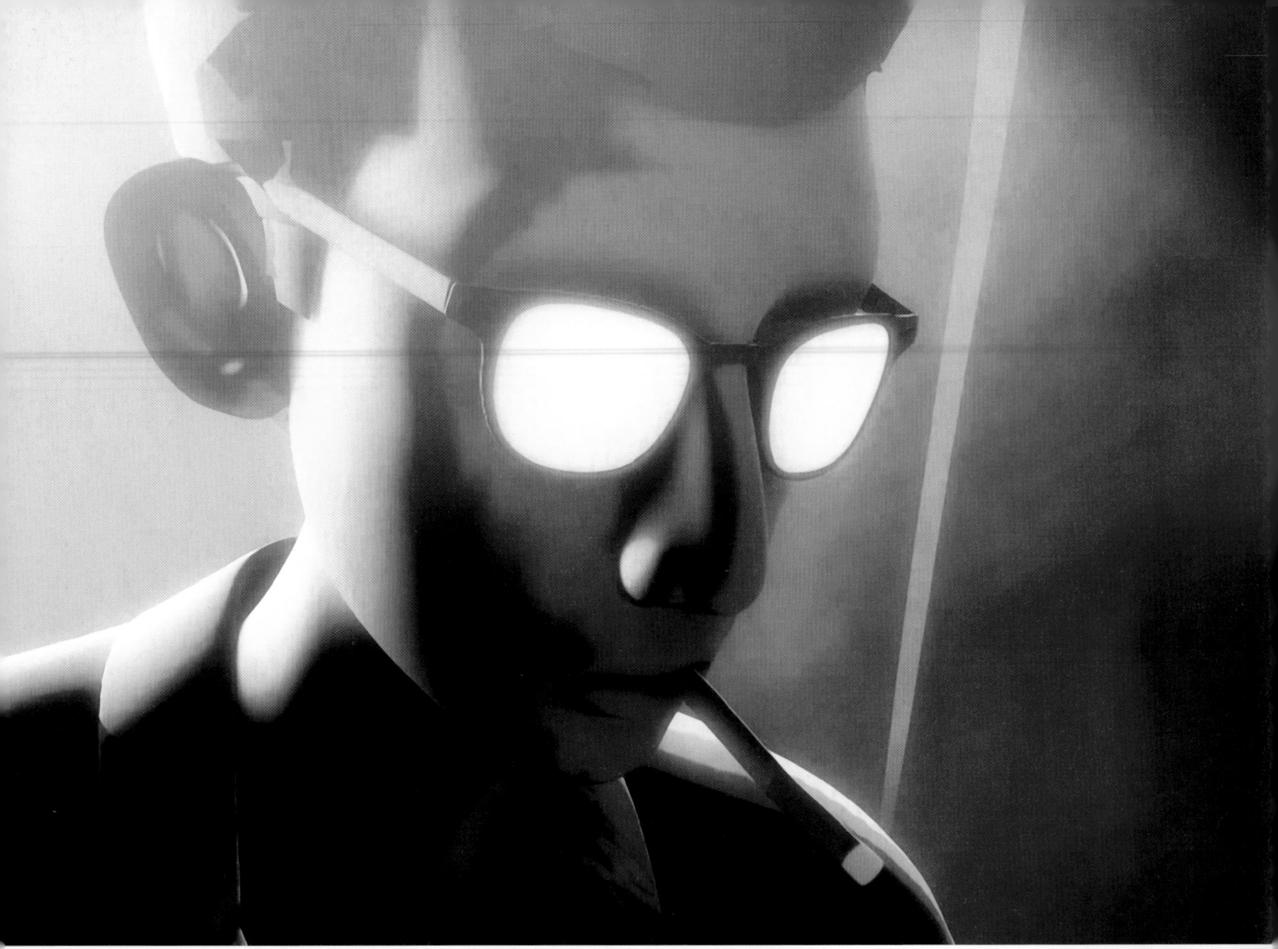

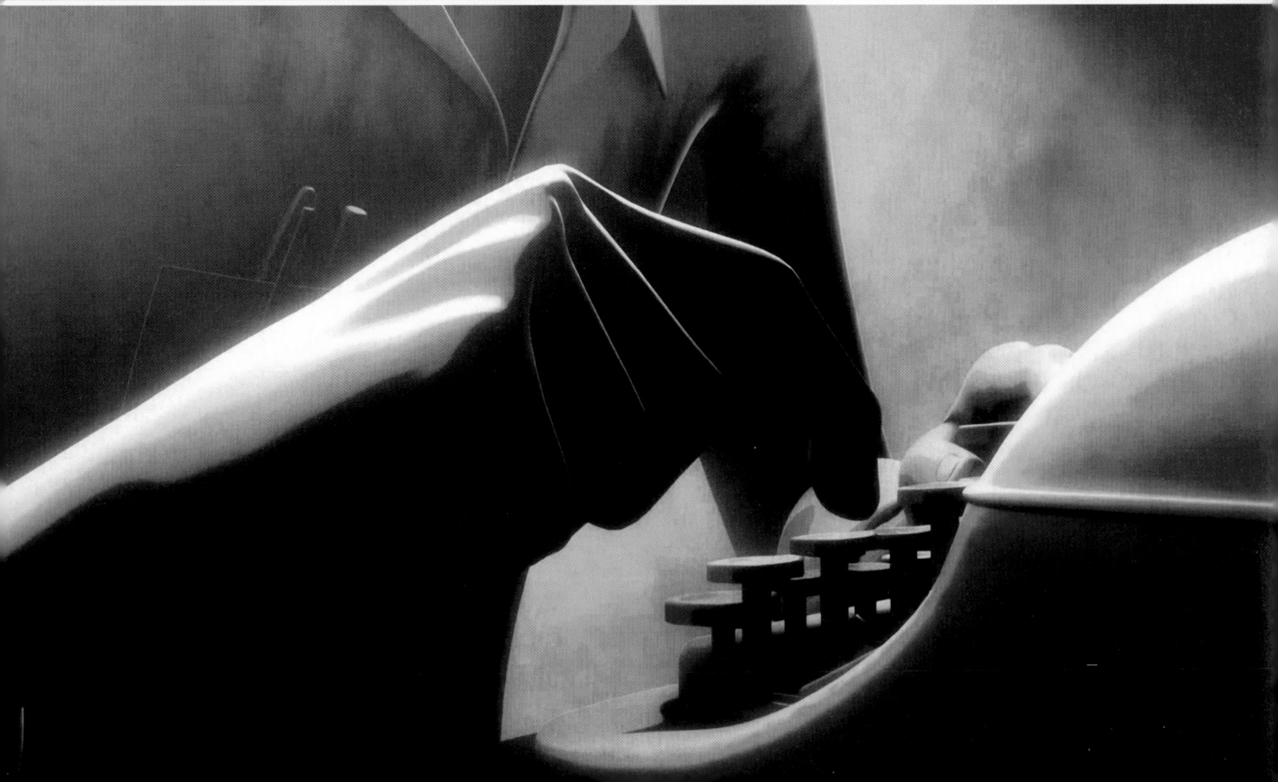

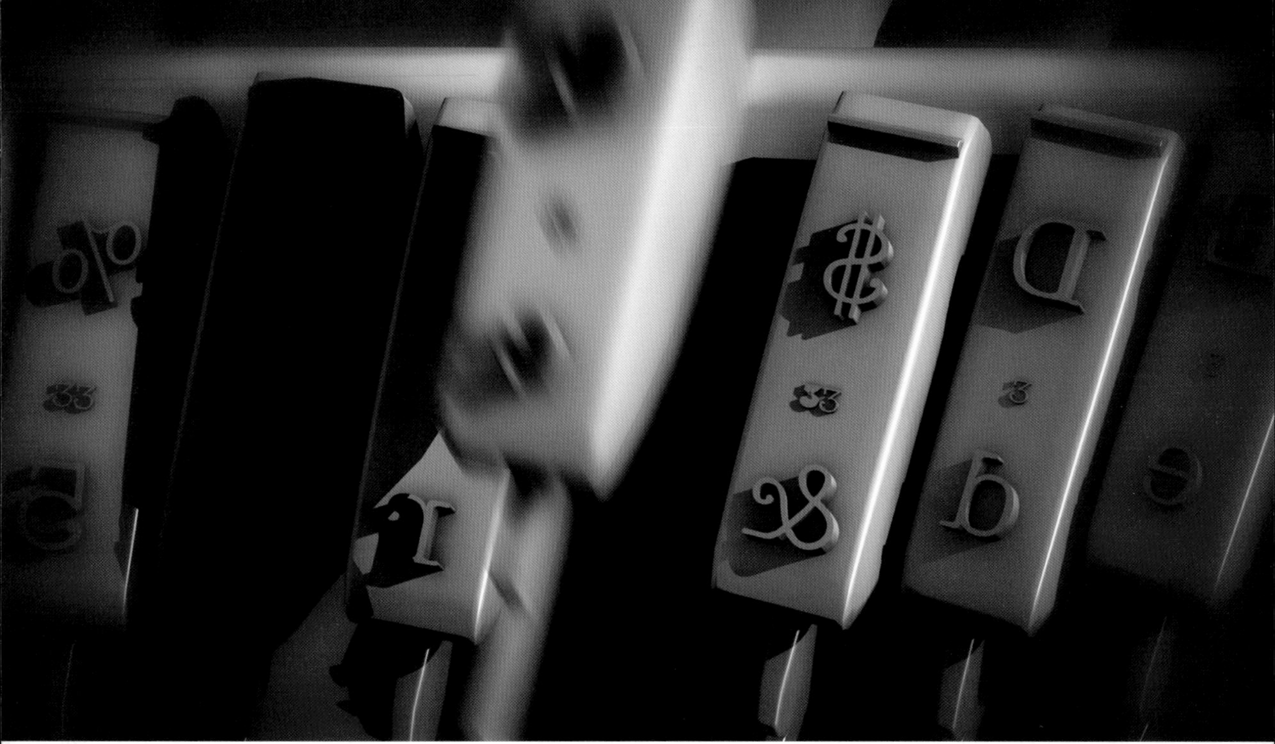

Vi las mejores mentes de mi generación
destruidas por la locura,

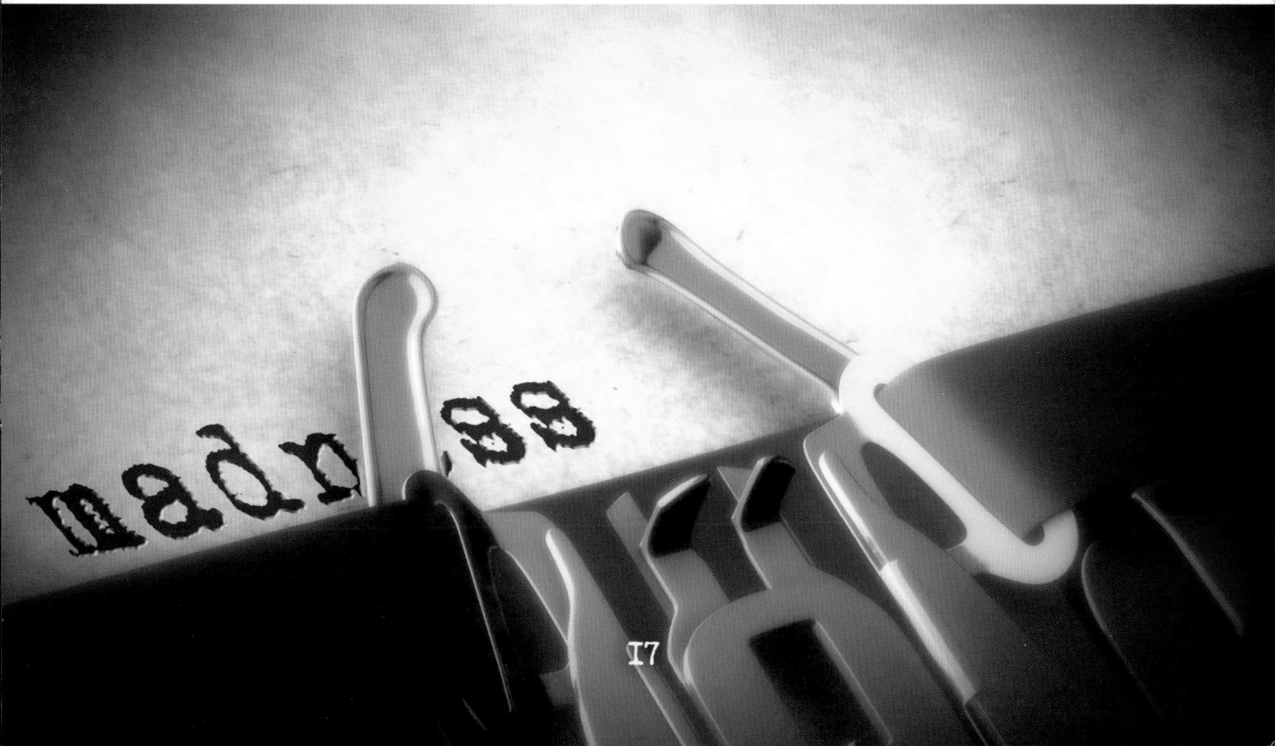

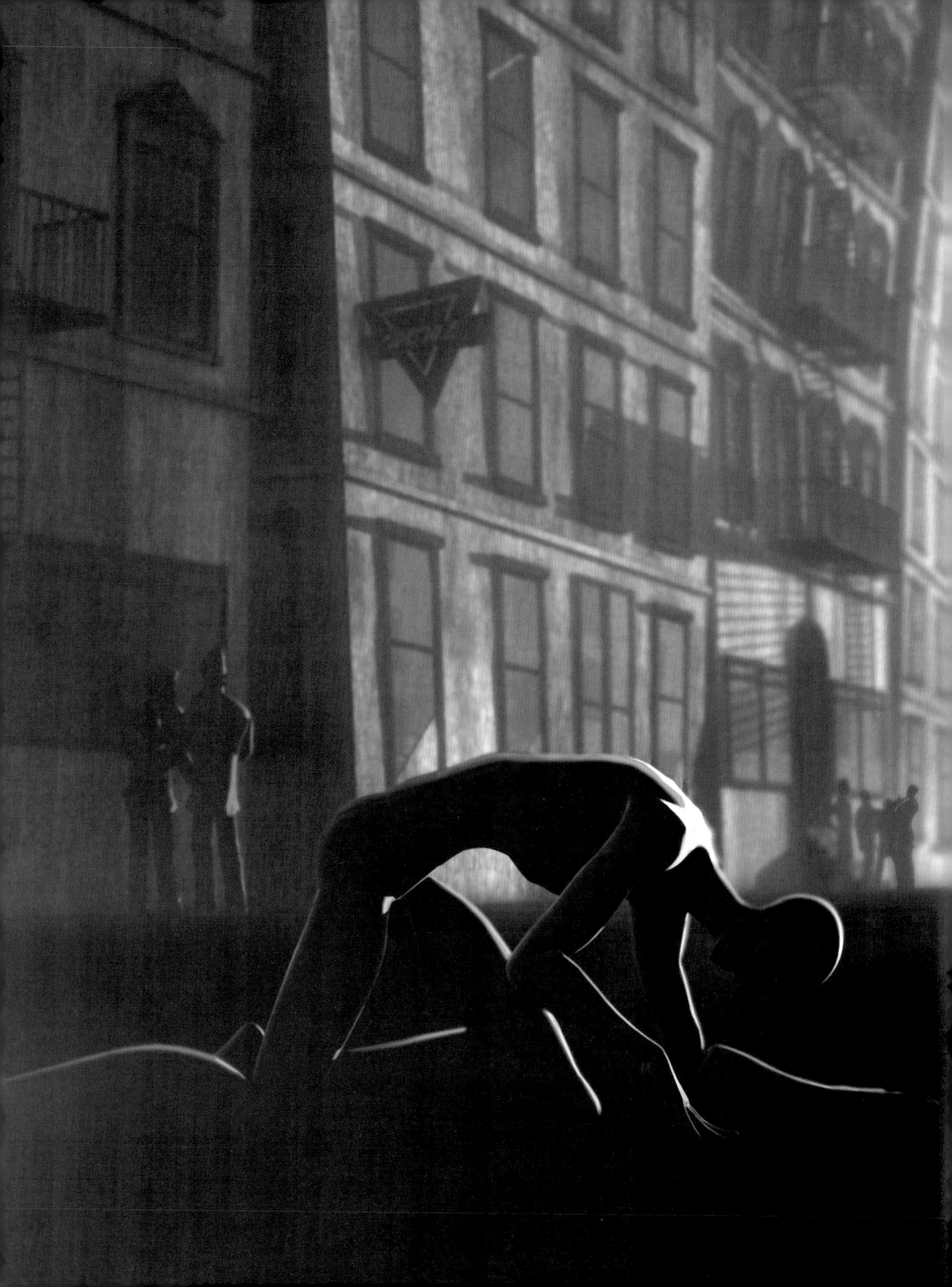

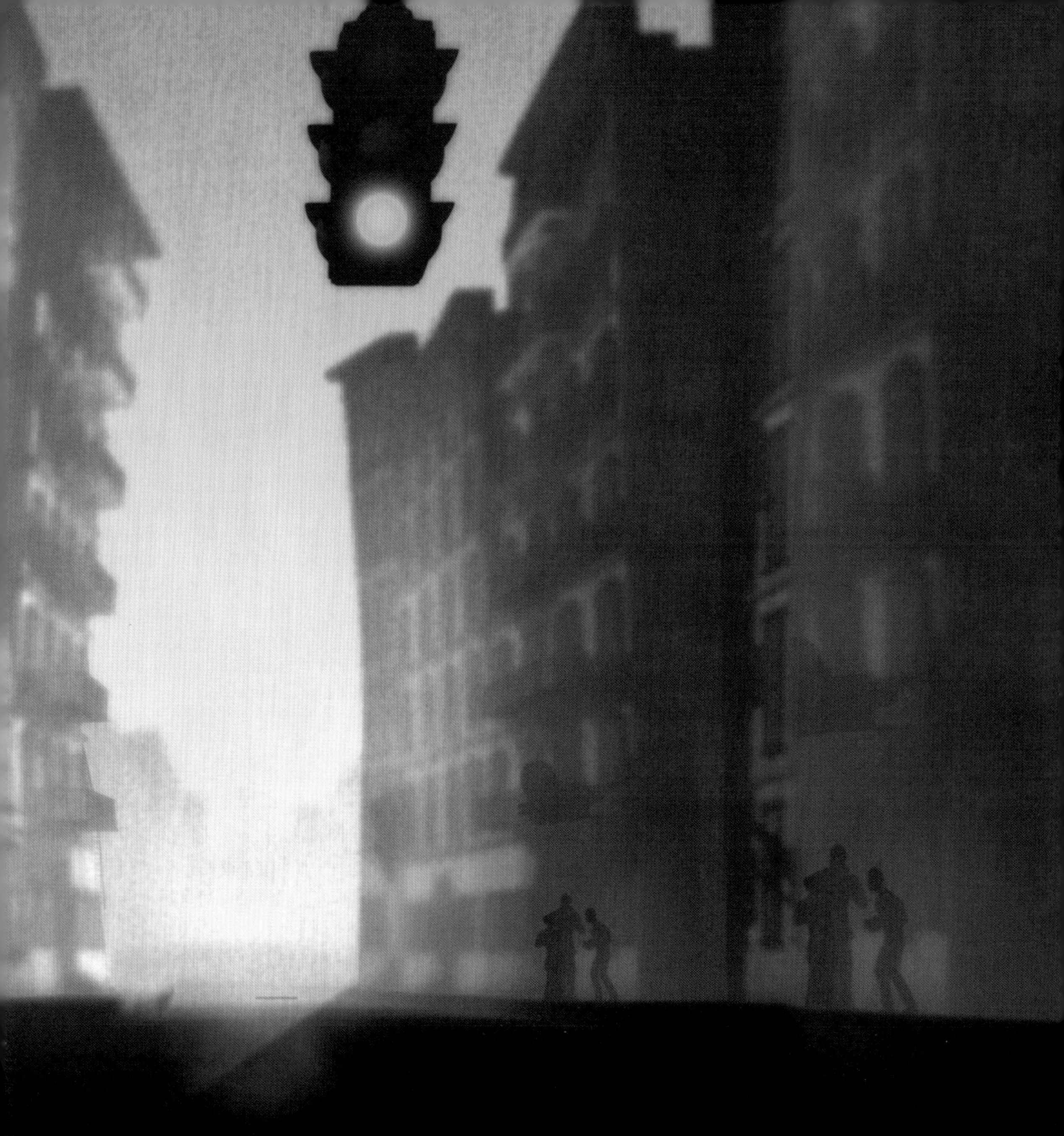

hambrientas histéricas desnudas, arrastrándose
por las calles de los negros al amanecer
en busca de un colérico pinchazo,

hipsters con cabezas de ángel ardiendo por la
antigua conexión celestial con la estrellada
dínamo de la maquinaria nocturna,

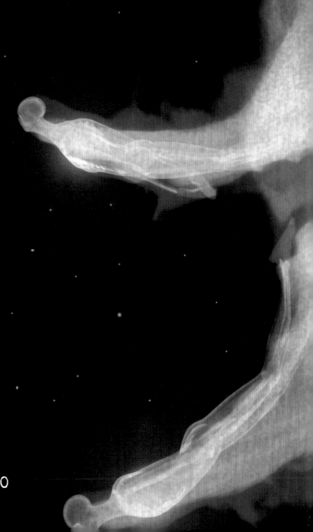

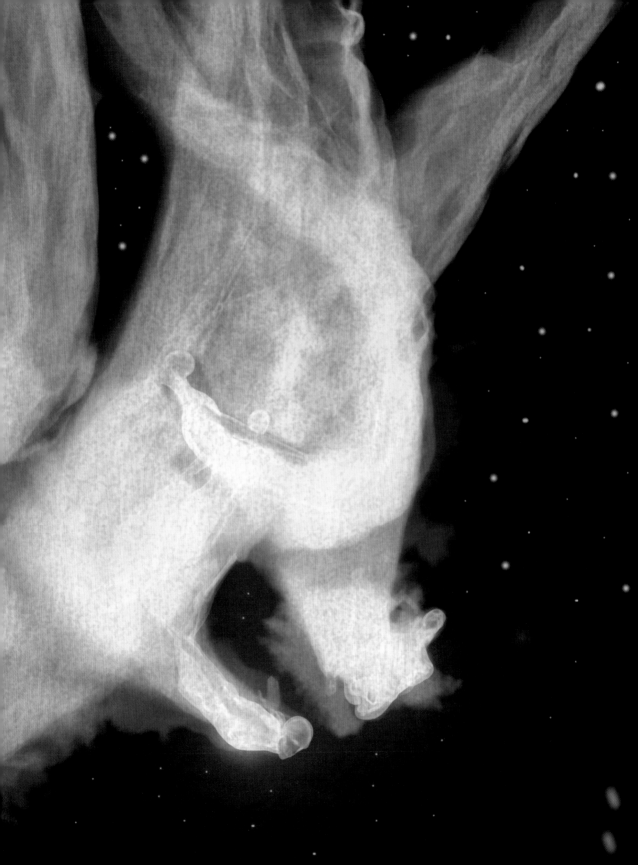

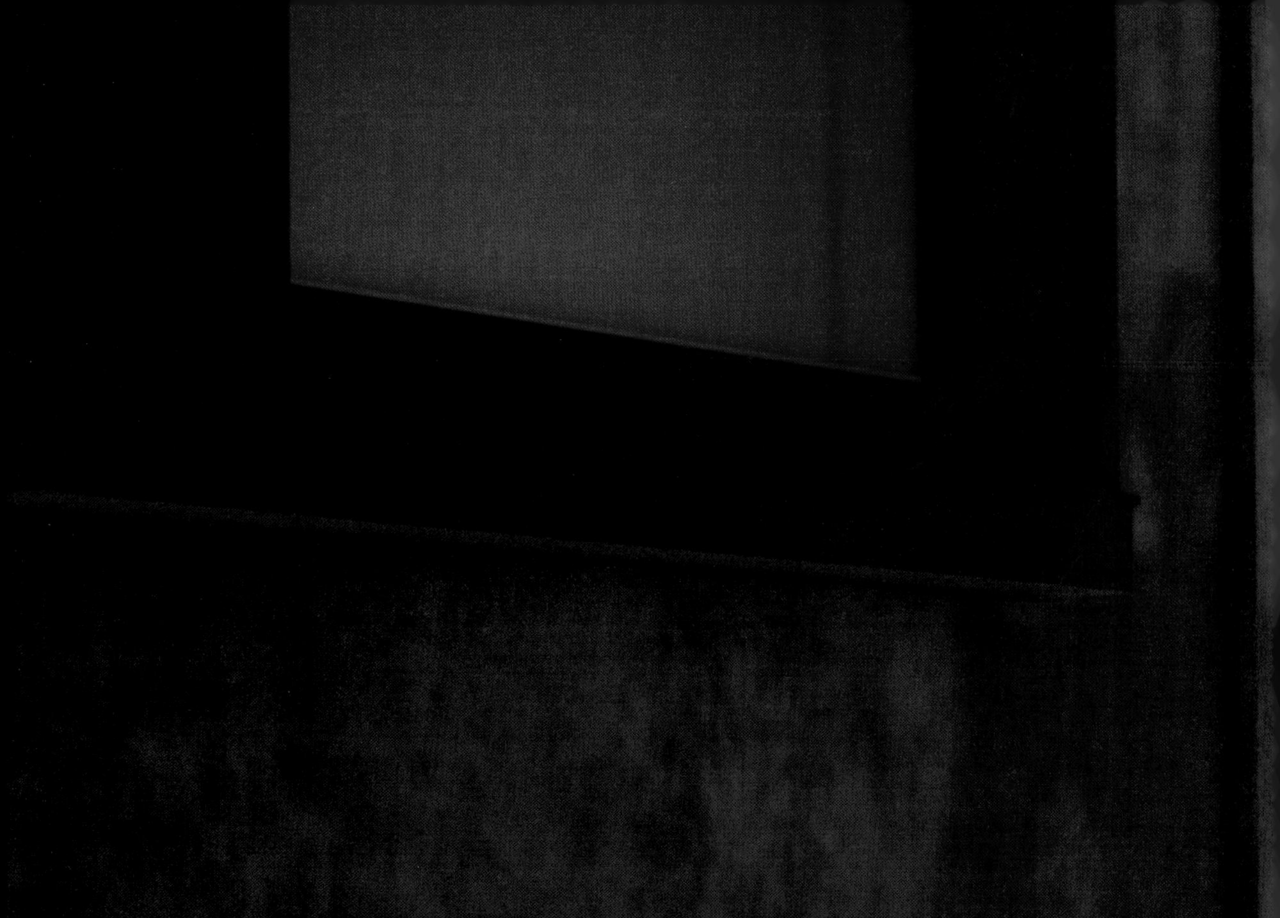

que pobres y harapientos y ojerosos y drogados

pasaron la noche fumando en la oscuridad

sobrenatural de apartamentos de agua fría,

flotando sobre las cimas de las ciudades

contemplando jazz,

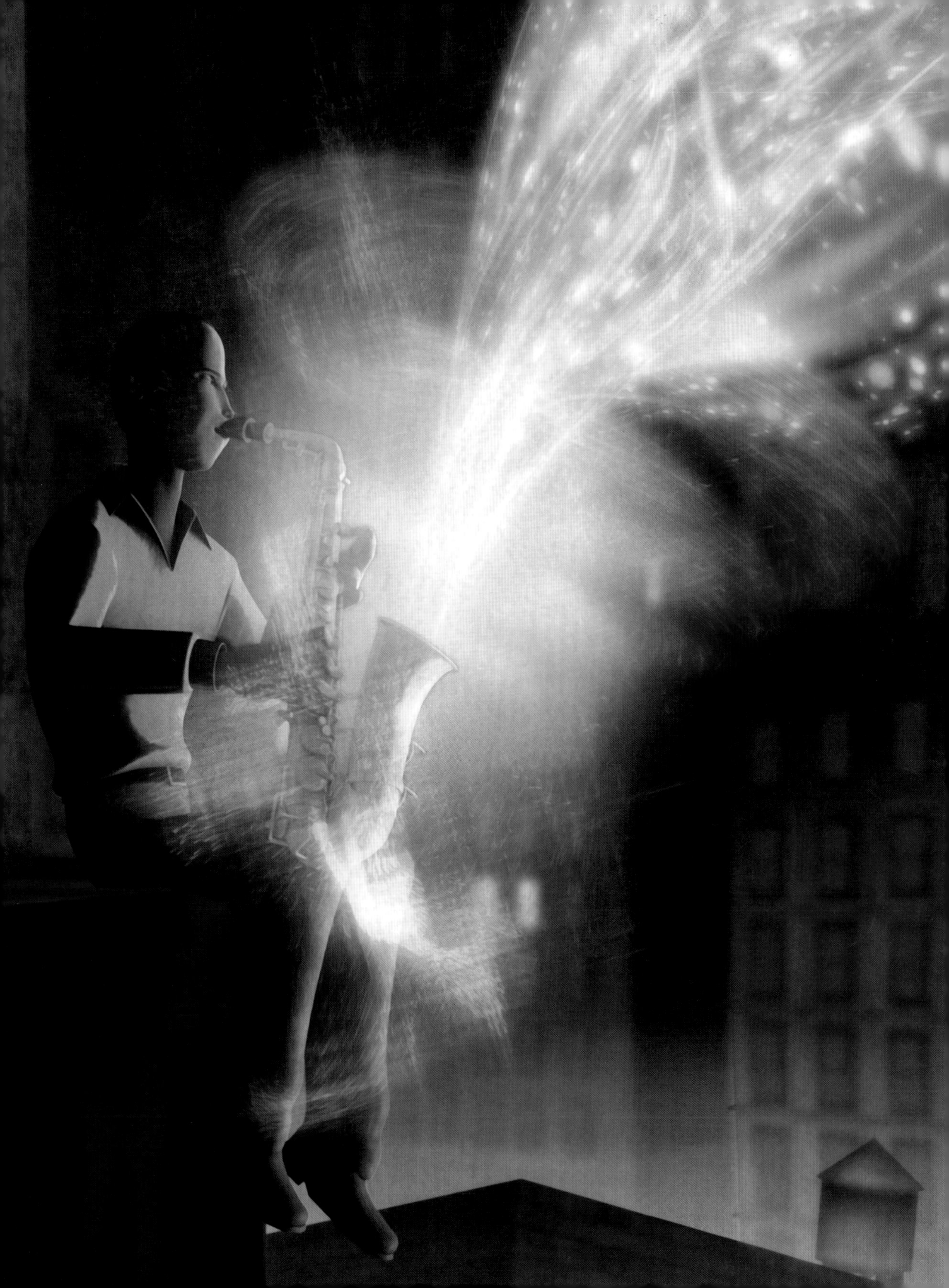

que desnudaron sus cerebros ante el cielo bajo el
El y vieron ángeles mahometanos tambaleándose
sobre techos iluminados,

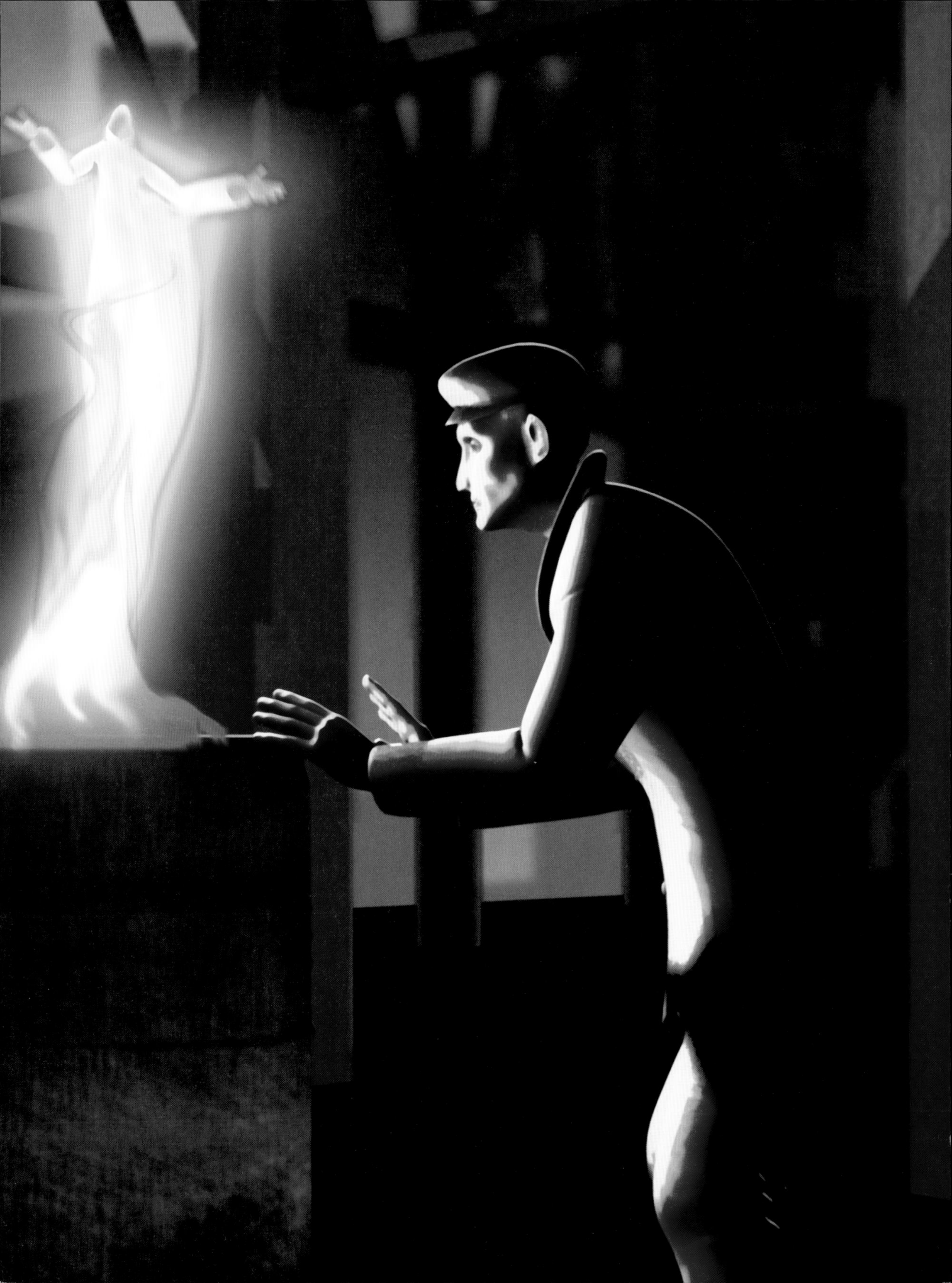

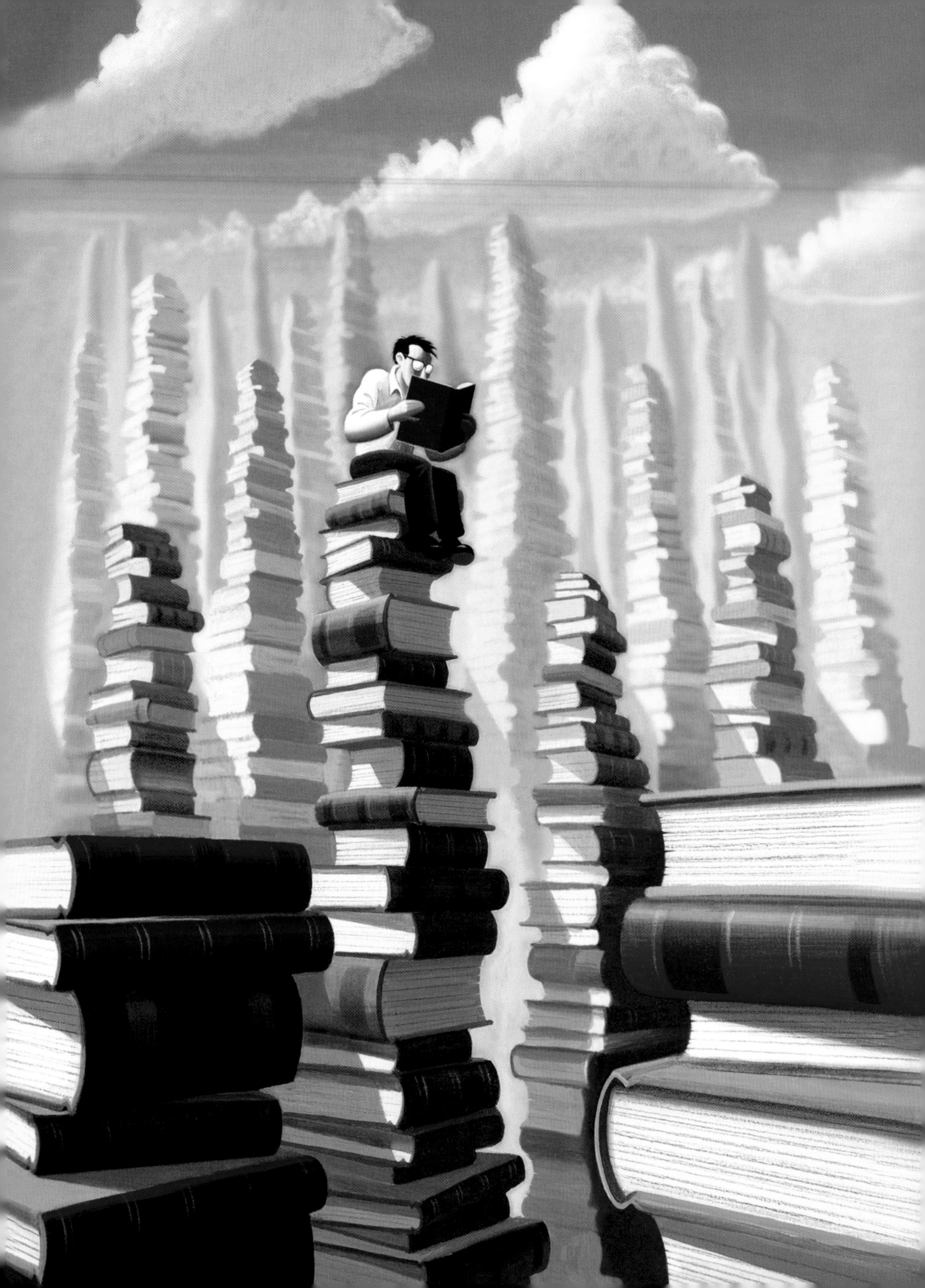

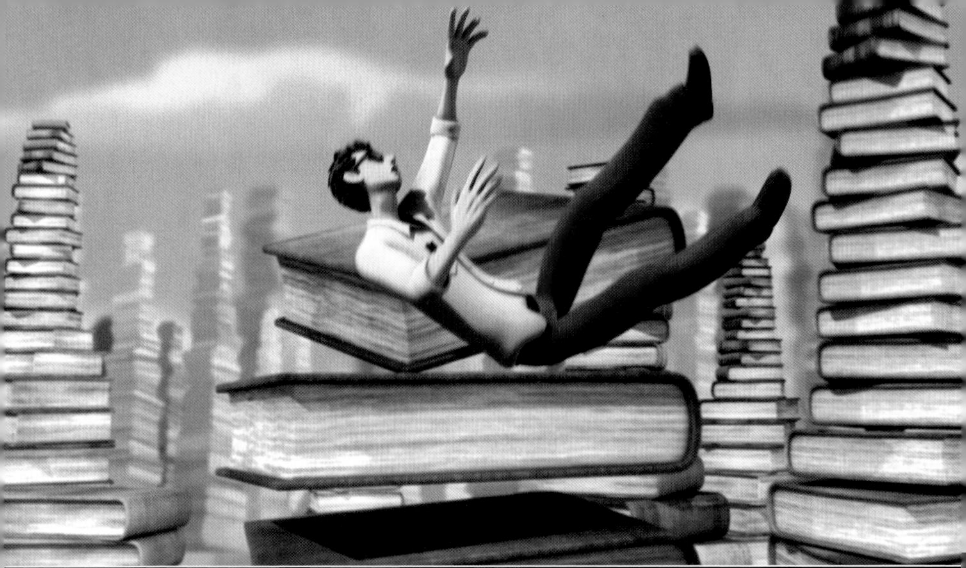

que pasaron por las universidades con radiantes
ojos imperturbables alucinando Arkansas y
tragedia en la luz de Blake entre los maestros
de la guerra,

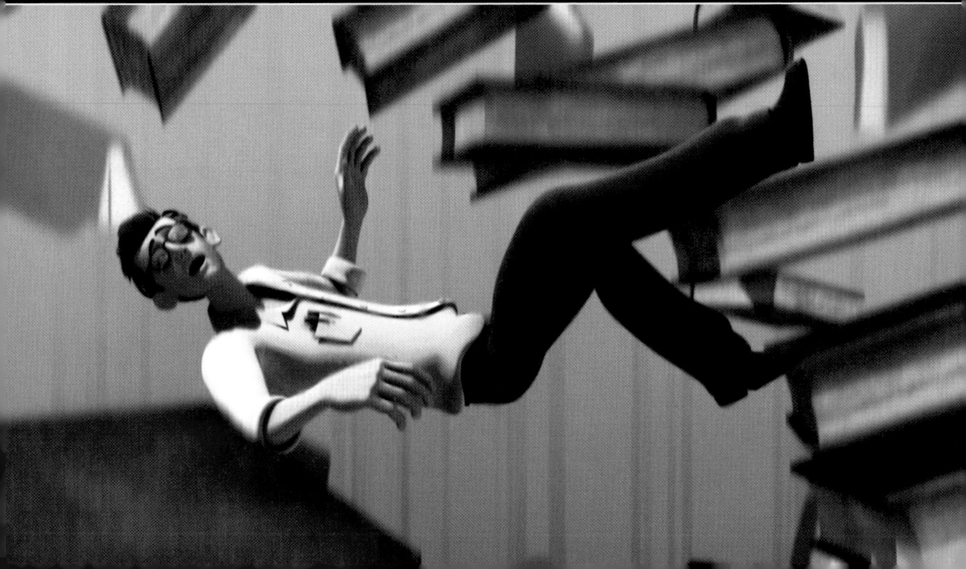

que fueron expulsados de las academias por locos

y por publicar odas obscenas en las ventanas

de la calavera,

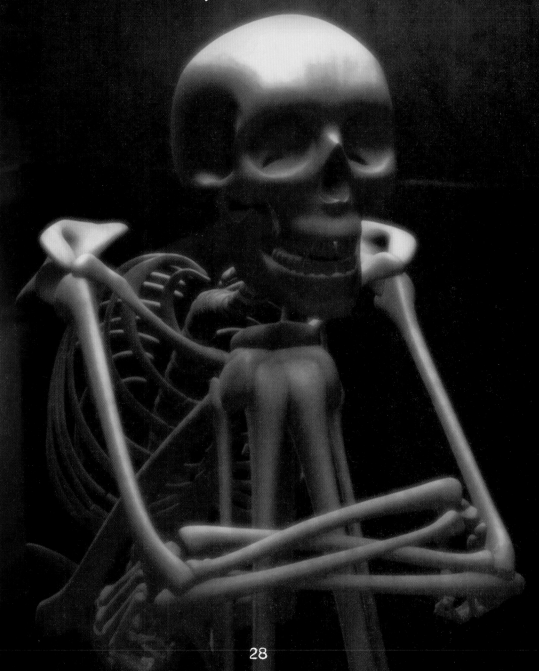

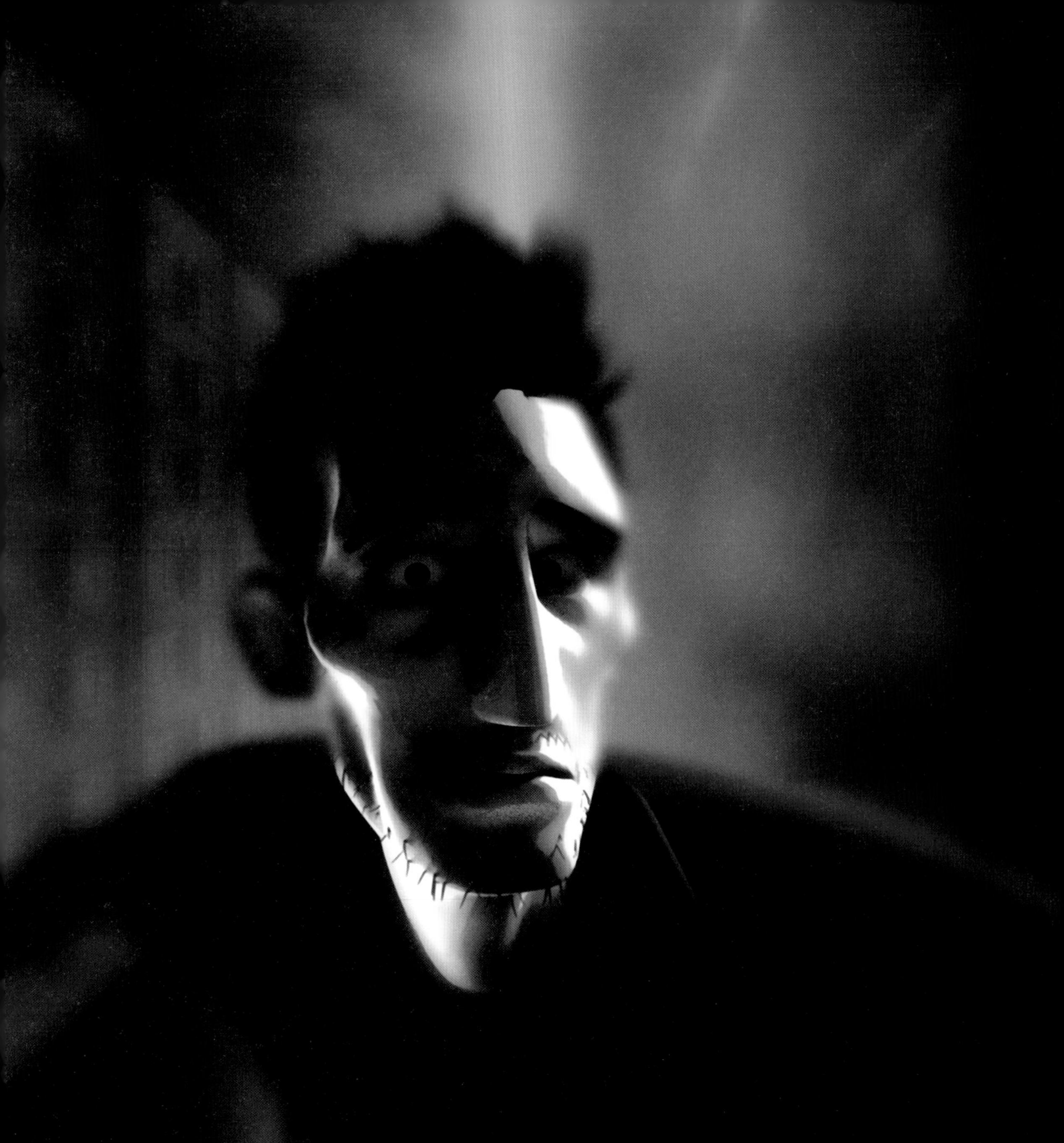

que se acurrucaron en ropa interior en habitaciones
sin afeitar, quemando su dinero en papeleras y
escuchando al Terror a través del muro,

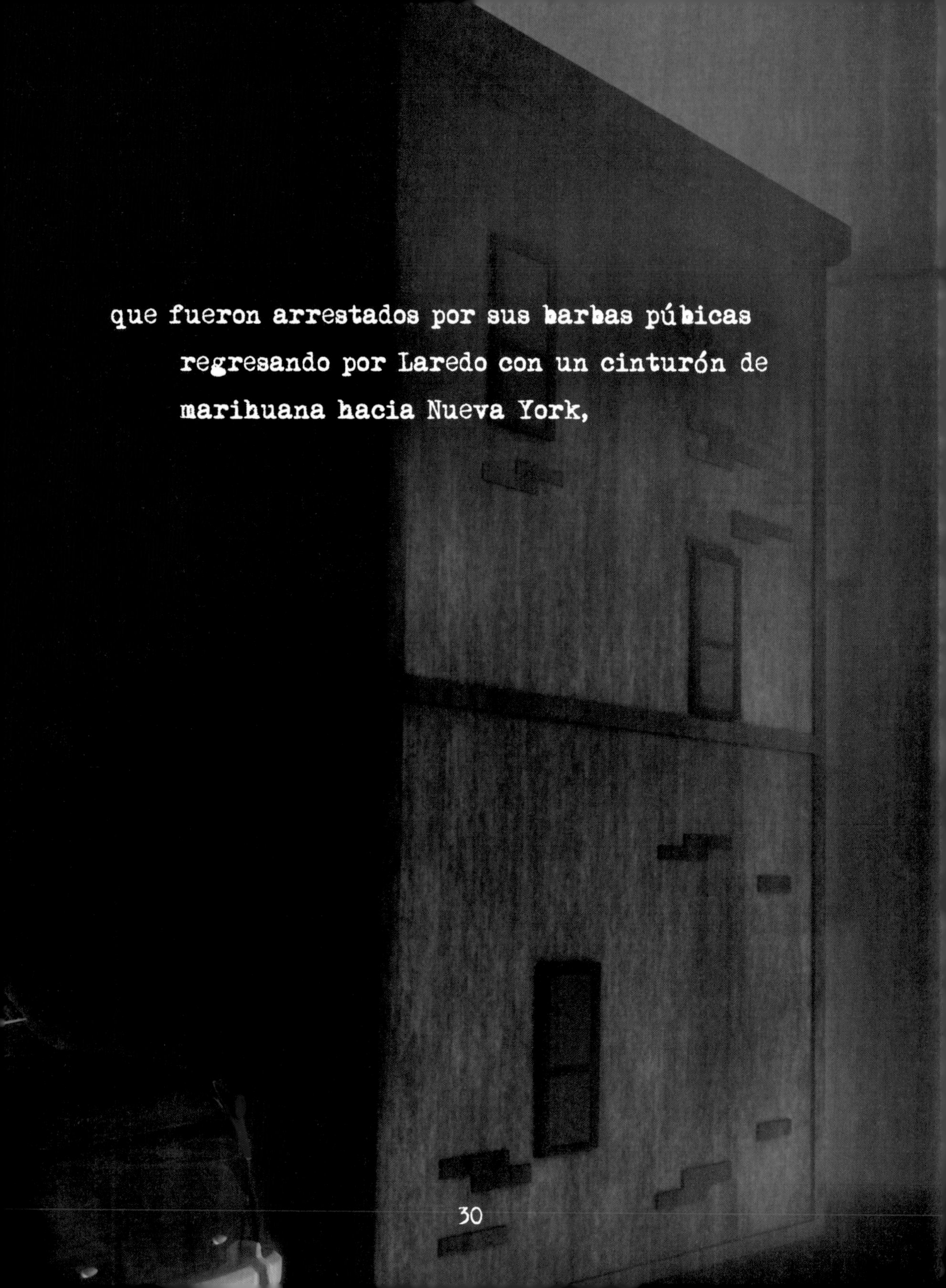

que fueron arrestados por sus barbas púbicas
regresando por Laredo con un cinturón de
marihuana hacia Nueva York,

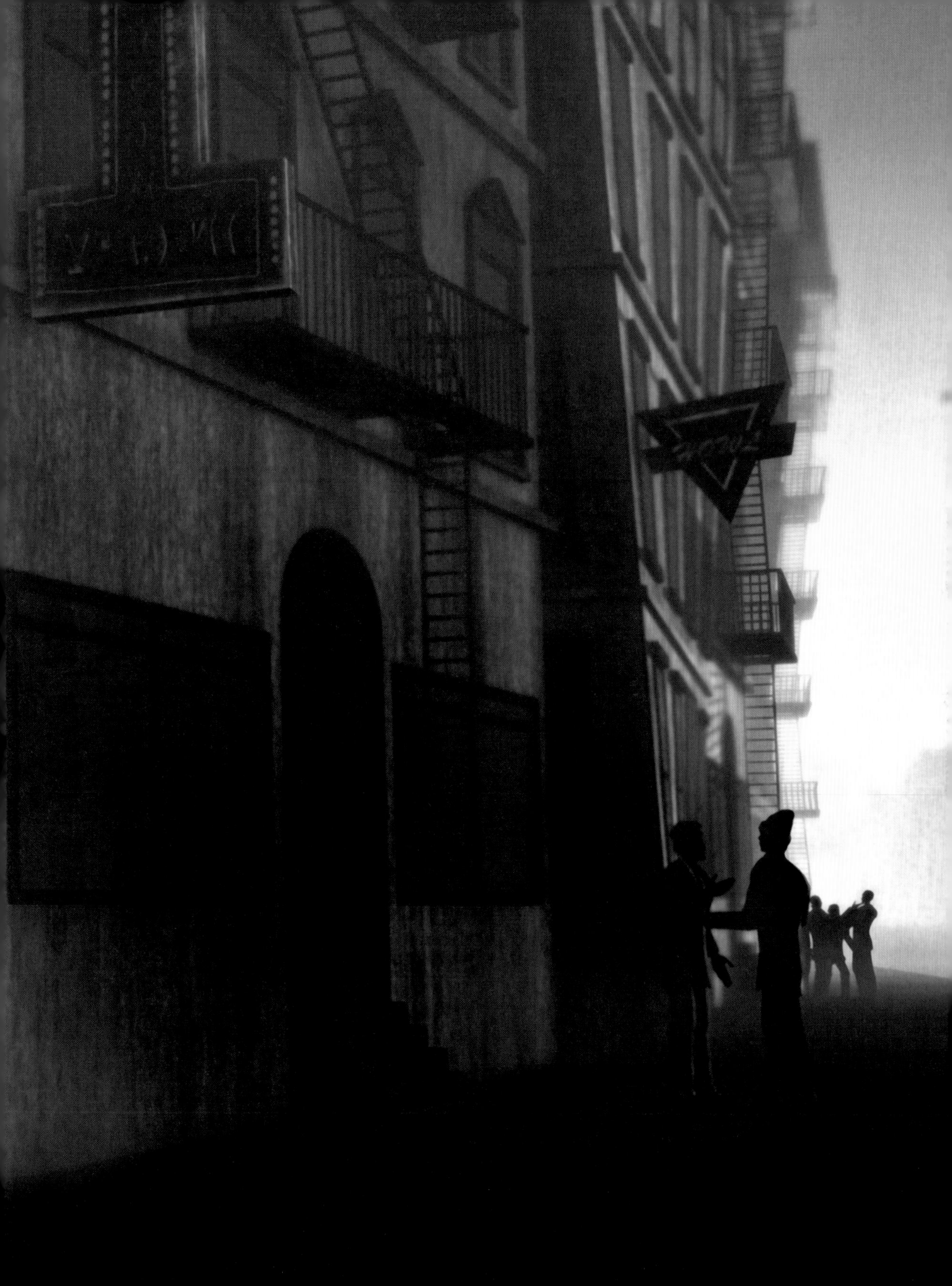

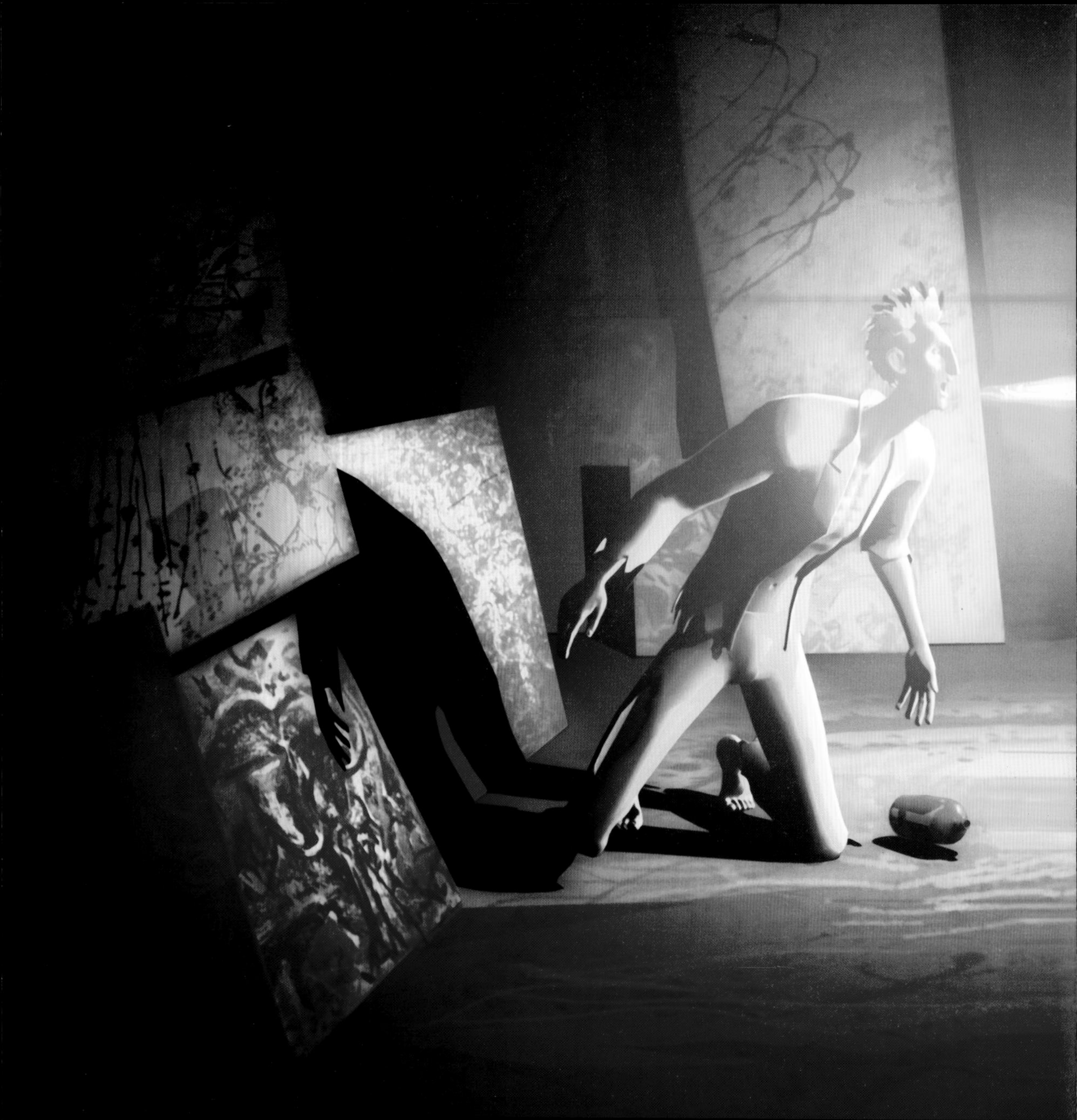

que comieron fuego en hoteles de pintura o bebieron
trementina en Paradise Alley, muerte, o
sometieron sus torsos a un purgatorio noche
tras noche,

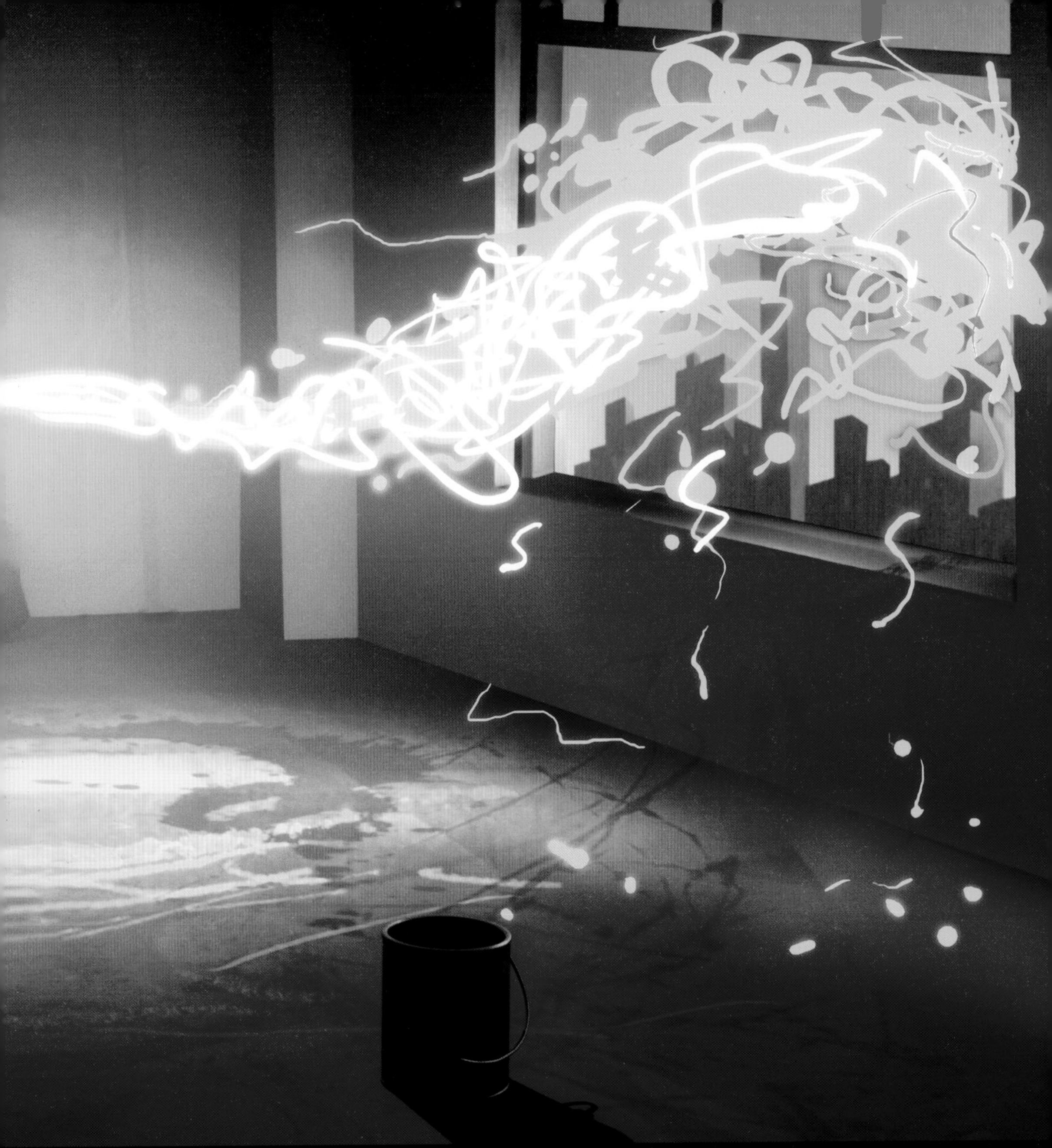

con sueños, con drogas, con pesadillas que

despiertan, alcohol y verga y bailes

incomparables callejones de temblorosa nube y
relámpago en la mente saltando hacia los
polos de Canadá y Paterson, iluminando
todo el inmóvil mundo del intertiempo,

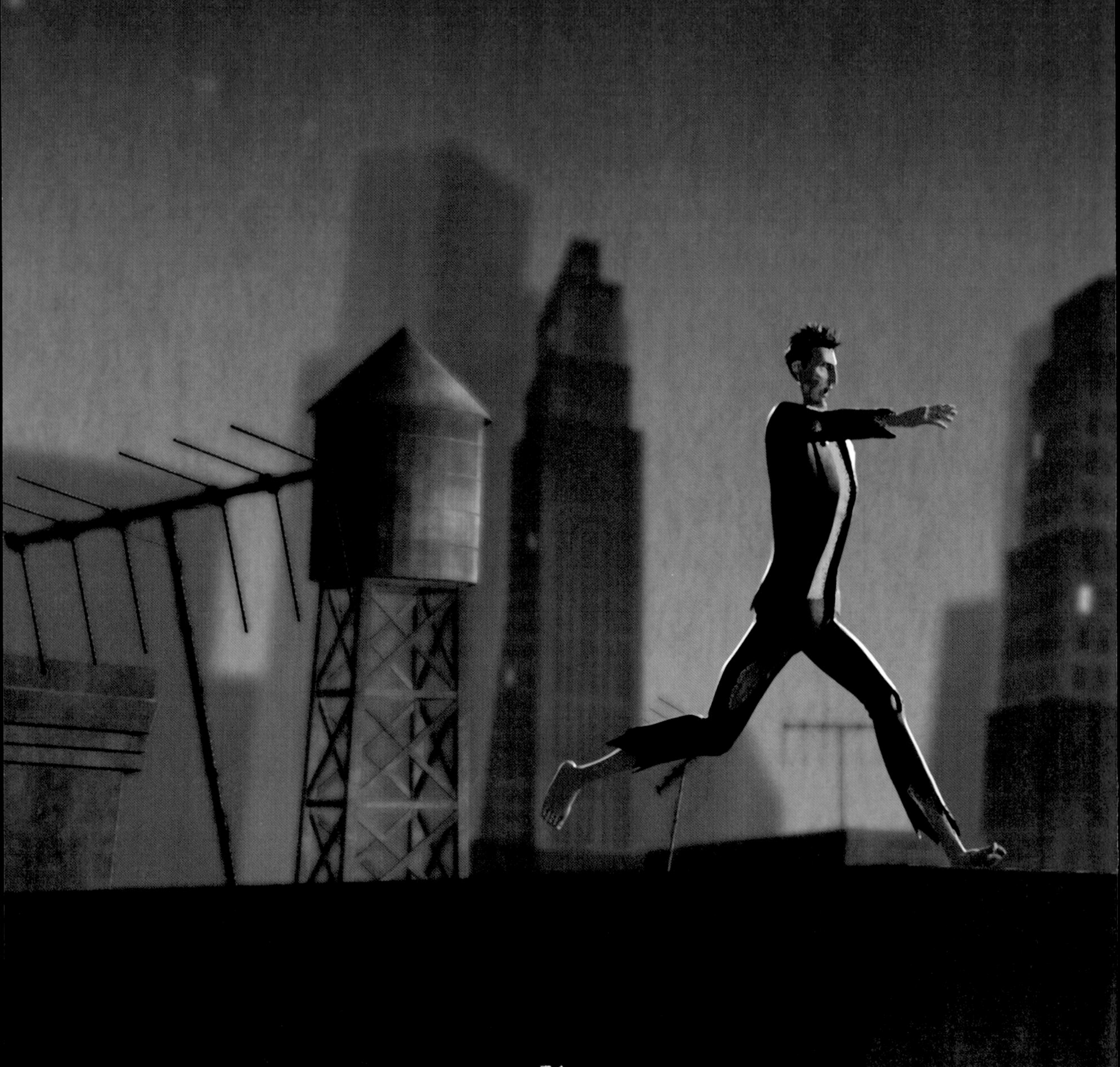

realidades de salones de peyote, amaneceres de cementerio de árbol verde en el patio trasero, borrachera de vino sobre los tejados, barrios de escaparate de paseos drogados luz de tráfico de neón parpadeante, vibraciones de sol, luna y árbol en los rugientes atardeceres invernales de Brooklyn, desvaríos de cenicero y bondadosa luz reina de la mente,

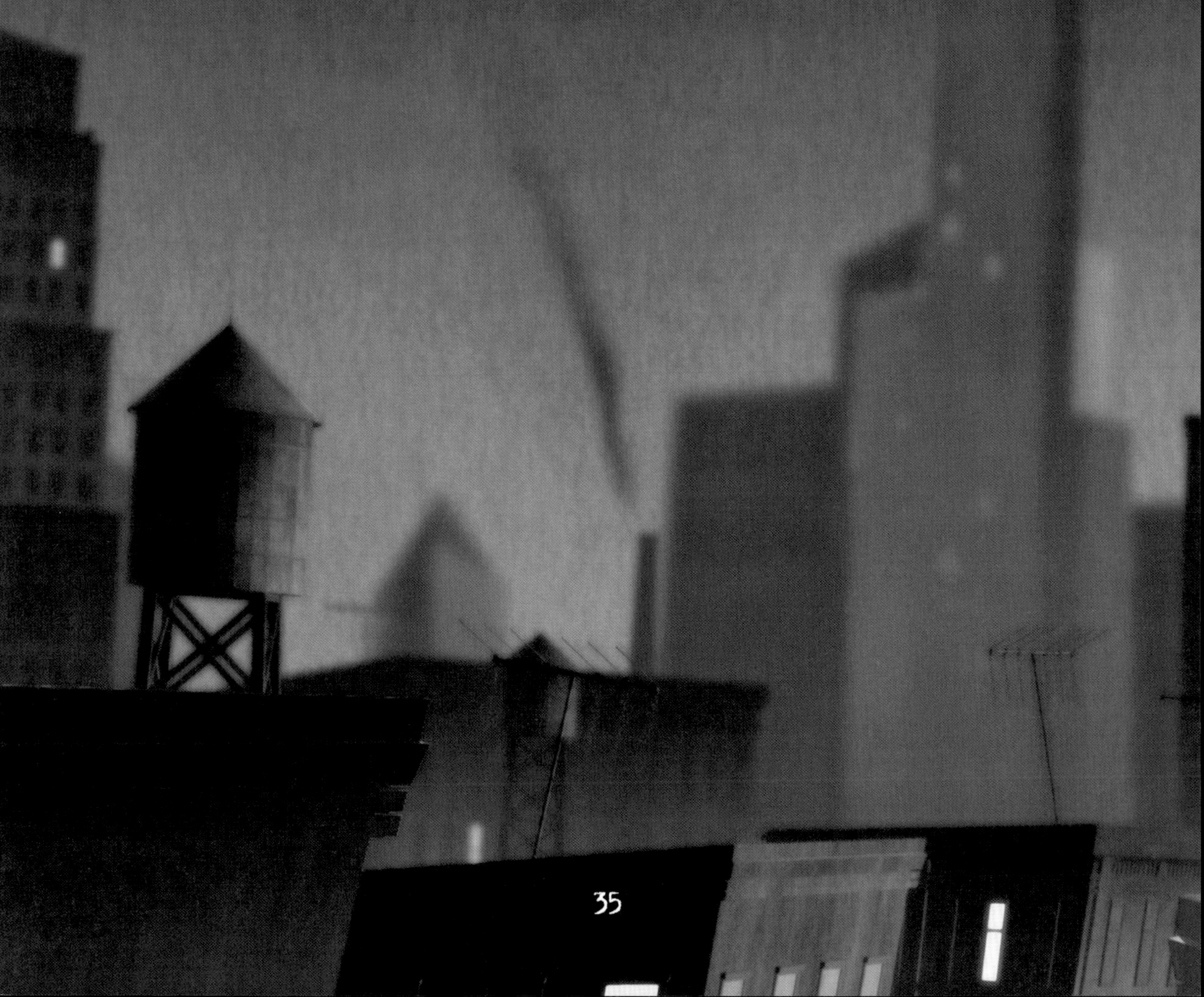

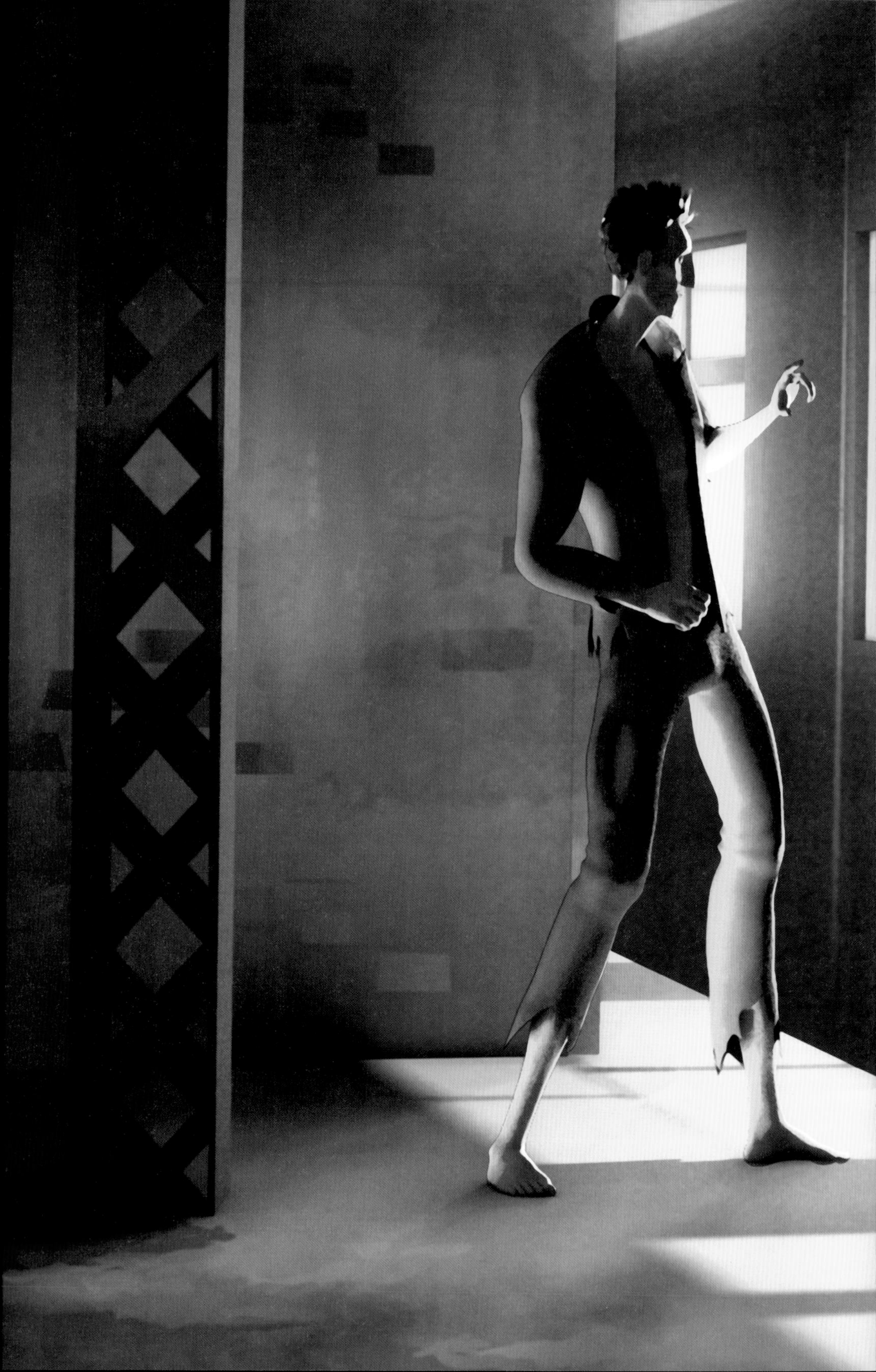

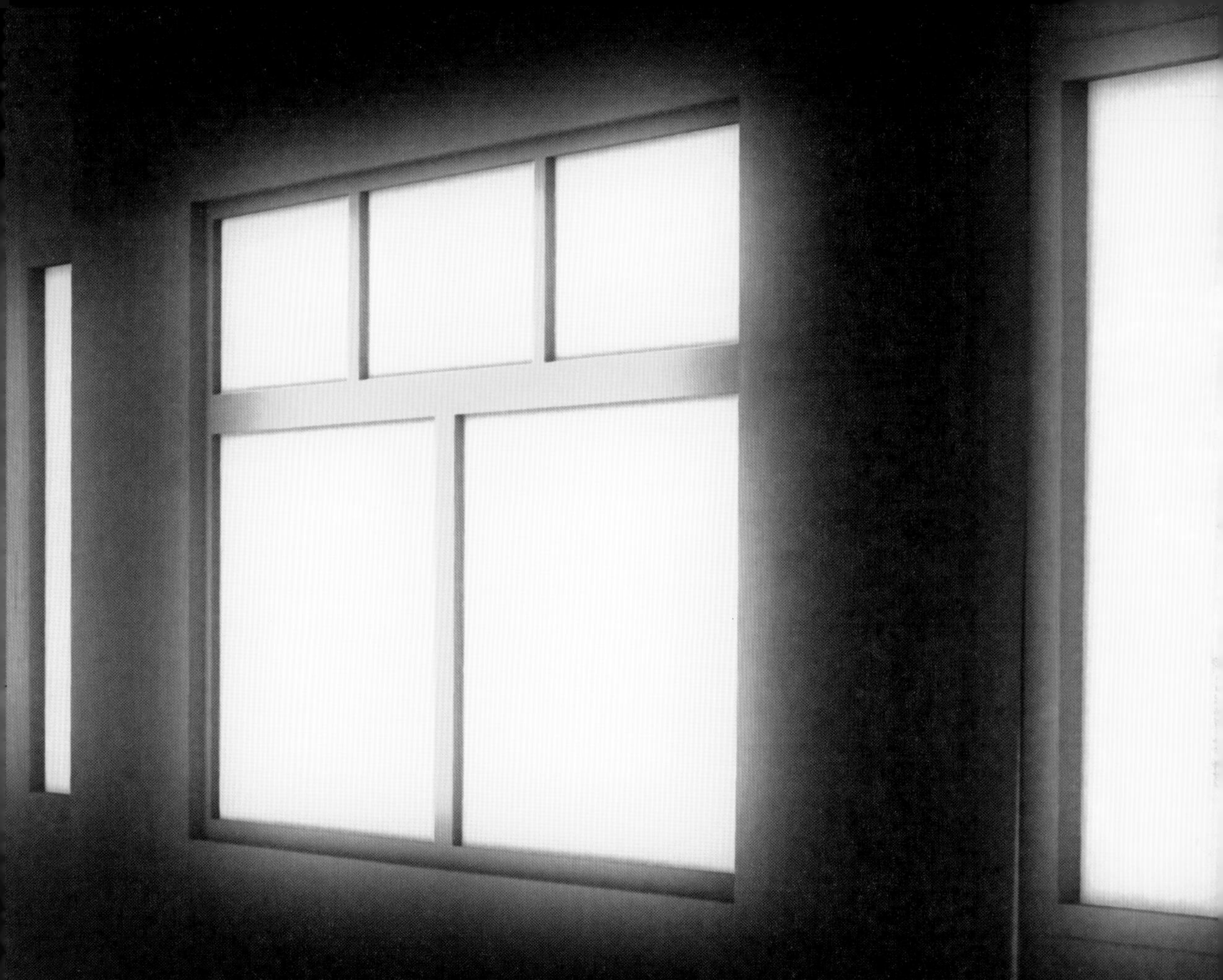

que se encadenaron a los subterráneos para el interminable viaje desde Battery al santo Bronx en benzedrina hasta que el ruido de ruedas y niños los hizo caer temblando con la boca desvencijada y golpeados yermos de cerebro completamente drenados de brillo bajo la lúgubre luz del zoológico,

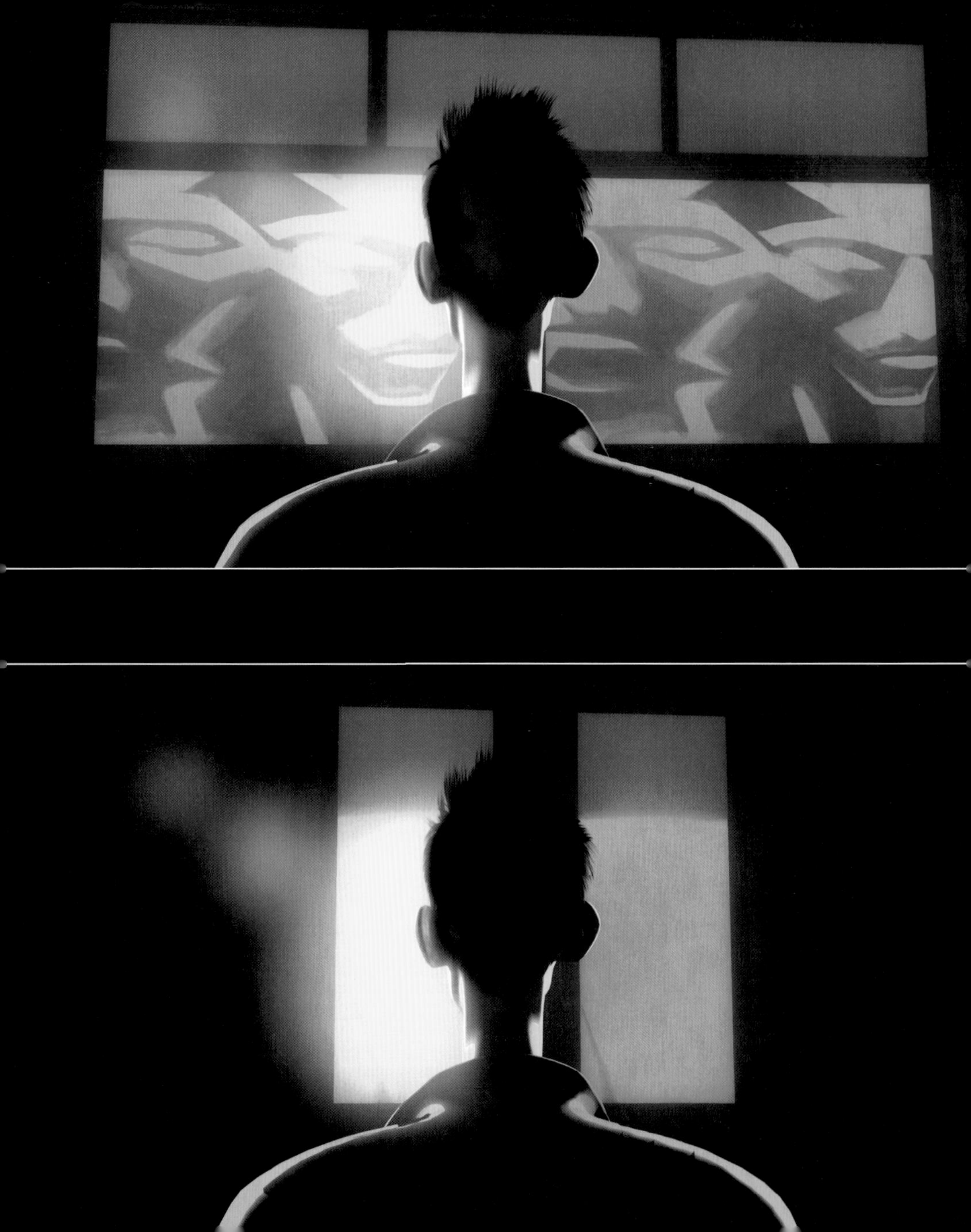

que se hundieron toda la noche en la submarina
luz de Bickford salían flotando y se sentaban
a lo largo de tardes de cerveza desvanecida
en el desolado Fugazzi's, escuchando el crujir
del Apocalipsis en el jukebox de hidrógeno,

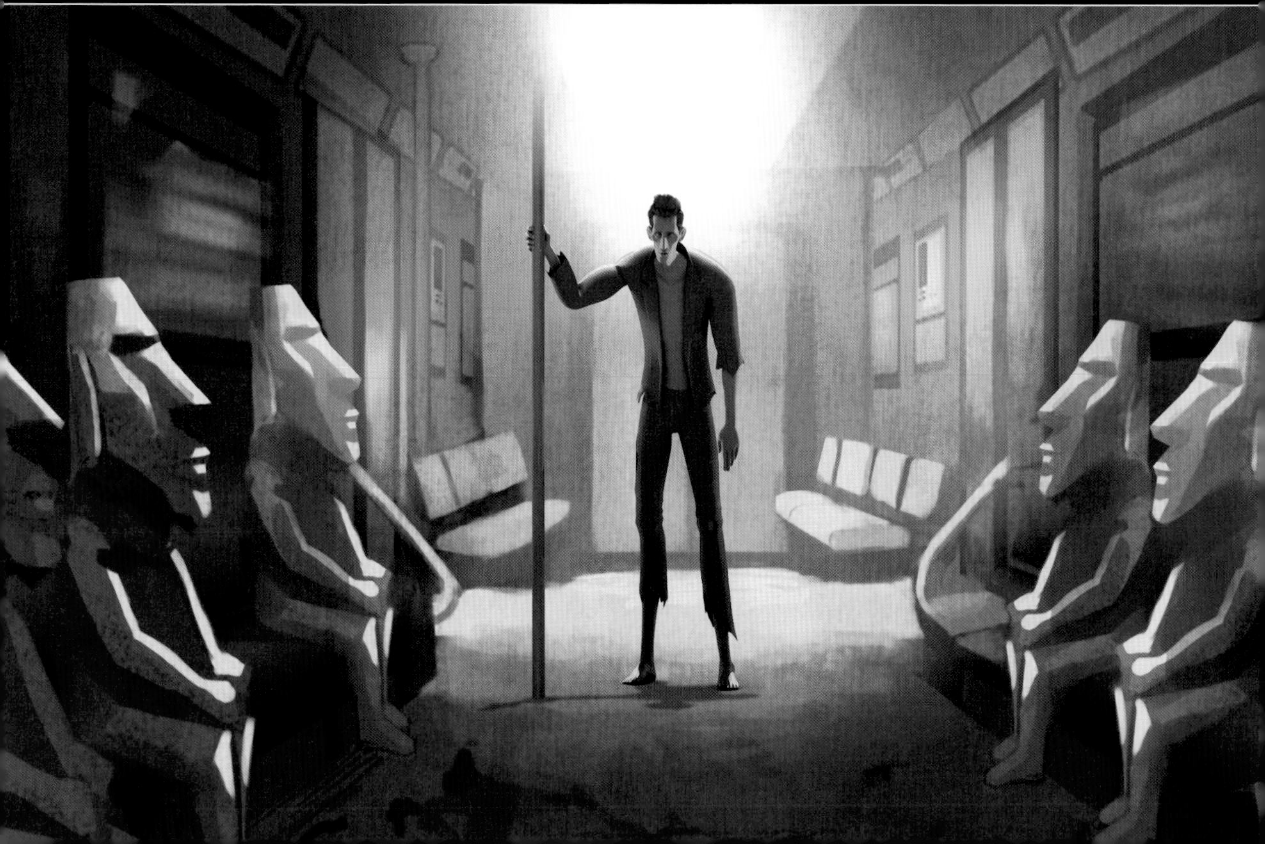

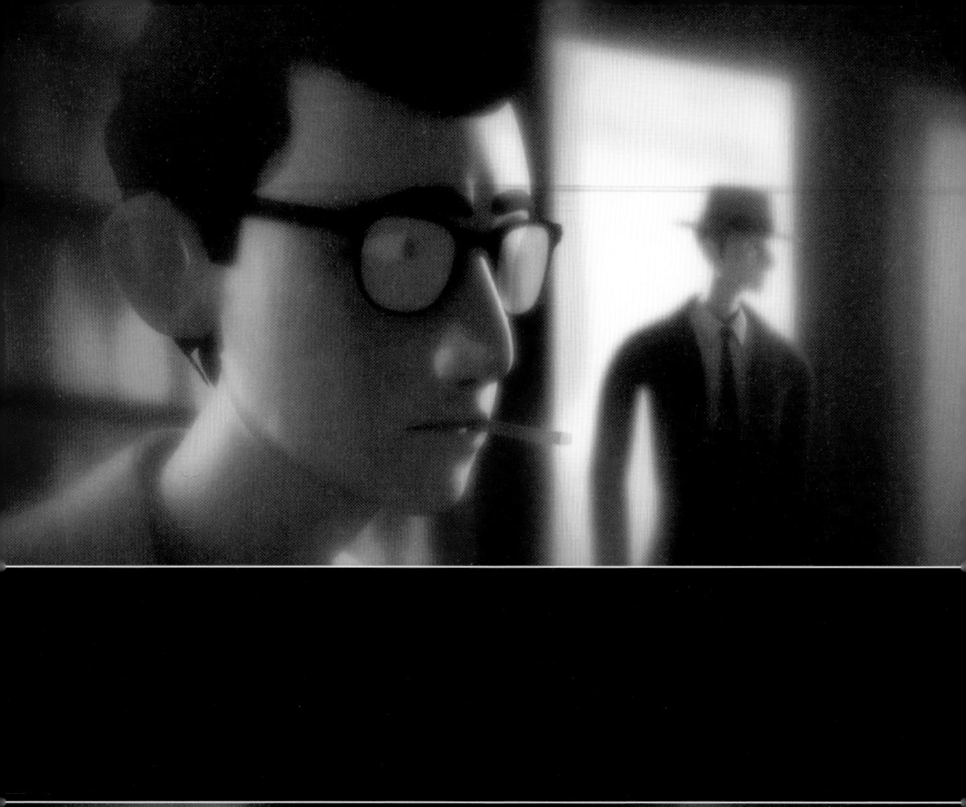

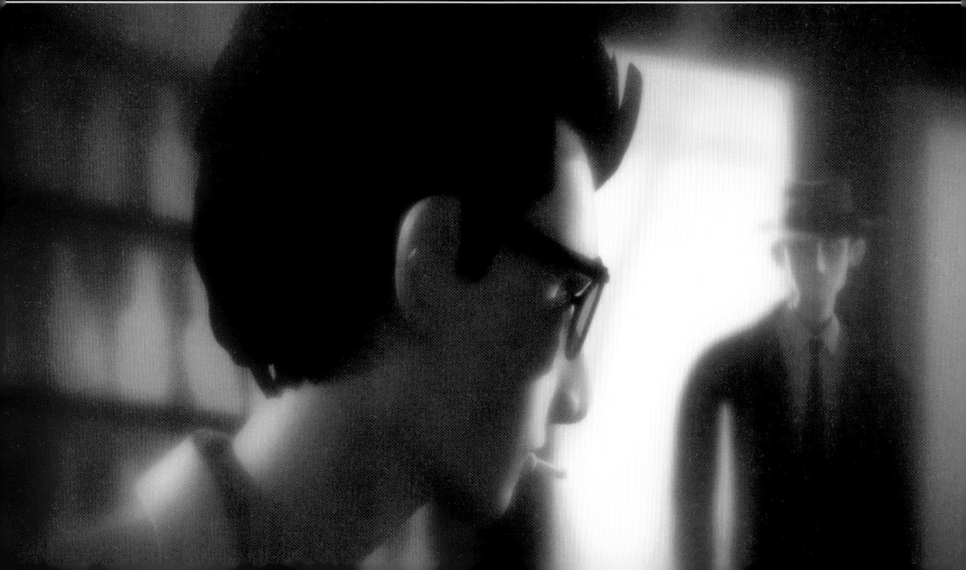

que hablaron sin parar por setenta horas del
    parque al departamento al bar a Bellevue
    al museo al puente de Brooklyn,
un batallón perdido de conversadores platónicos
    saltando desde las barandas de salidas de
    incendio desde ventanas desde el Empire State
    desde la luna,
parloteando gritando vomitando susurrando hechos
    y memorias y anécdotas y excitaciones del
    globo ocular y shocks de hospitales y cárceles
    y guerras,

intelectos enteros expulsados en recuerdo de todo
por siete días y noches con ojos brillantes,
carne para la sinagoga arrojada en el
pavimento,

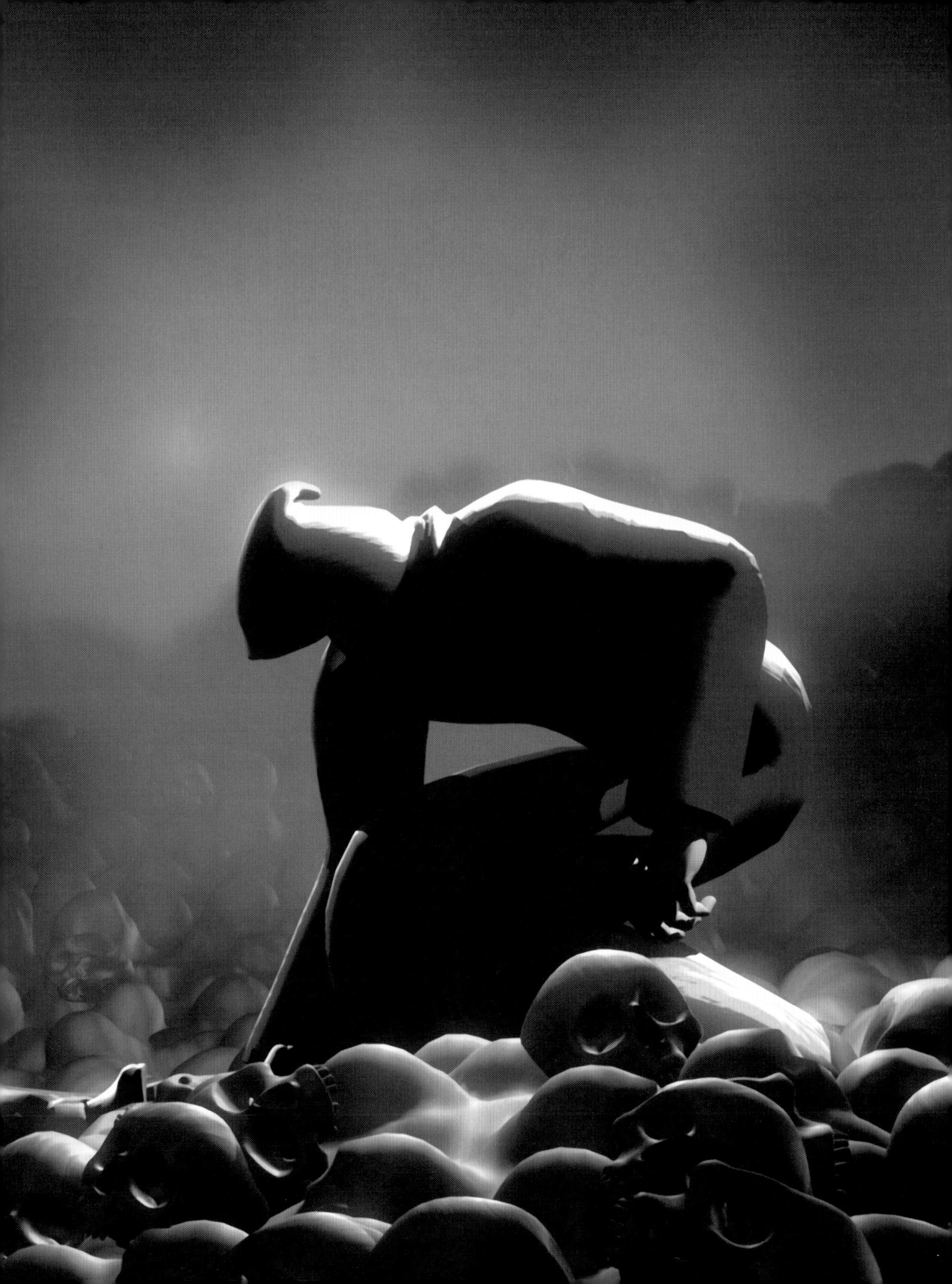

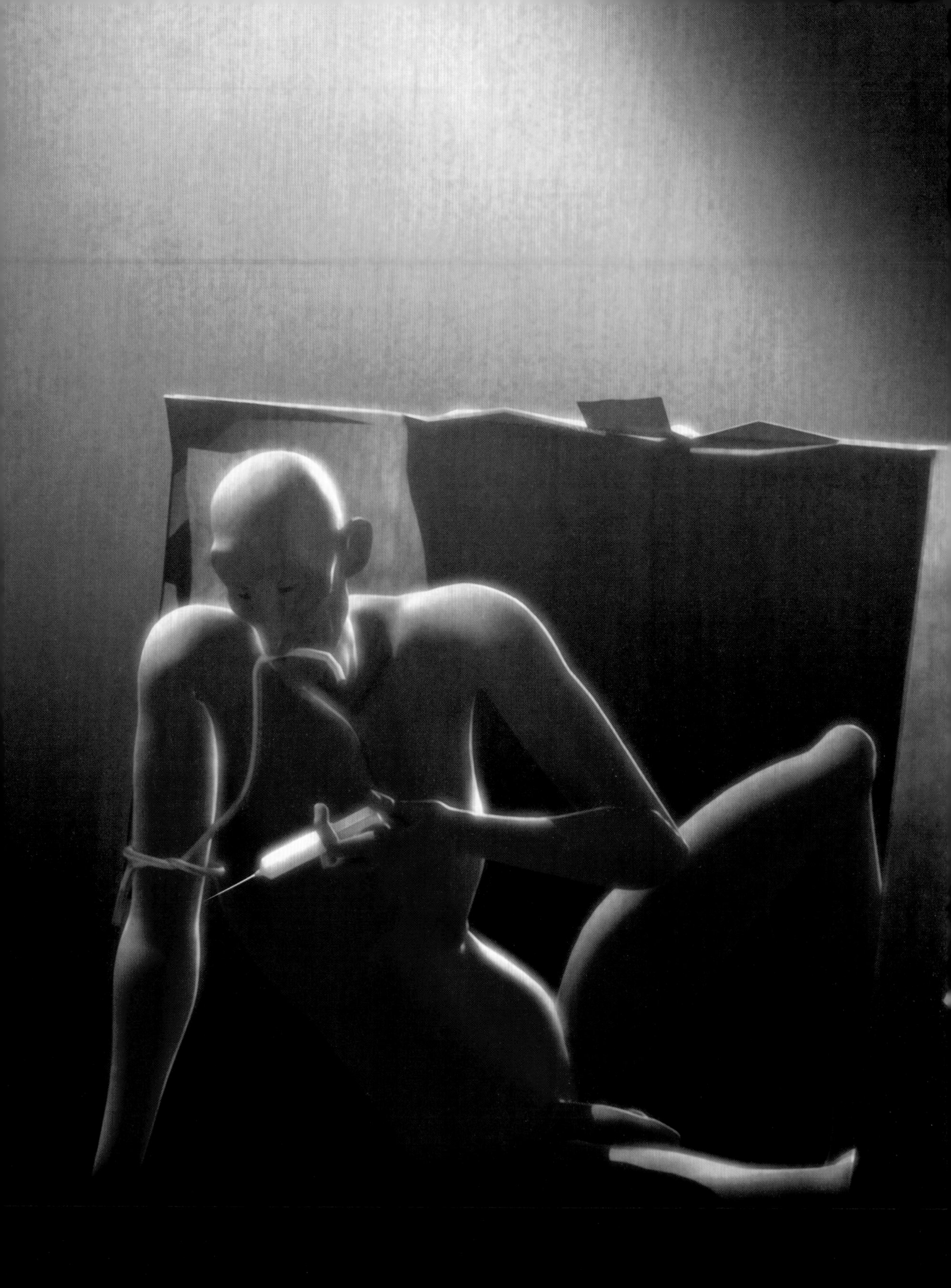

que se desvanecieron en la nada Zen Nueva Jersey
dejando un rastro de ambiguas postales del
Atlantic City Hall,
sufriendo sudores orientales y crujidos de huesos
tangerinos y migrañas de la China con síndrome
de abstinencia en un pobremente amoblado
cuarto de Newark,

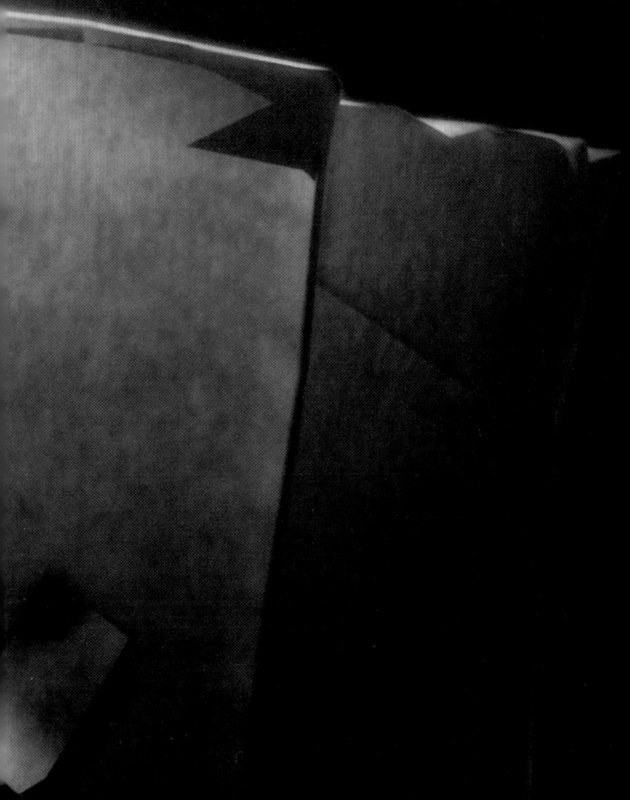

que vagaron por ahí y por ahí a medianoche en los patios de ferrocarriles preguntándose dónde ir, y se iban, sin dejar corazones rotos,

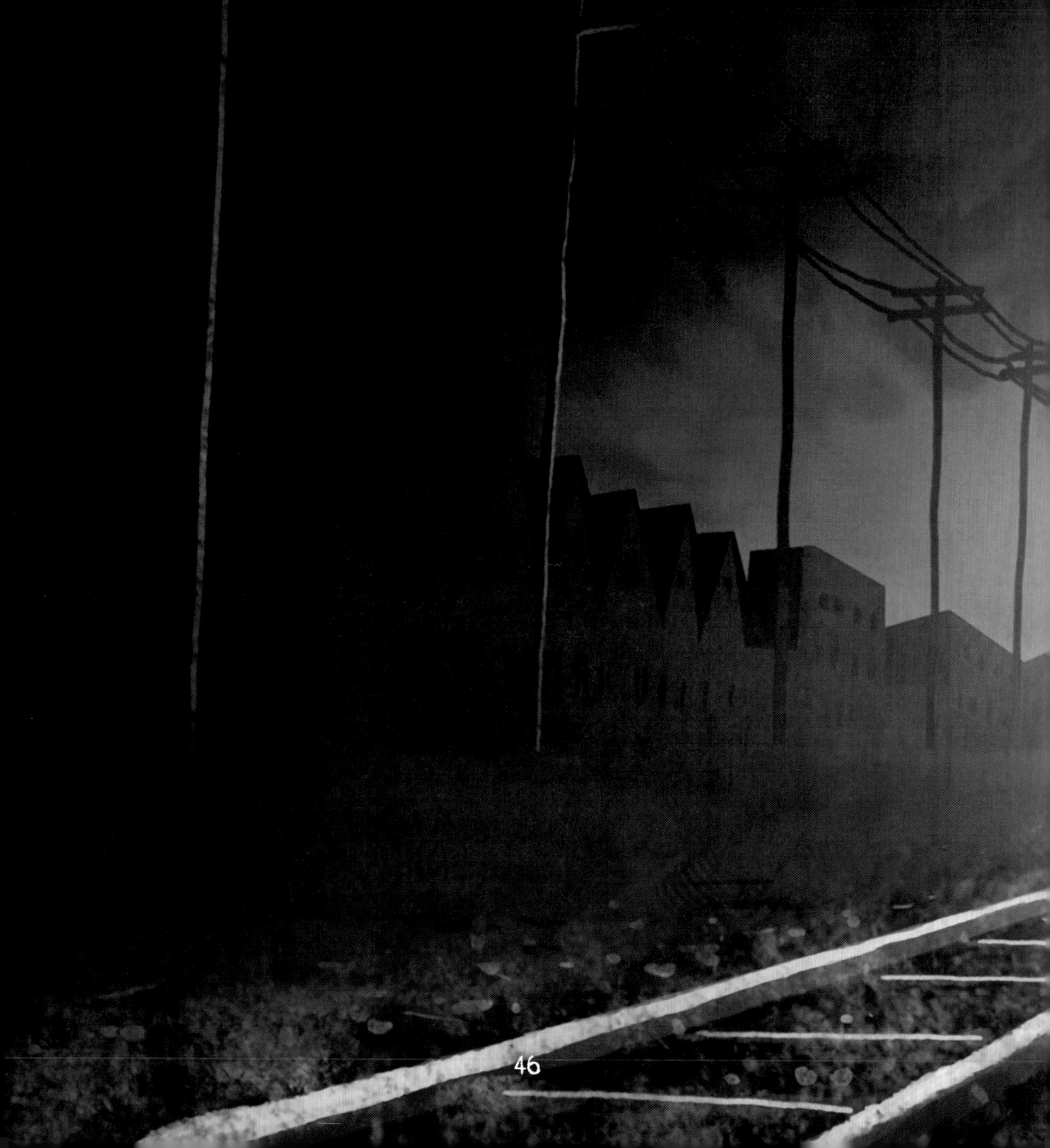

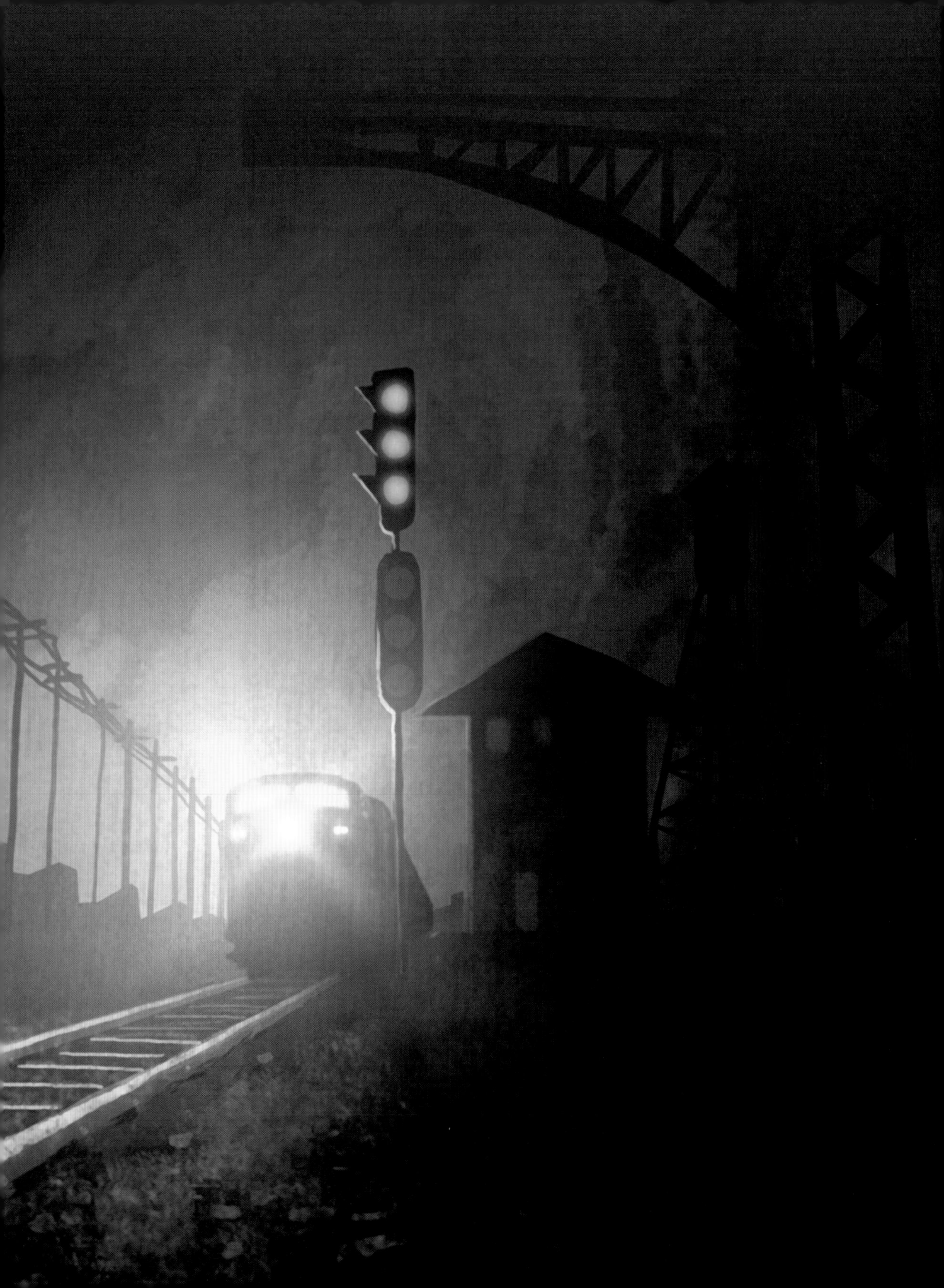

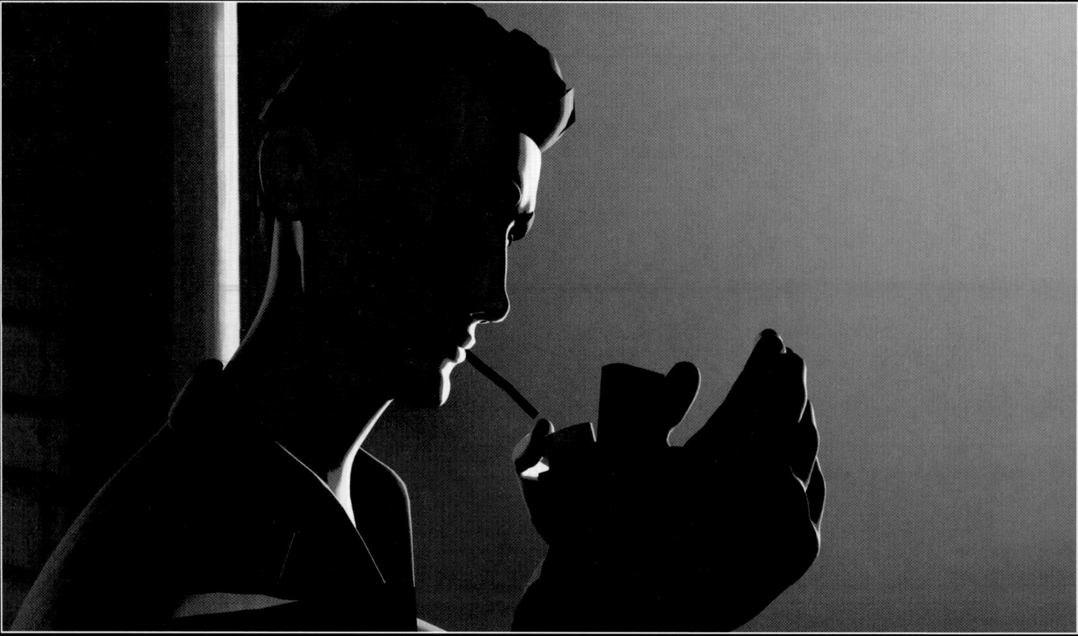

que encendieron cigarrillos en furgones furgones
furgones haciendo ruido a través de la nieve
hacia granjas solitarias en la abuela noche,

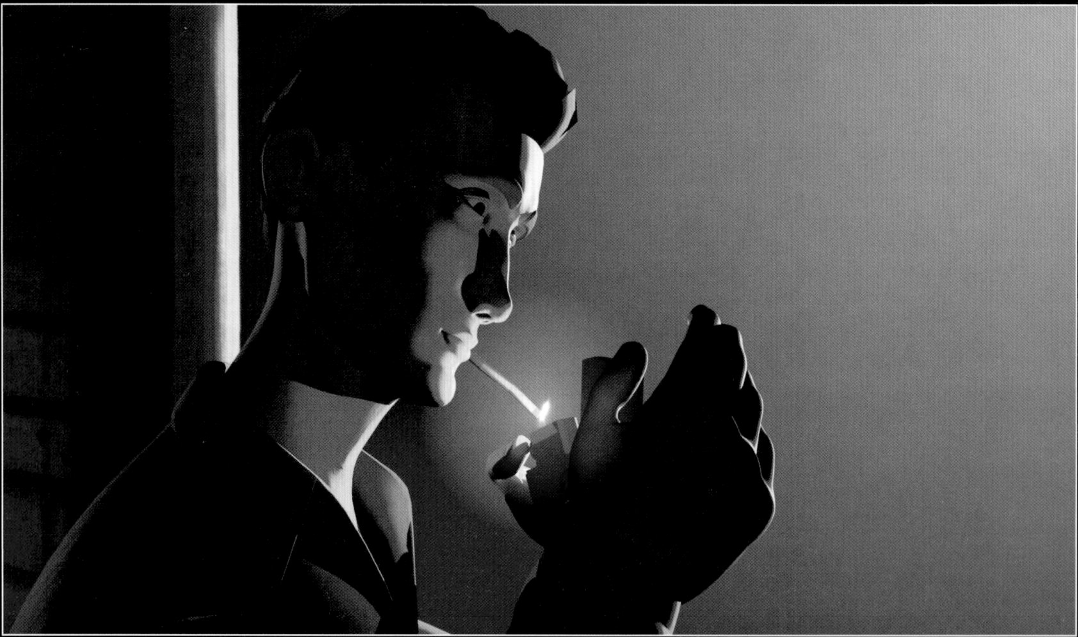

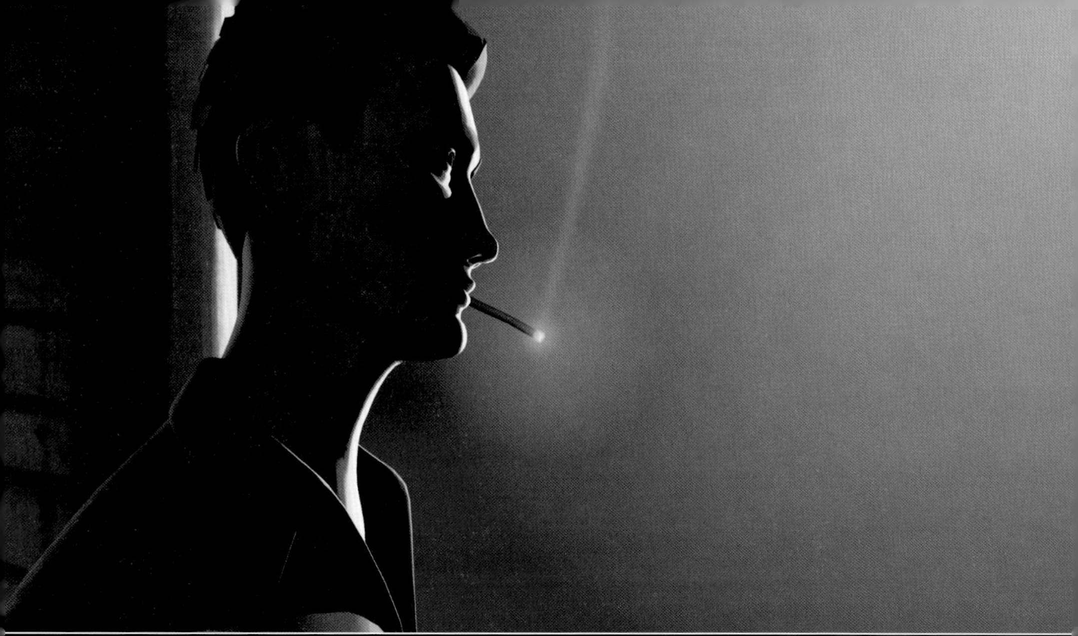

que estudiaron a Plotino Poe San Juan de la Cruz
telepatía bop kabbalah porque el cosmos
instintivamente vibraba a sus pies en Kansas,

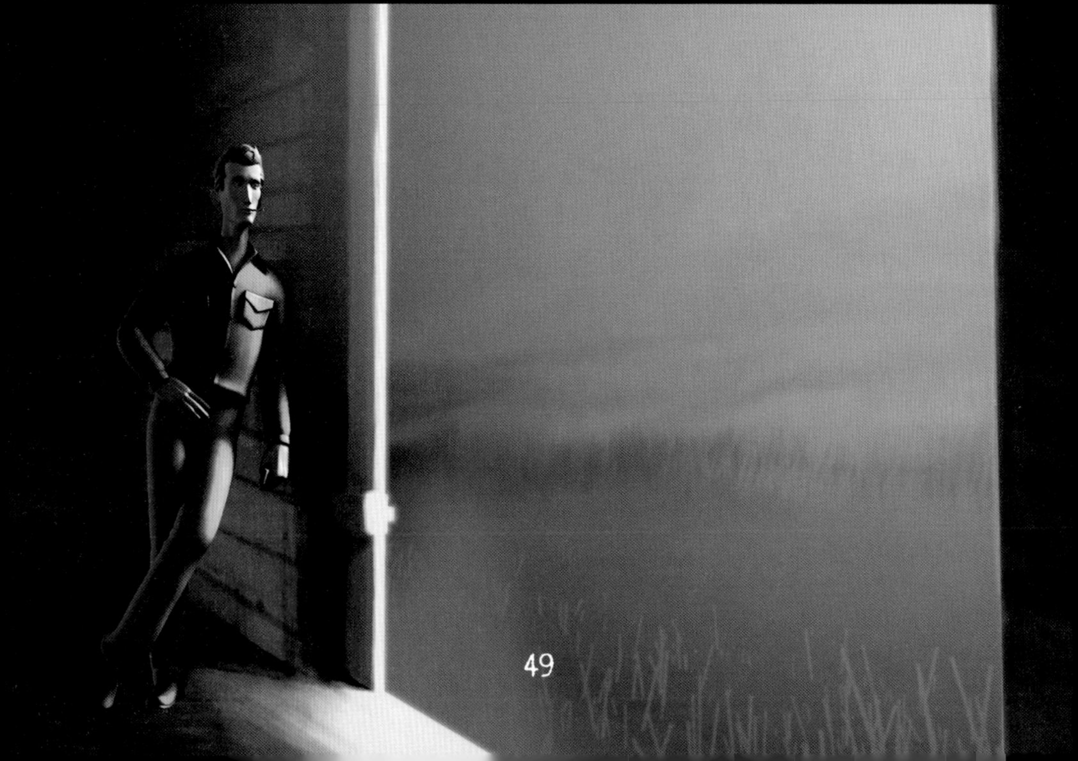

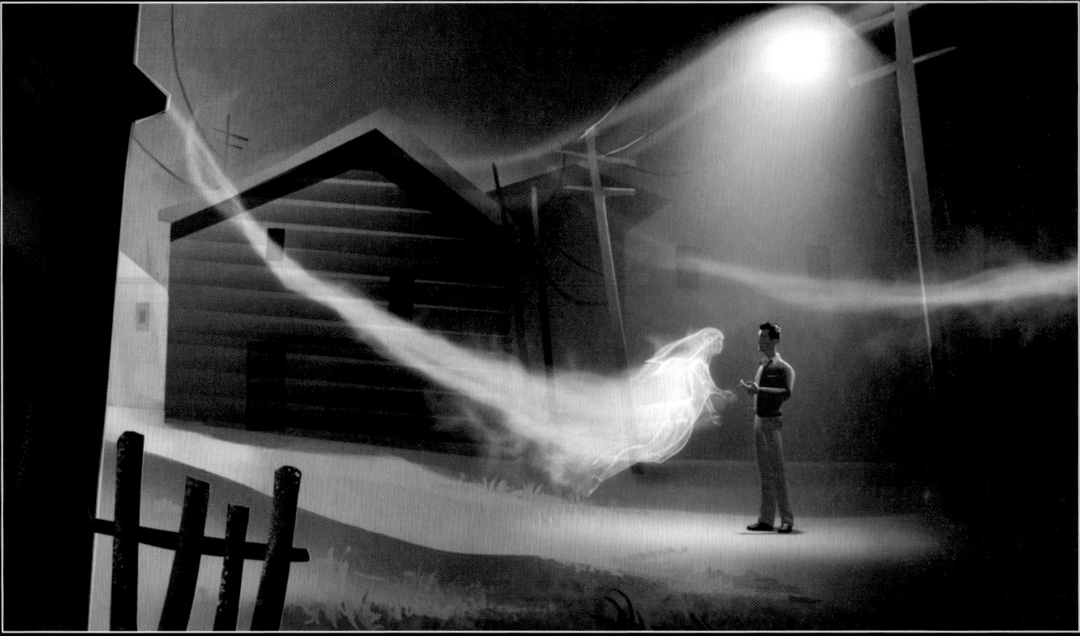

que vagaron solos por las calles de Idaho buscando
ángeles indios visionarios que fueran ángeles
indios visionarios,

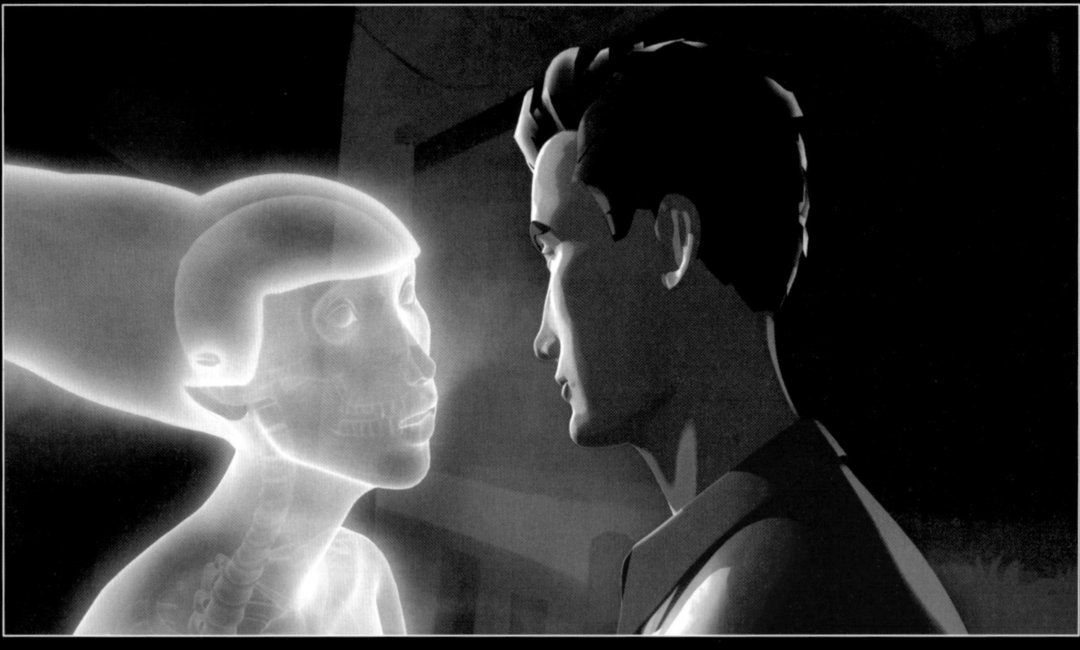

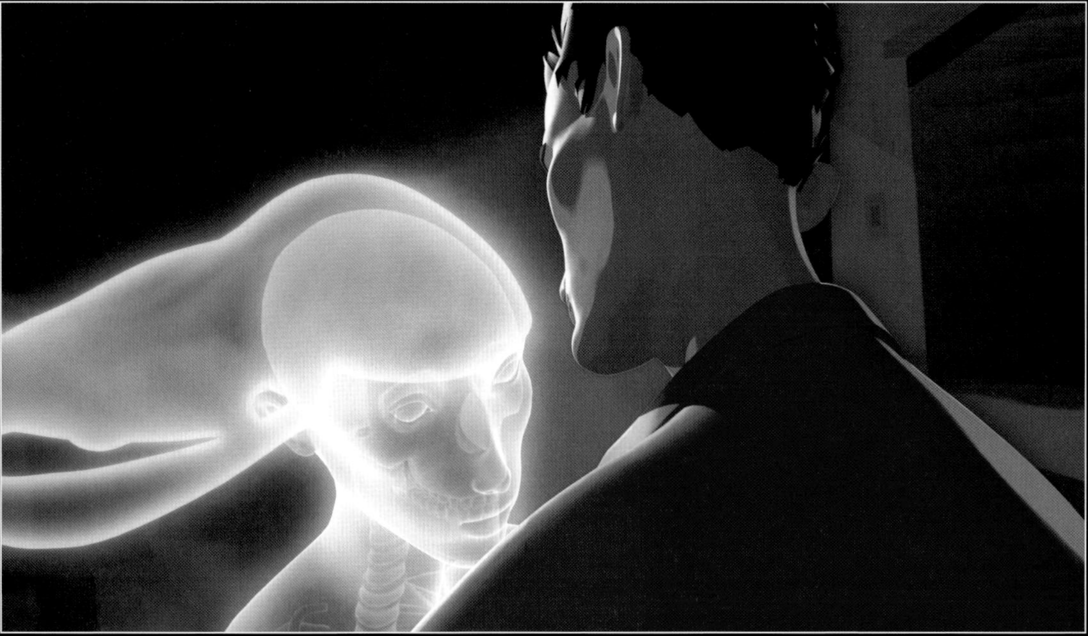

que pensaron que tan sólo estaban locos cuando
Baltimore refulgió en un éxtasis sobrenatural,

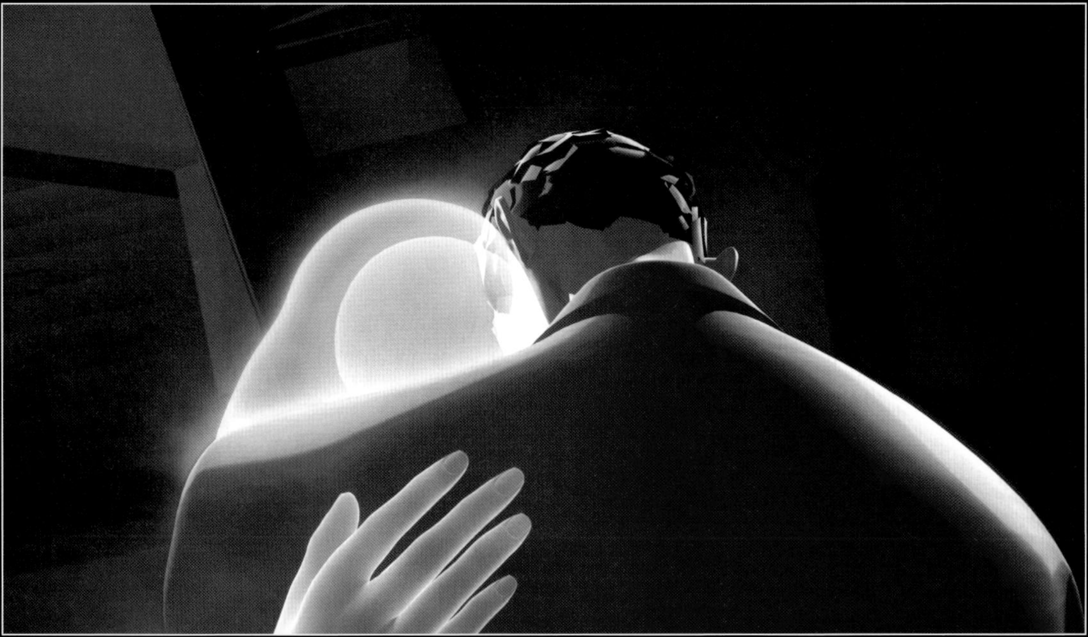

que subieron en limusinas con el chino de Oklahoma
impulsados por la lluvia de pueblo luz de
calle en la medianoche invernal,

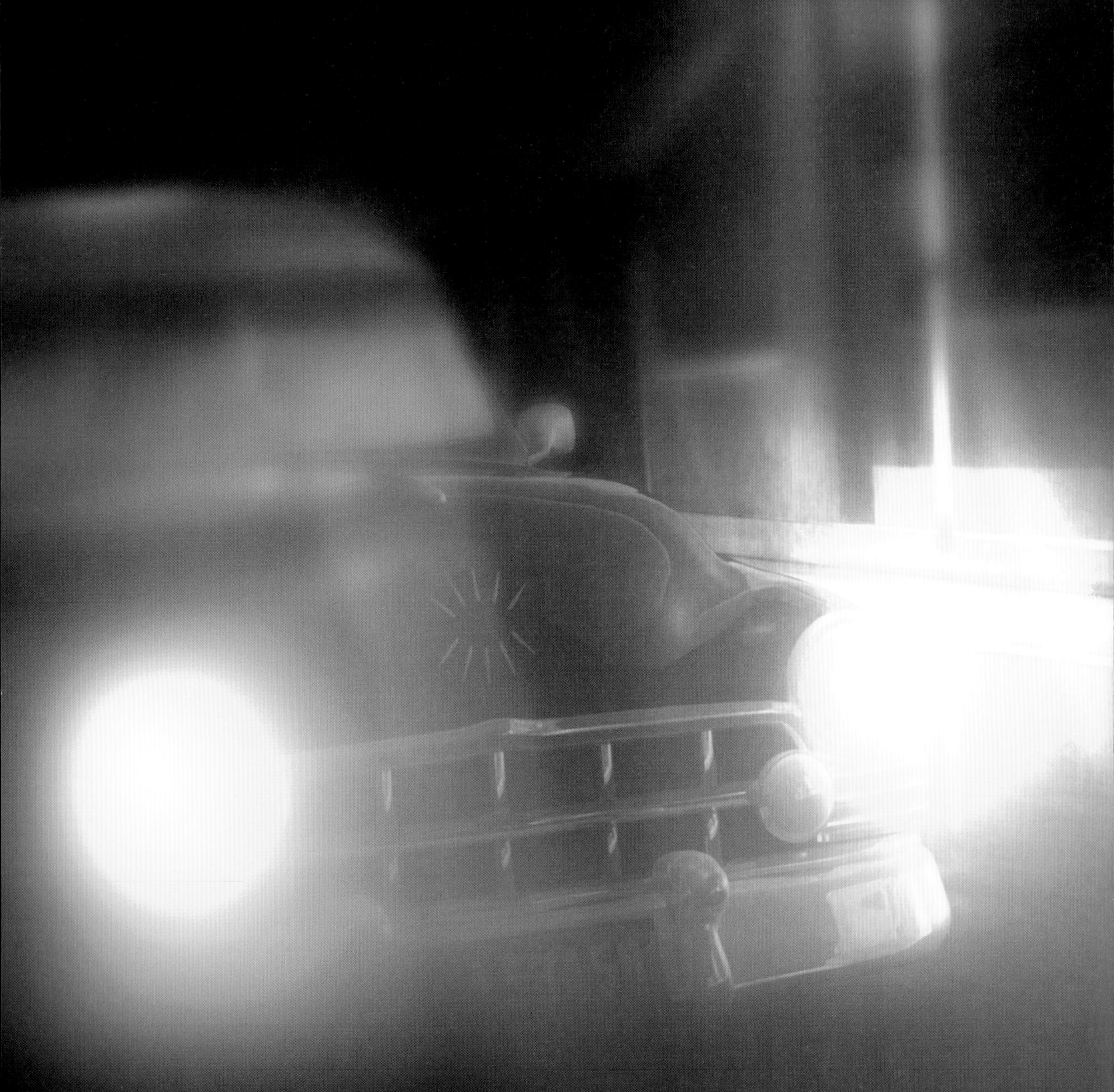

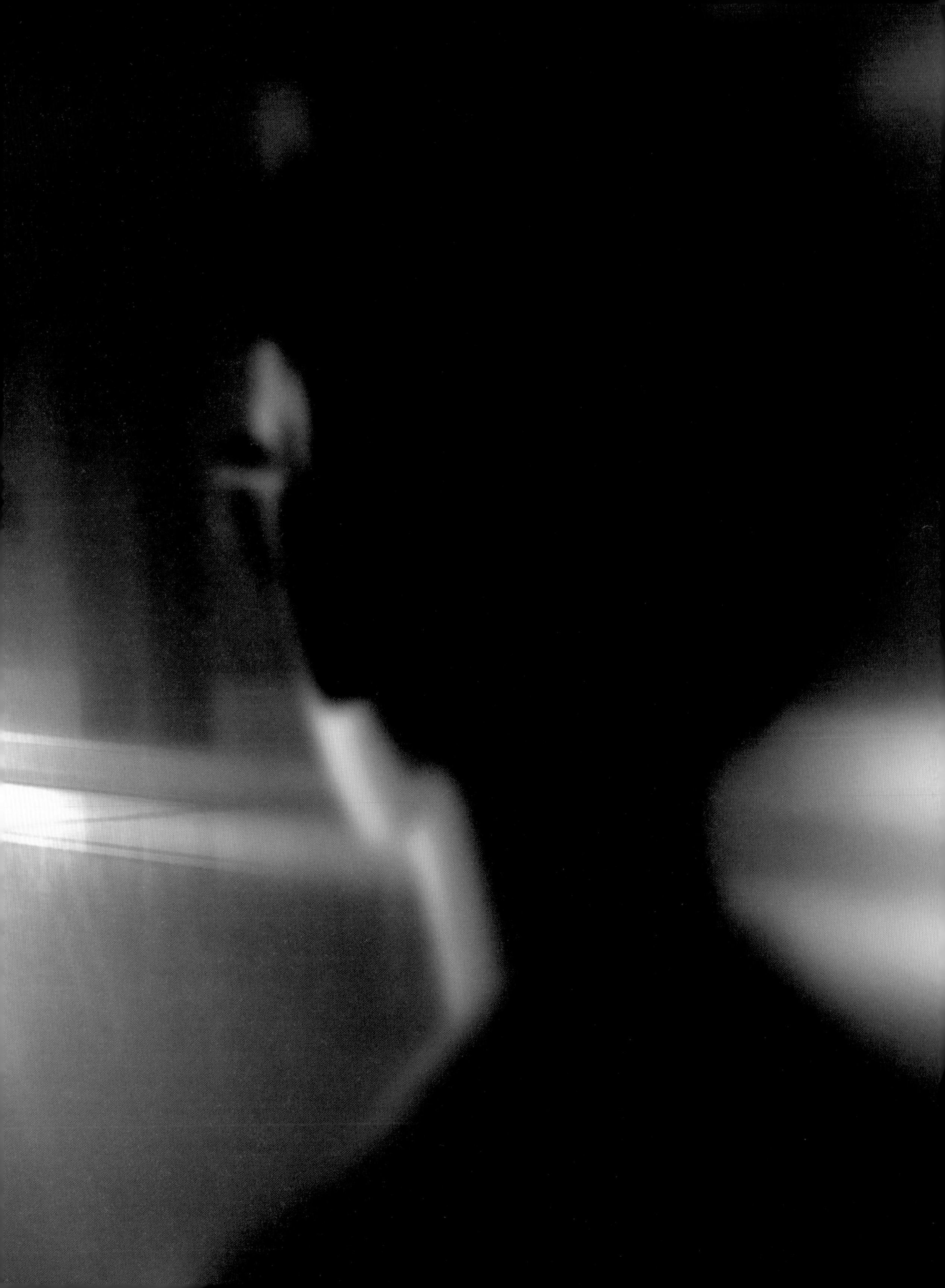

que vagaron hambrientos y solitarios en houston

en busca de jazz o sexo o sopa, y siguieron al

brillante español para conversar sobre

América y la Eternidad, una tarea inútil y

así se embarcaron hacia África,

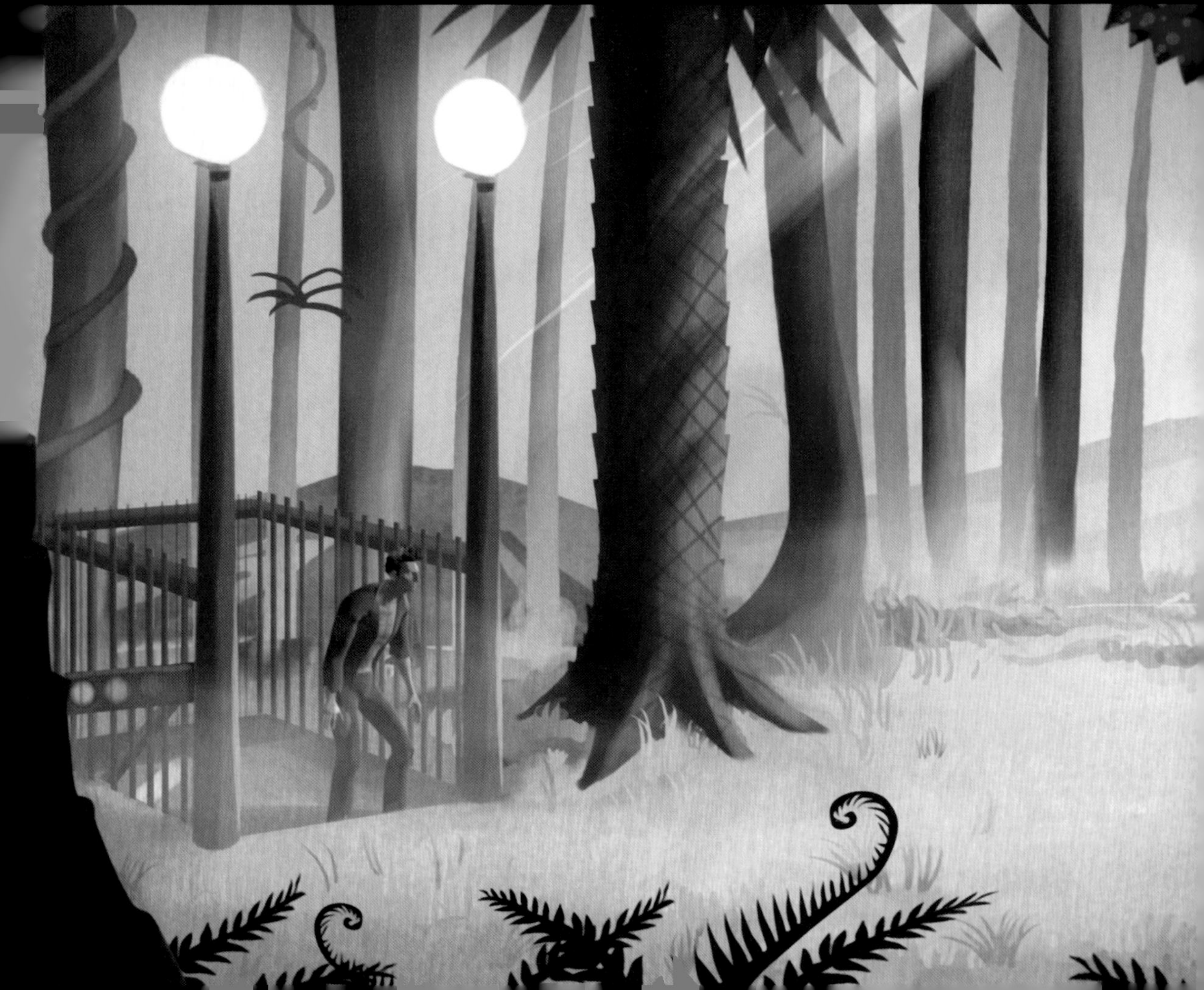

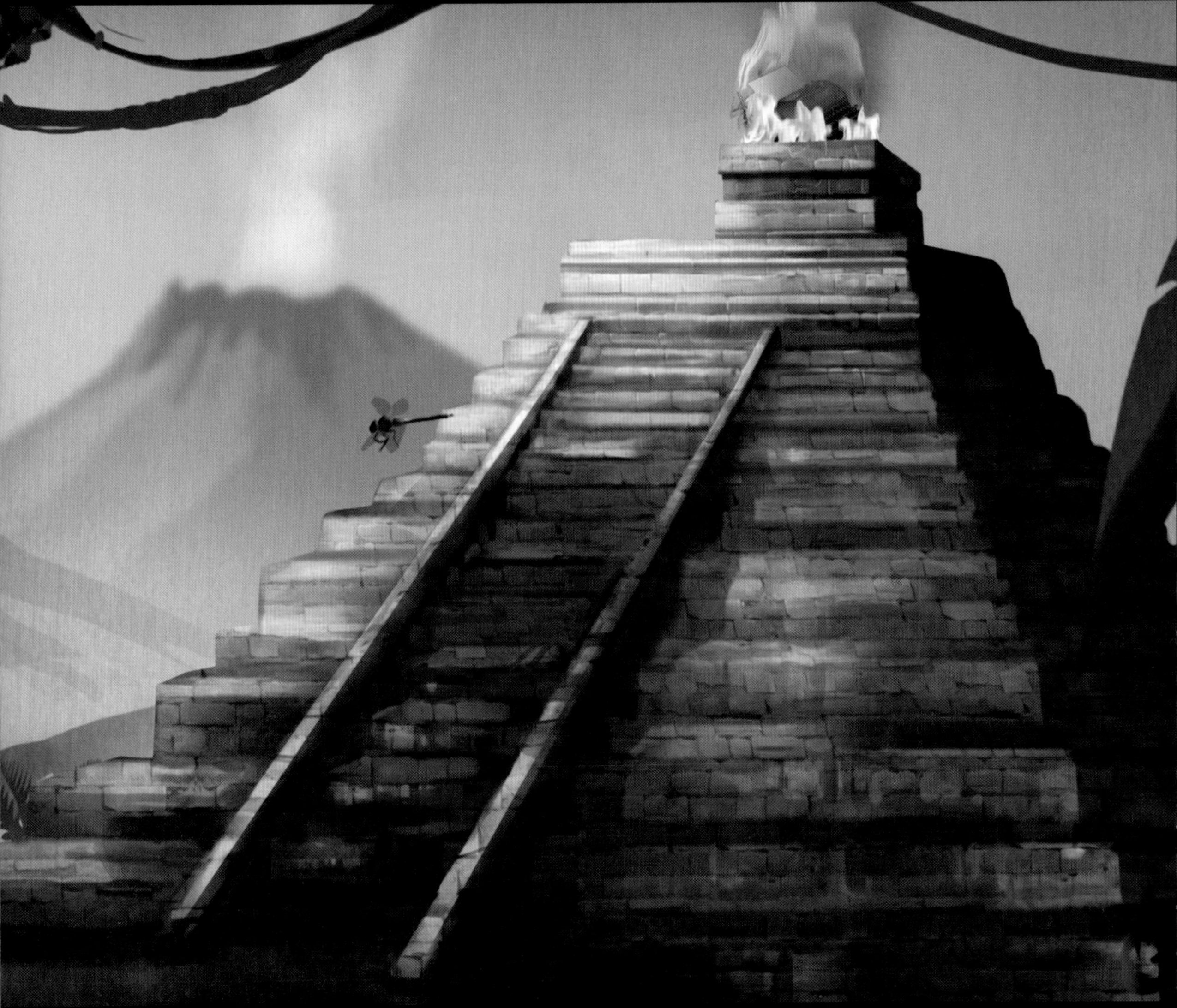

que desaparecieron en los volcanes de México
dejando atrás nada sino la sombra de jeans
y la lava y la ceniza de la poesía esparcida
en la chimenea Chicago,

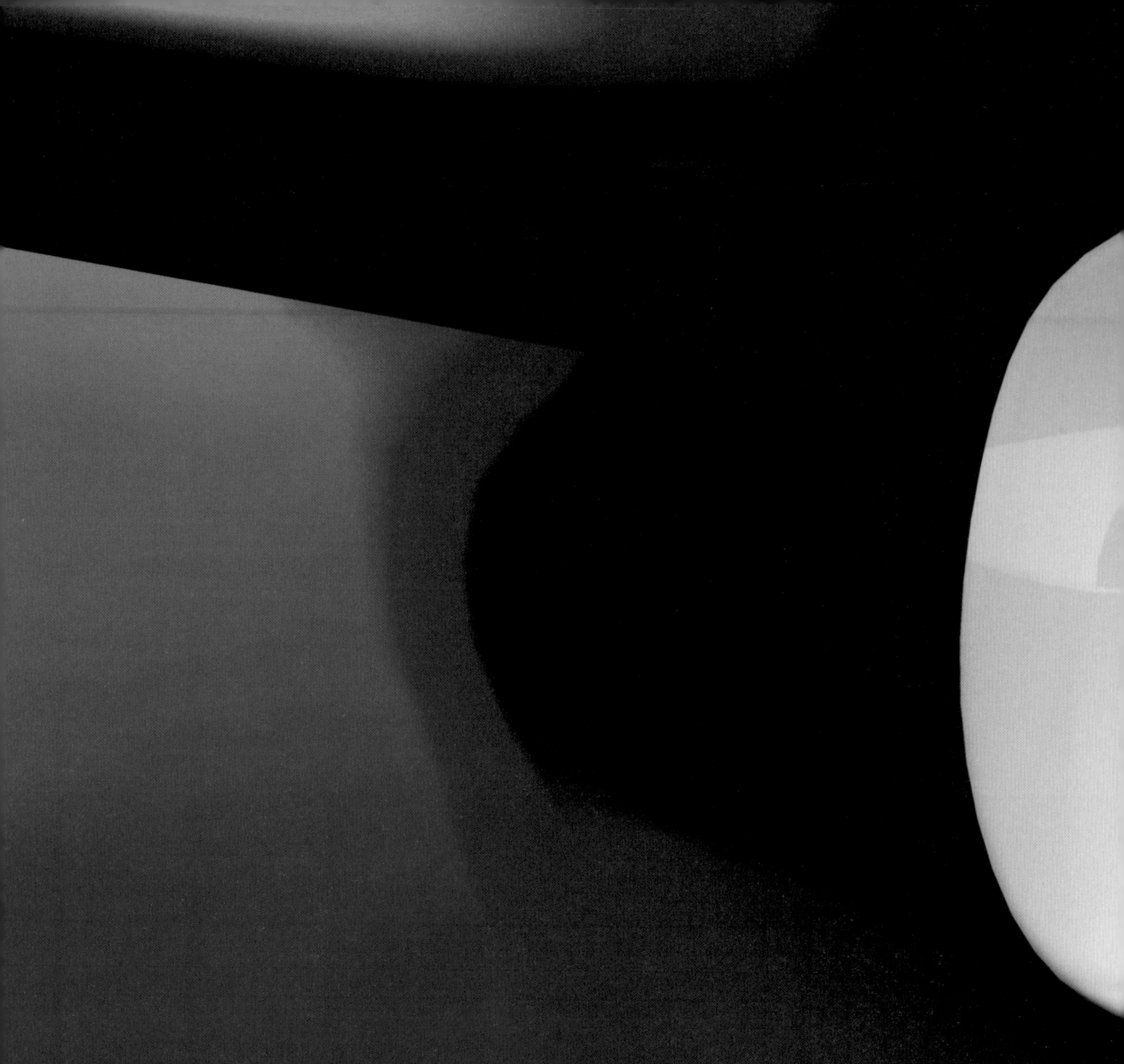

que reaparecieron en la Costa Oeste investigando
al FBI con barba y pantalones cortos con
grandes ojos pacifistas sensuales en su oscura
piel repartiendo incomprensibles panfletos,

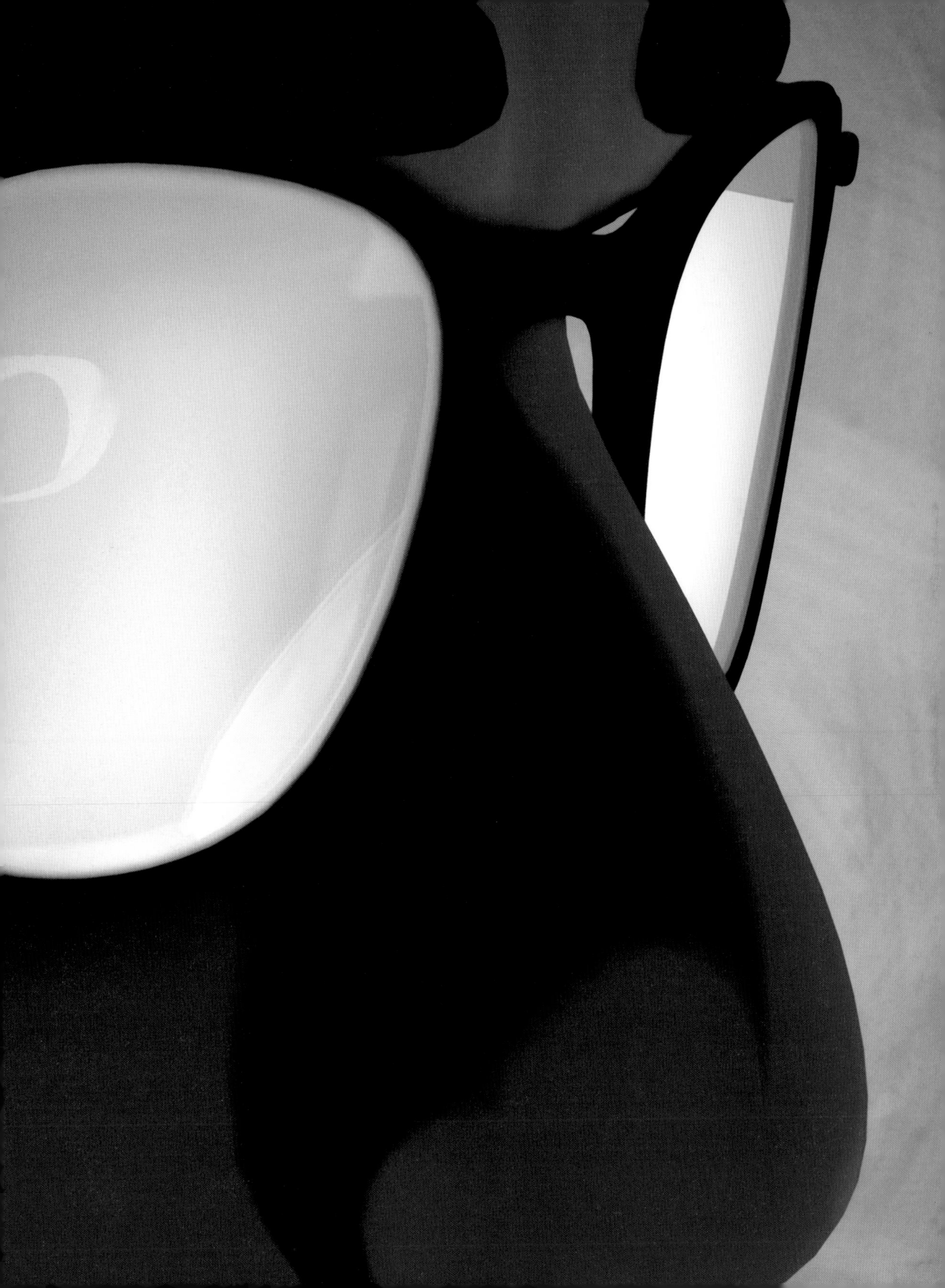

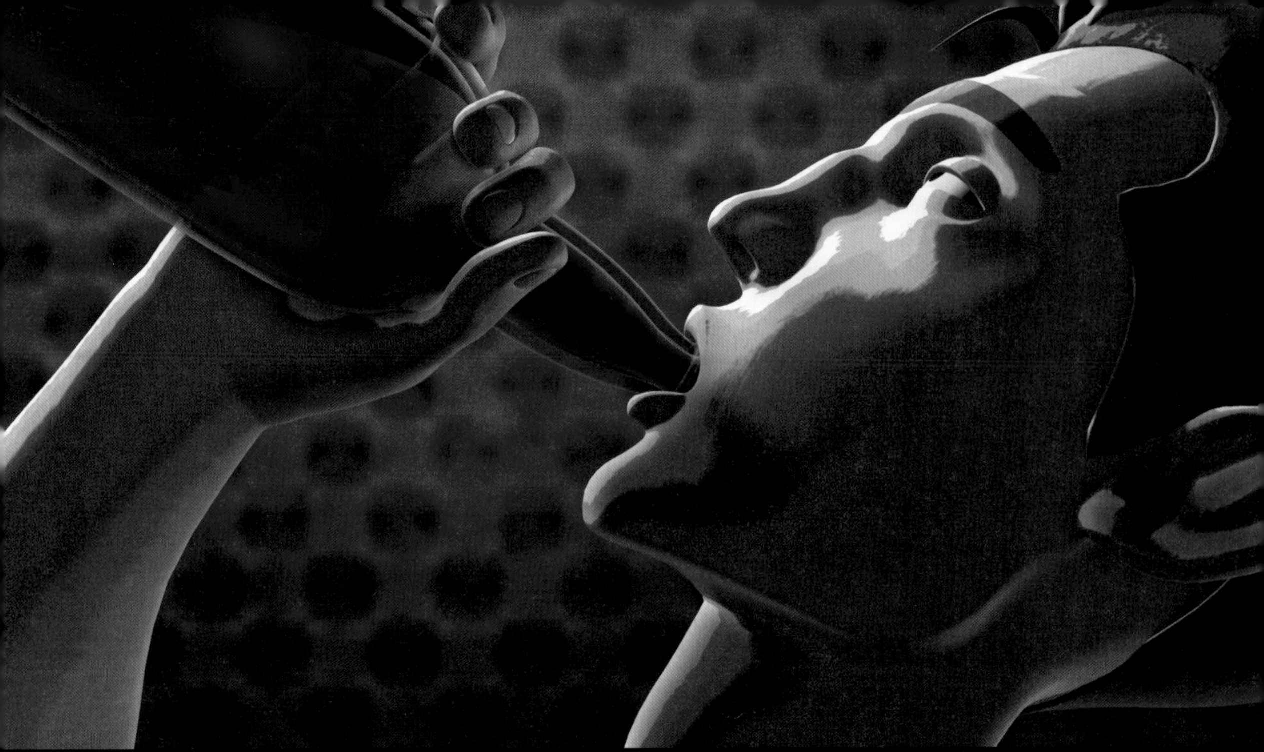

que se quemaron los brazos con cigarrillos...

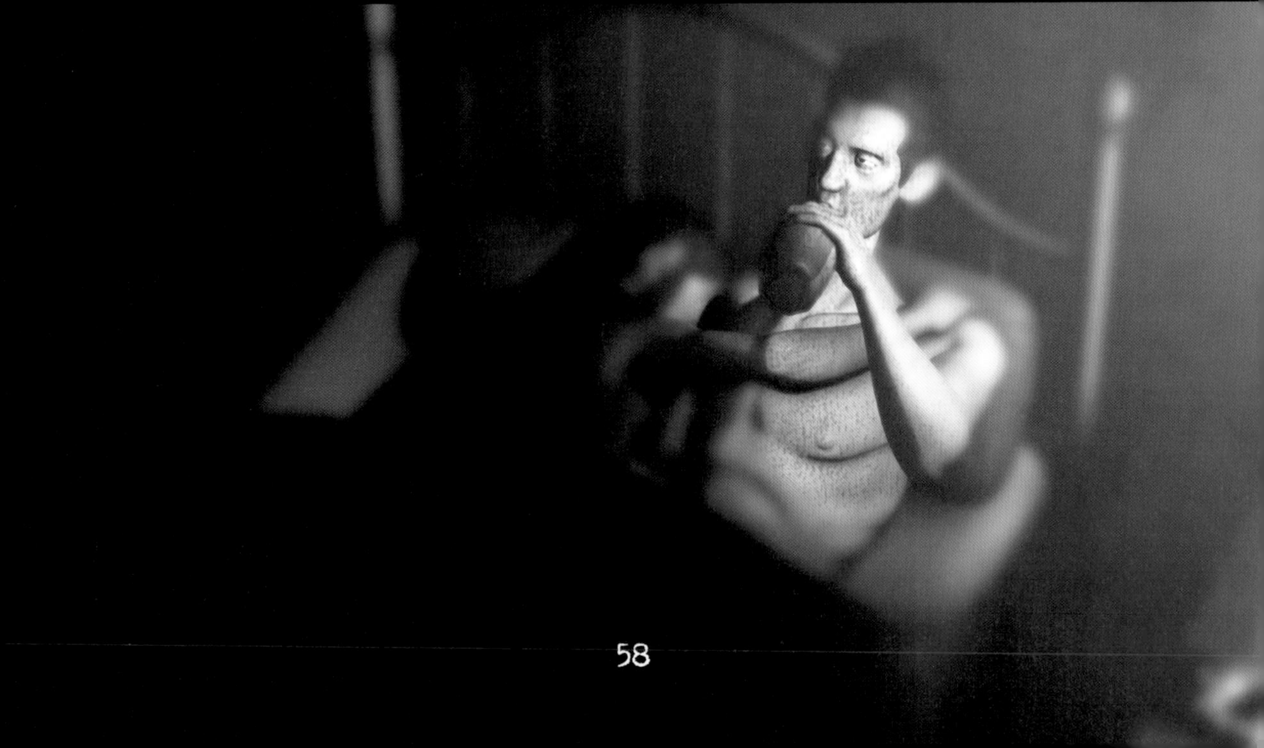

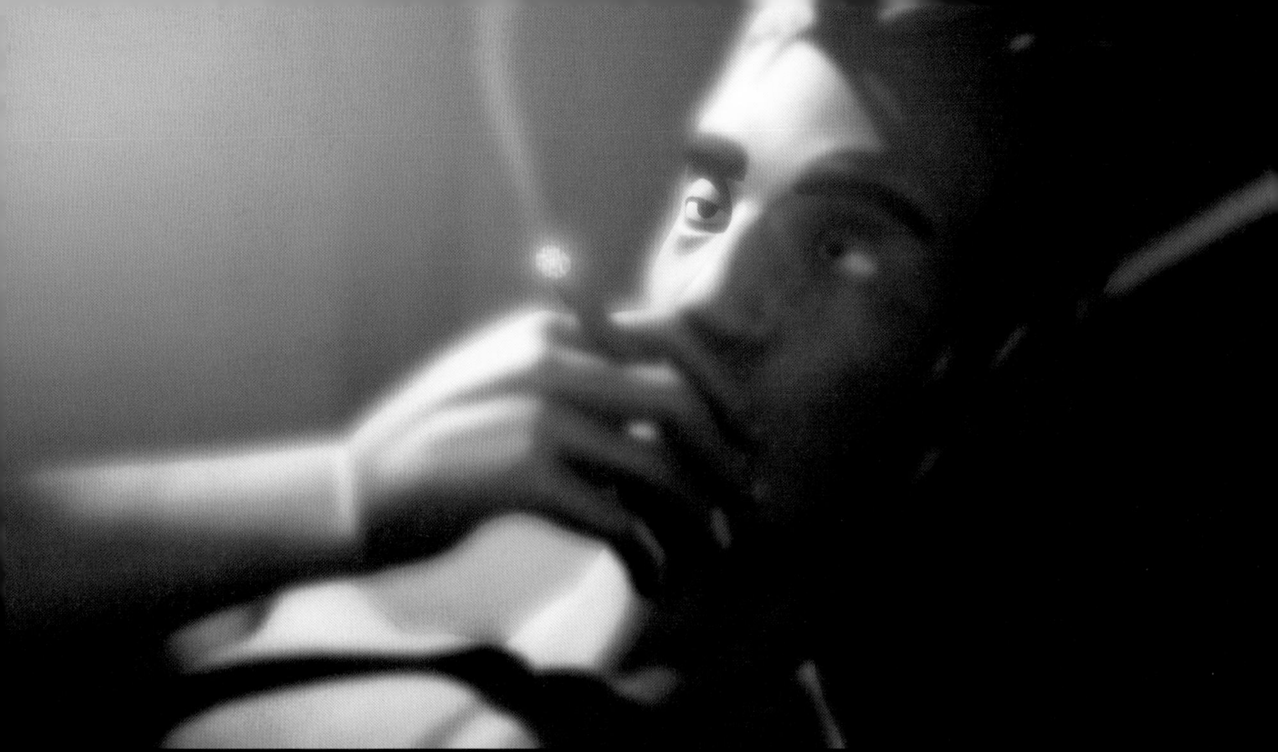

...protestando por la neblina narcótica del tabaco
del Capitalismo,

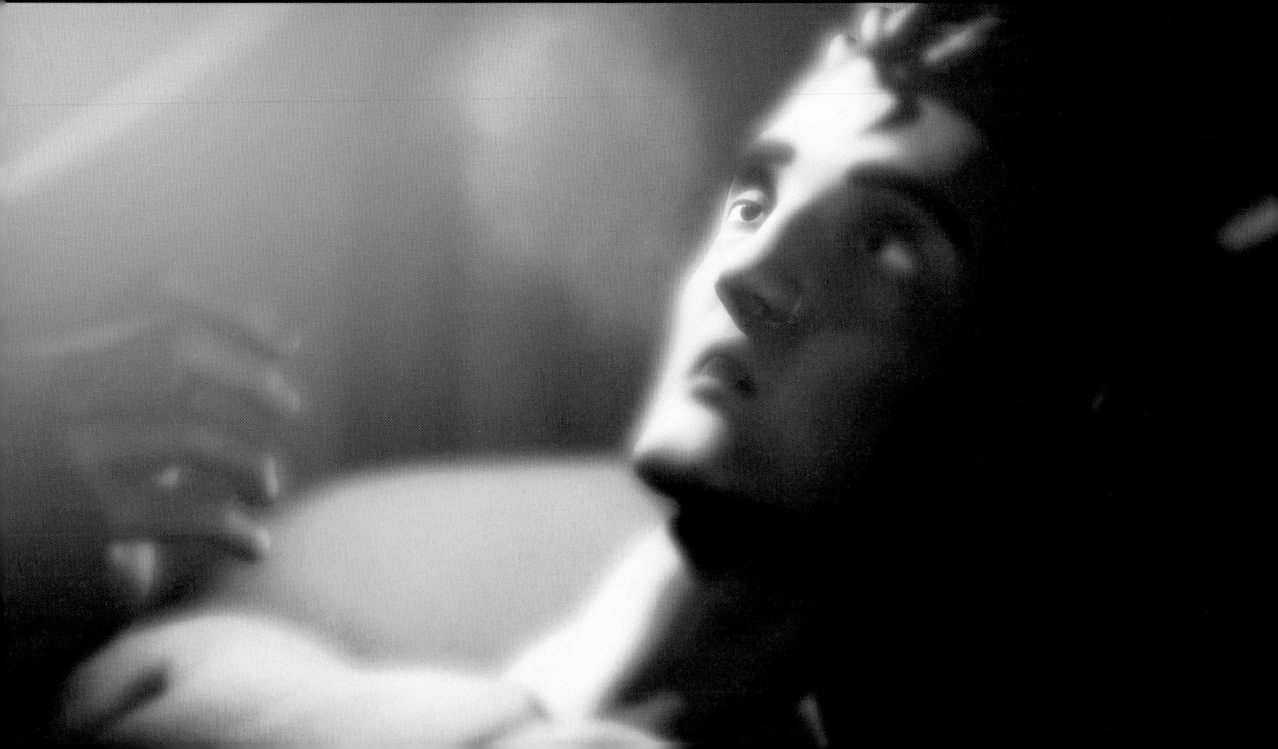

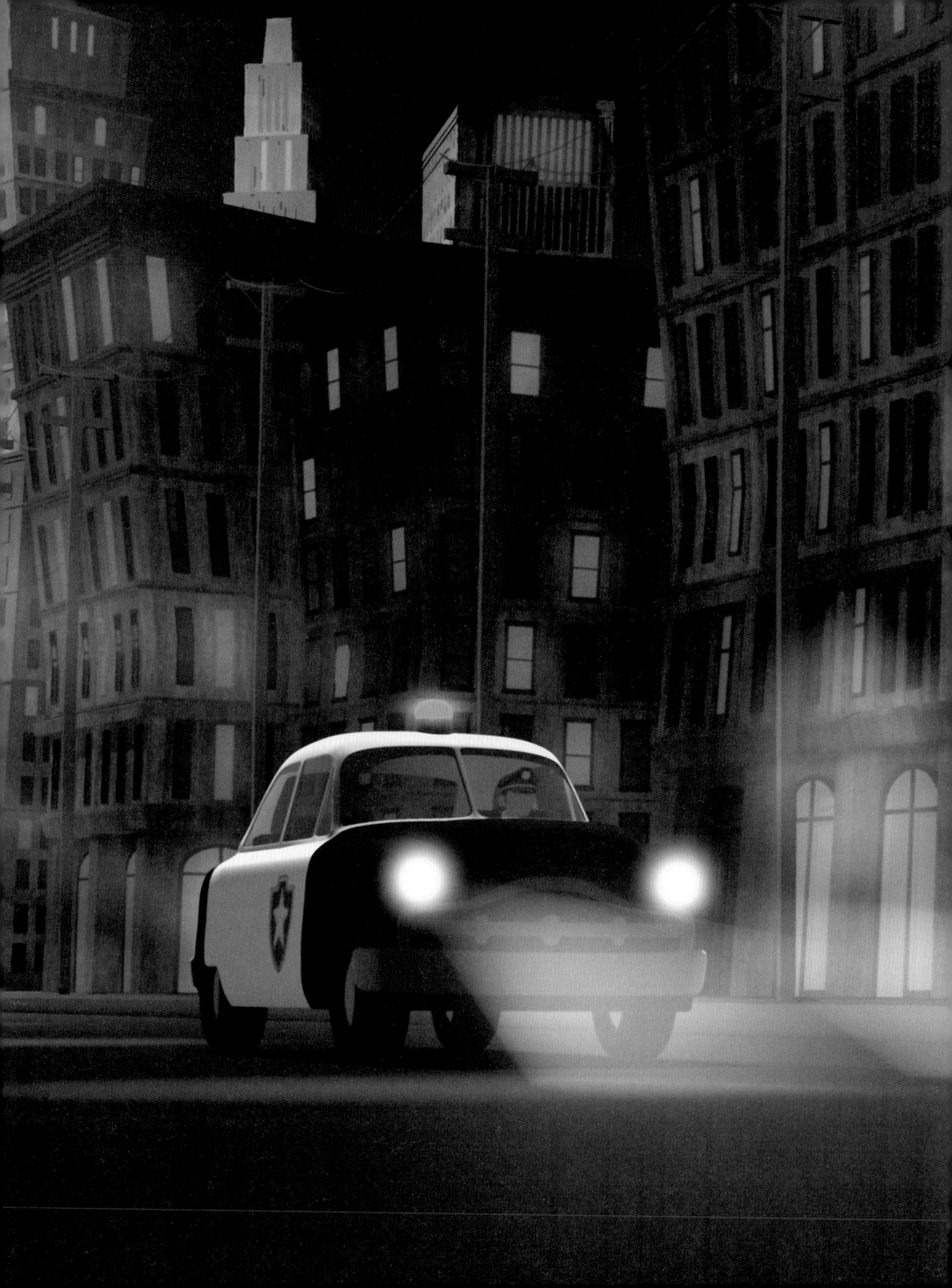

que distribuyeron panfletos supercomunistas en
Union Square sollozando y desnudándose mientras
las sirenas de Los Álamos aullaban por ellos
y aullaban por la calle Wall, y el ferry de
Staten Island también aullaba,
que se derrumbaron llorando en gimnasios blancos
desnudos y temblando ante la maquinaria de
otros esqueletos,
que mordieron detectives en el cuello y chillaron
con deleite en autos de policías por no cometer
más crimen que su propia salvaje pederastia e
intoxicación,

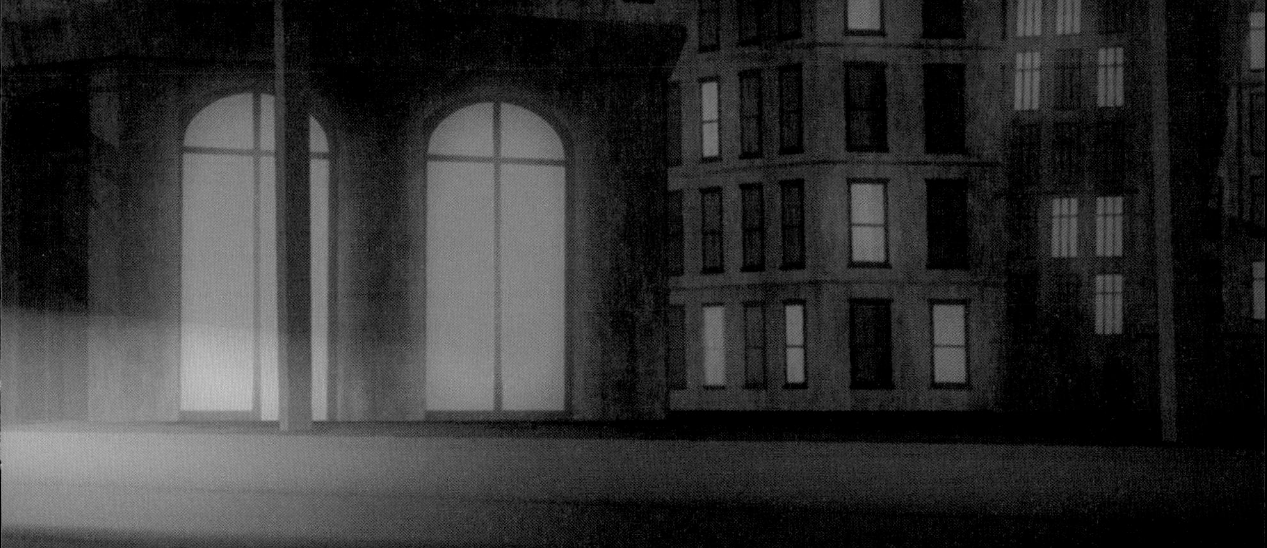

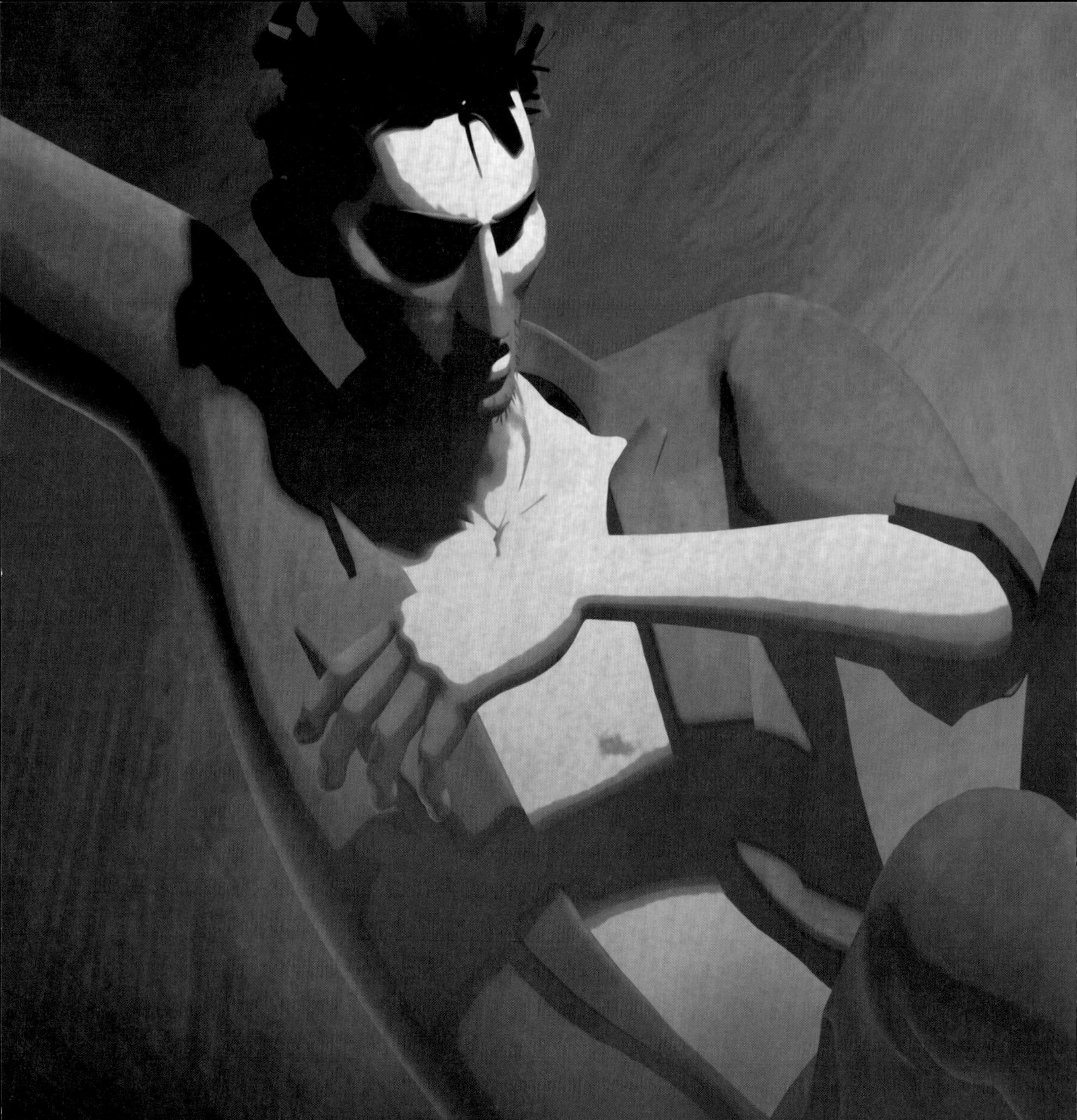

que aullaron de rodillas en el subterráneo y eran
arrastrados por los tejados blandiendo
genitales y manuscritos,

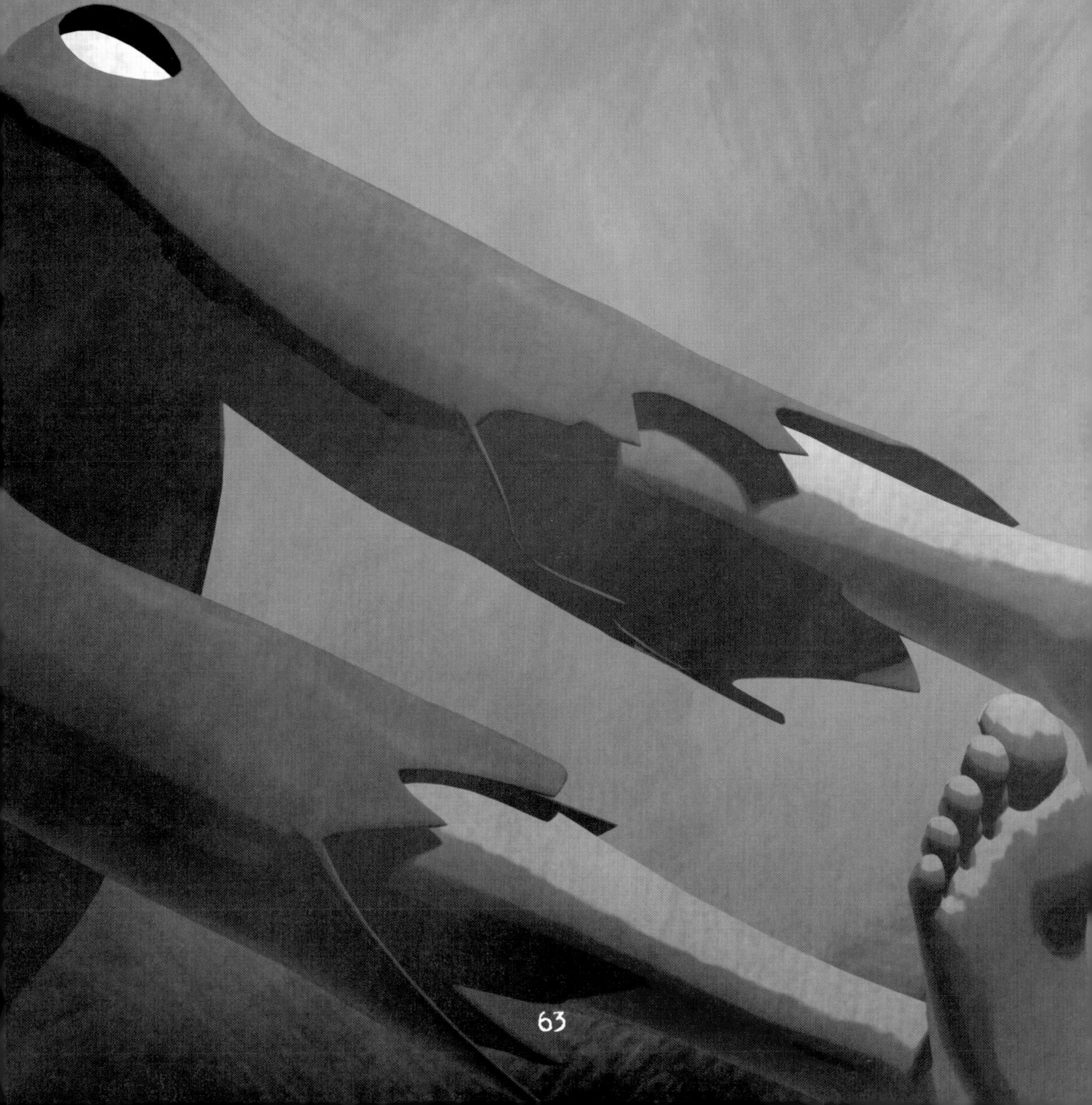

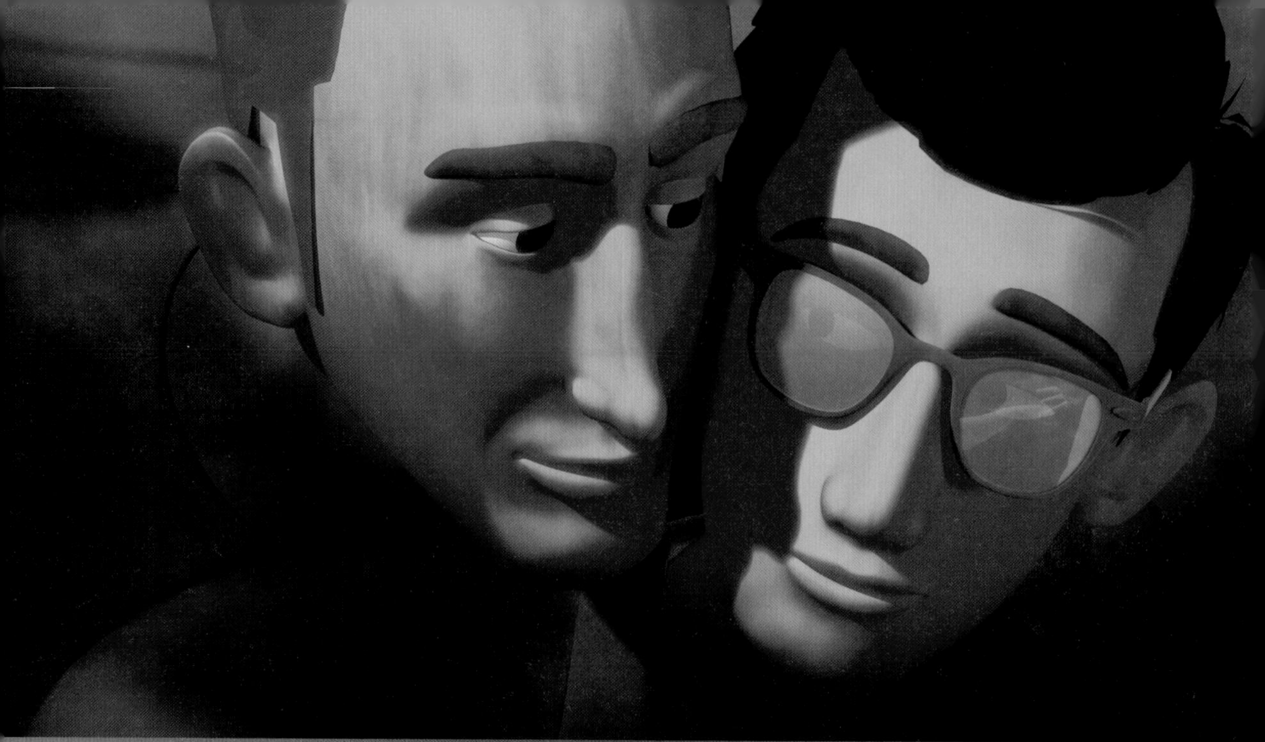

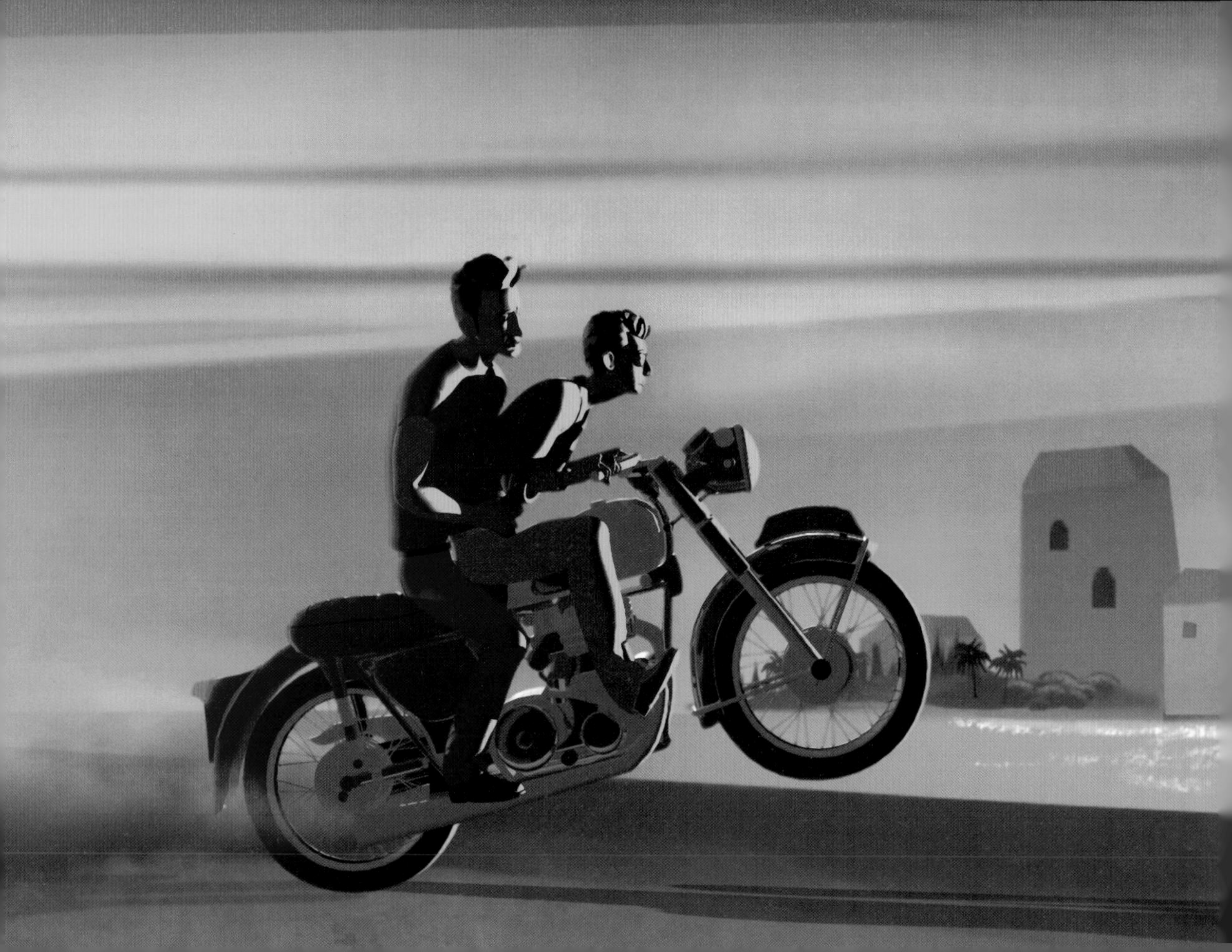

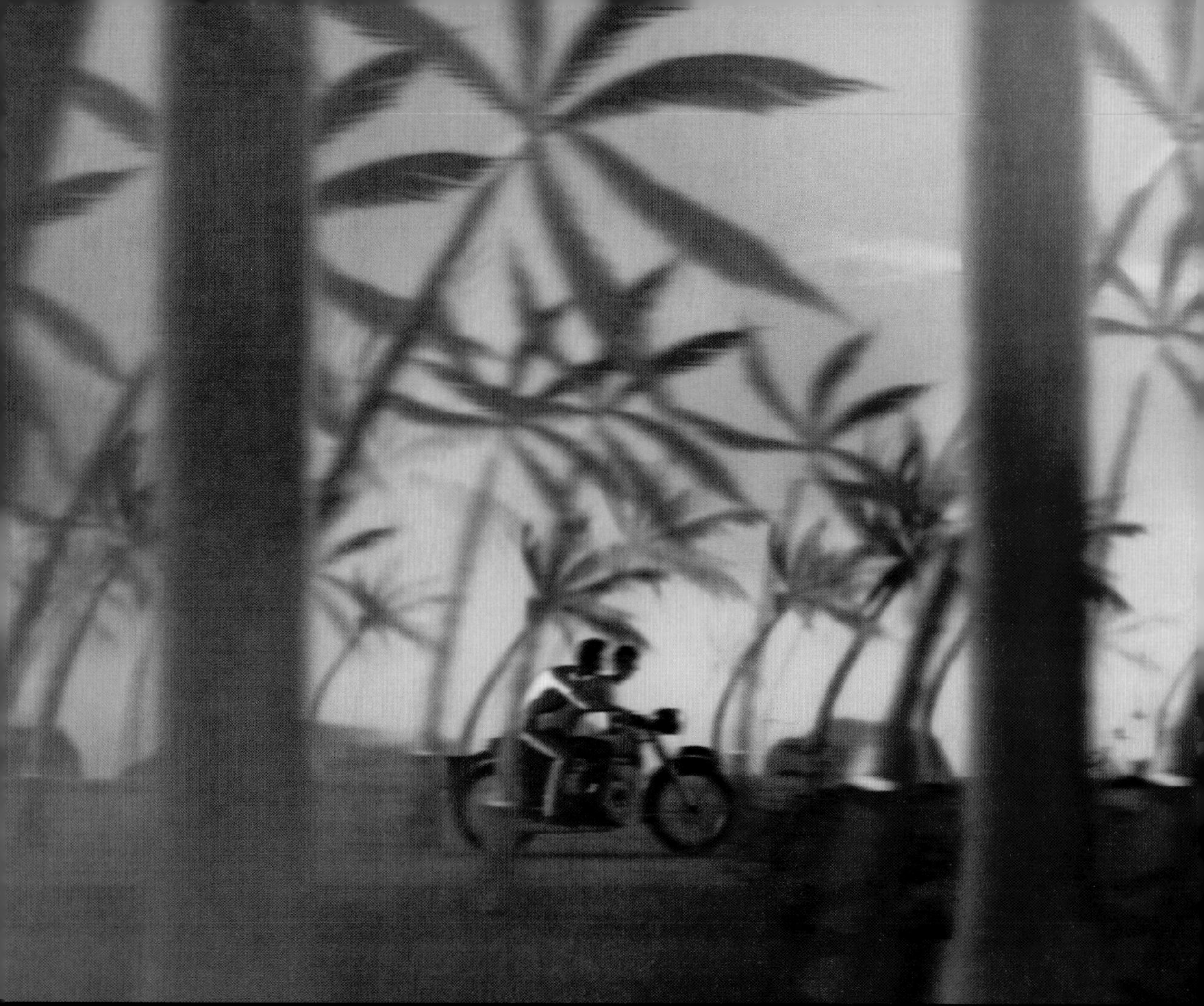

que se dejaron follar por el culo por santos

motociclistas, y gritaban de gozo.

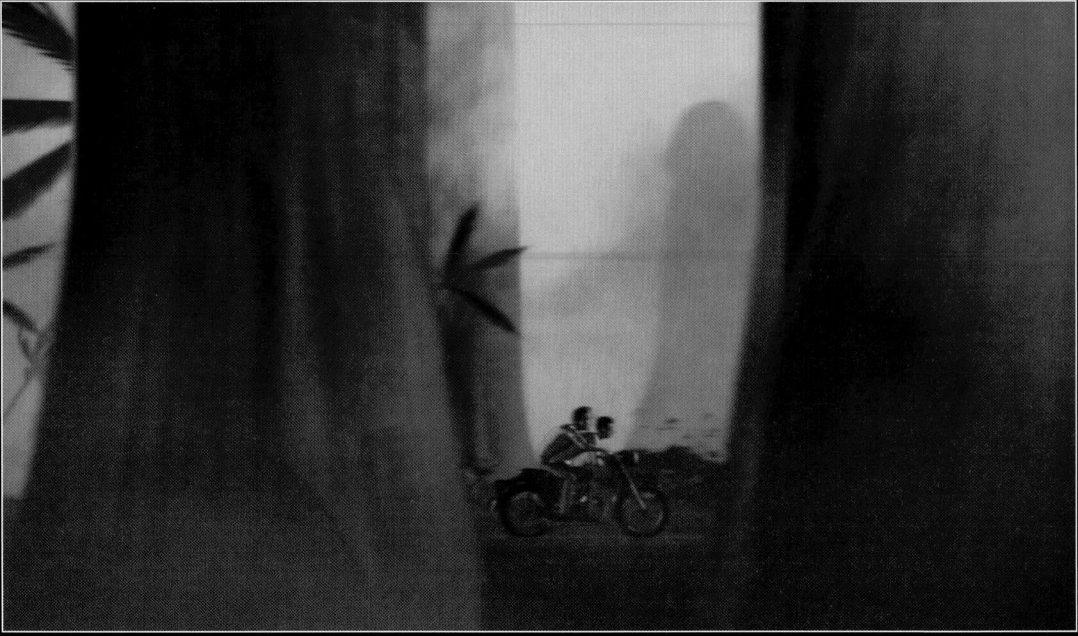

que mamaron y fueron mamados por esos serafines humanos,

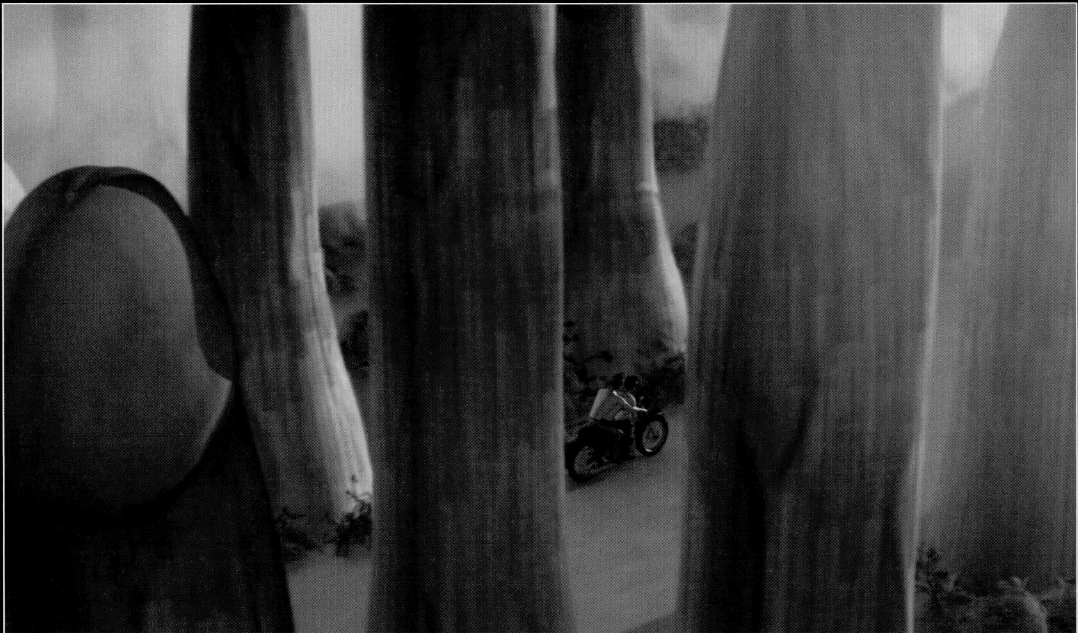

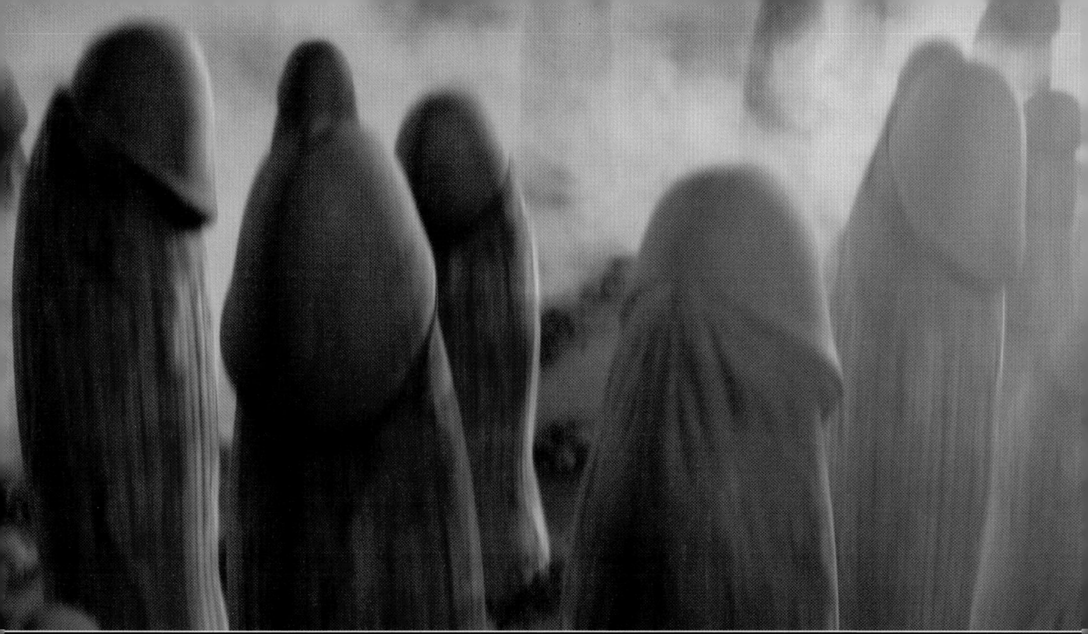

los marinos, caricias de amor atlántico y caribeño,

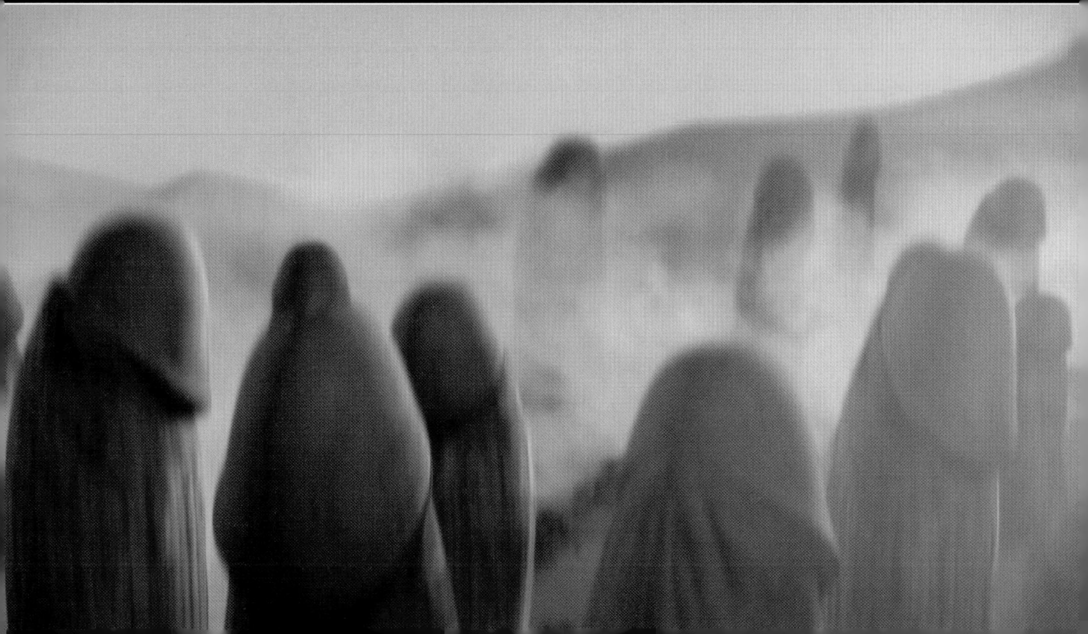

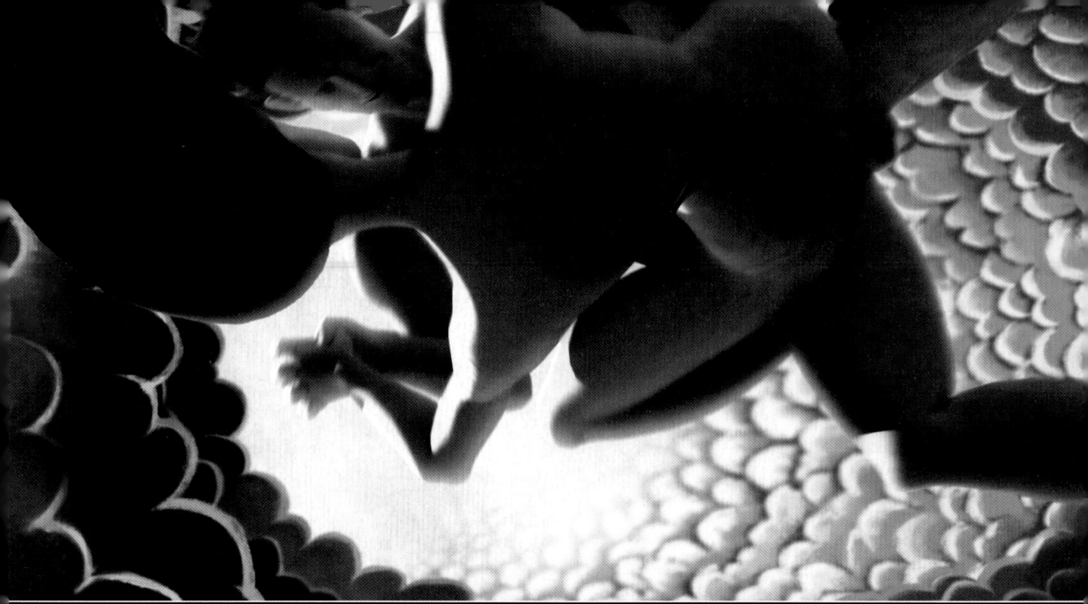

que follaron en la mañana en las tardes en rosales
y en el pasto de parques públicos y cementerios
repartiendo su semen libremente a quien
quisiera venir,

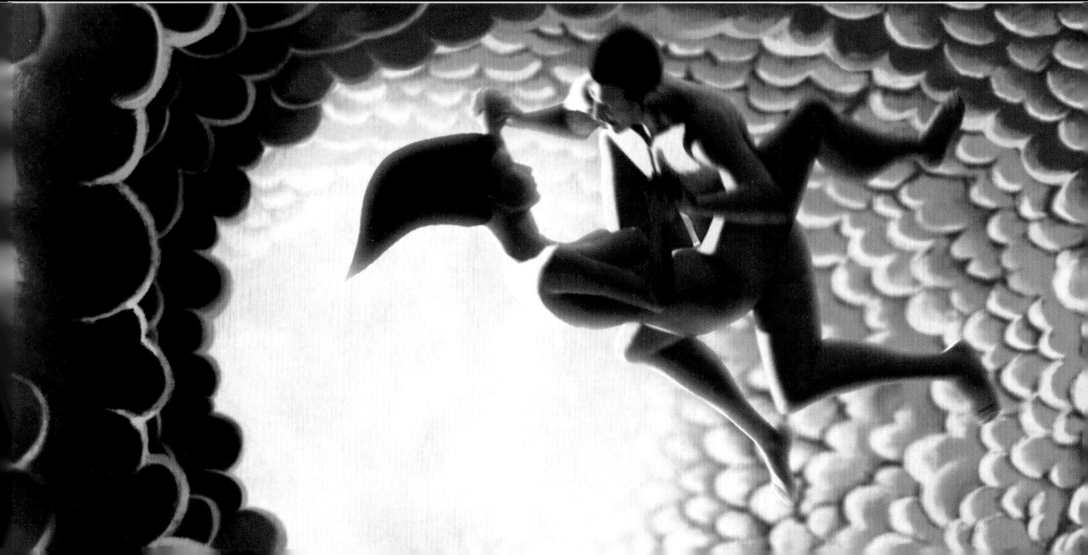

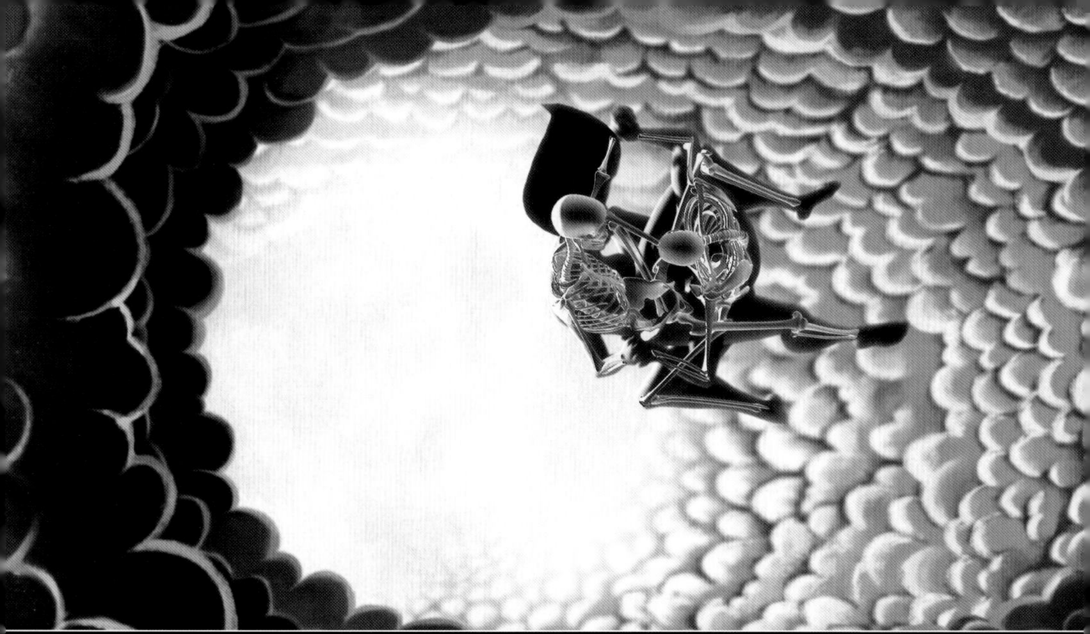

que hiparon interminablemente tratando de reír
pero terminaron con un llanto tras la
partición de un baño turco cuando el blanco
y desnudo ángel vino para atravesarlos con
una espada,

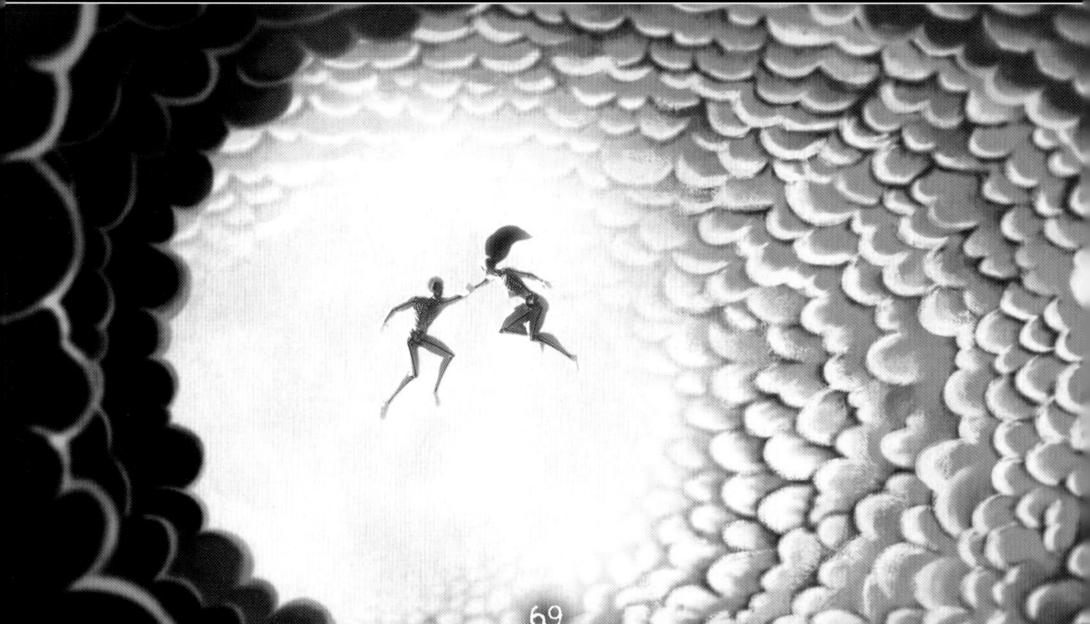

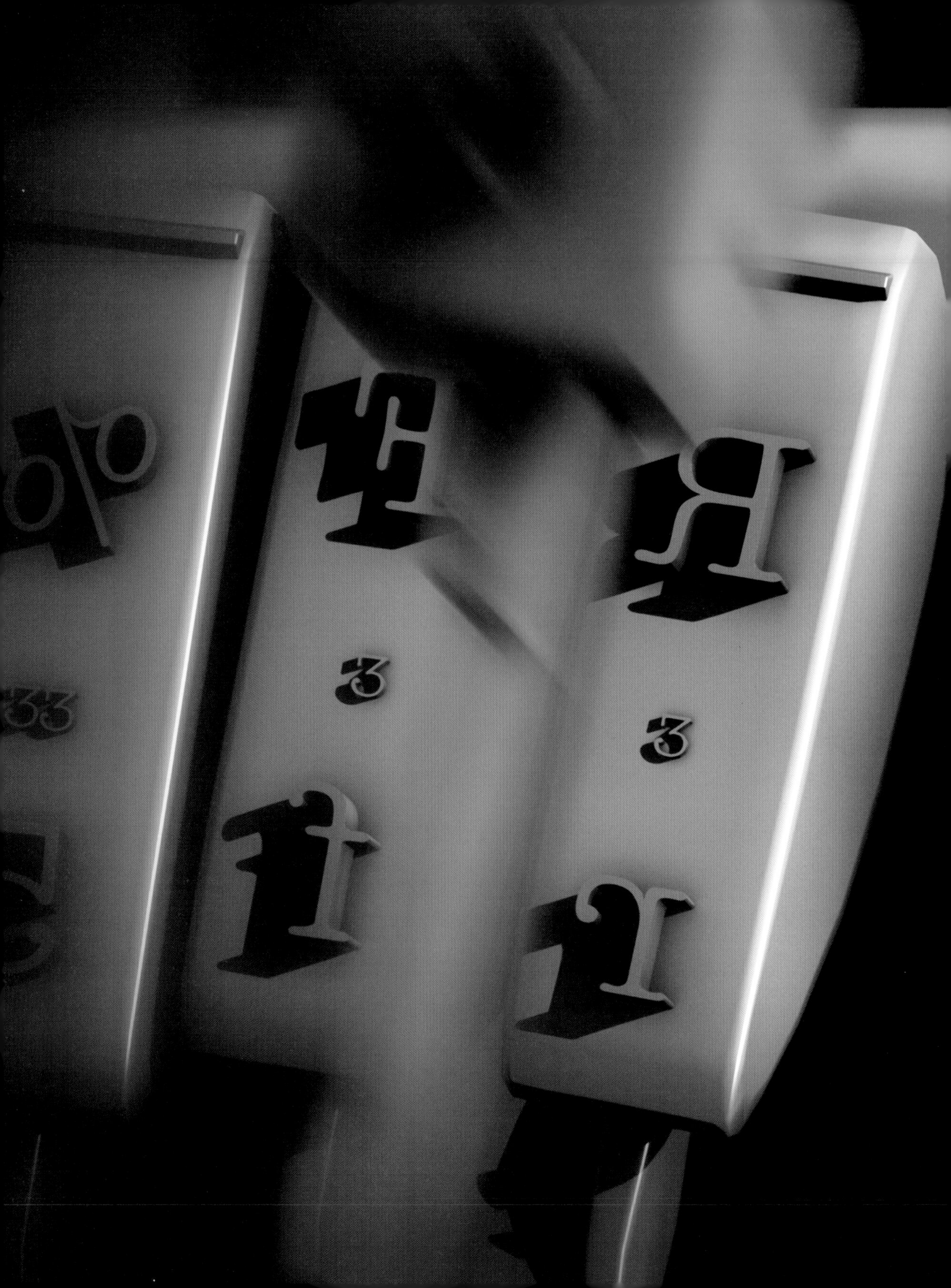

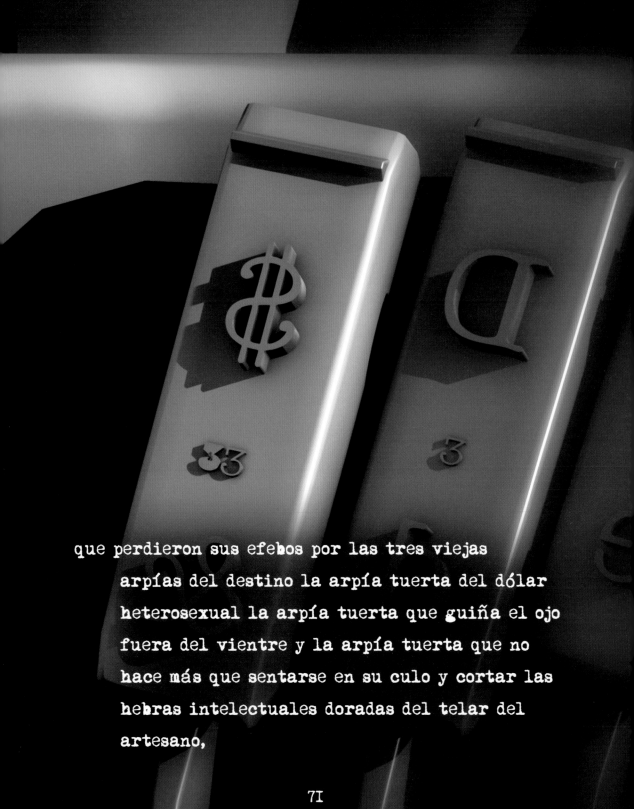

que perdieron sus efebos por las tres viejas
arpías del destino la arpía tuerta del dólar
heterosexual la arpía tuerta que guiña el ojo
fuera del vientre y la arpía tuerta que no
hace más que sentarse en su culo y cortar las
hebras intelectuales doradas del telar del
artesano,

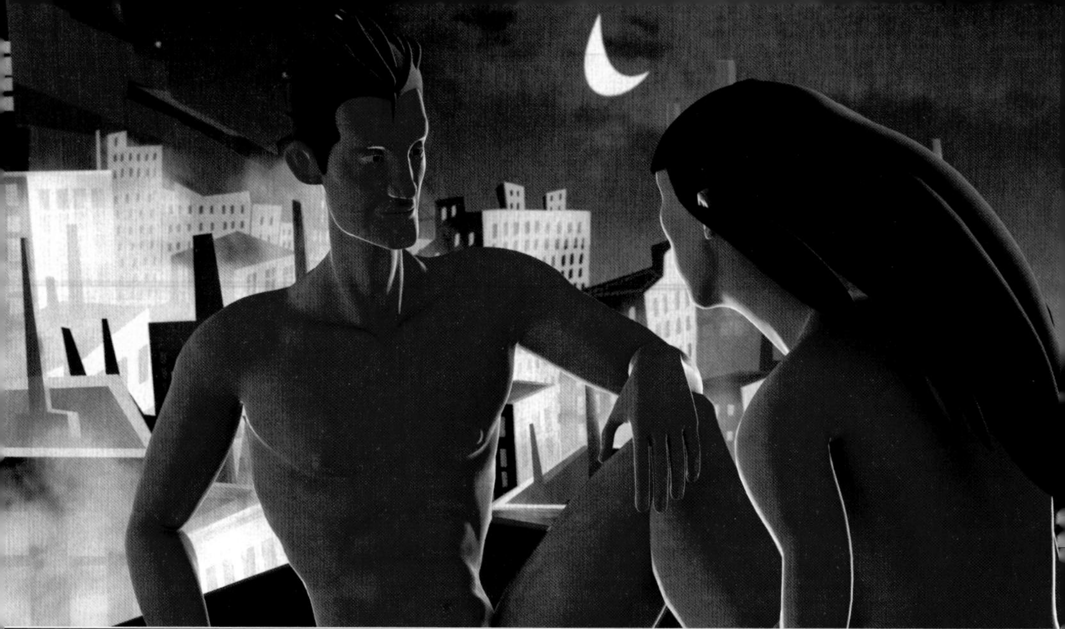

que copularon extáticos e insaciables con una botella de cerveza un amorcito un paquete de cigarrillos una vela y se cayeron de la cama, y continuaron por el suelo y por el

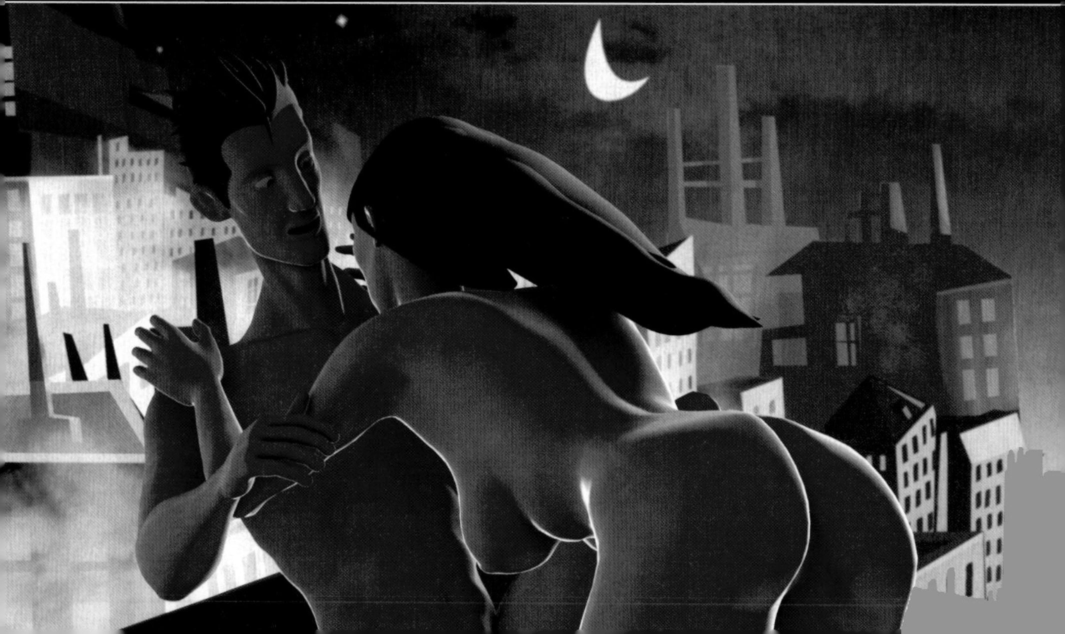

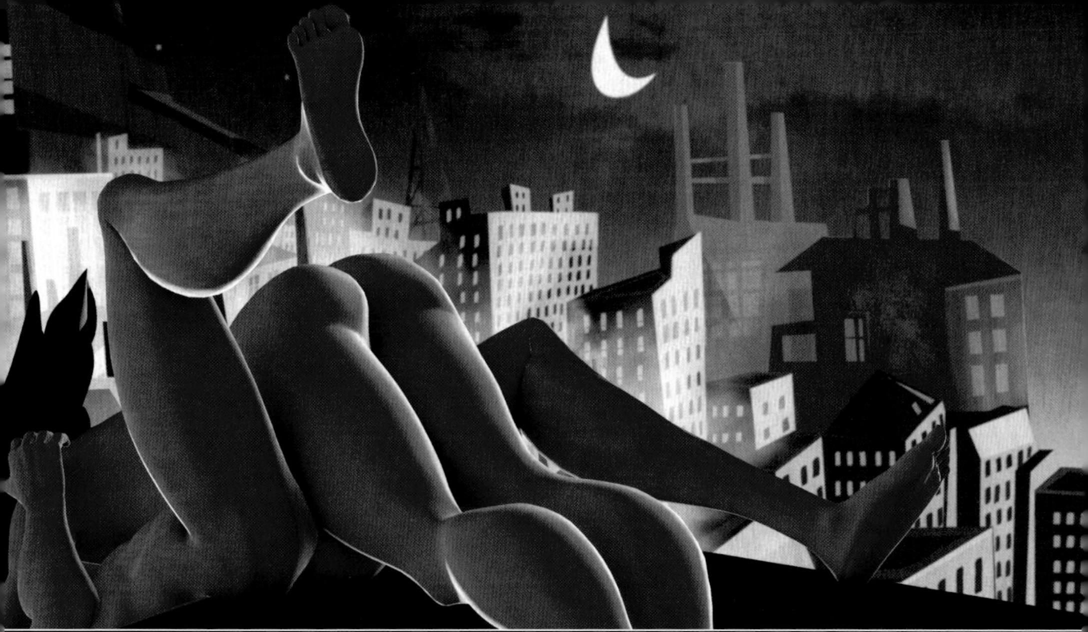

pasillo y terminaron desmayándose en el muro con una visión del coño supremo y eyacularon eludiendo el último hálito de conciencia,

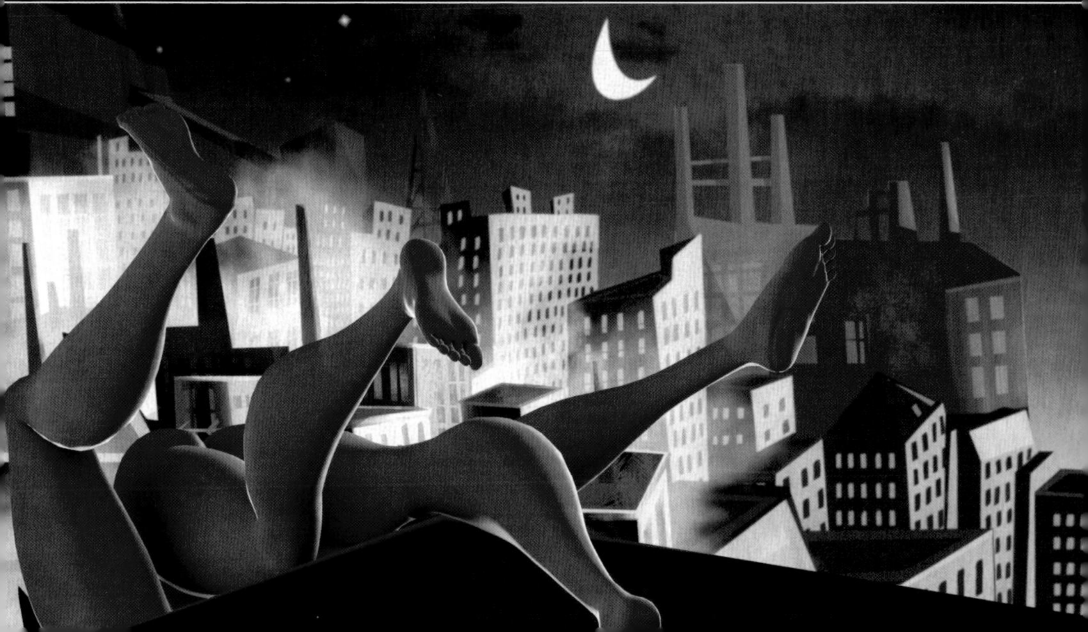

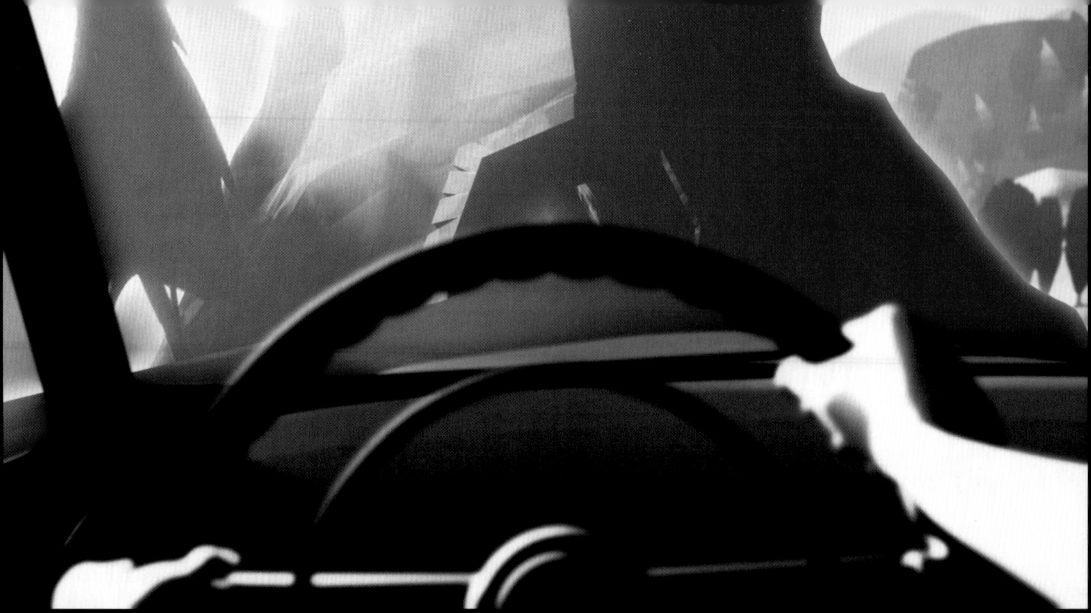

que endulzaron los coños de un millón de
muchachas estremeciéndose en el crepúsculo,
y tenían los ojos rojos en las mañanas pero
estaban preparados para endulzar el coño
del amanecer, resplandecientes nalgas bajo
graneros y desnudos en el lago,

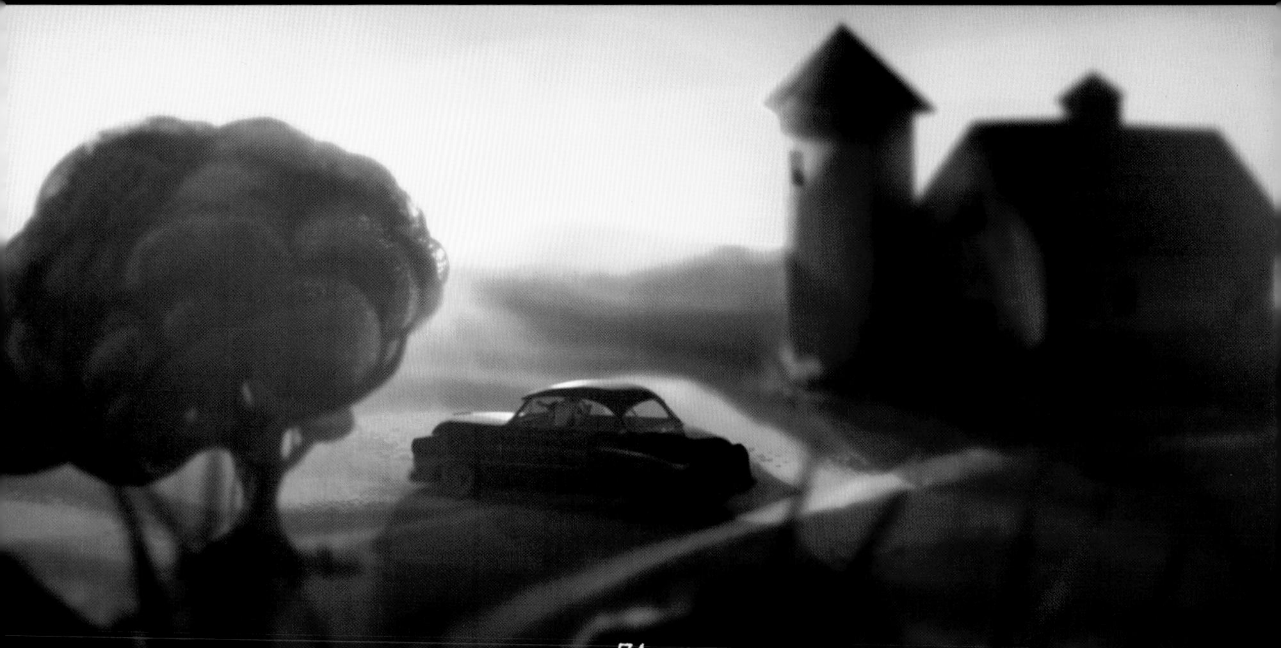

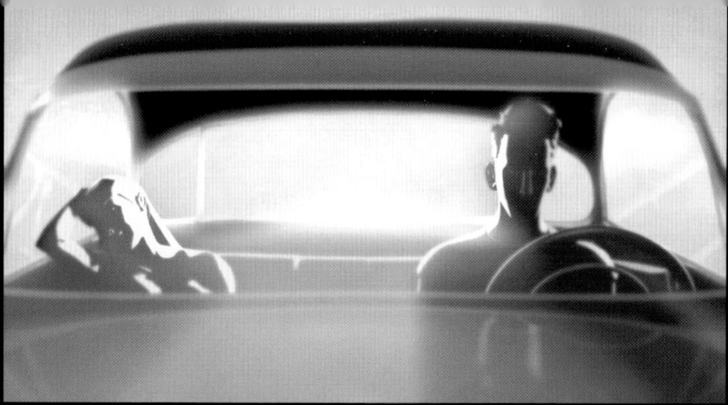

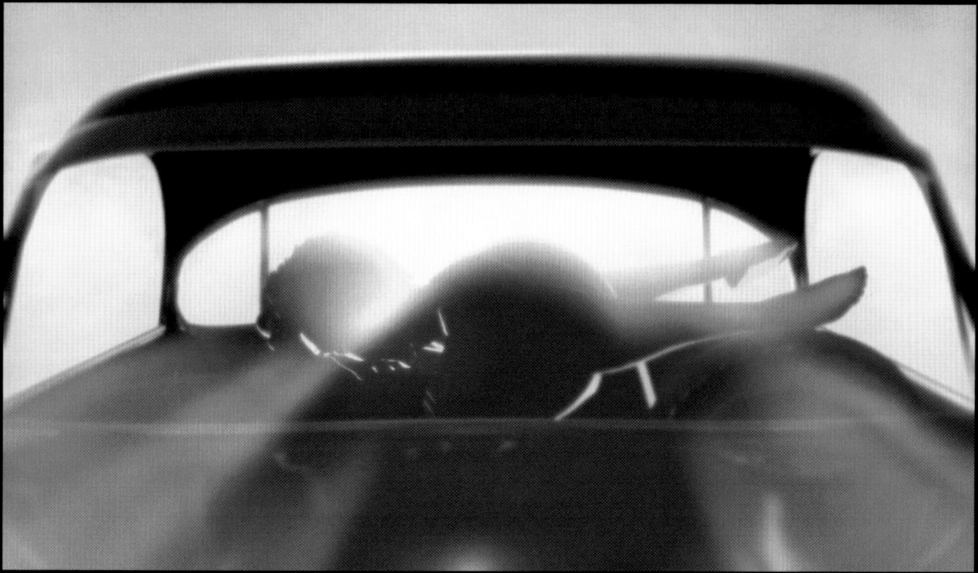

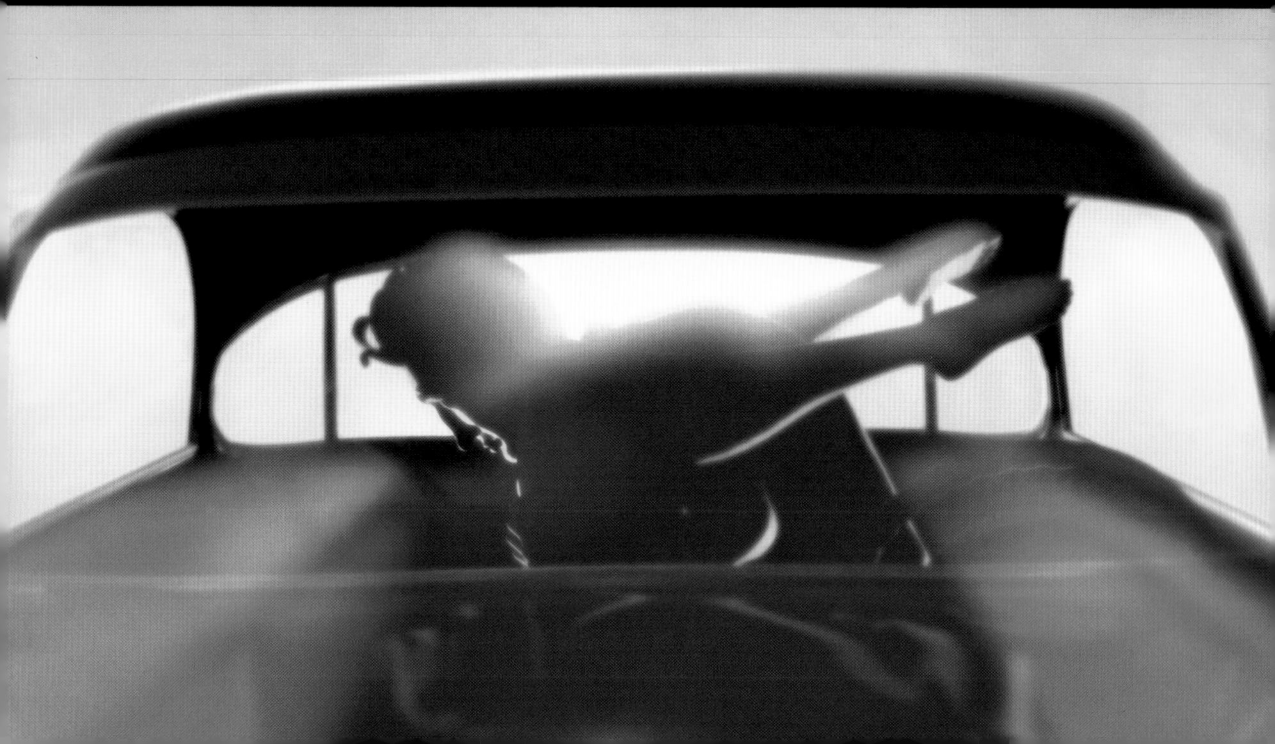

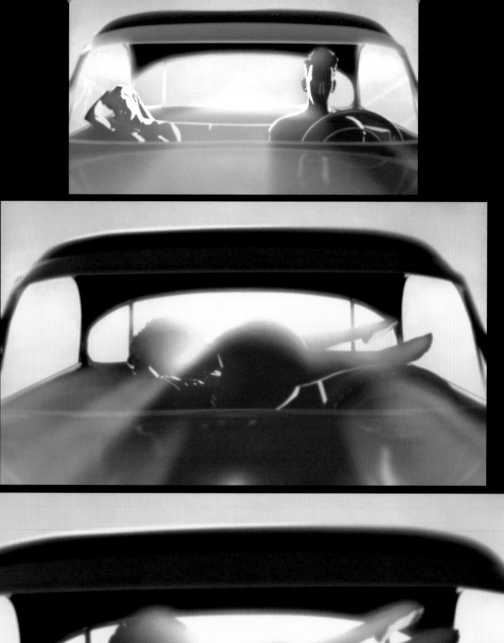

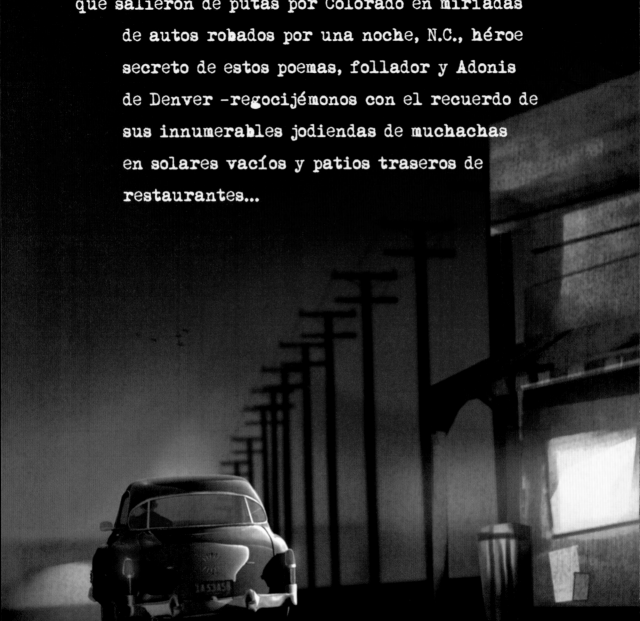

que salieron de putas por Colorado en miriadas
de autos robados por una noche, N.C., héroe
secreto de estos poemas, follador y Adonis
de Denver -regocijémonos con el recuerdo de
sus innumerables jodiendas de muchachas
en solares vacíos y patios traseros de
restaurantes...

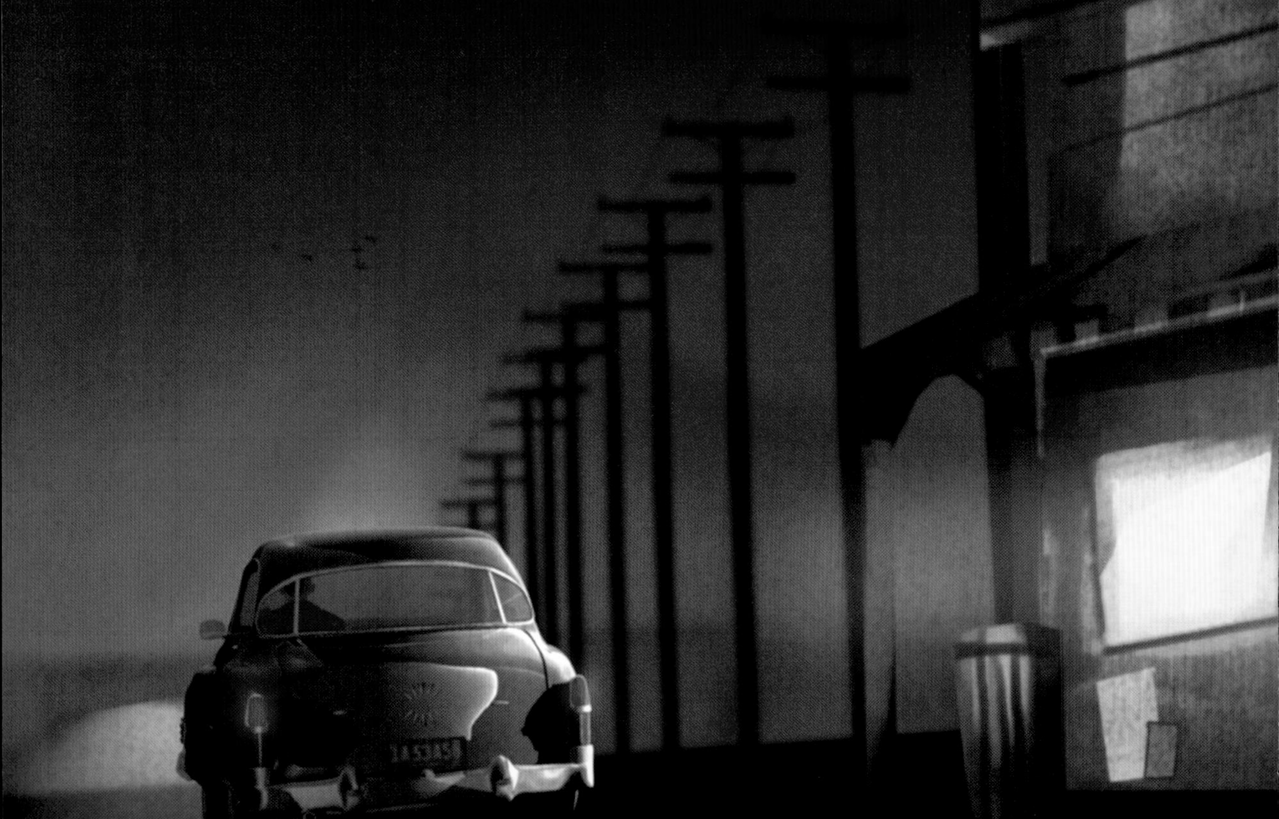

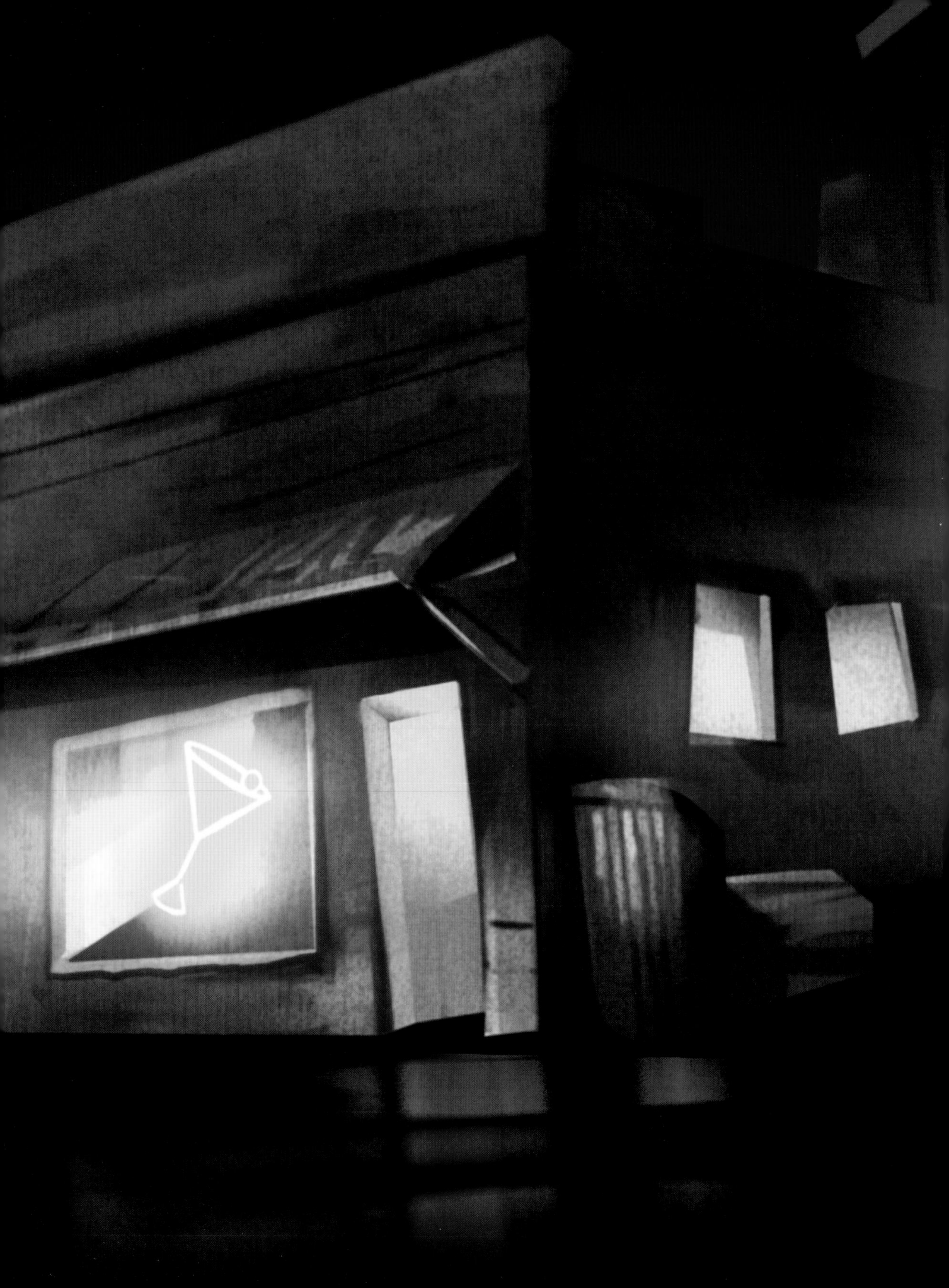

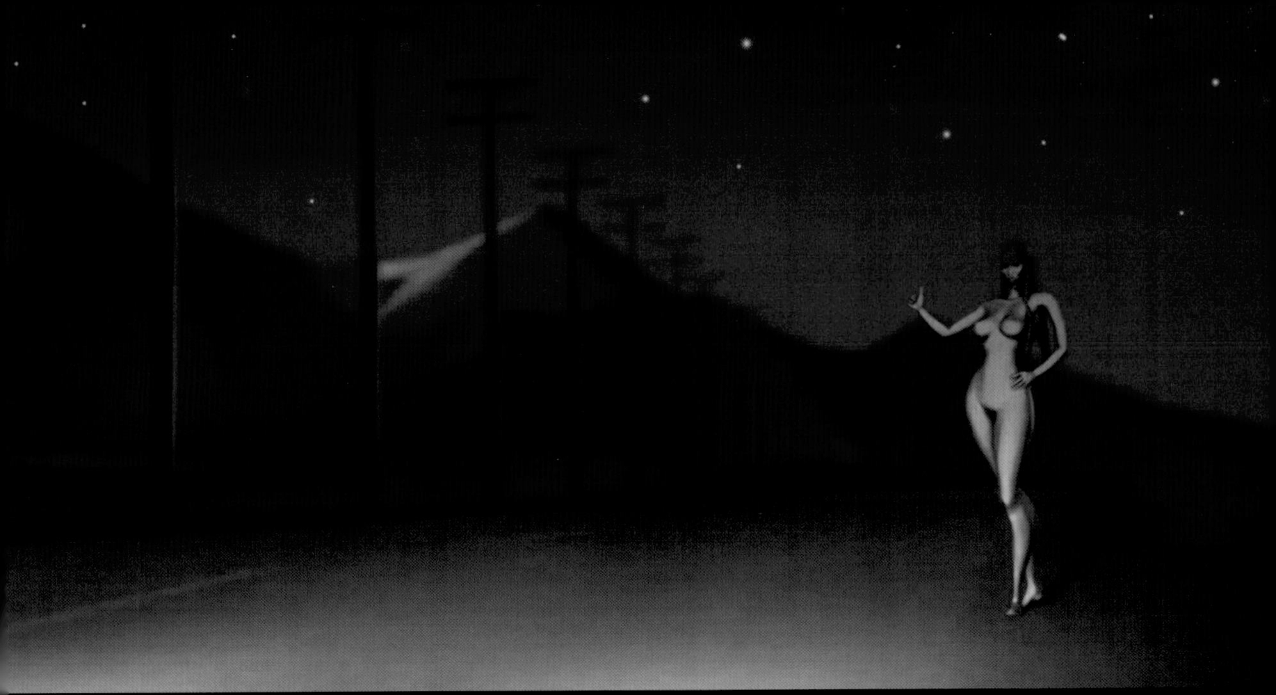

...en desvencijados asientos de cines, en cimas de montañas en cuevas o con demacradas camareras en familiares solitarios levantamientos de enaguas y...

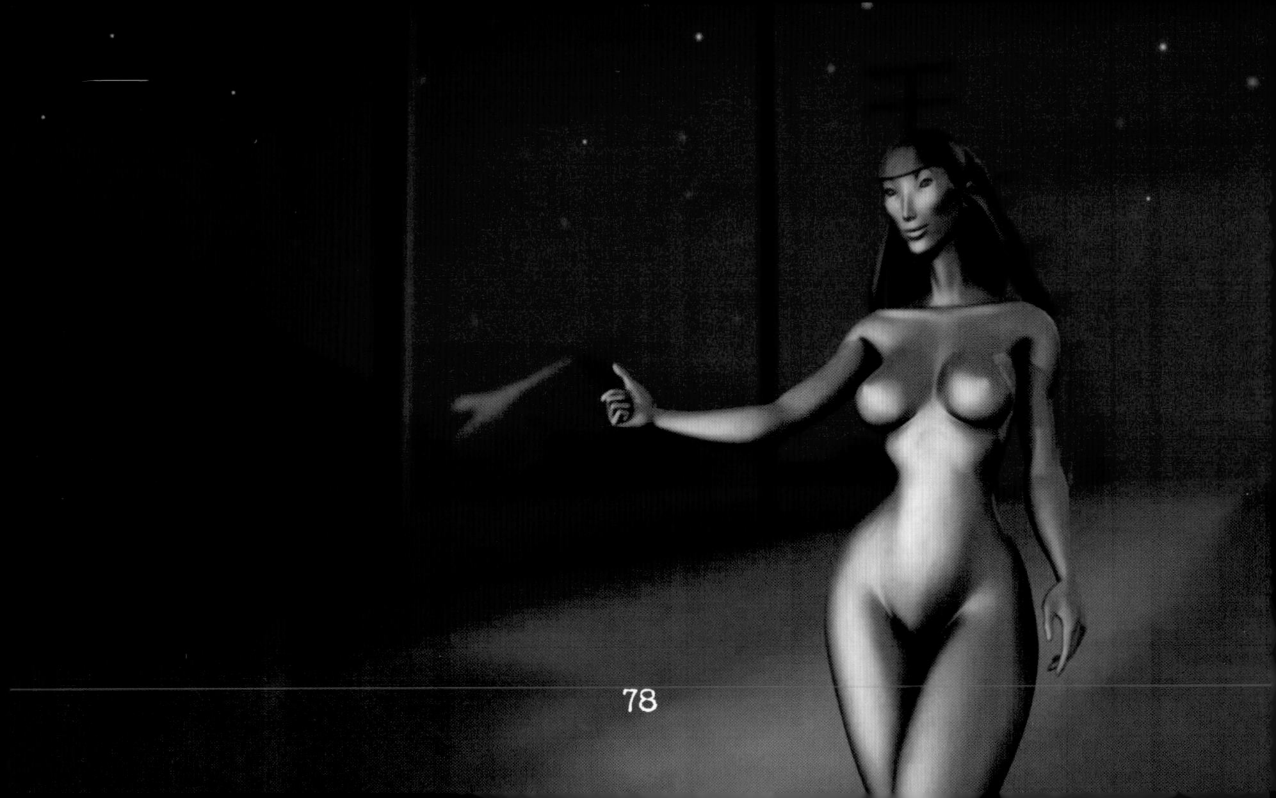

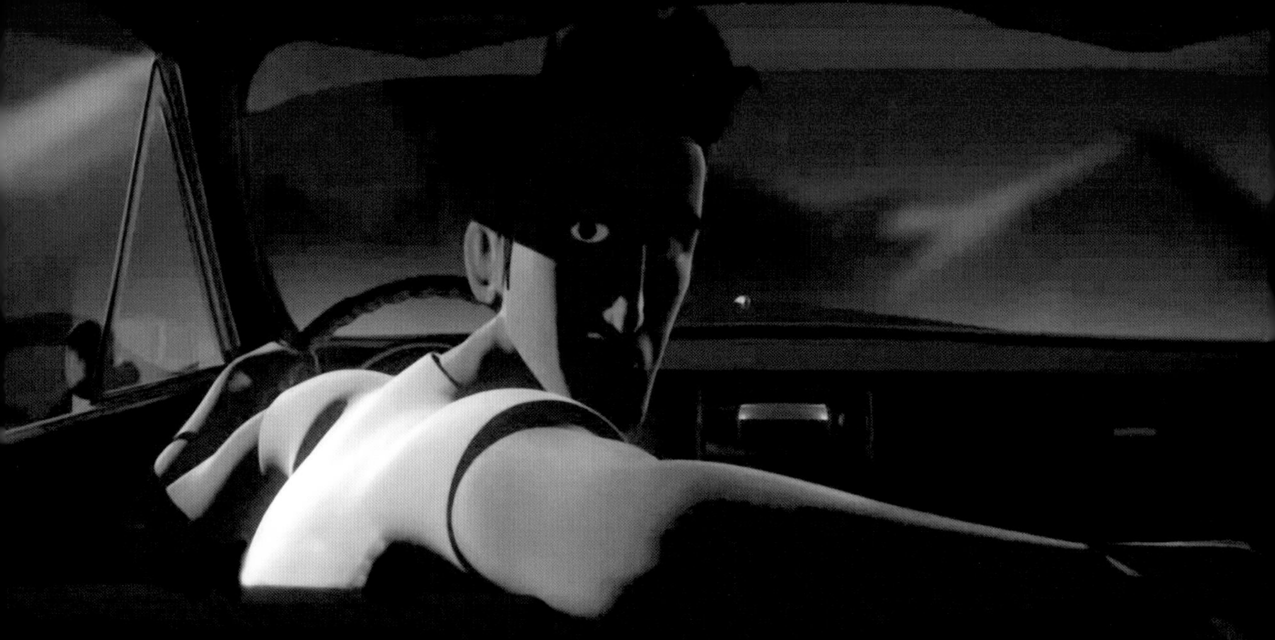

...especialmente secretos solipsismos en baños de gasolineras y también en callejones de la ciudad natal,

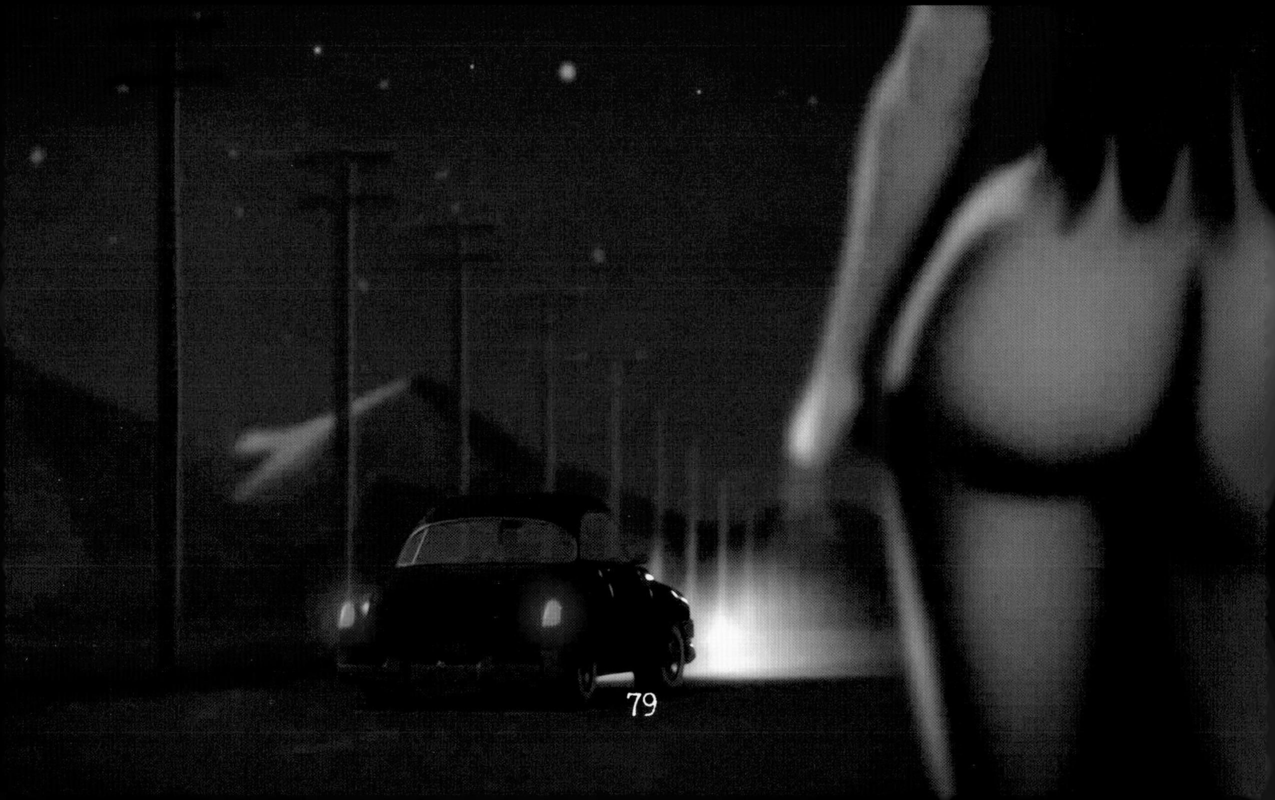

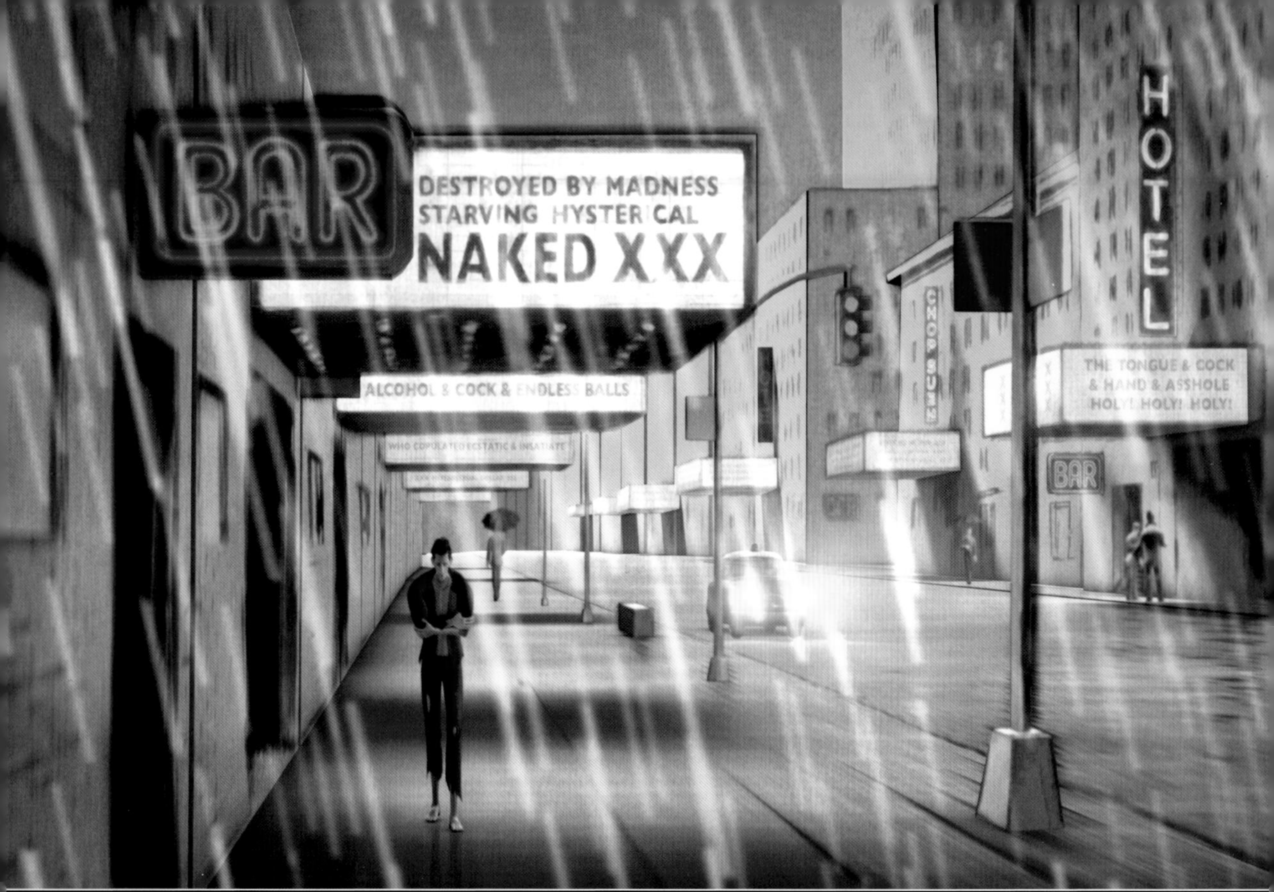
BAR
DESTROYED BY MADNESS
STARVING HYSTERICAL
NAKED XXX
ALCOHOL & COCK & ENDLESS BALLS
WHO COPULATED ECSTATIC & INSATIATE
HOTEL
CHOP SUEY
THE TONGUE & COCK
& HAND & ASSHOLE
HOLY! HOLY! HOLY!
BAR

que se desvanecieron en vastas y sórdidas películas,
eran cambiados en sueños, despertaban en un
súbito Manhattan, y se levantaron en sótanos
con resacas de despiadado Tokai y horrores de
sueños de hierro de la Tercera Avenida y se
tambalearon hacia las oficinas de desempleo,

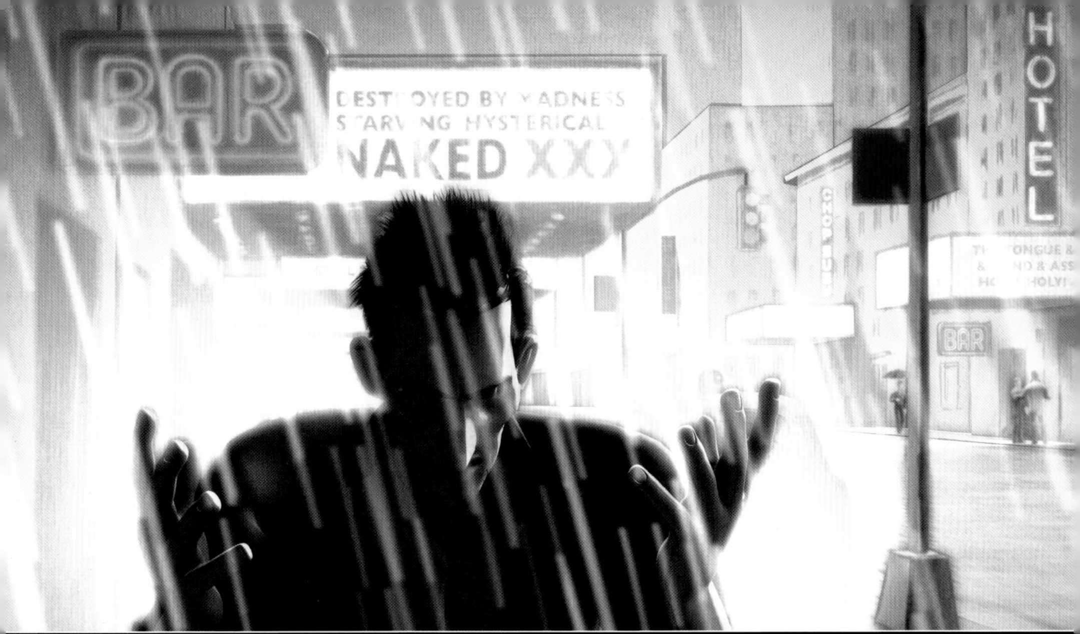
BAR
DESTROYED BY MADNESS
STARVING HYSTERICAL
NAKED XXX
HOTEL
BAR

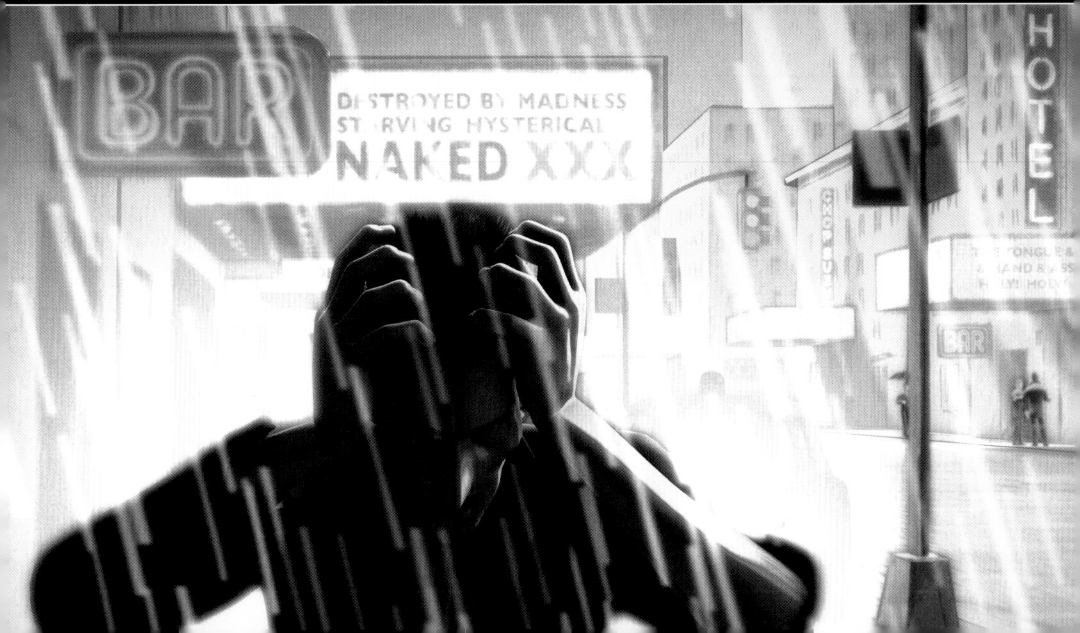
BAR
DESTROYED BY MADNESS
STARVING HYSTERICAL
NAKED XXX
HOTEL
BAR

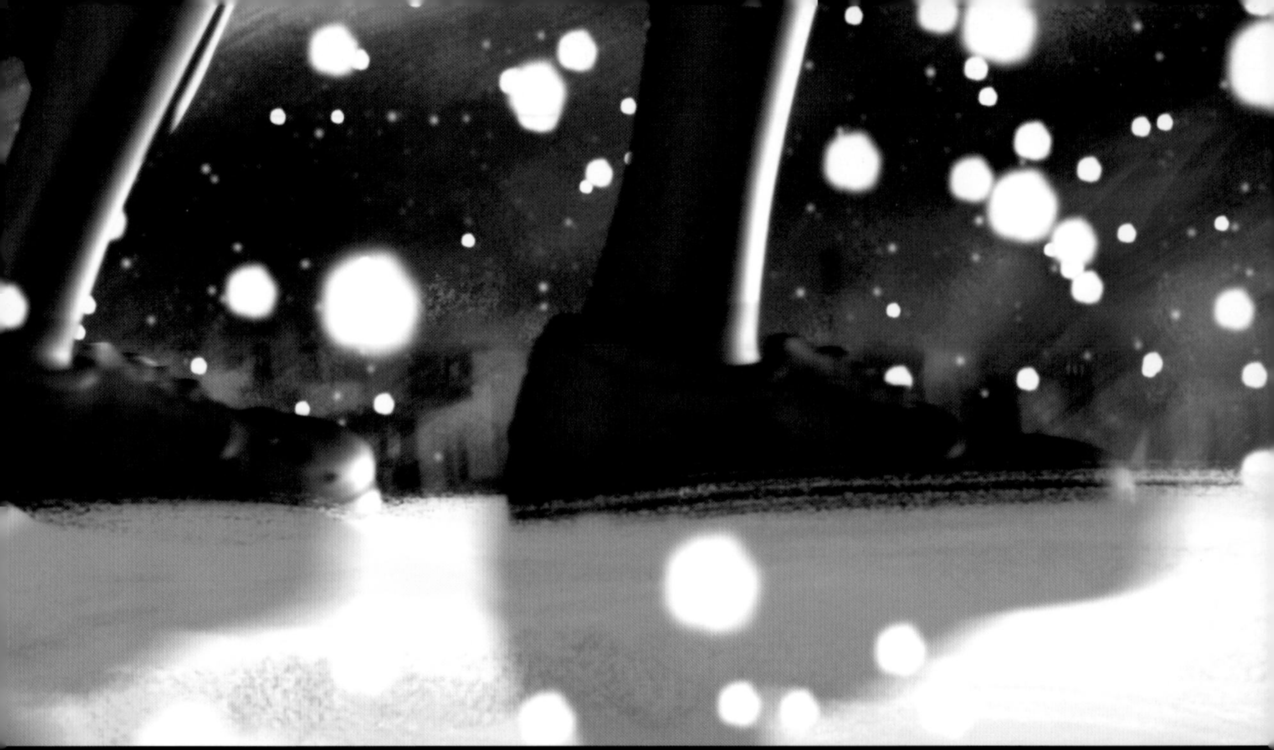

que caminaron toda la noche con los zapatos
llenos de sangre sobre los bancos de nieve
en los muelles esperando que una

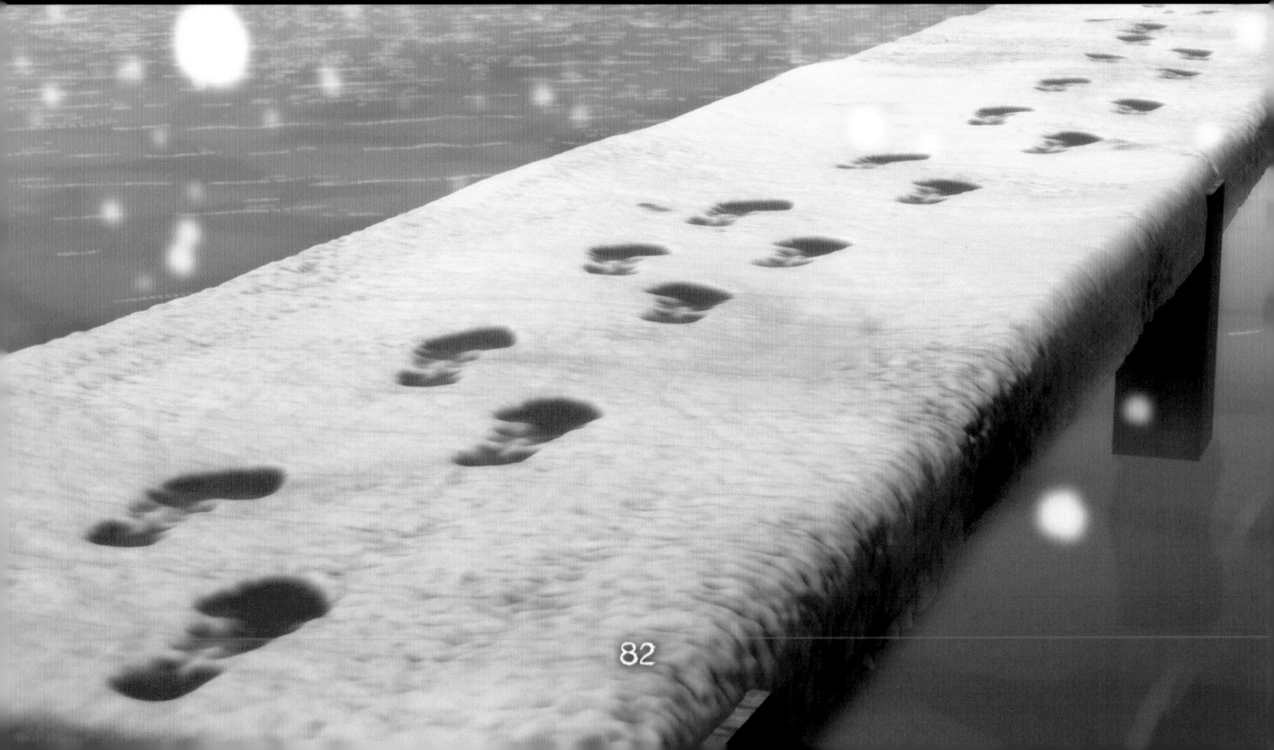

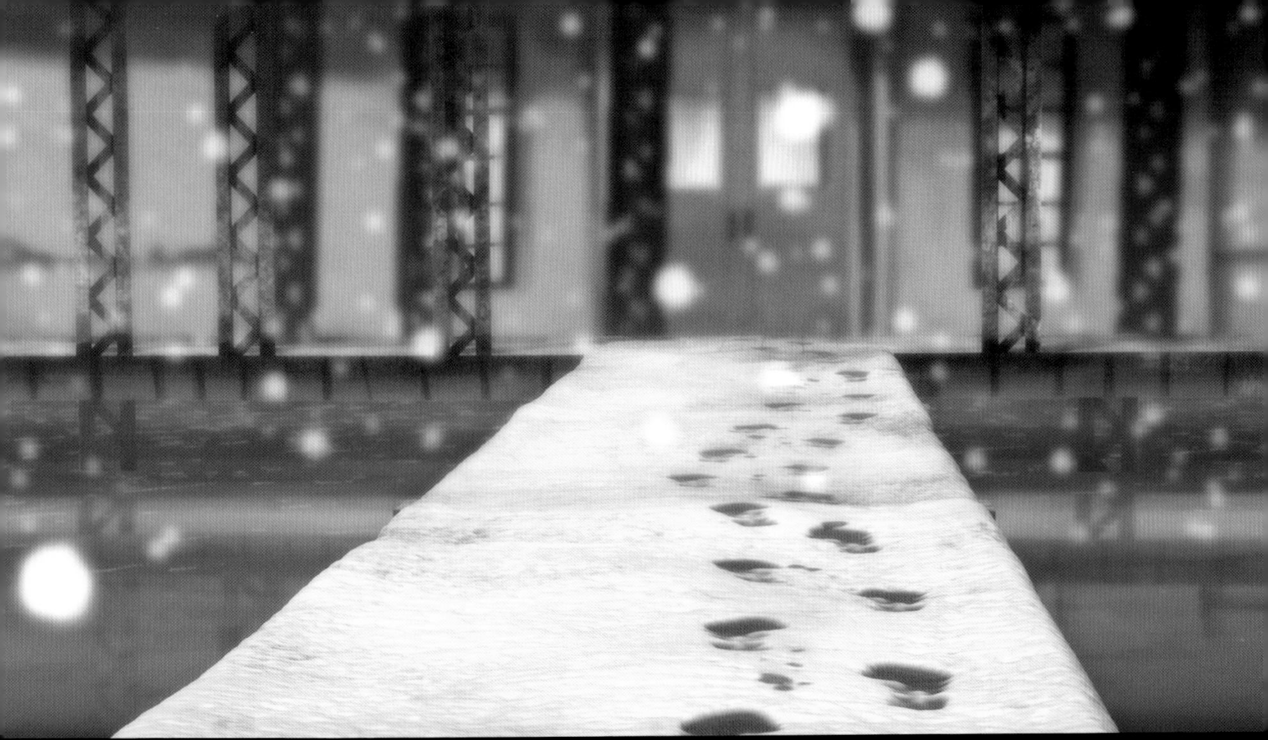

puerta se abriera en el East River hacia una habitación llena de vapor caliente y opio,

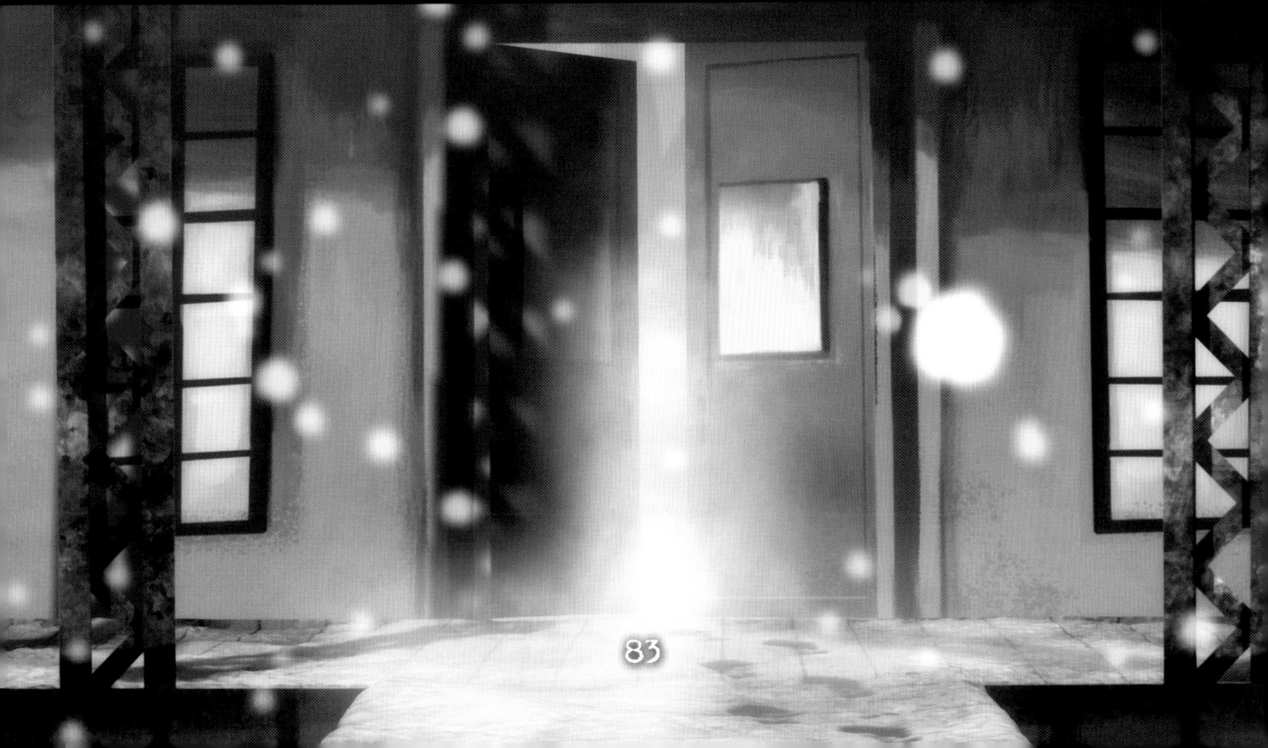

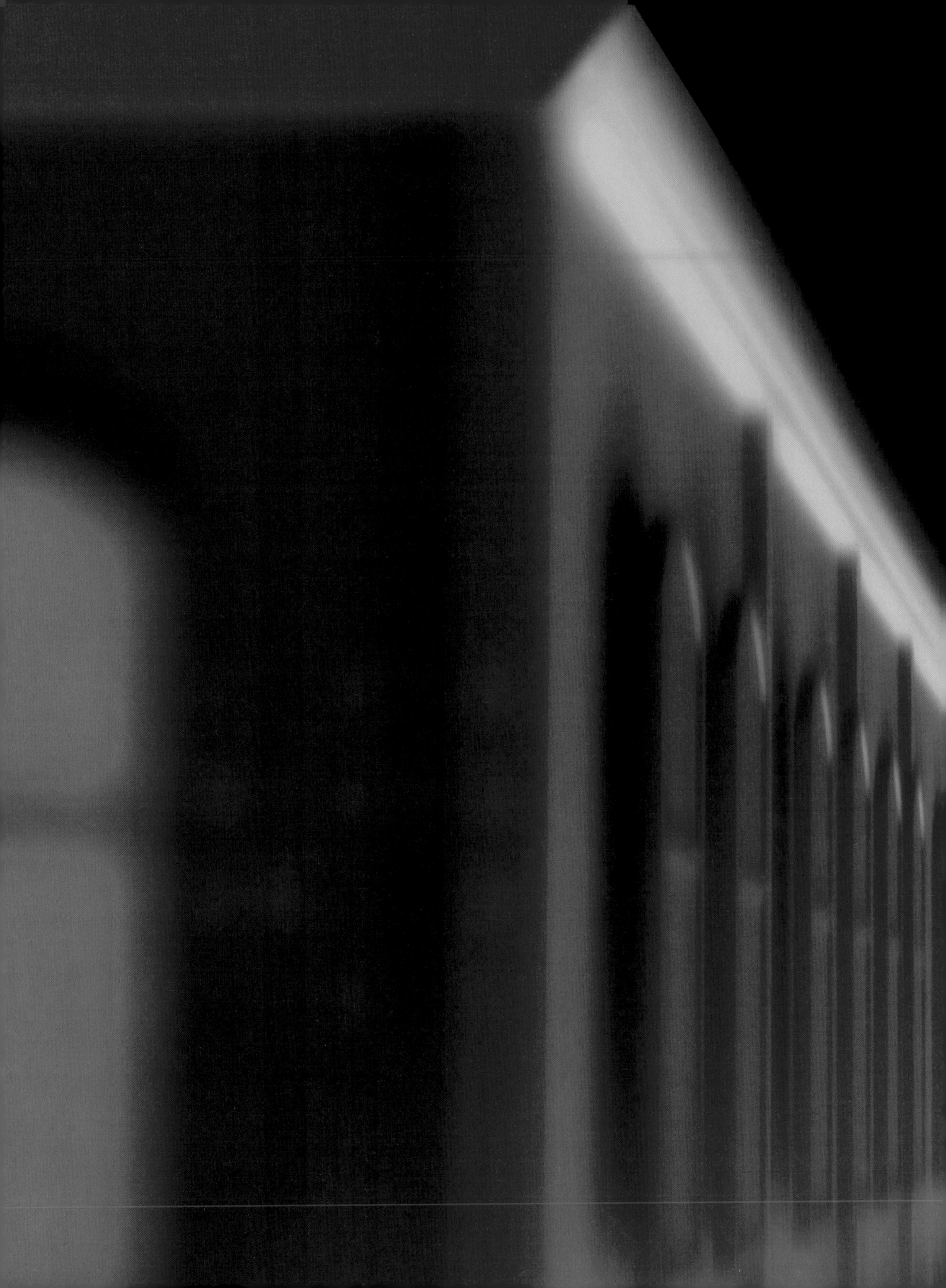

que crearon grandes dramas suicidas en los
farellones de los departamentos del Hudson
bajo el foco azul de la luna durante la
guerra y sus cabezas serán coronadas de
laurel y olvido,

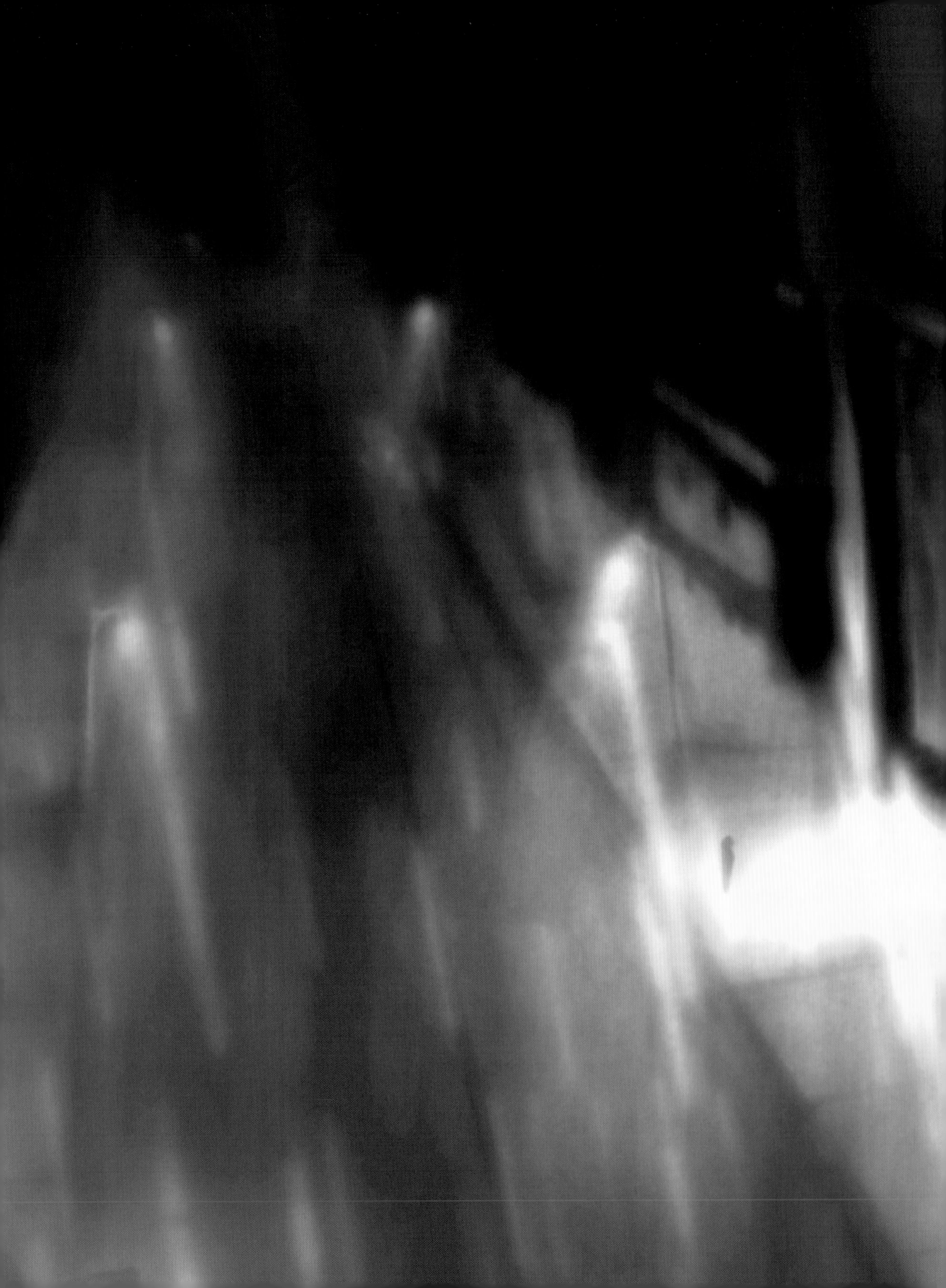

que comieron estofado de cordero de la imaginación
o digirieron el cangrejo en el lodoso fondo de
los ríos de Bowery,
que lloraron ante el romance de las calles con sus
carritos llenos de cebollas y mala música,

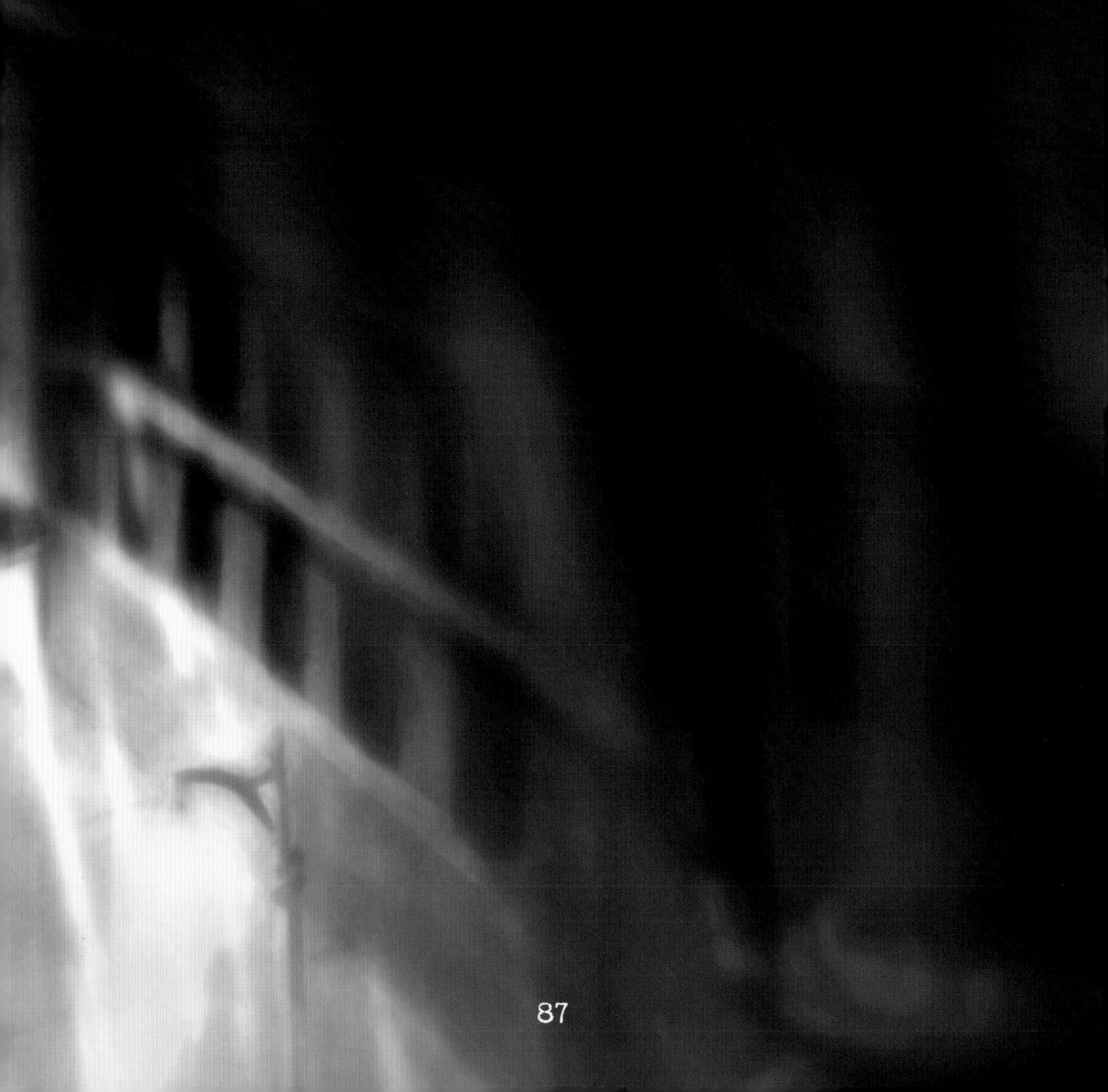

que se sentaron sobre cajas respirando en la
oscuridad bajo el puente, y se levantaron
para construir clavicordios en sus áticos,

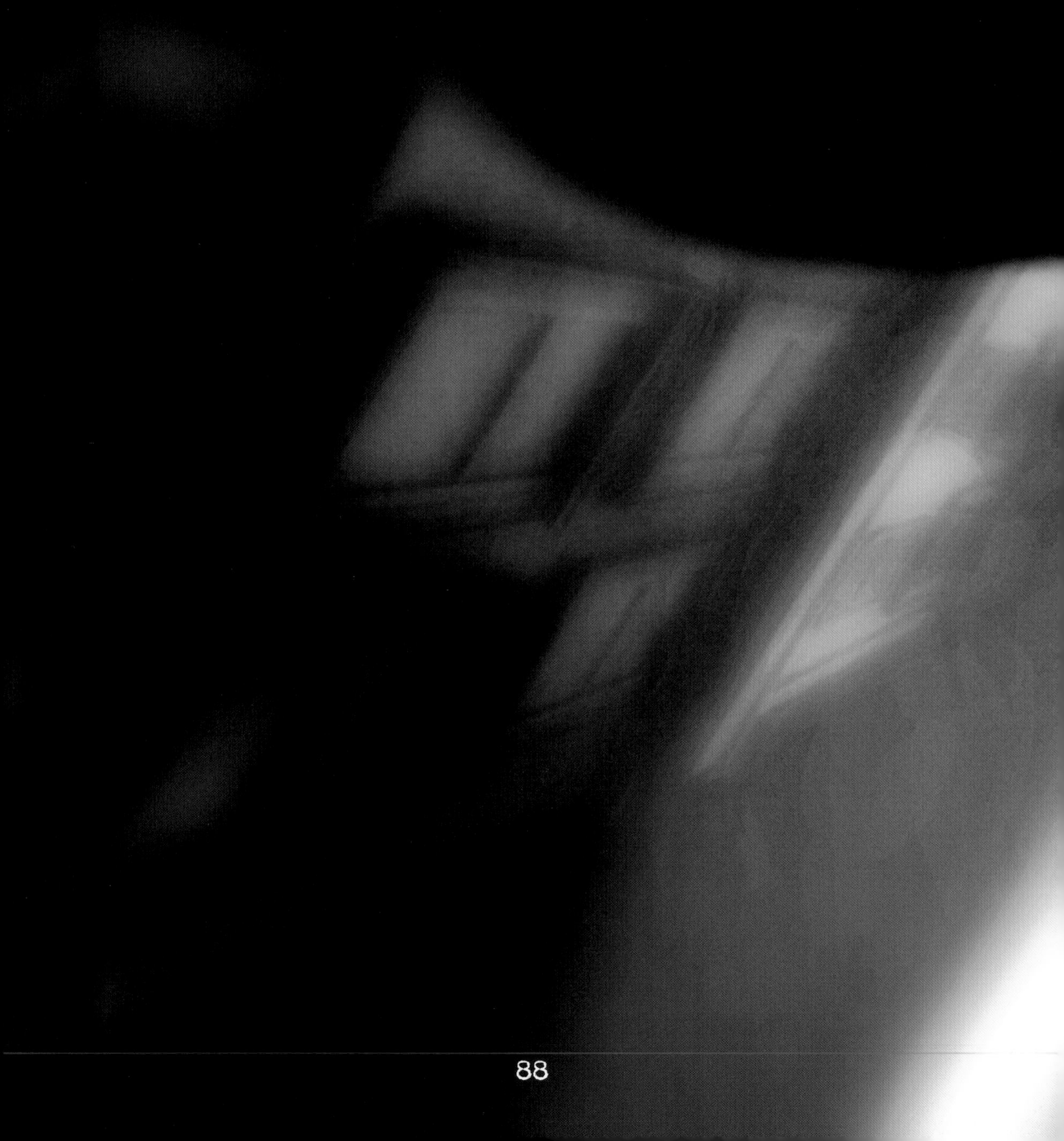

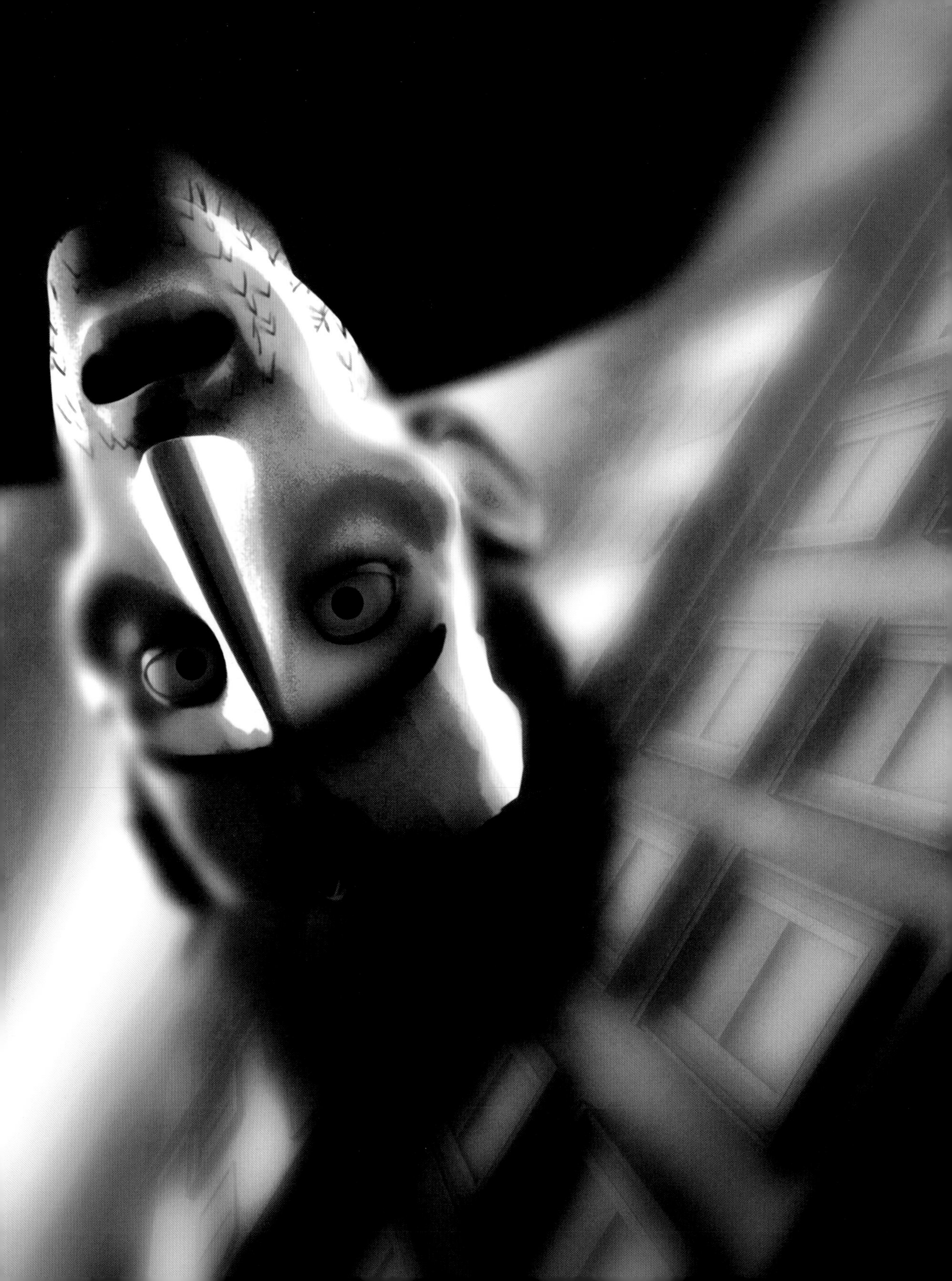

que tosieron en el sexto piso de Harlem coronados
de fuego bajo el cielo tubercular rodeados
por cajas naranjas de teología,

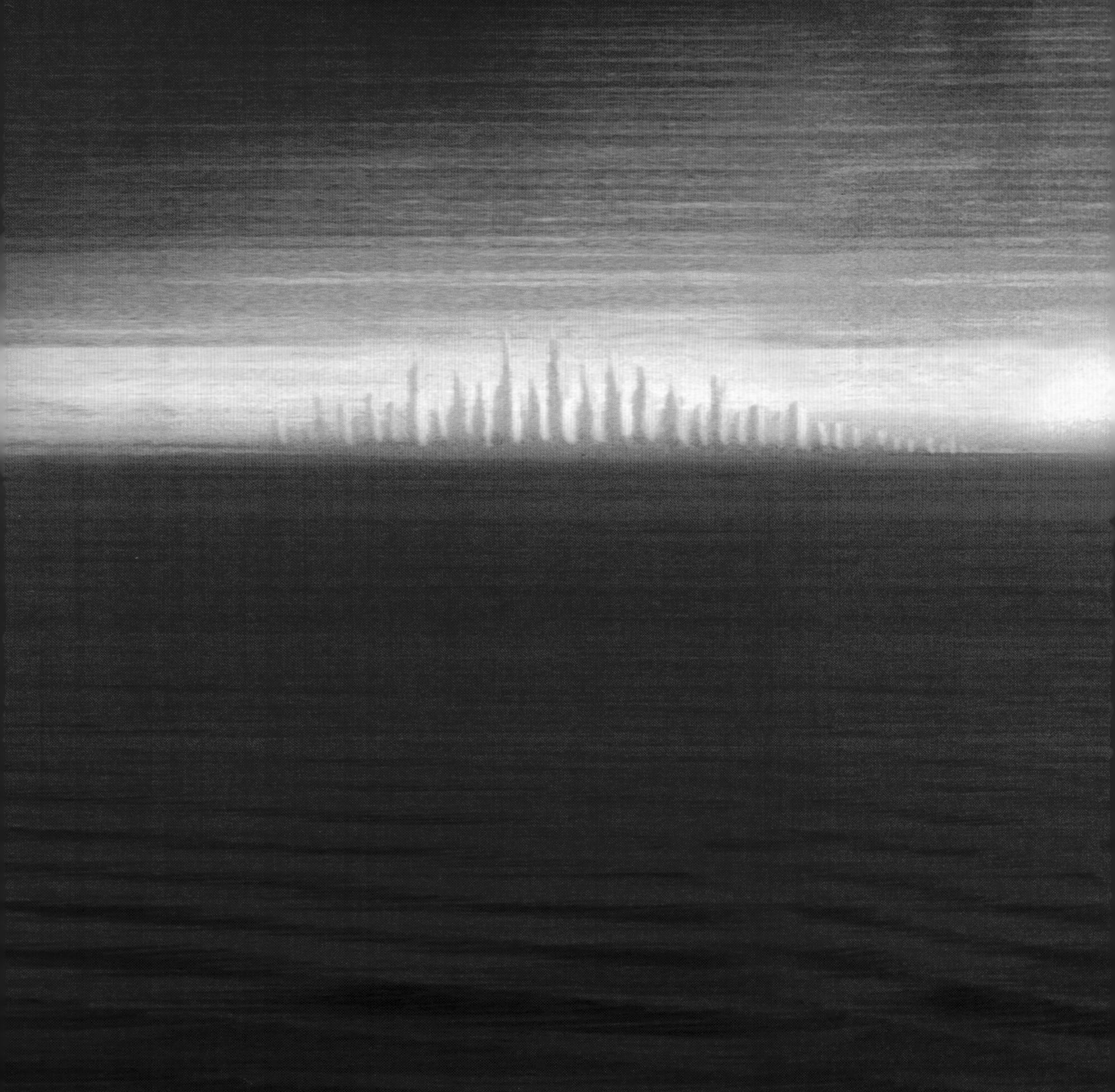

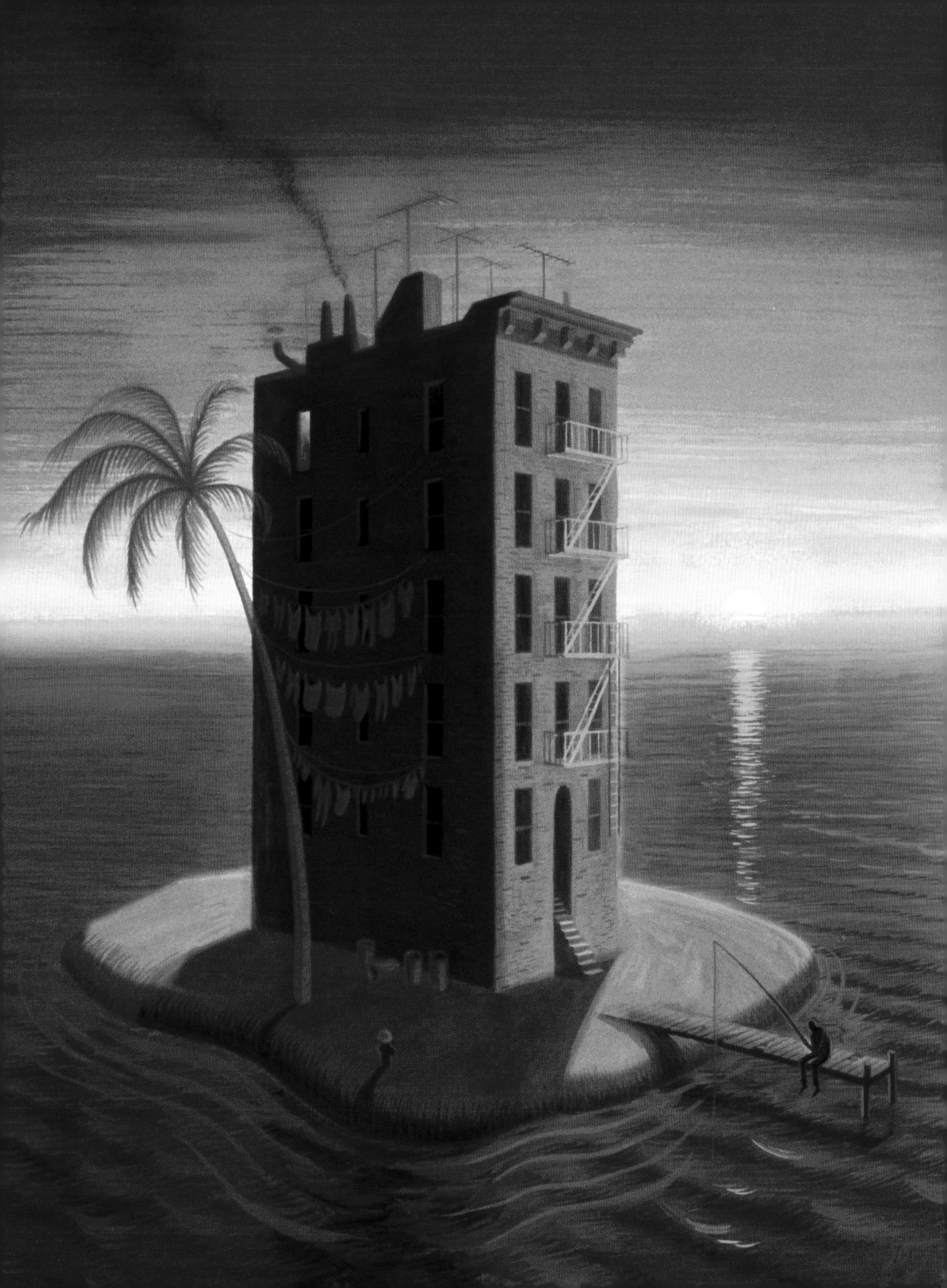

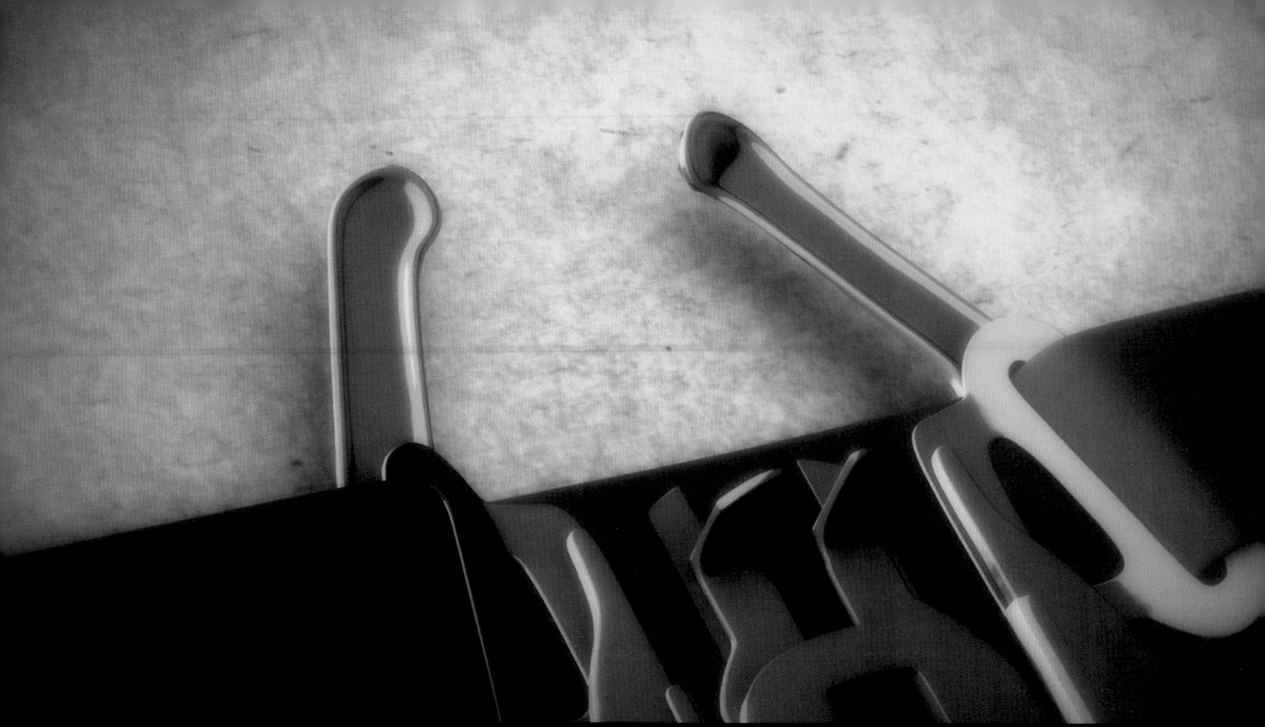

que escribieron frenéticos toda la noche
balanceándose y rodando sobre sublimes
encantamientos que en el amarillo amanecer
eran estrofas incoherentes,

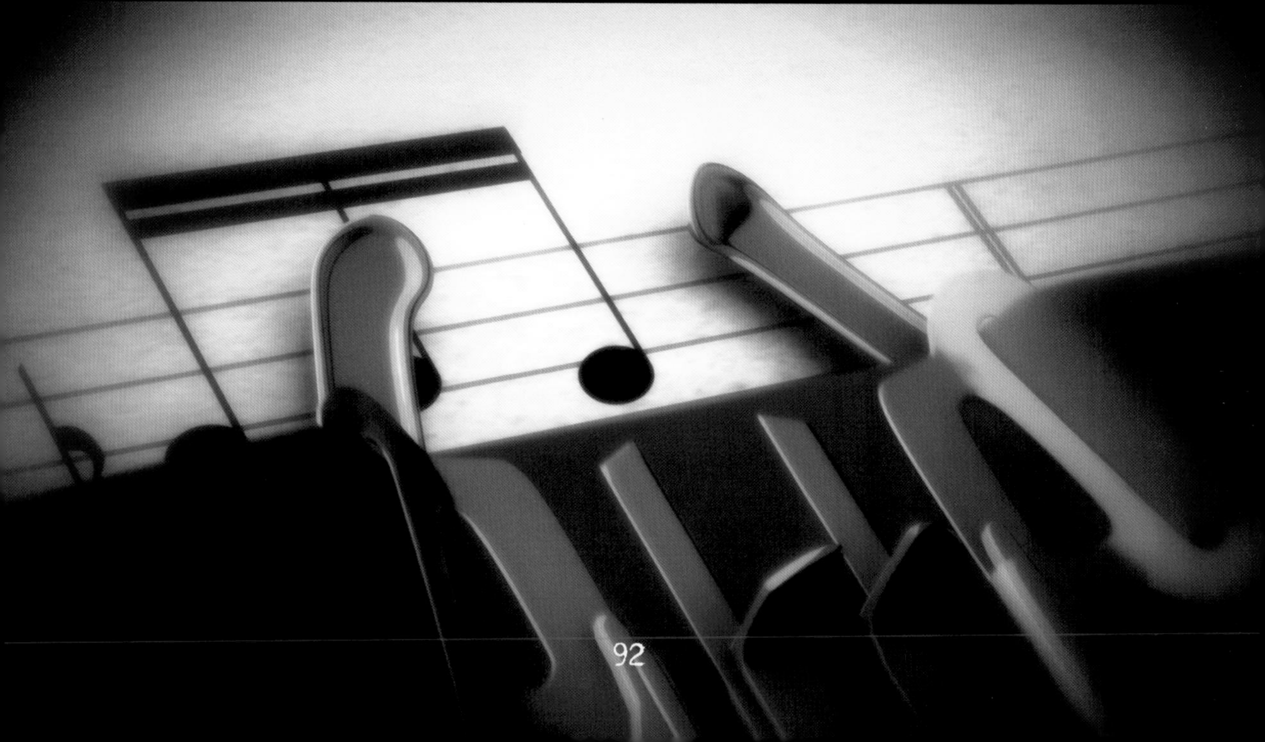

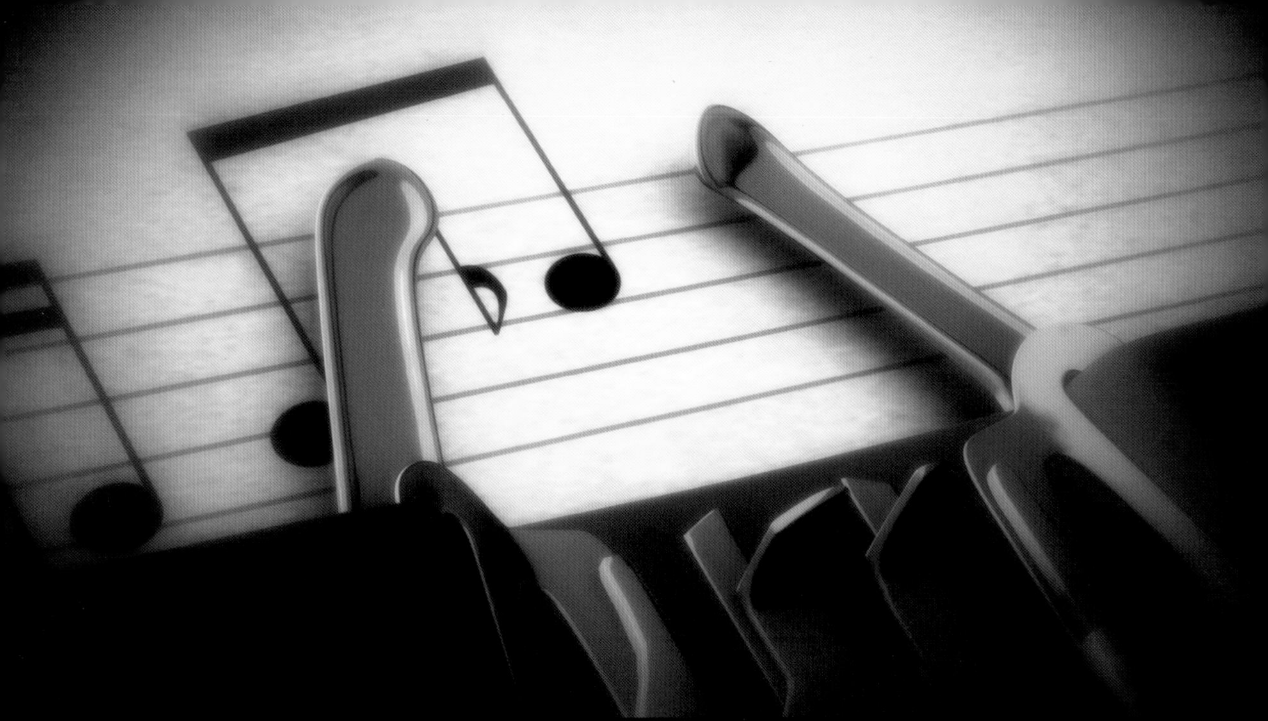

que cocinaron animales podridos pulmón corazón
pie cola borsht y tortillas soñando con el
puro reino vegetal,

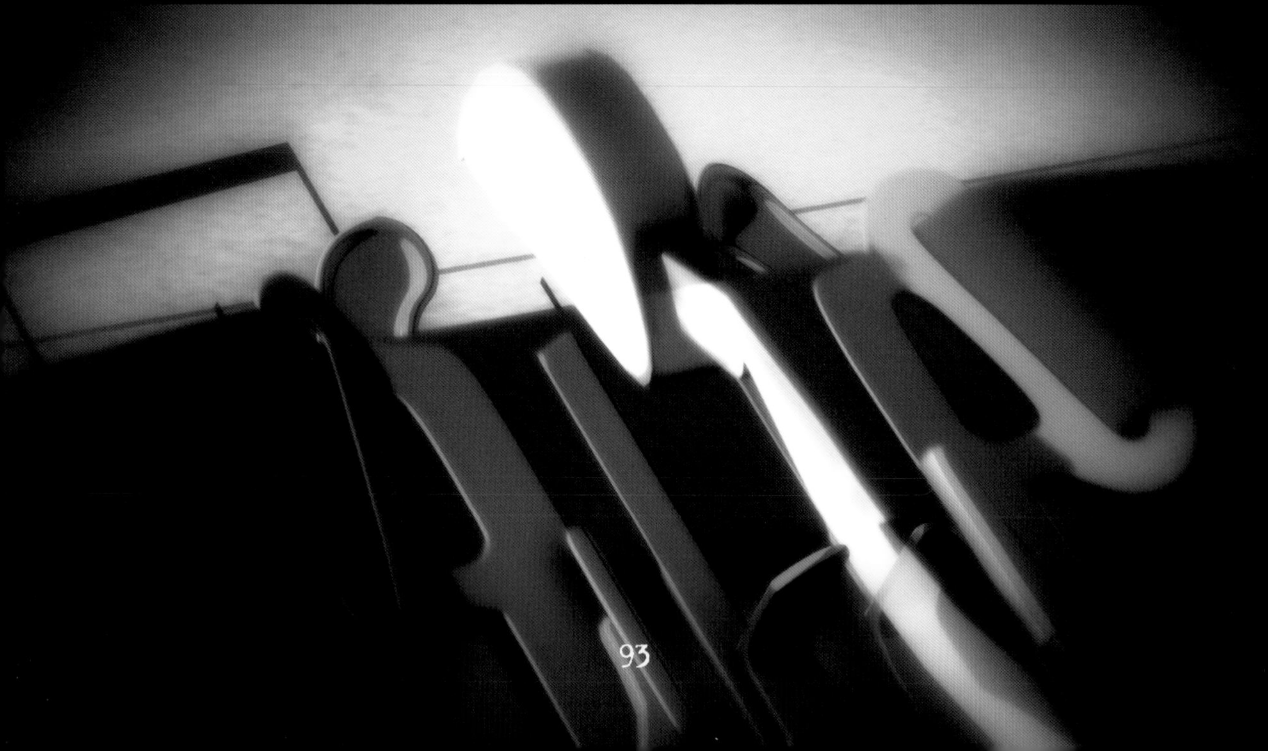

que se arrojaron bajo camiones de carne en busca
    de un huevo,
que tiraron sus relojes desde el techo para emitir
    su voto por una Eternidad fuera del Tiempo,
    y cayeron despertadores en sus cabezas cada
    día por toda la década siguiente,

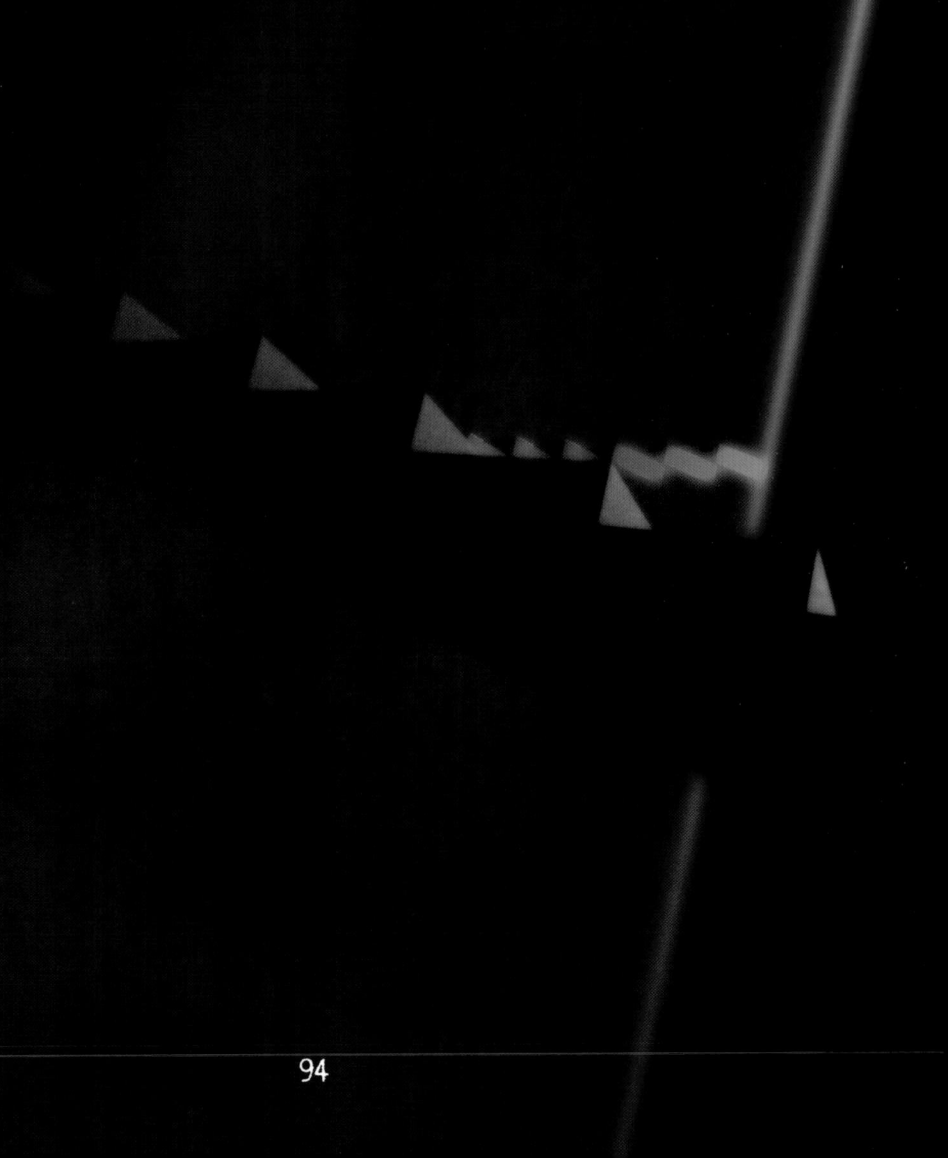

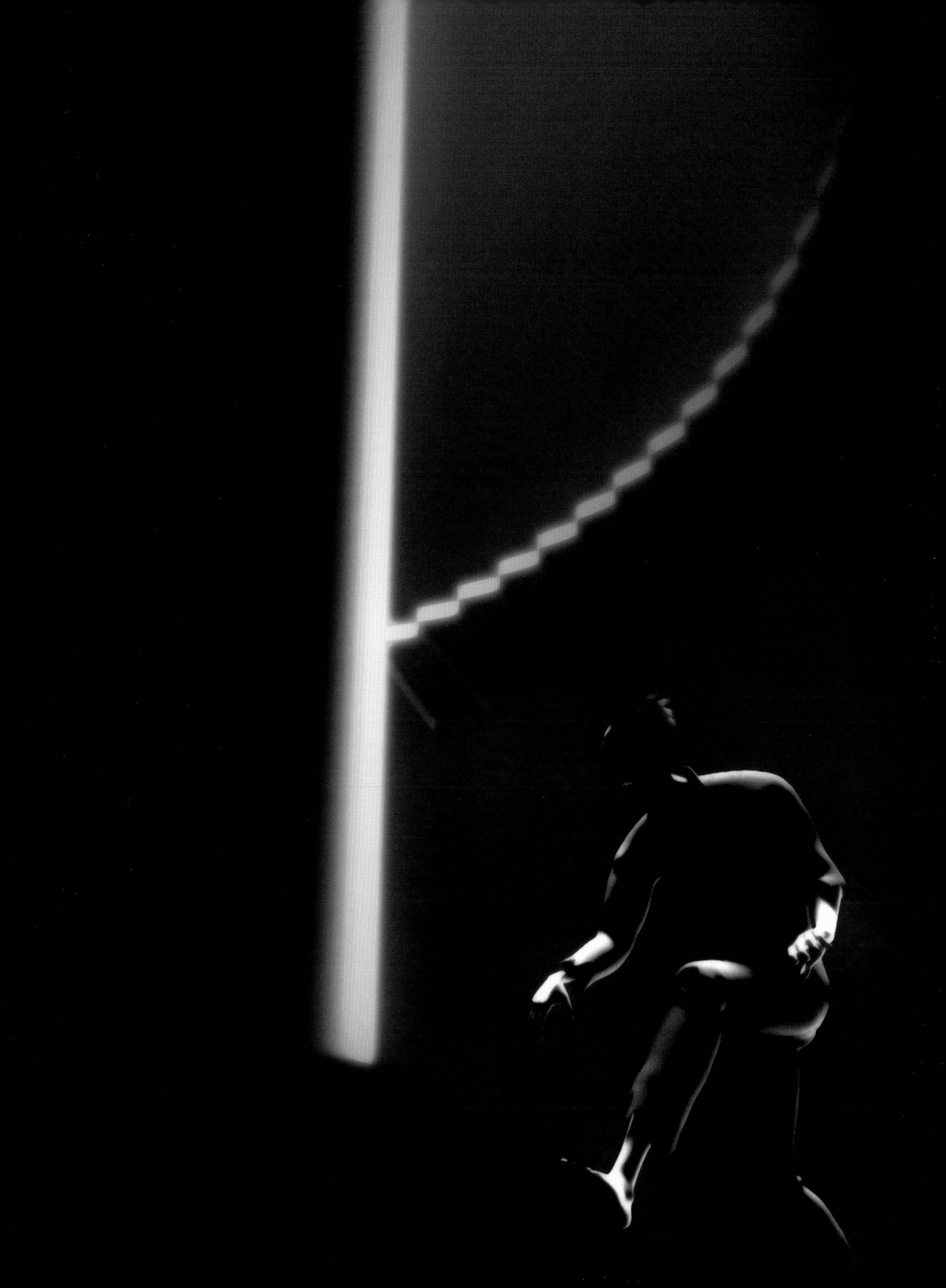

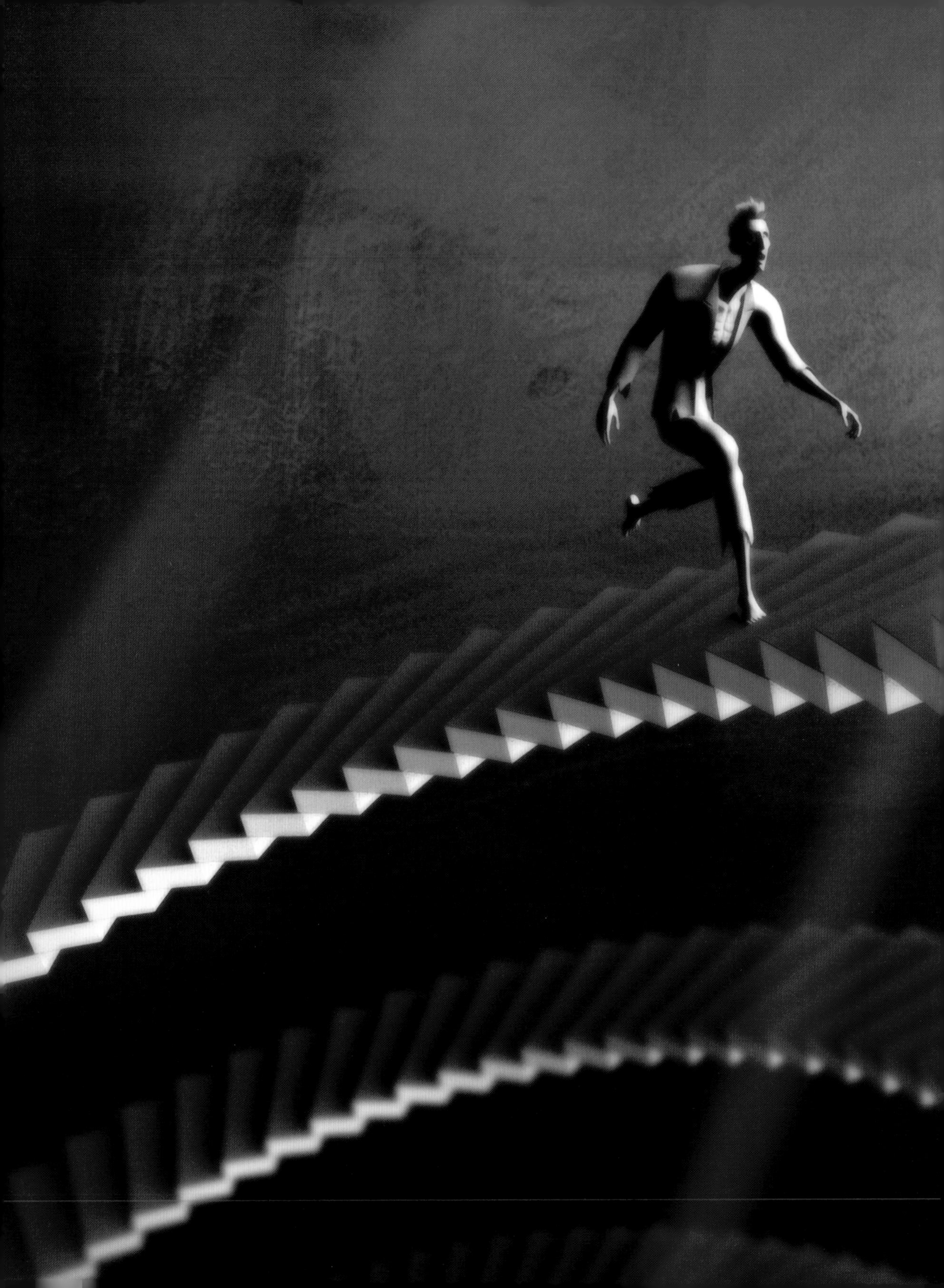

que cortaron sus muñecas tres veces sucesivamente
sin éxito, desistieron y fueron forzados a
abrir tiendas de antigüedades donde pensaron
que estaban envejeciendo y lloraron,

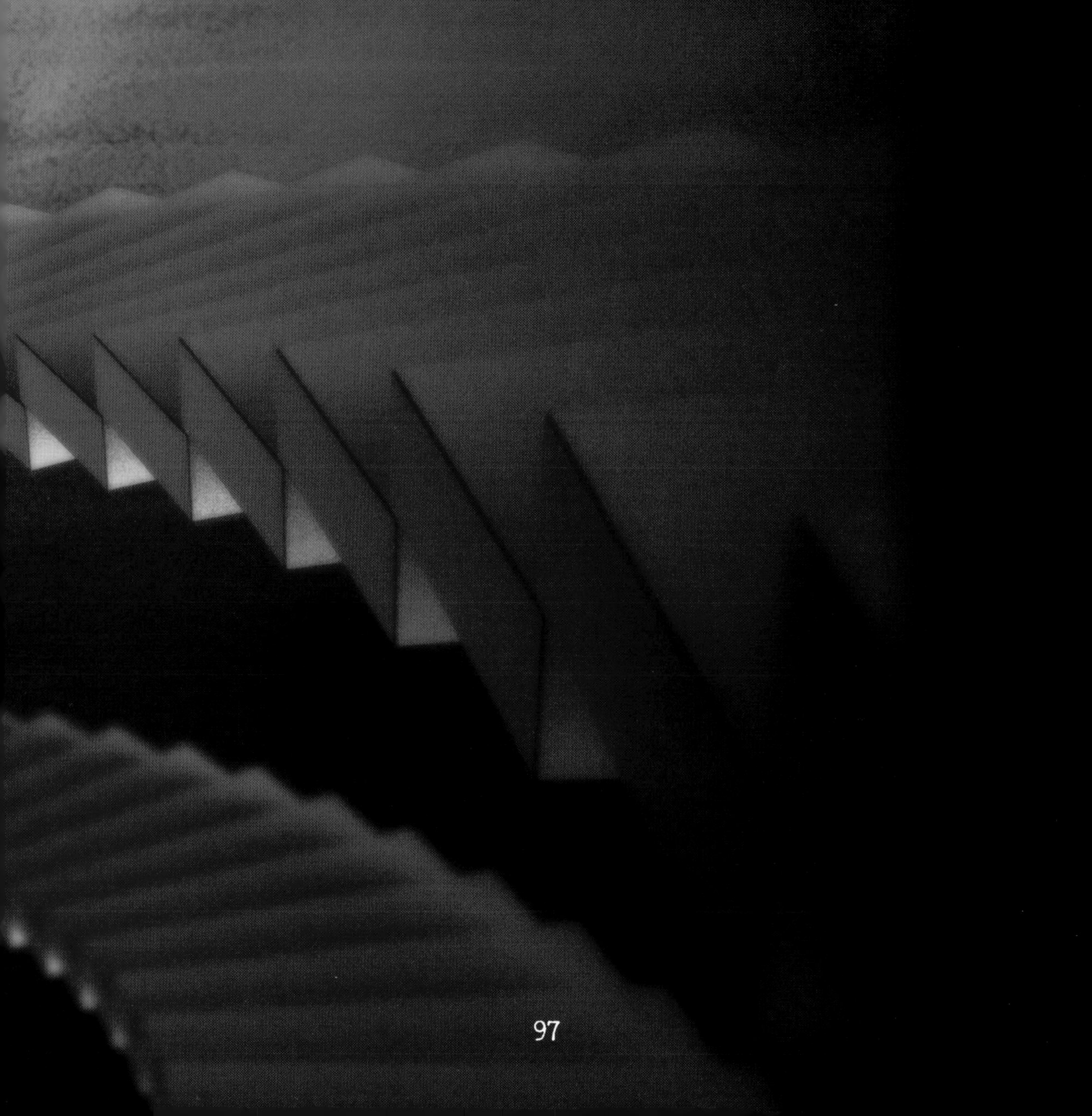

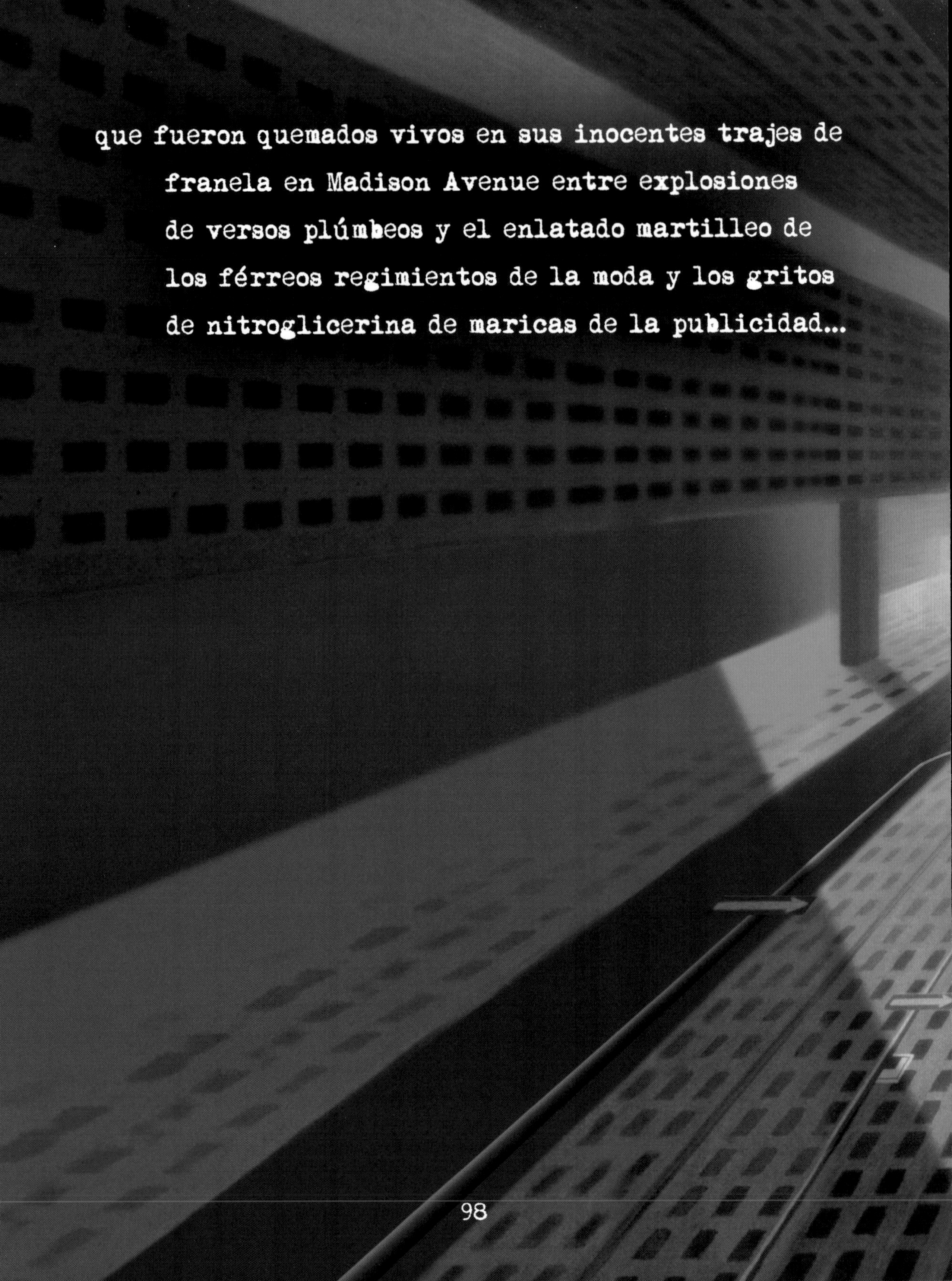

que fueron quemados vivos en sus inocentes trajes de
franela en Madison Avenue entre explosiones
de versos plúmbeos y el enlatado martilleo de
los férreos regimientos de la moda y los gritos
de nitroglicerina de maricas de la publicidad...

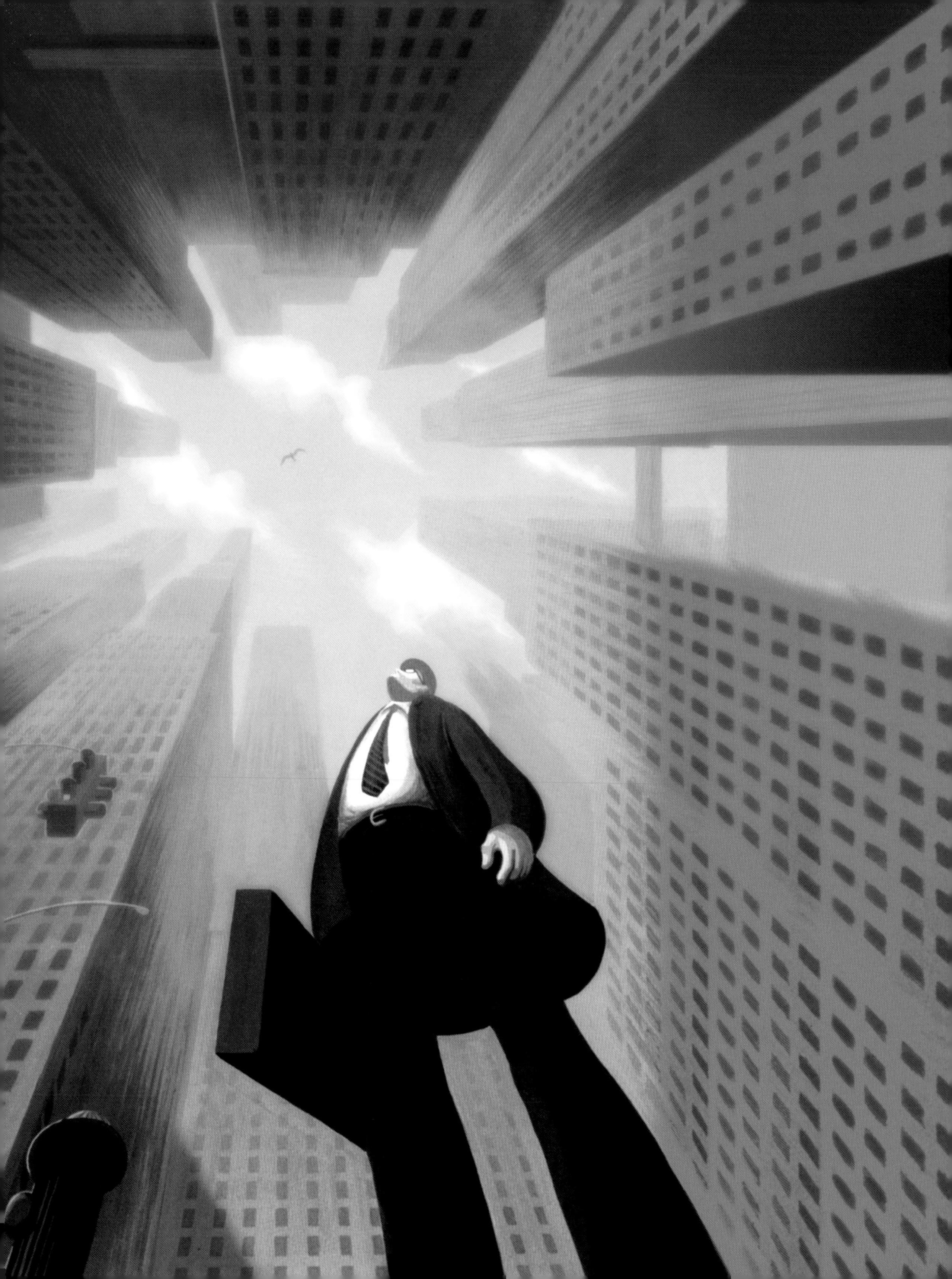

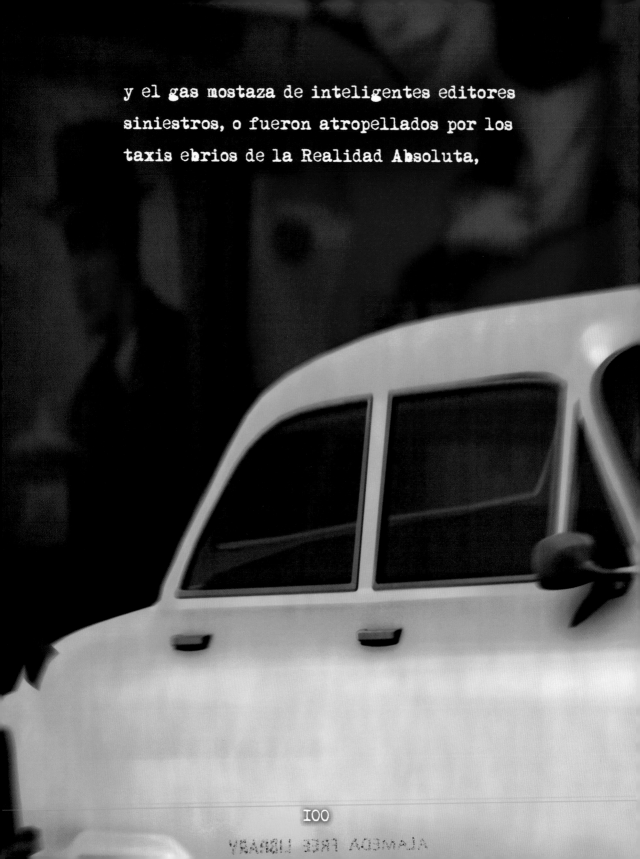

y el gas mostaza de inteligentes editores
siniestros, o fueron atropellados por los
taxis ebrios de la Realidad Absoluta,

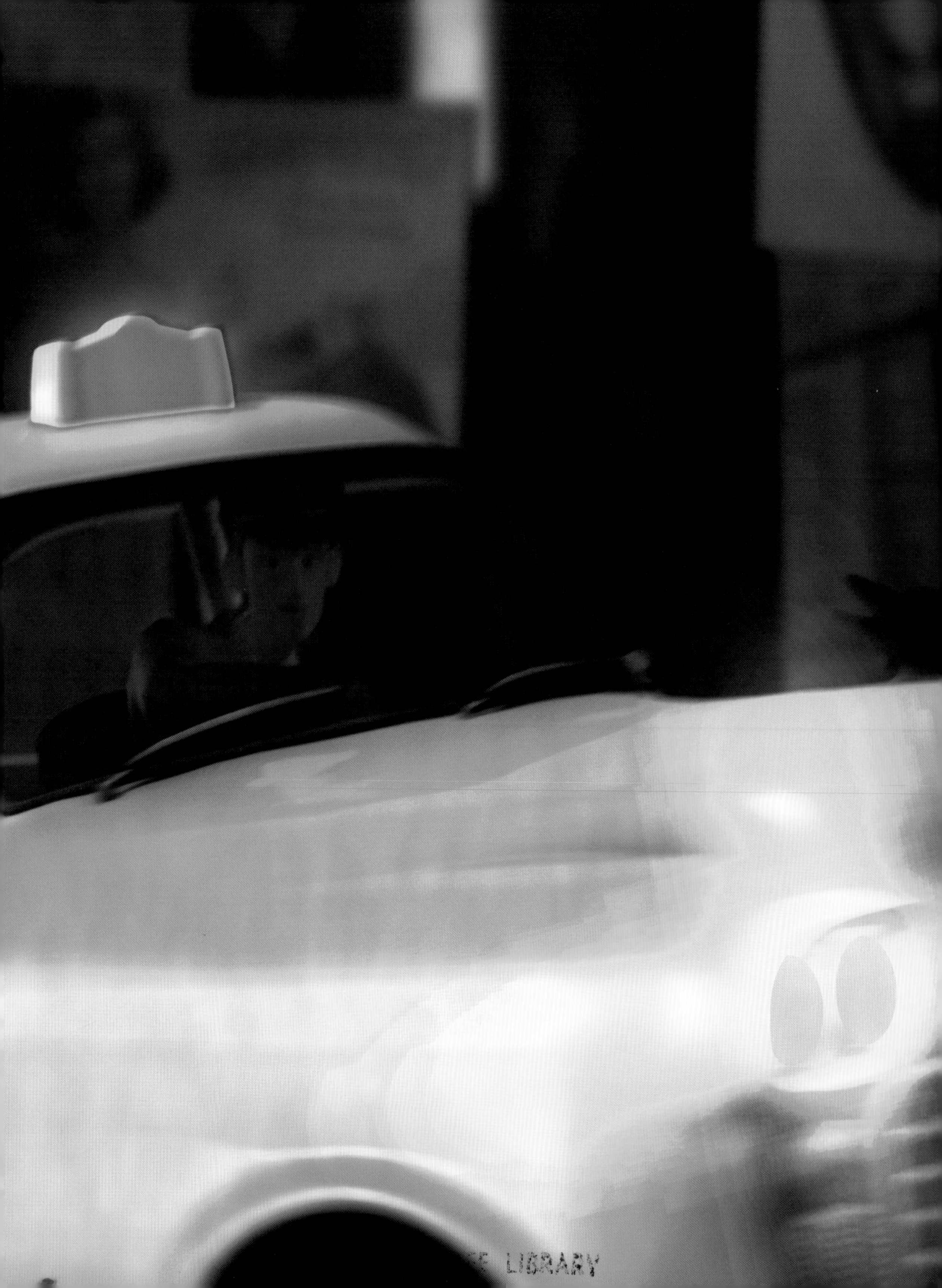

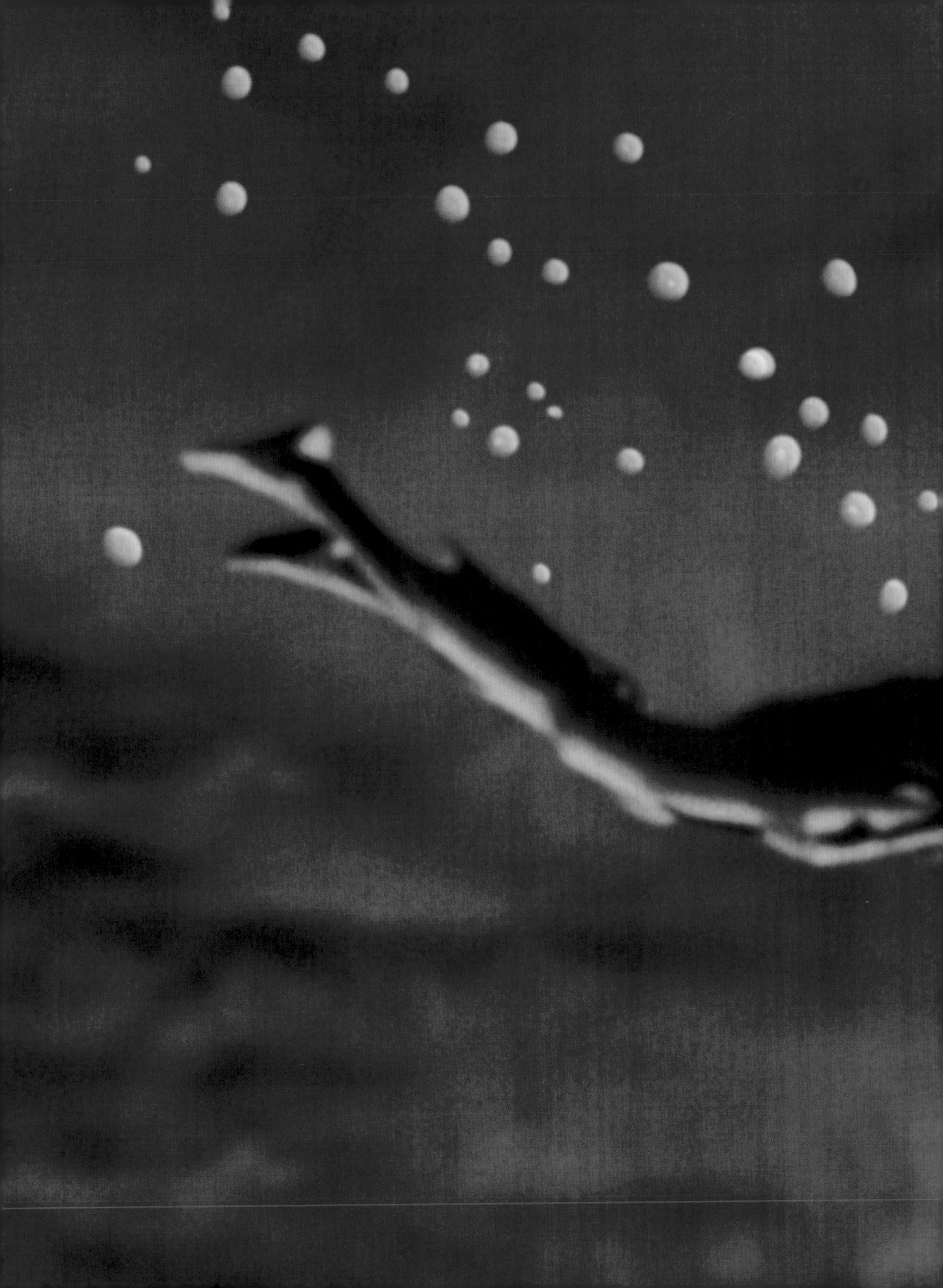

que saltaron del puente de Brooklyn esto realmente
ocurrió y se alejaron desconocidos y olvidados
dentro de la fantasmal niebla de los callejones
de sopa y carros de bomba de Chinatown ni
siquiera una cerveza gratis,

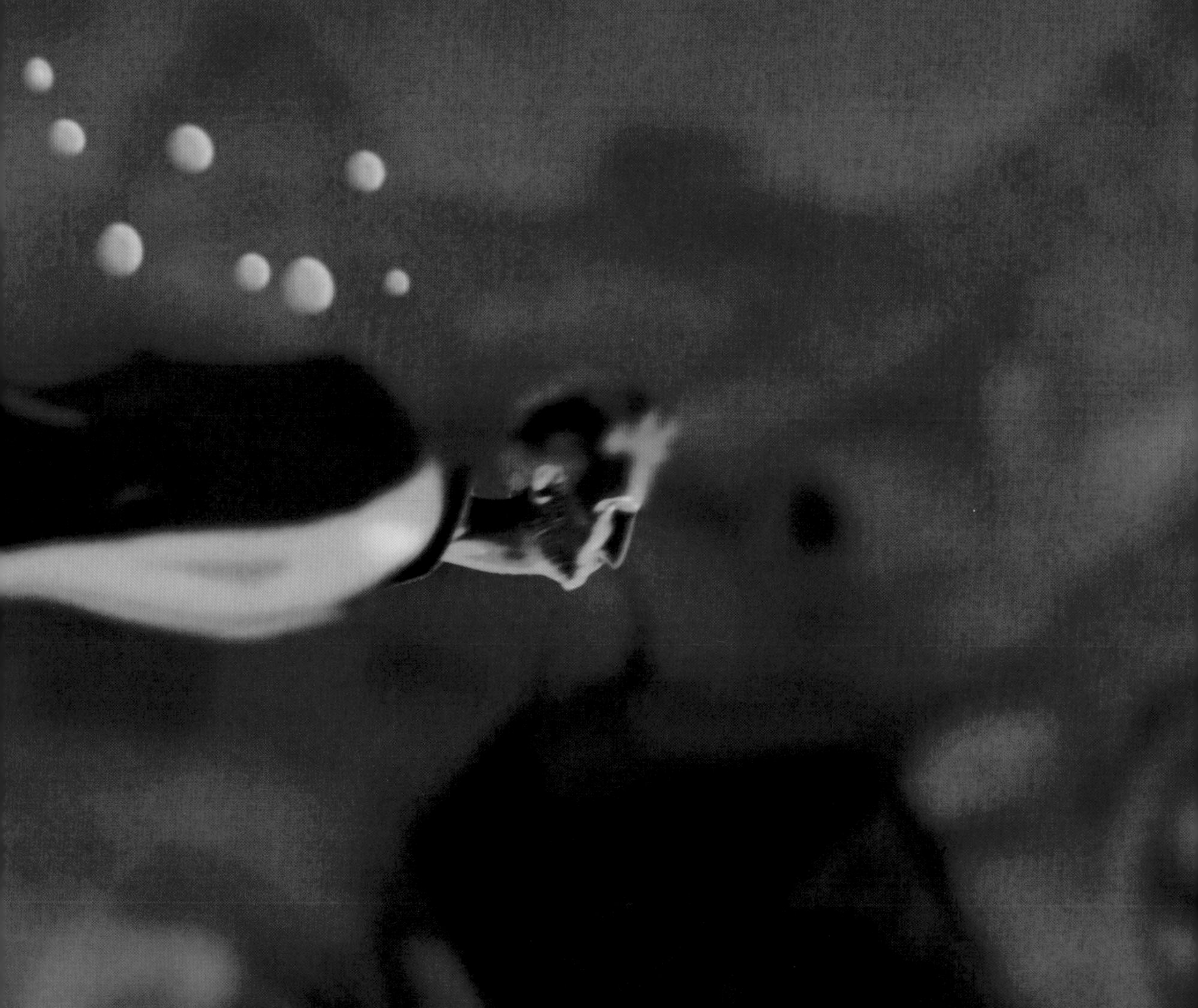

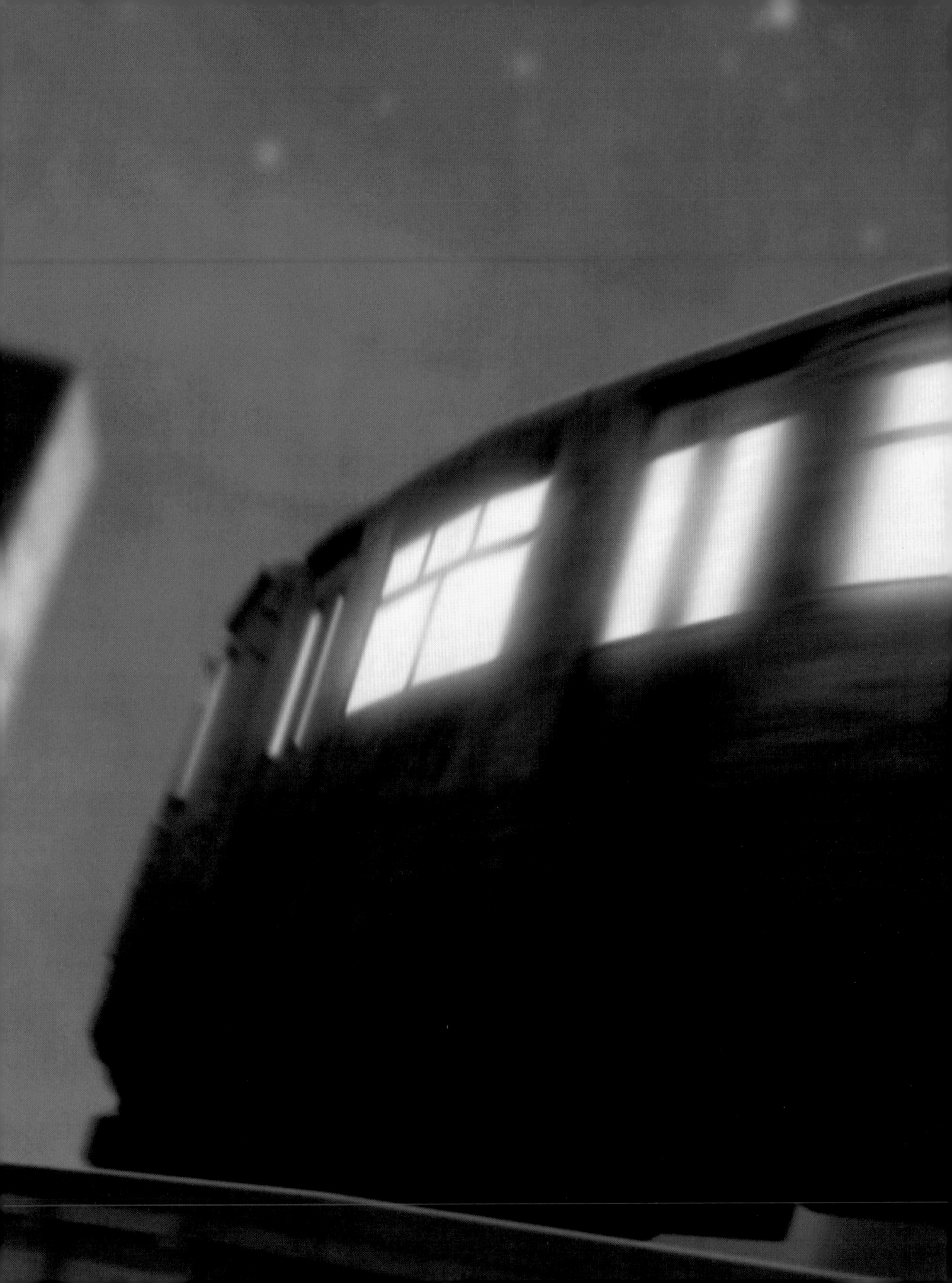

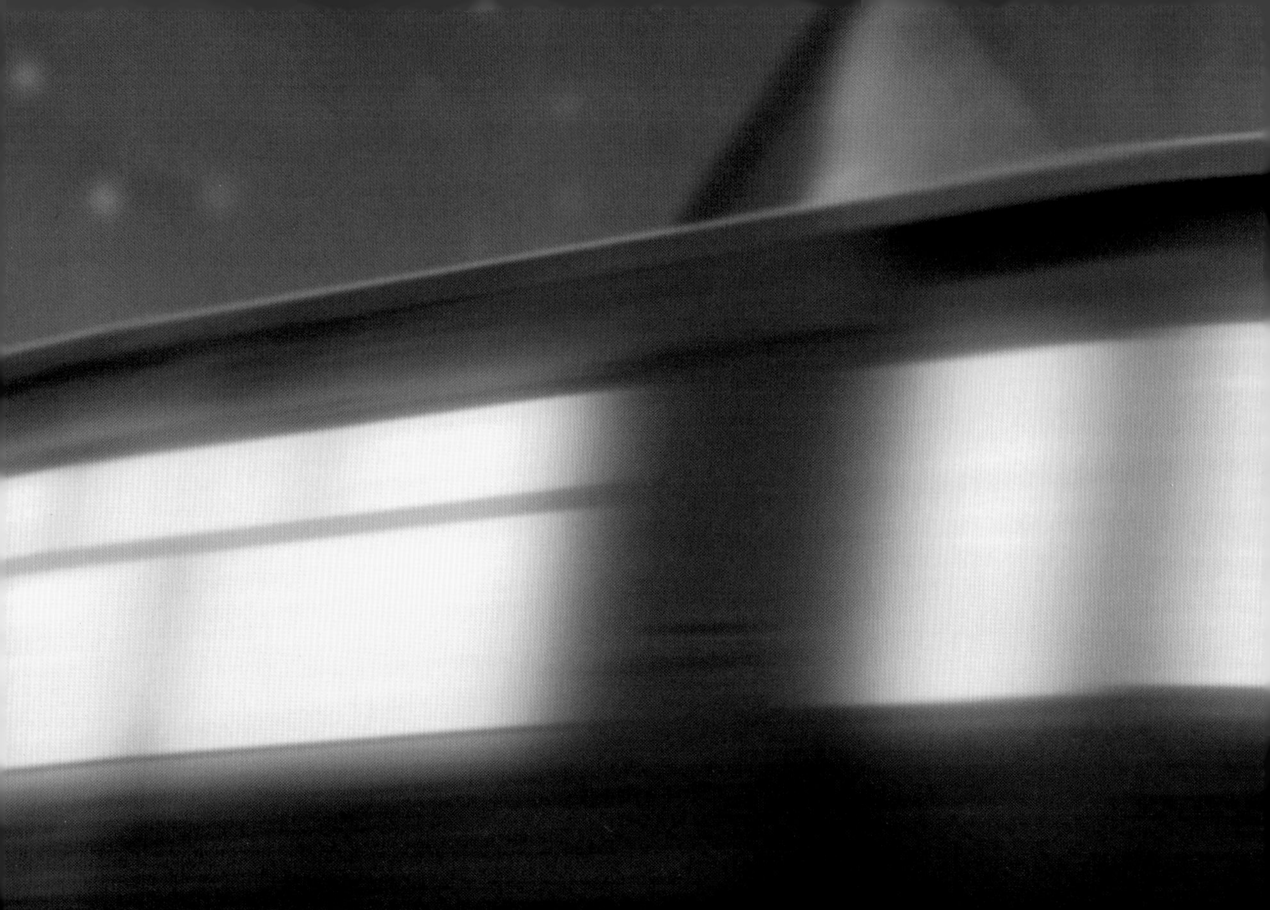

que cantaron desesperados desde sus ventanas, se
cayeron por la ventana del metro, saltaron en
el sucio Passaic, se abalanzaron sobre negros,
lloraron por toda la calle, bailaron descalzos
sobre vasos de vino rotos y discos de fonógrafo
destrozados de nostálgico europeo jazz alemán
de los años treinta se acabaron el whisky y
vomitaron gimiendo en el baño sangriento, con
lamentos en sus oídos y la explosión de colosales
silbatos de vapor,

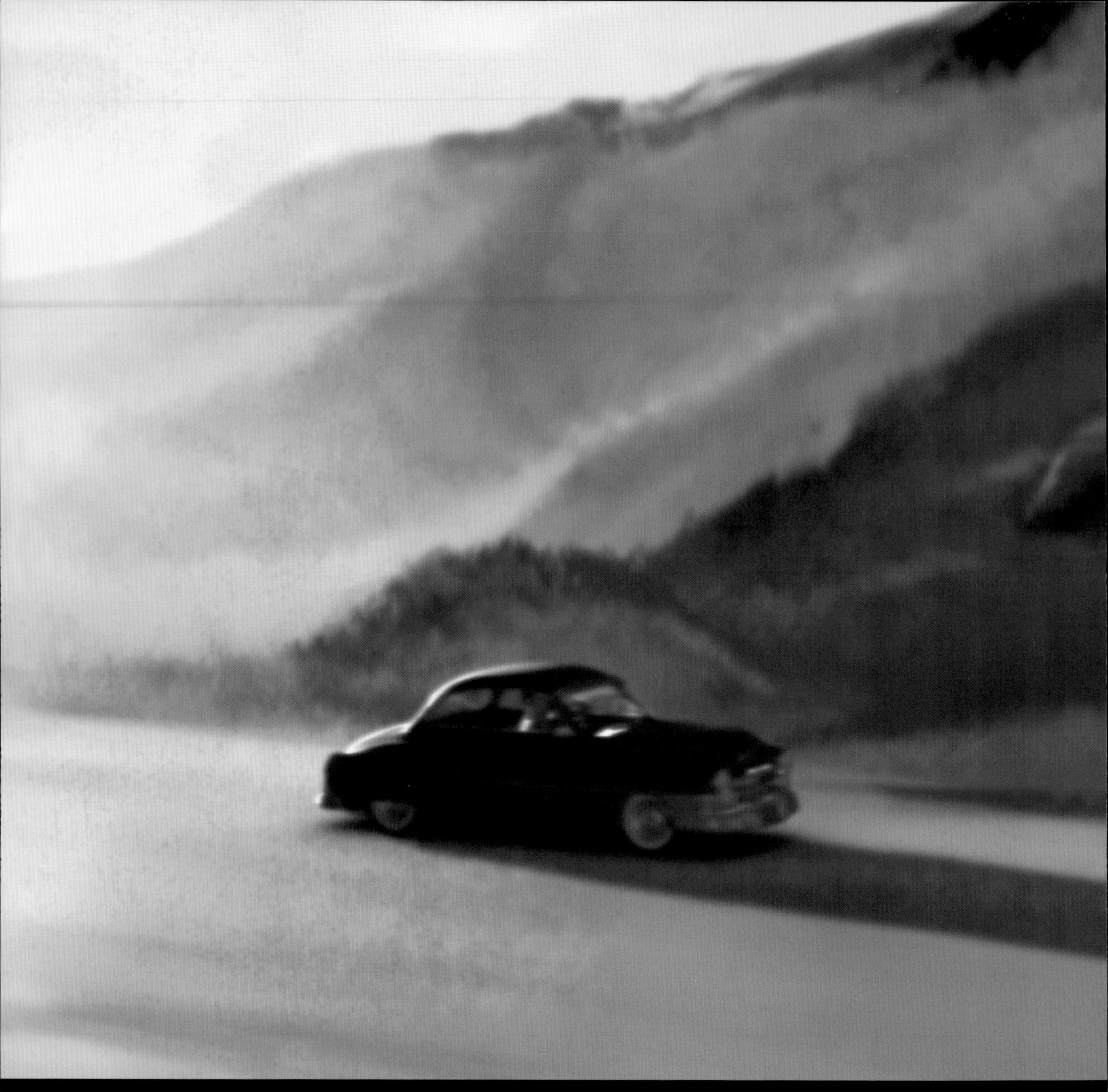

que se lanzaron por las autopistas del pasado
viajando hacia la cárcel del Gólgota
-solitario mirar- autos preparados de

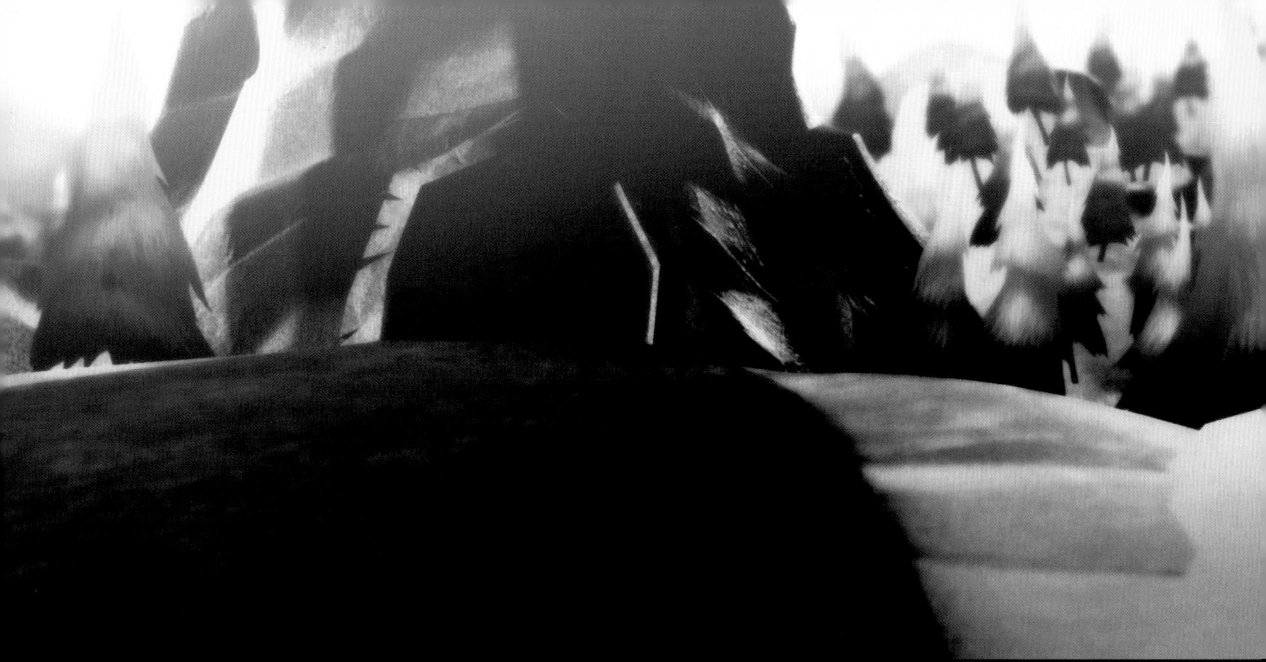

que condujeron a campo traviesa por setenta y dos
horas para averiguar si yo había tenido una
visión o tú habías tenido una visión o él había
tenido una visión para conocer la eternidad,

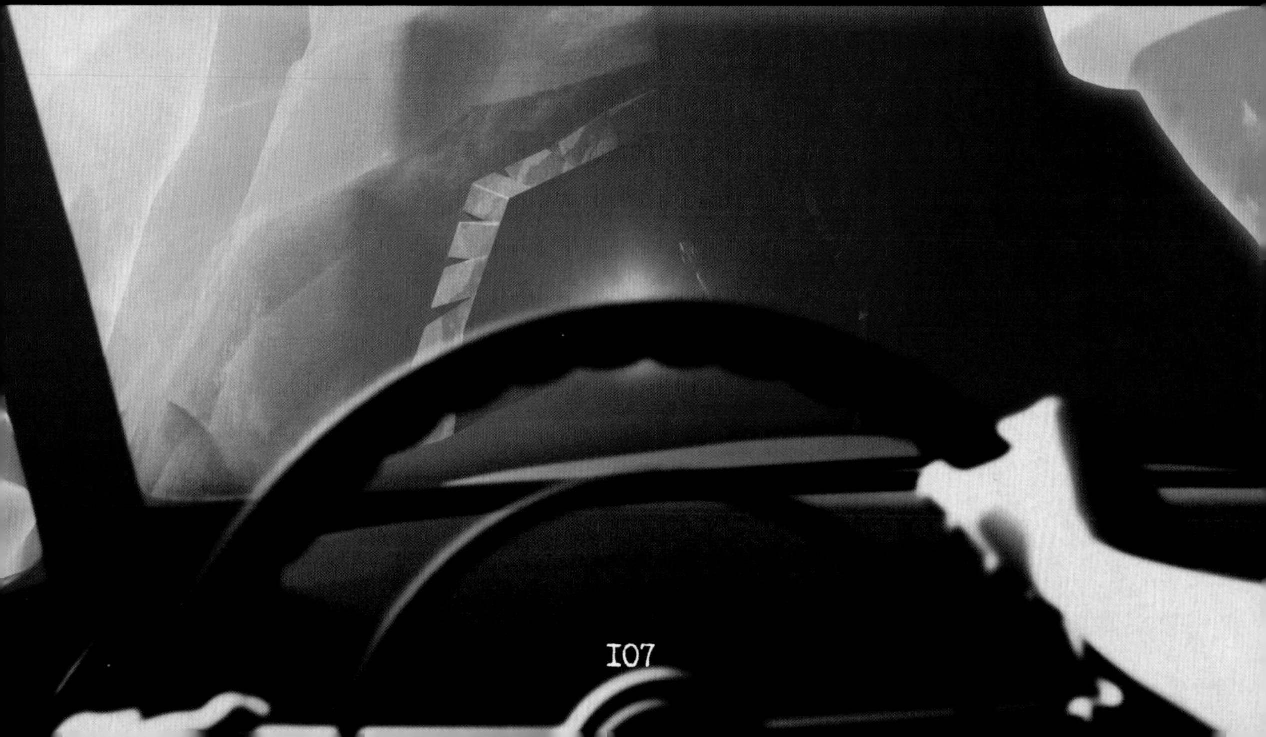

que viajaron a Denver, murieron en Denver, que volvían a Denver; que velaron por Denver y meditaron y andaban solos en Denver y finalmente se fueron lejos para averiguar el Tiempo, y ahora Denver extraña a sus héroes,

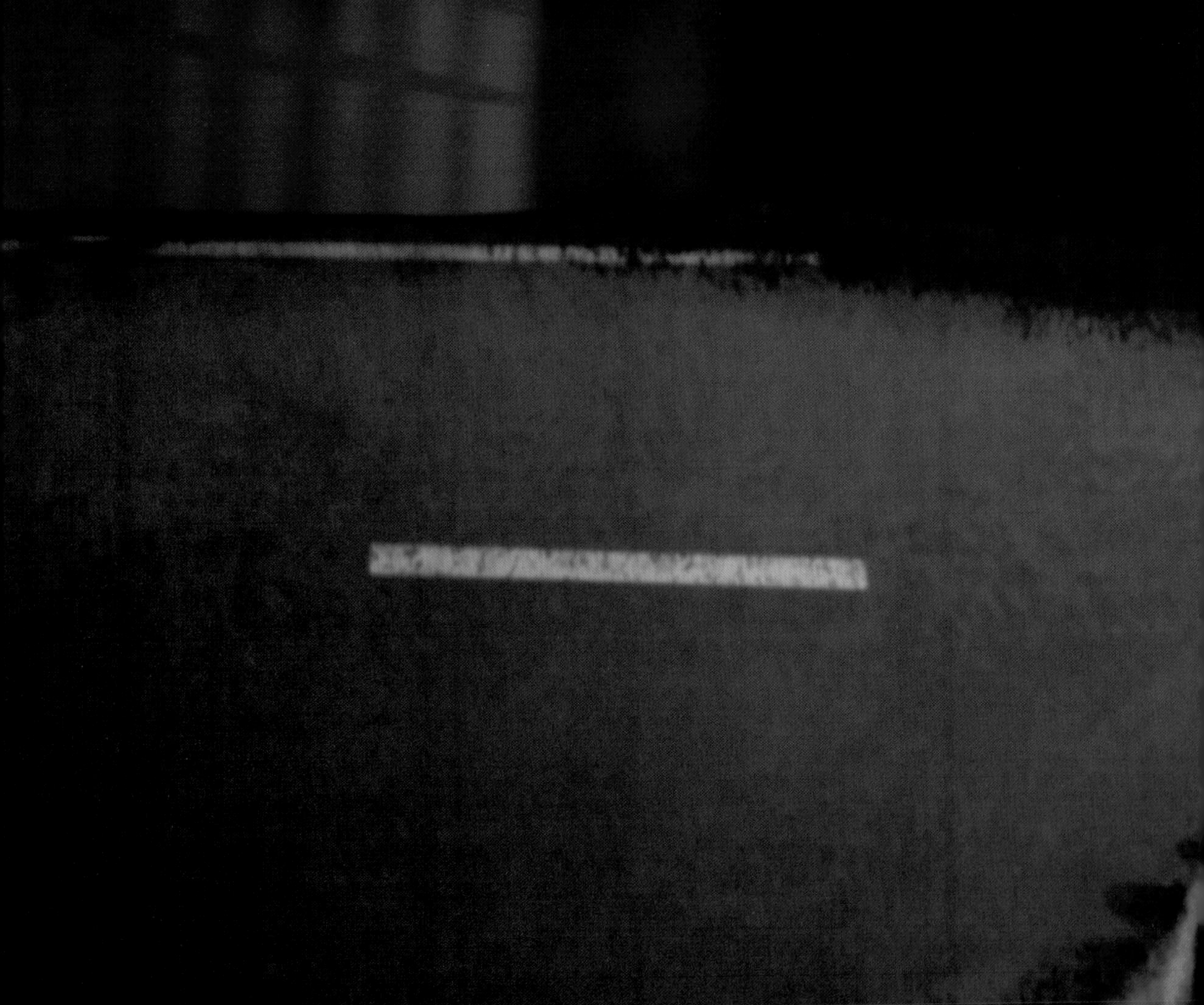

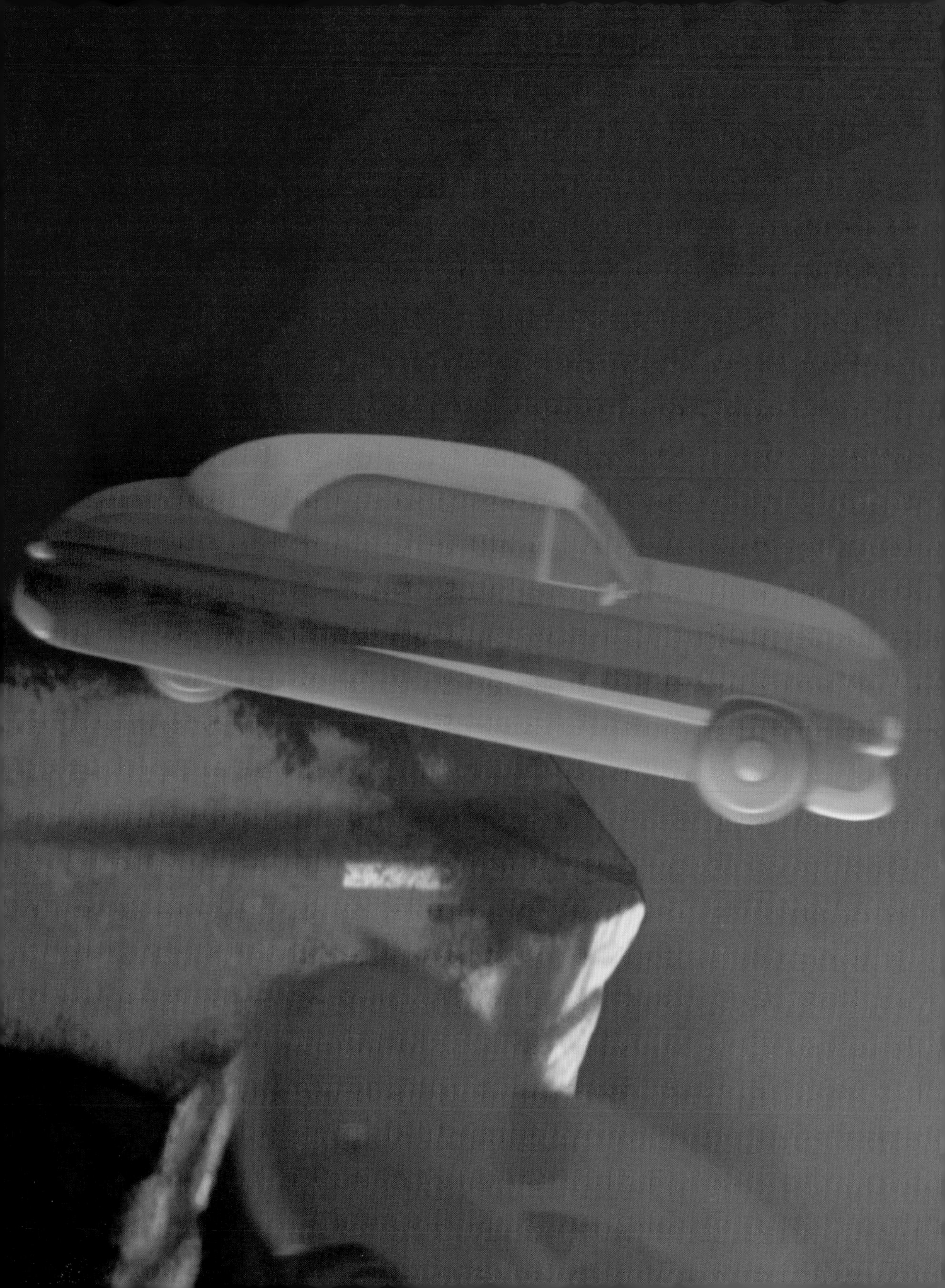

que cayeron de rodillas en desesperanzadas
catedrales rezando por la salvación
de cada uno y la luz

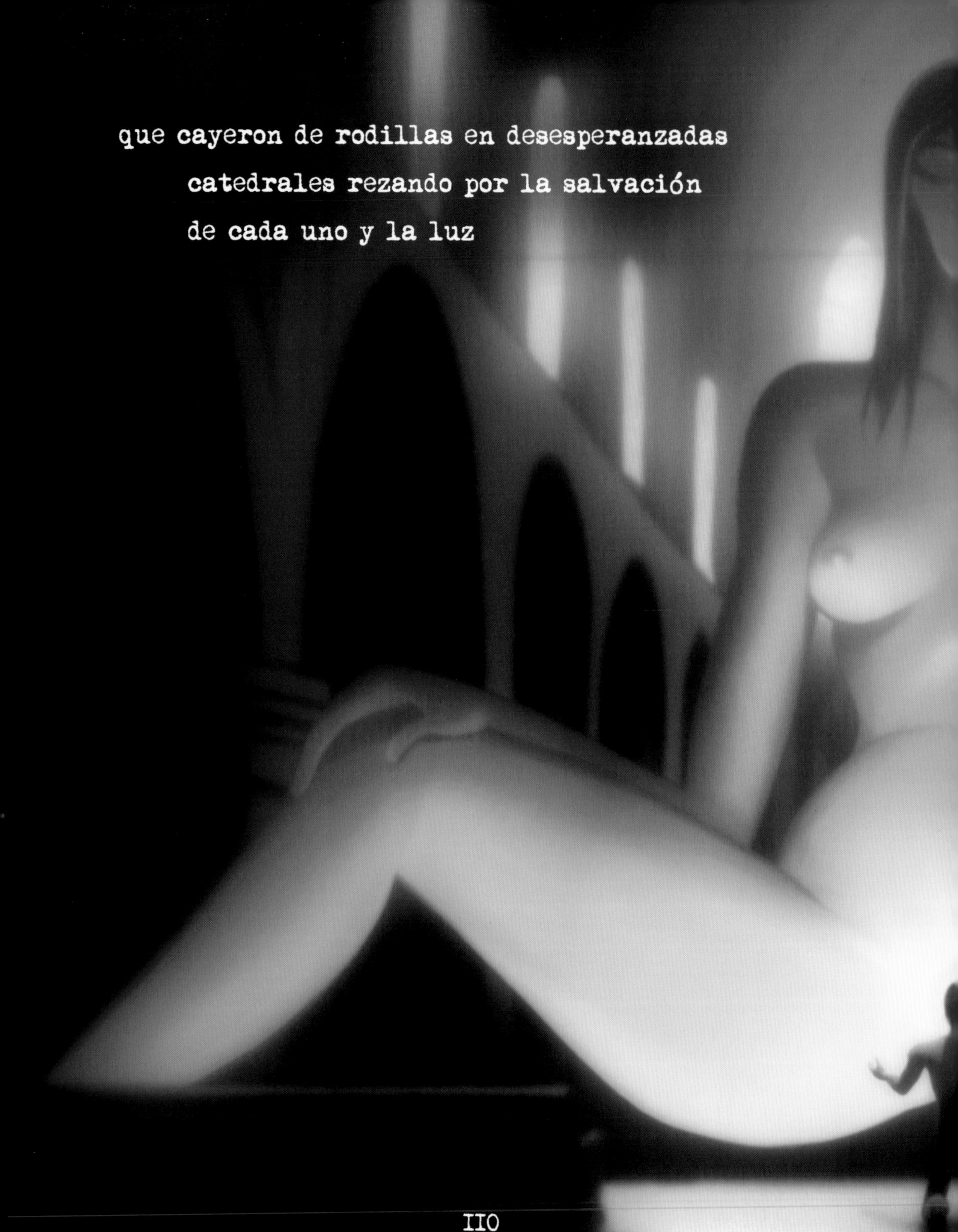

y los pechos, hasta que al alma se le iluminó
el cabello por un segundo,

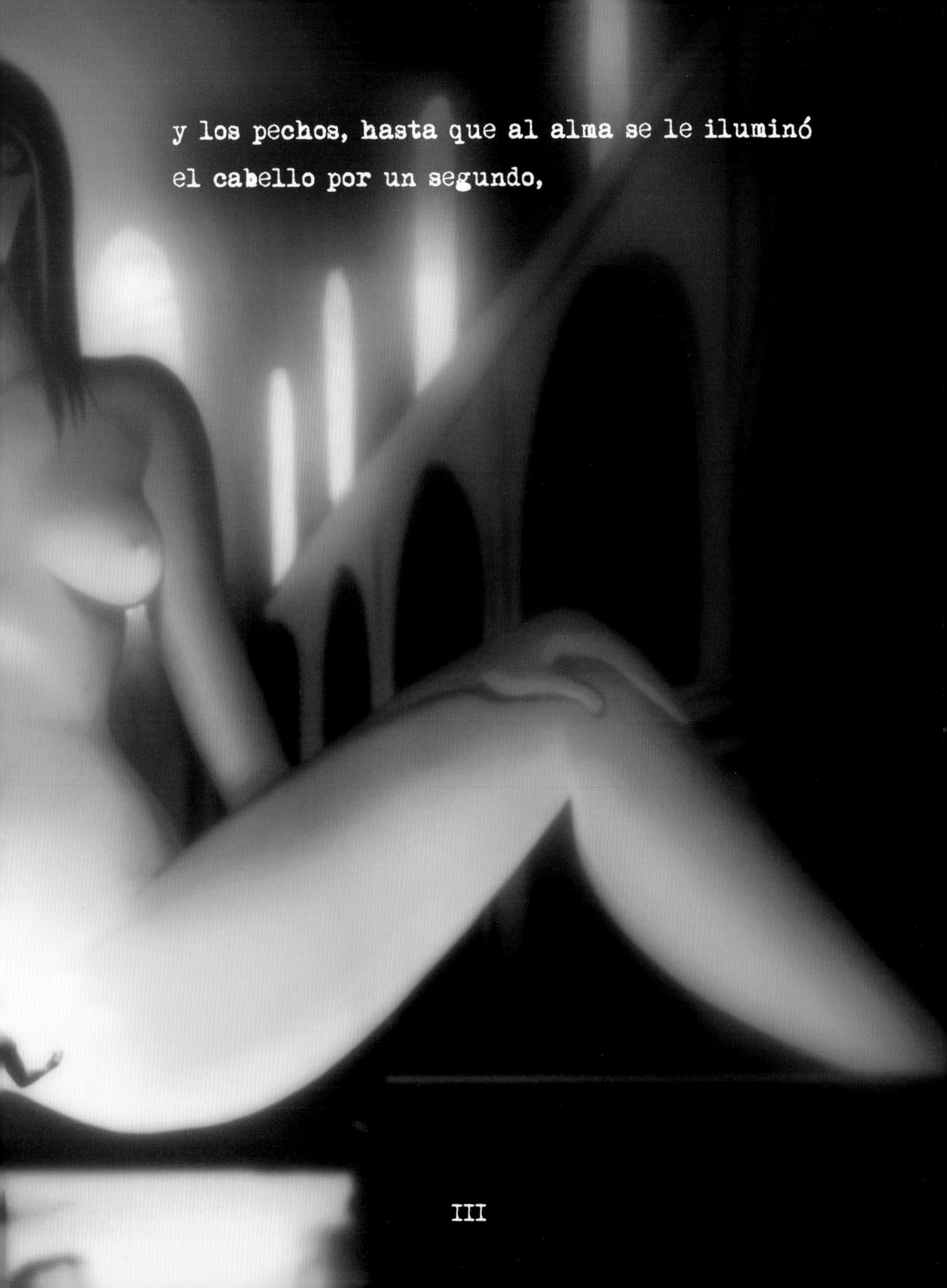

que chocaron a través de su mente en la cárcel
esperando por imposibles criminales de
cabeza dorada

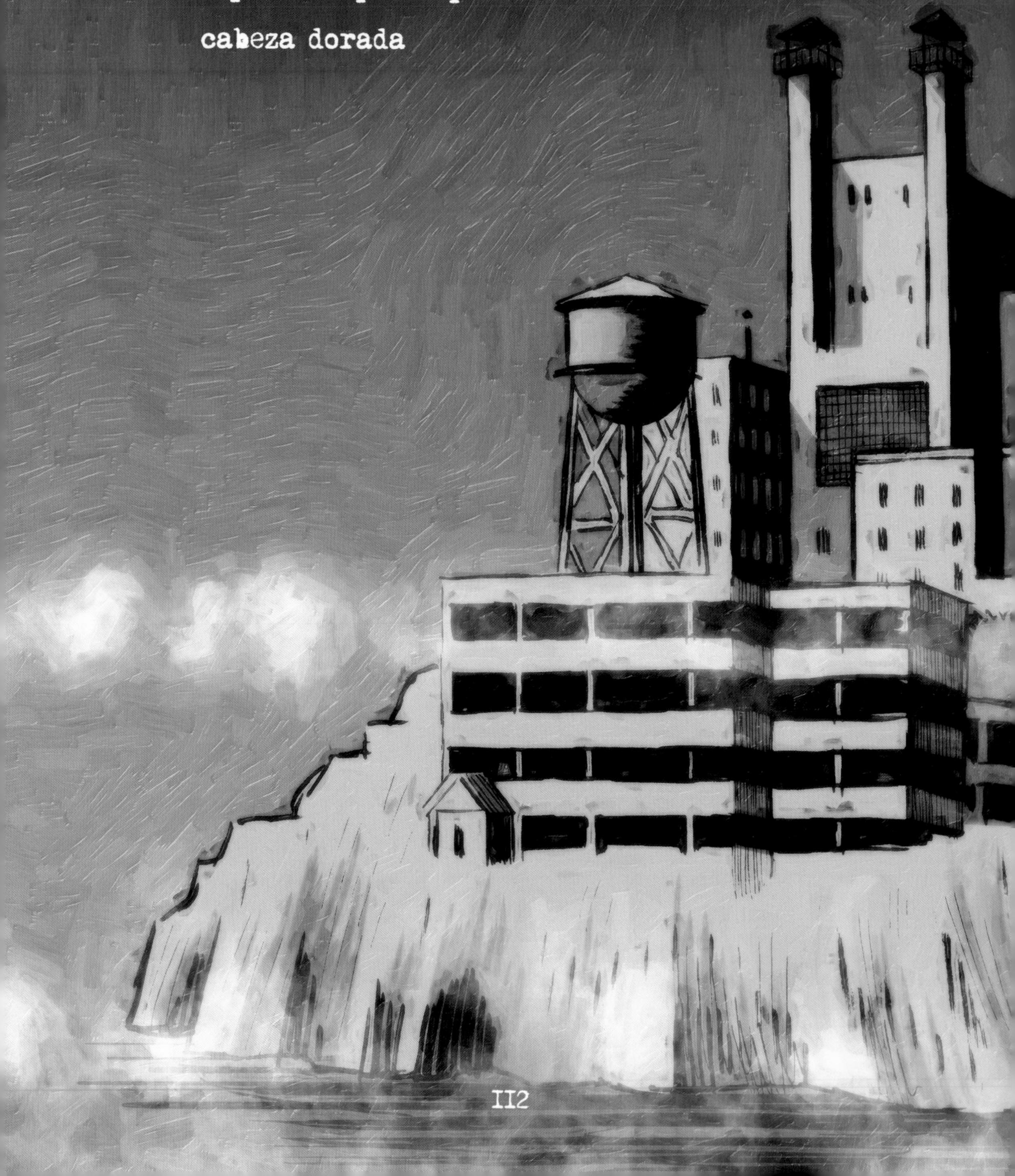

y el encanto de la realidad en sus corazones
que cantaba dulces blues a Alcatraz,

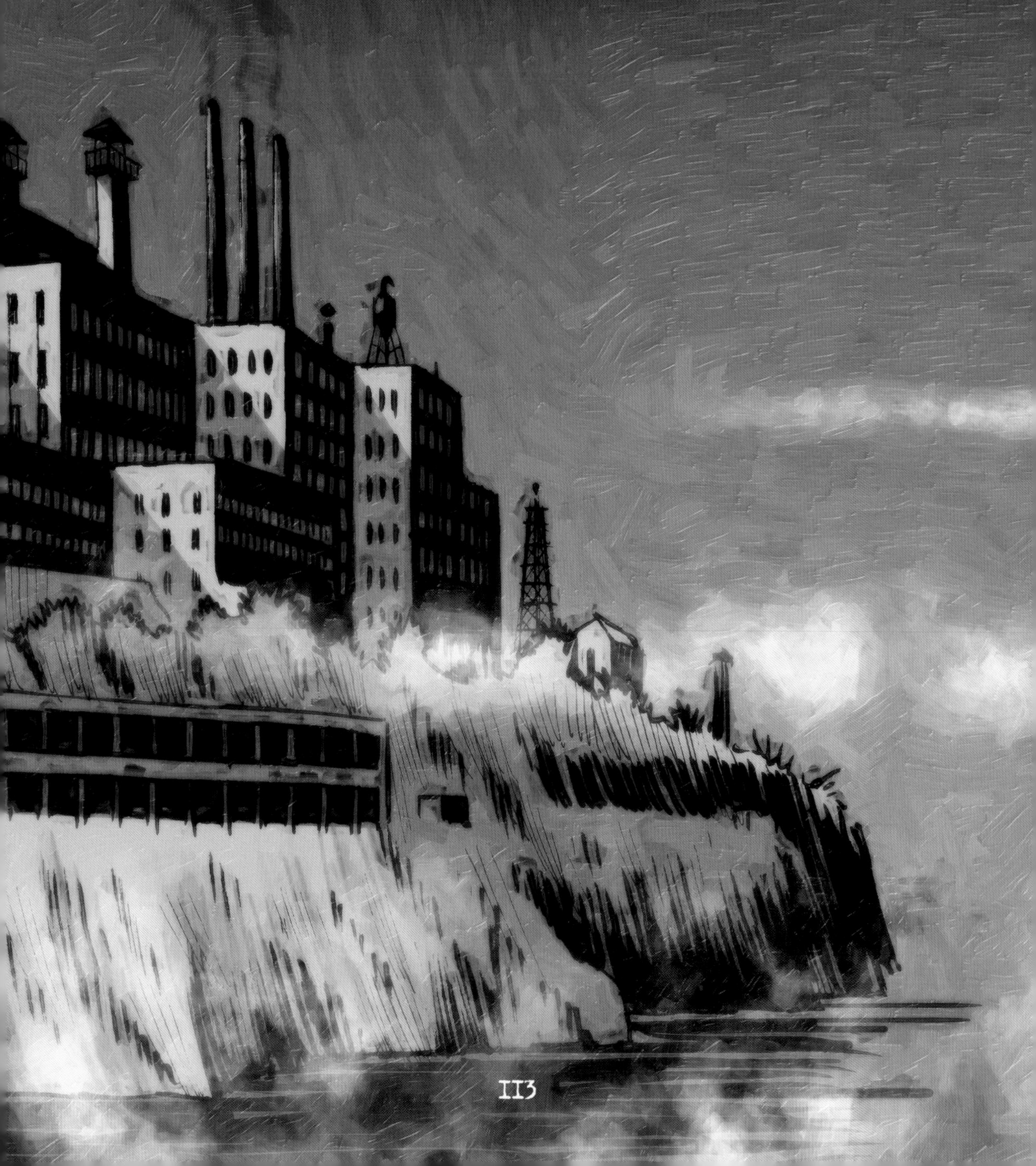

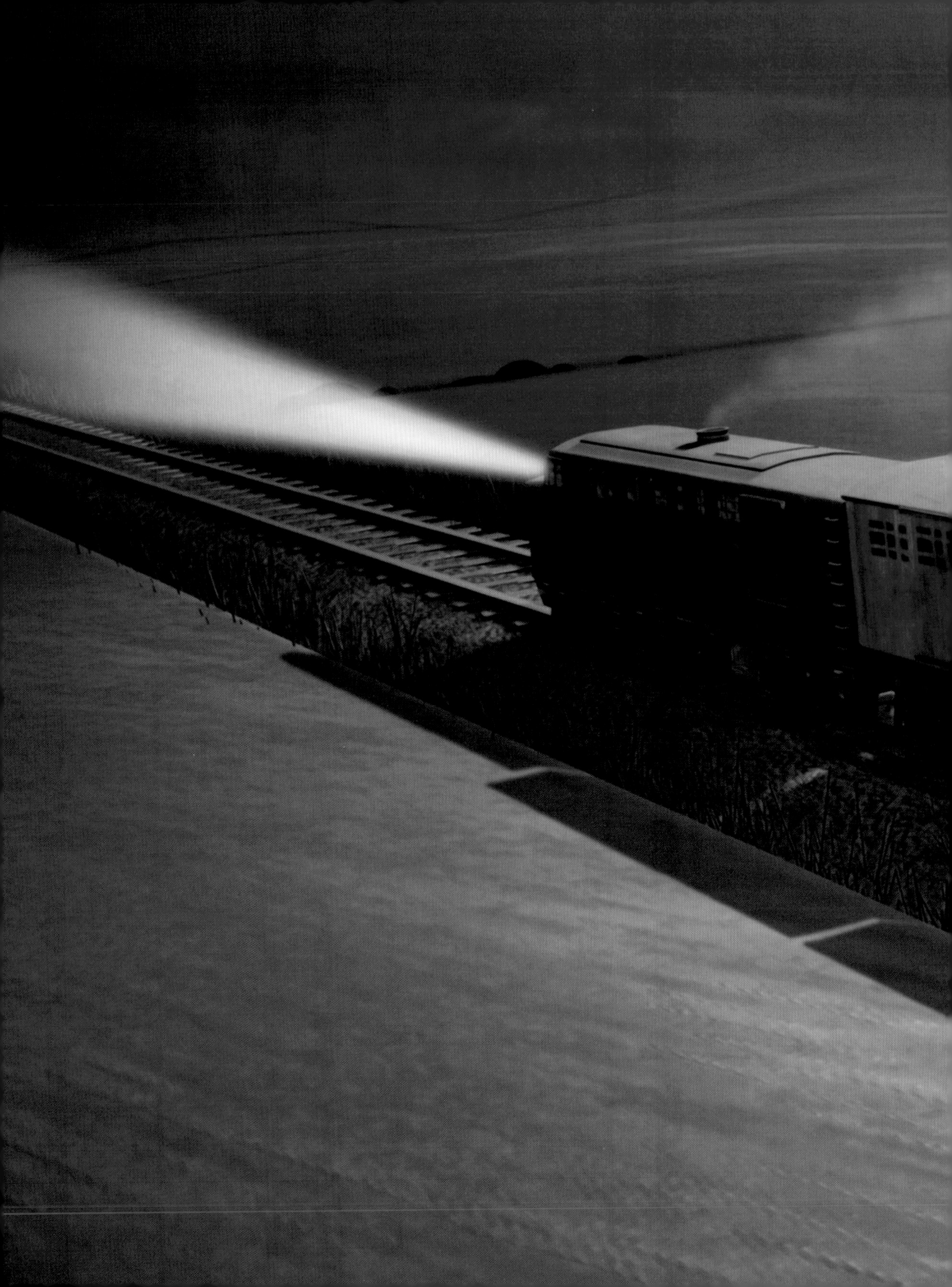

que se retiraron a México a cultivar un hábito o
a Rocky Mount hacia el tierno Buda o a Tánger
en busca de muchachos o a la Southern Pacific
hacia la negra locomotora o de Harvard a
Narciso a Woodland hacia la guirnalda de
margaritas o a la tumba,

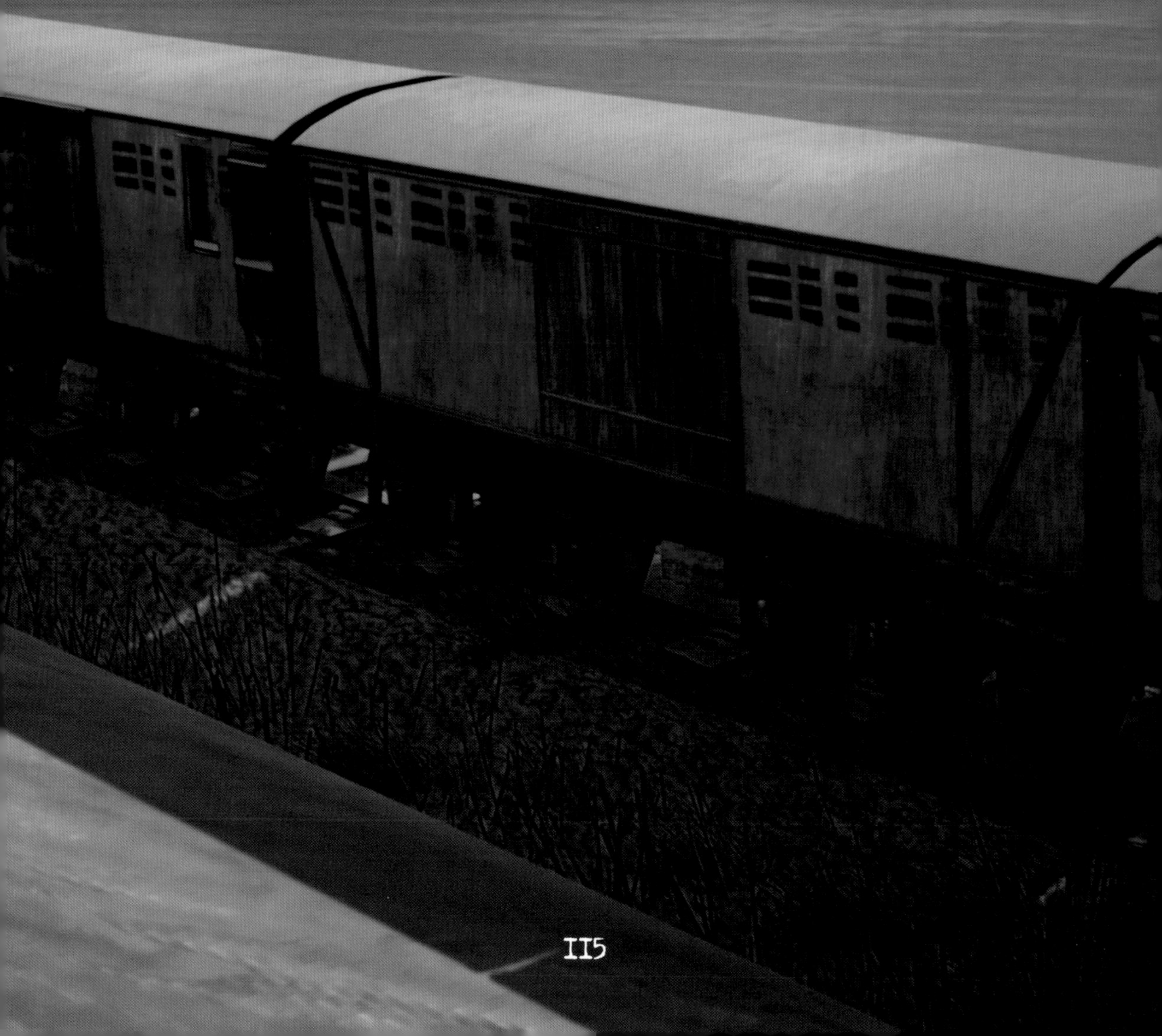

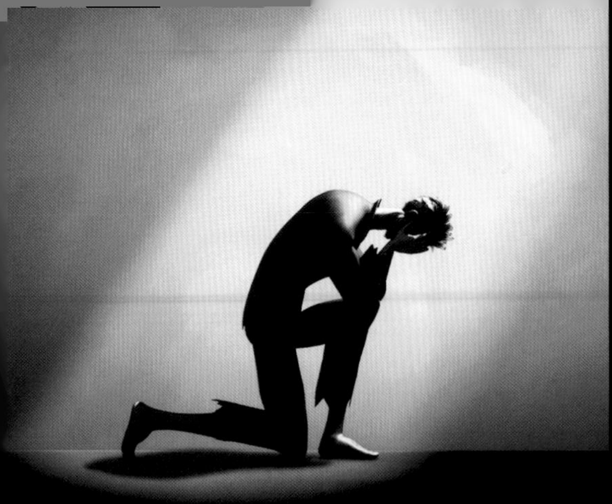

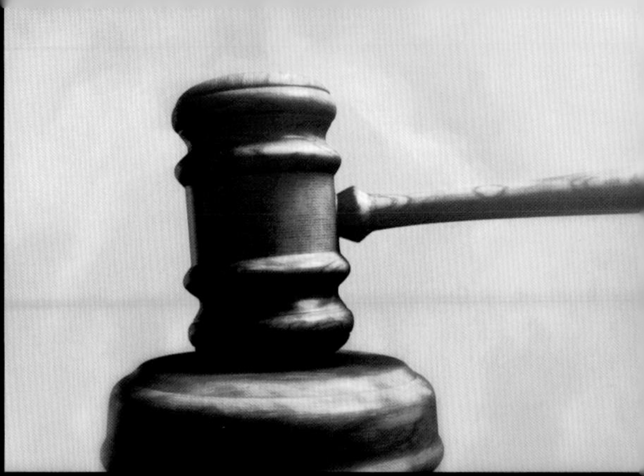

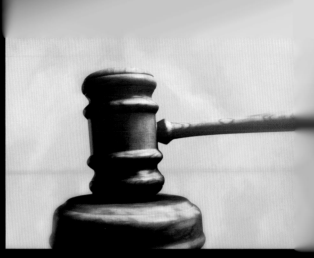

que exigieron juicios de cordura acusando a la radio de hipnotismo y fueron abandonados con su locura y sus manos y un jurado indeciso,

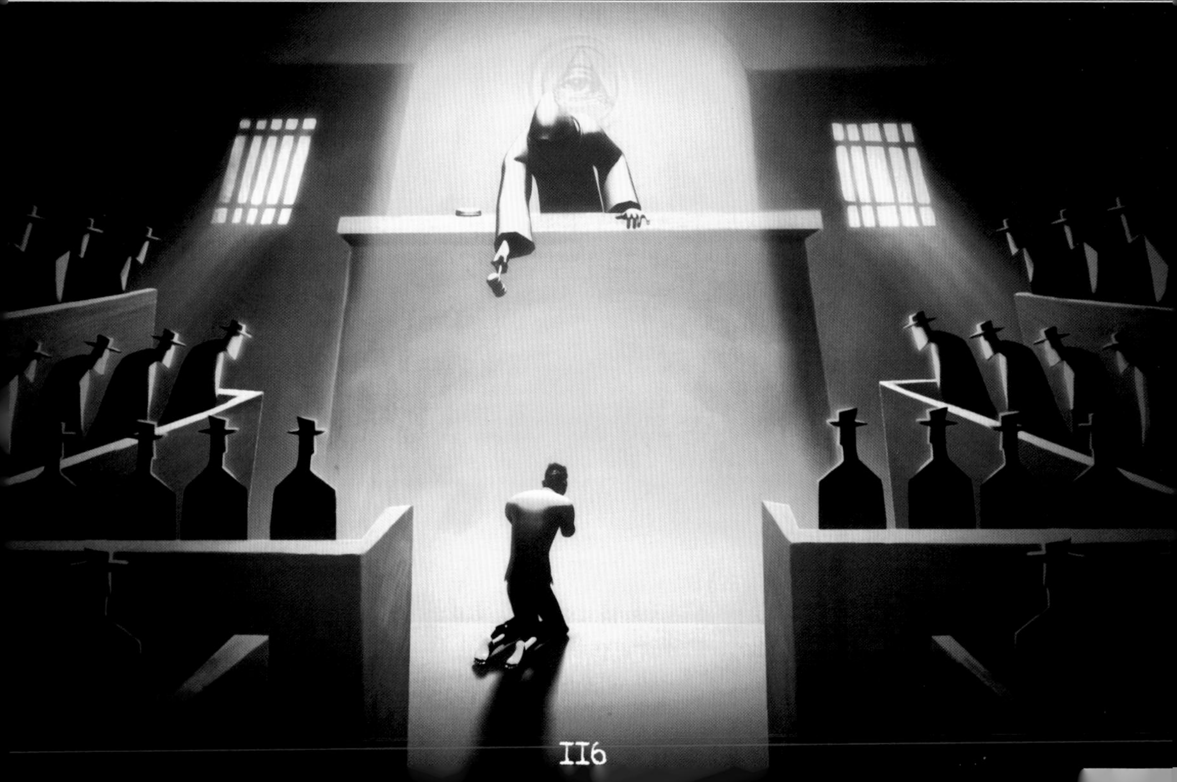

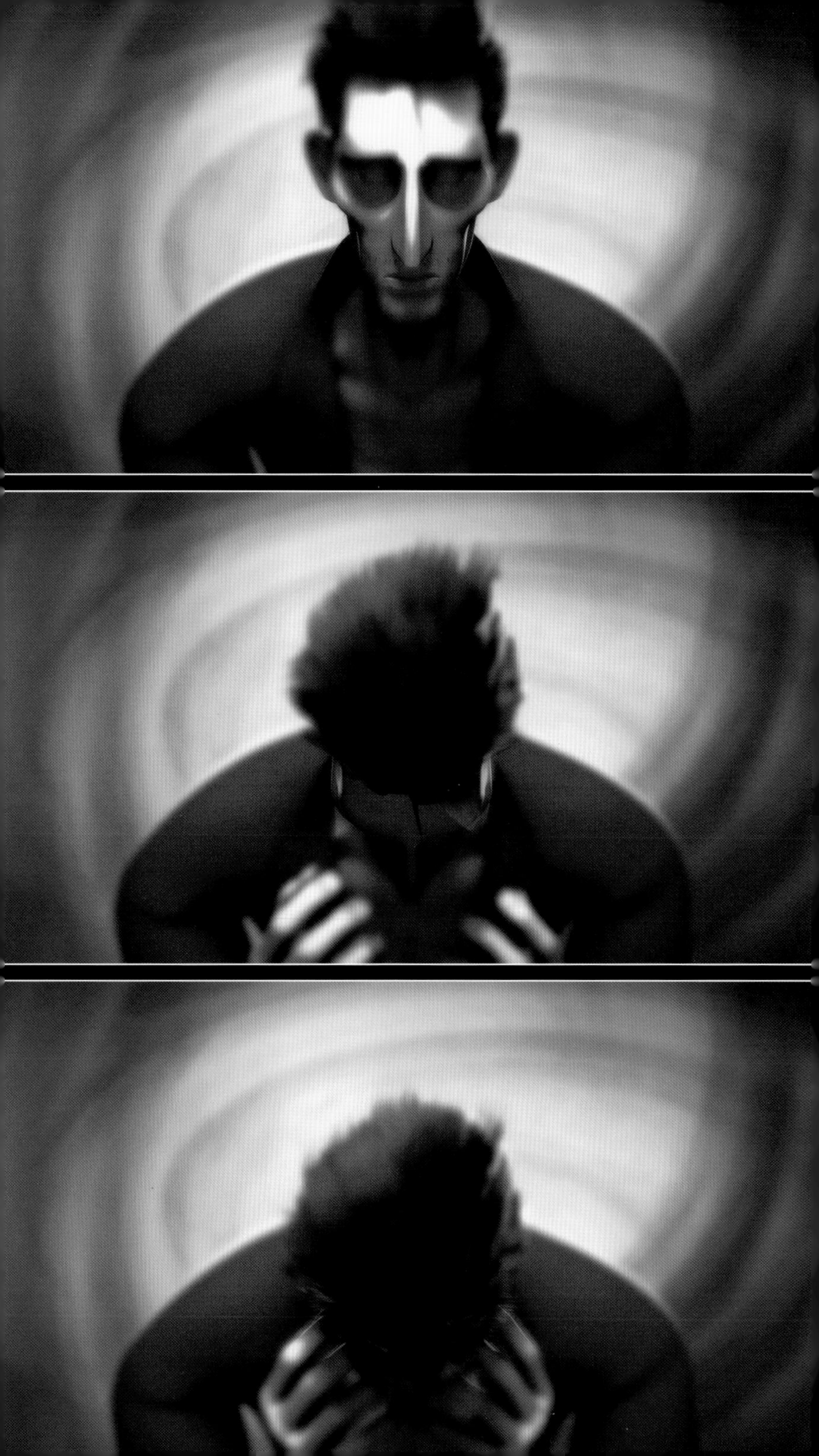

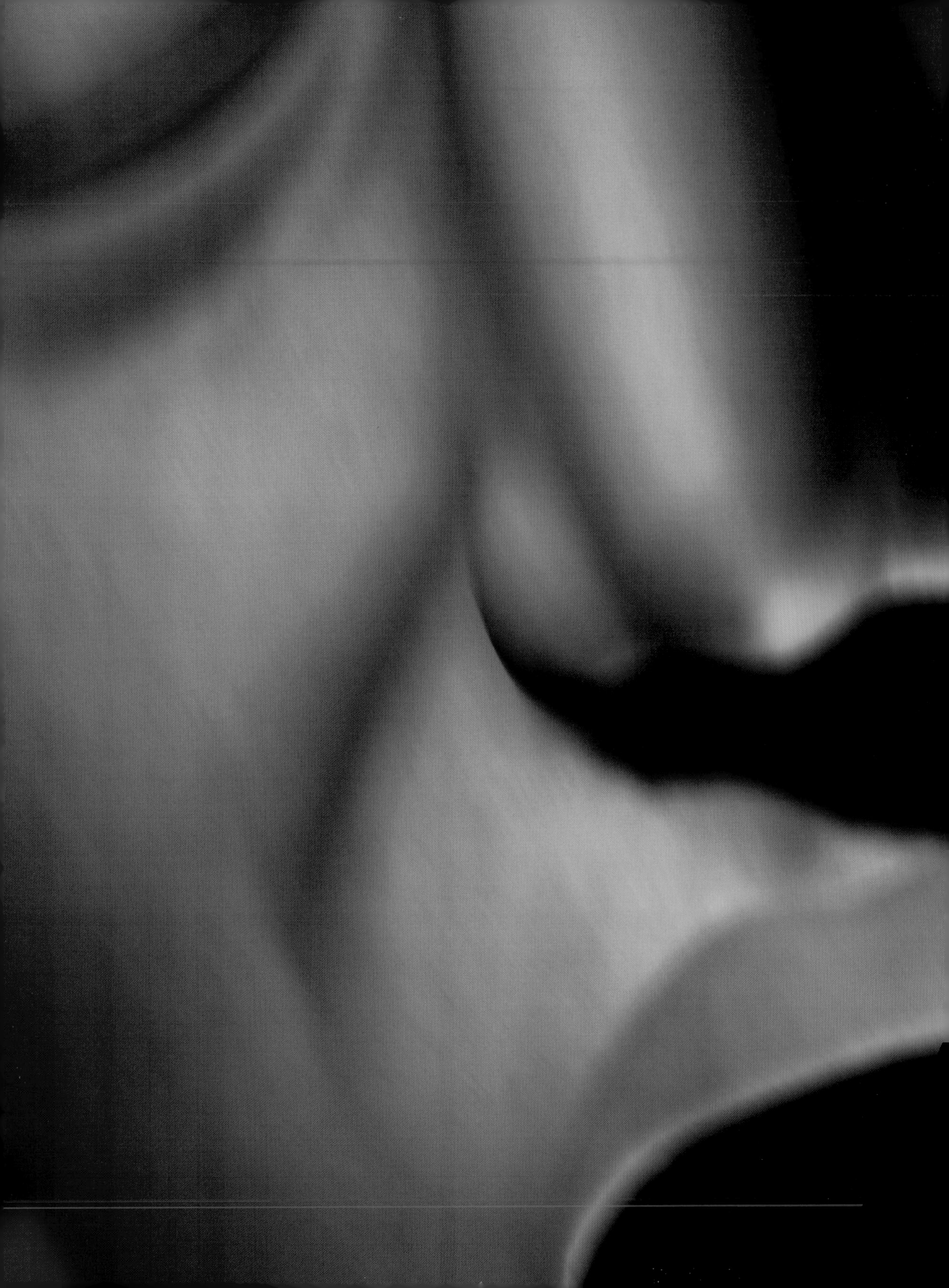

que tiraron ensalada de papas a los lectores de la
CCNY sobre dadaísmo y subsiguientemente se
presentan en los escalones de granito del
manicomio con las cabezas afeitadas y un
arlequinesco discurso de suicidio, exigiendo
una lobotomía al instante,

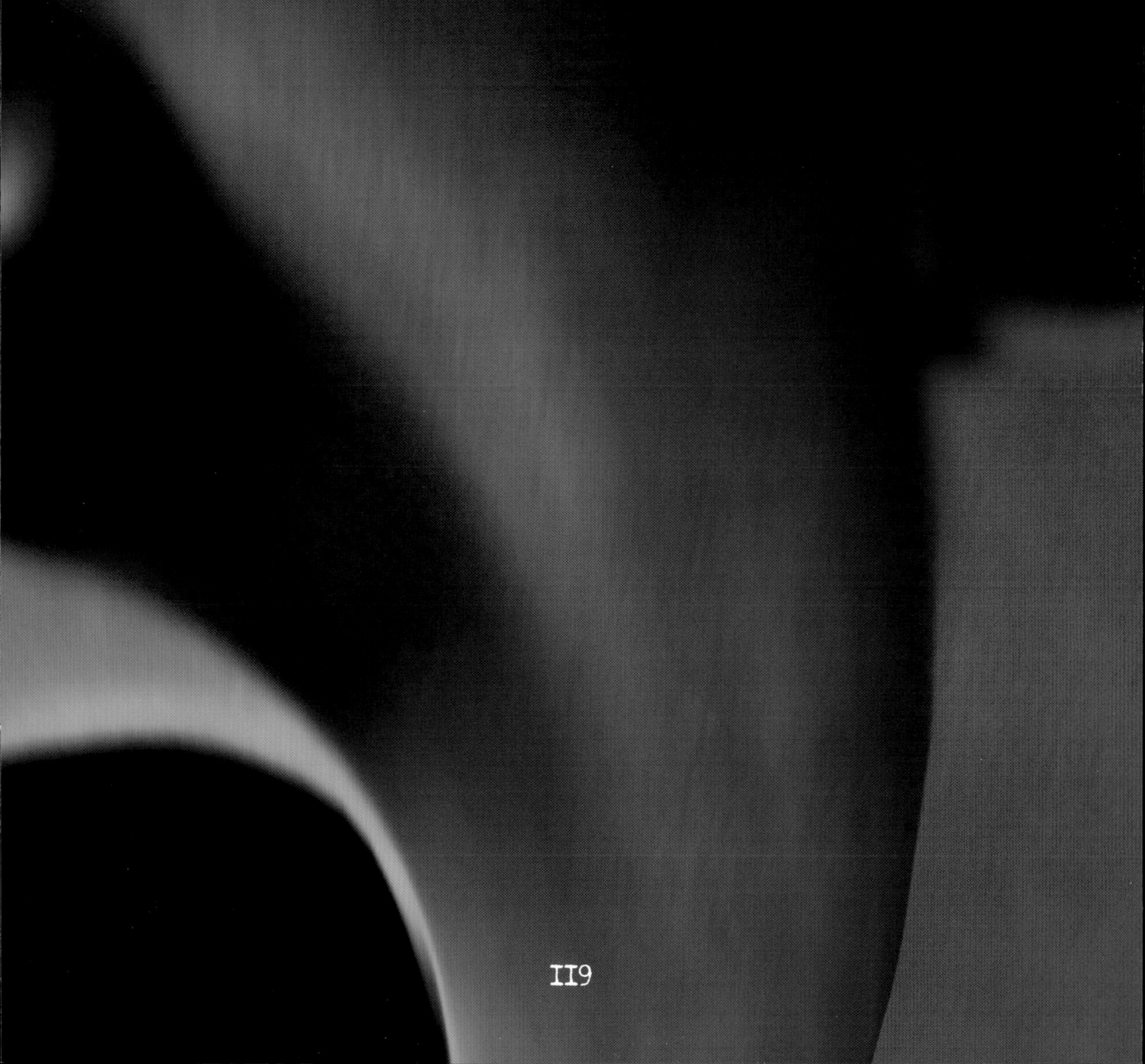

recibieron a cambio el concreto vacío de la

insulina Metrazol electricidad hidroterapia psicoterapia terapia ocupacional ping pong y amnesia,

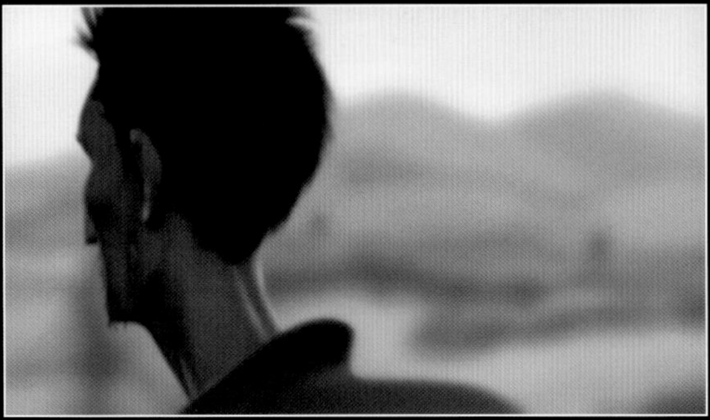

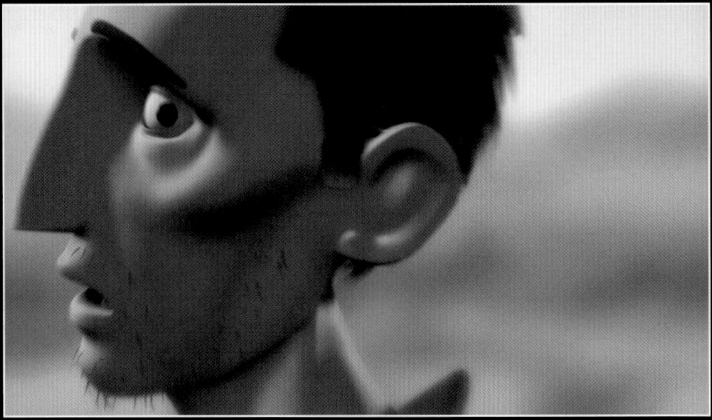

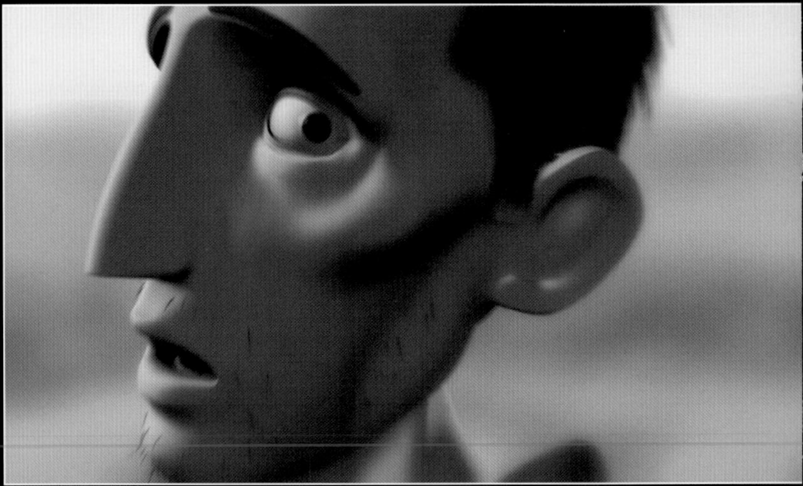

que en una protesta sin humor volcaron sólo una
simbólica mesa de ping pong, descansando
brevemente en catatonia,

volviendo años después realmente calvos excepto

por una peluca de sangre, y de lágrimas y

dedos, a la visible condenación del loco de

los barrios de las locas ciudades del Este,

los fétidos salones del Pilgrim State Rockland y

Greystones, discutiendo con los ecos del alma,

balanceándose y rodando en la banca de la

soledad de medianoche reinos dolmen del amor,

sueño de la vida una pesadilla, cuerpos

convertidos en piedra tan pesada como la

luna,

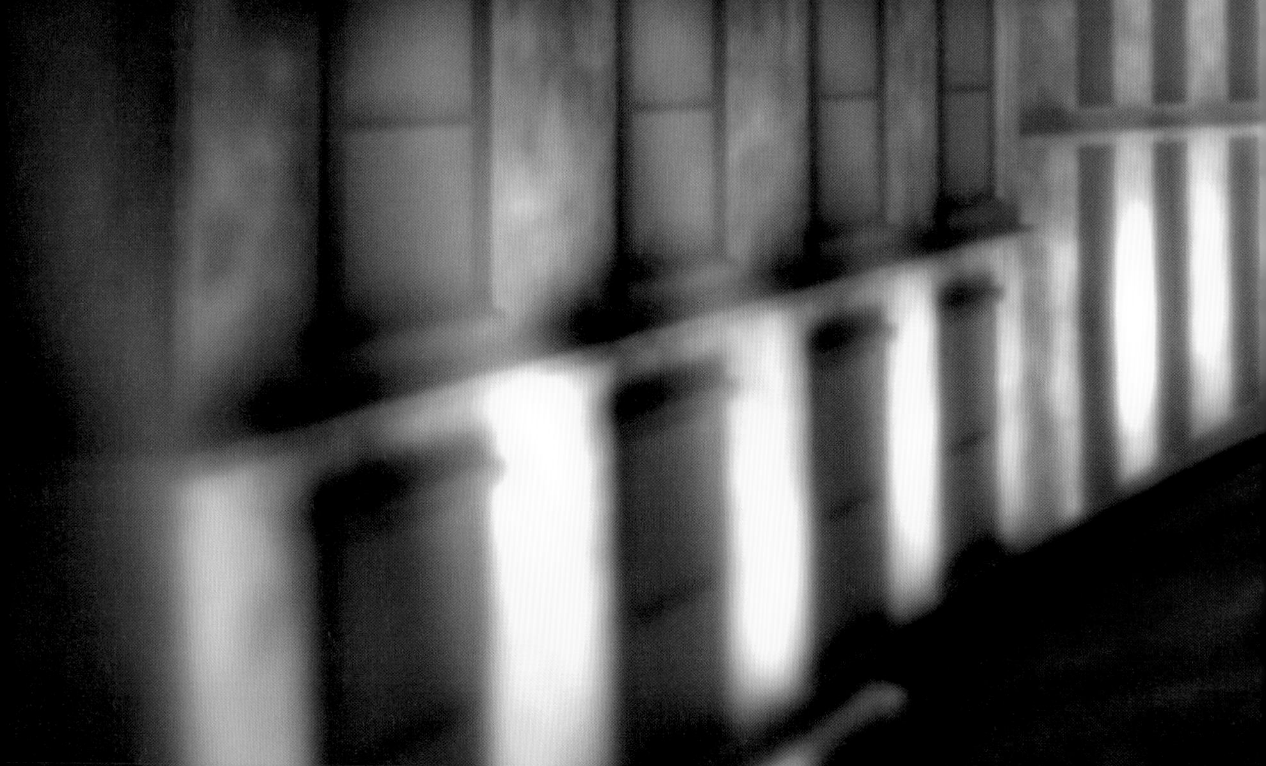

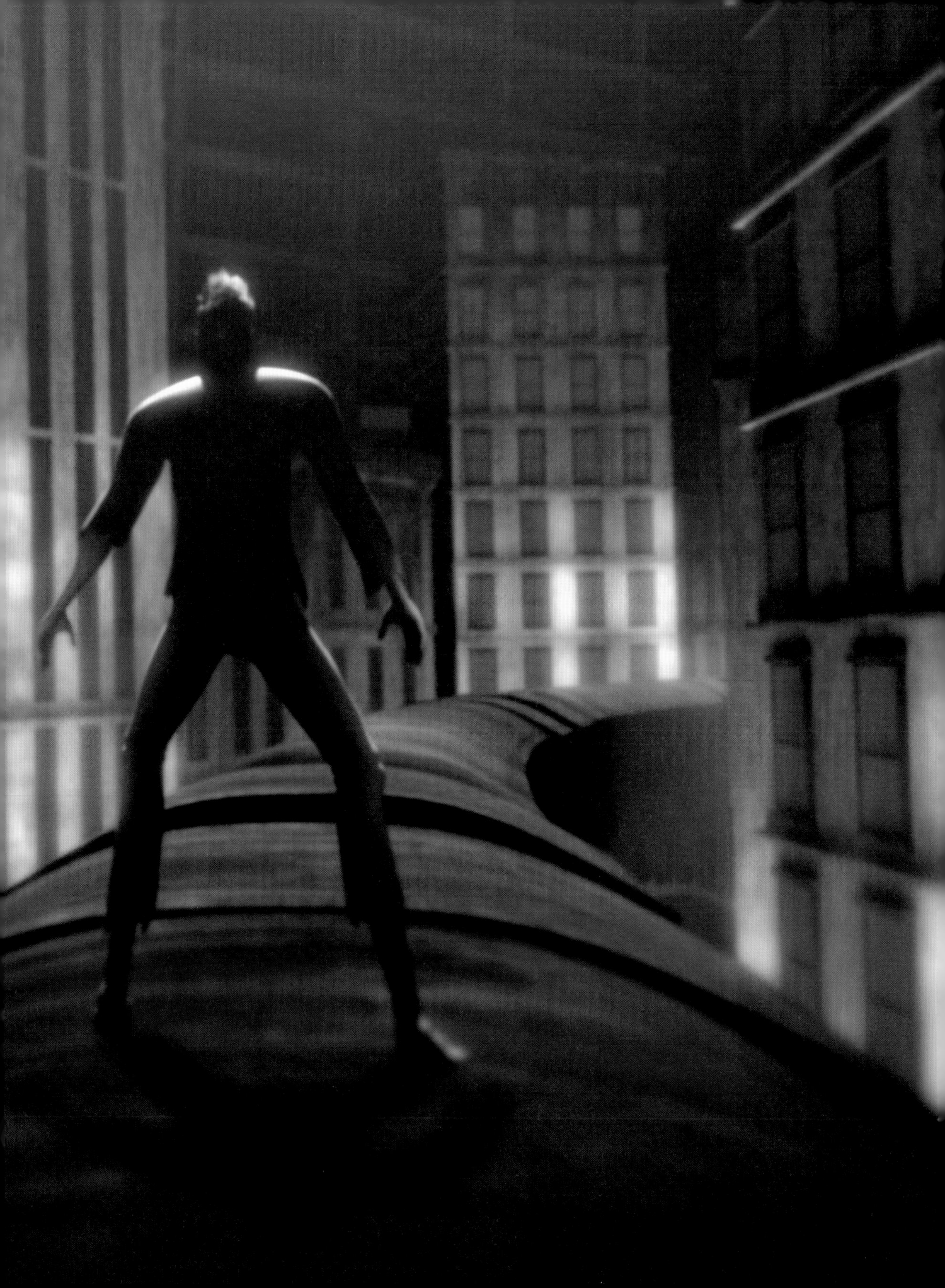

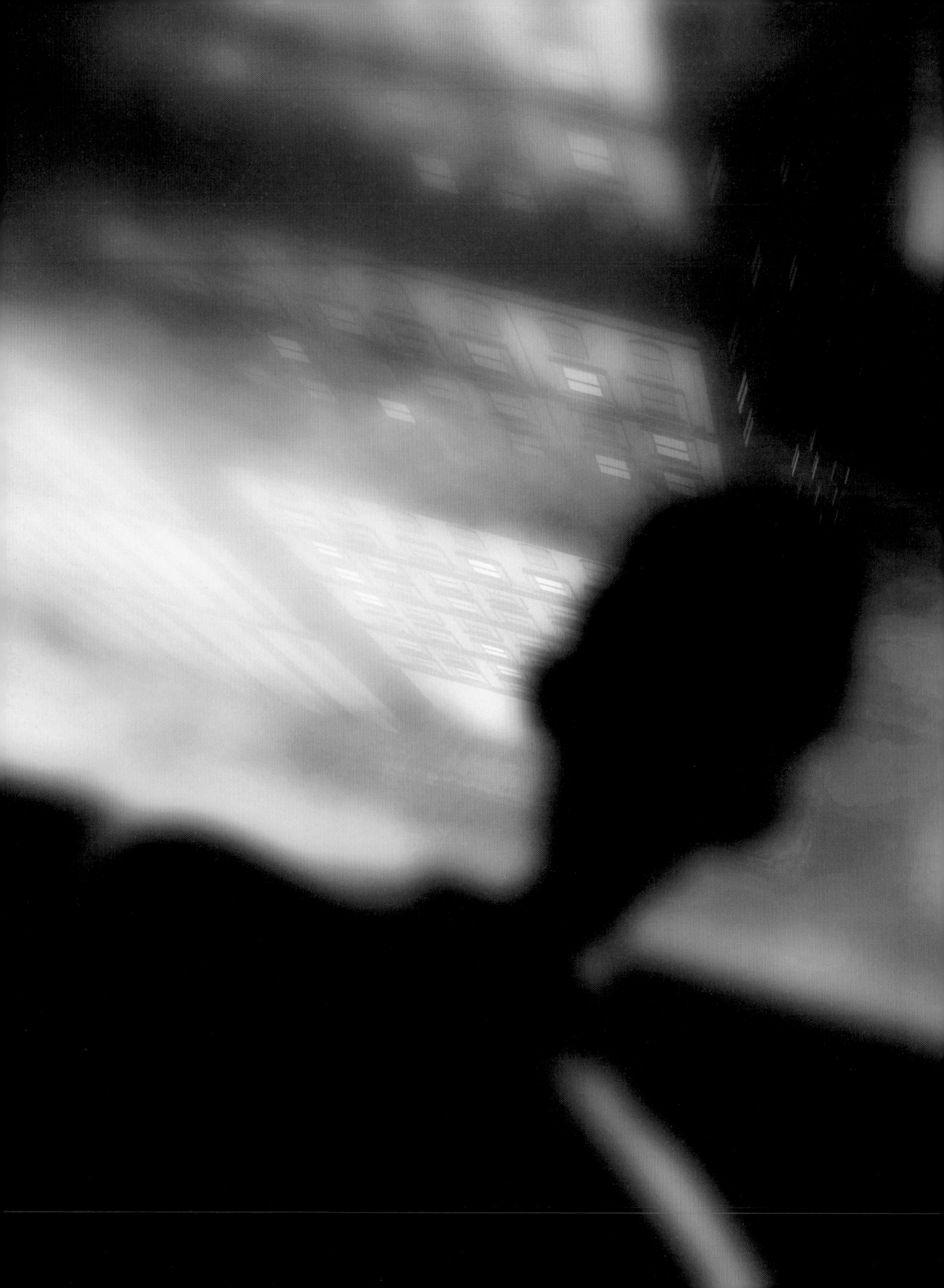

con la madre finalmente ******, y el último fantástico
libro arrojado por la ventana de la habitación,
y la última puerta cerrada a las 4 a. m. y el
último teléfono golpeado contra el muro en
protesta y el último cuarto amoblado vaciado
hasta la última pieza de mueblería mental,
un papel amarillo se irguió torcido en un
colgador de alambre en el closet, e incluso
eso imaginario, nada sino un esperanzado poco
de alucinación-

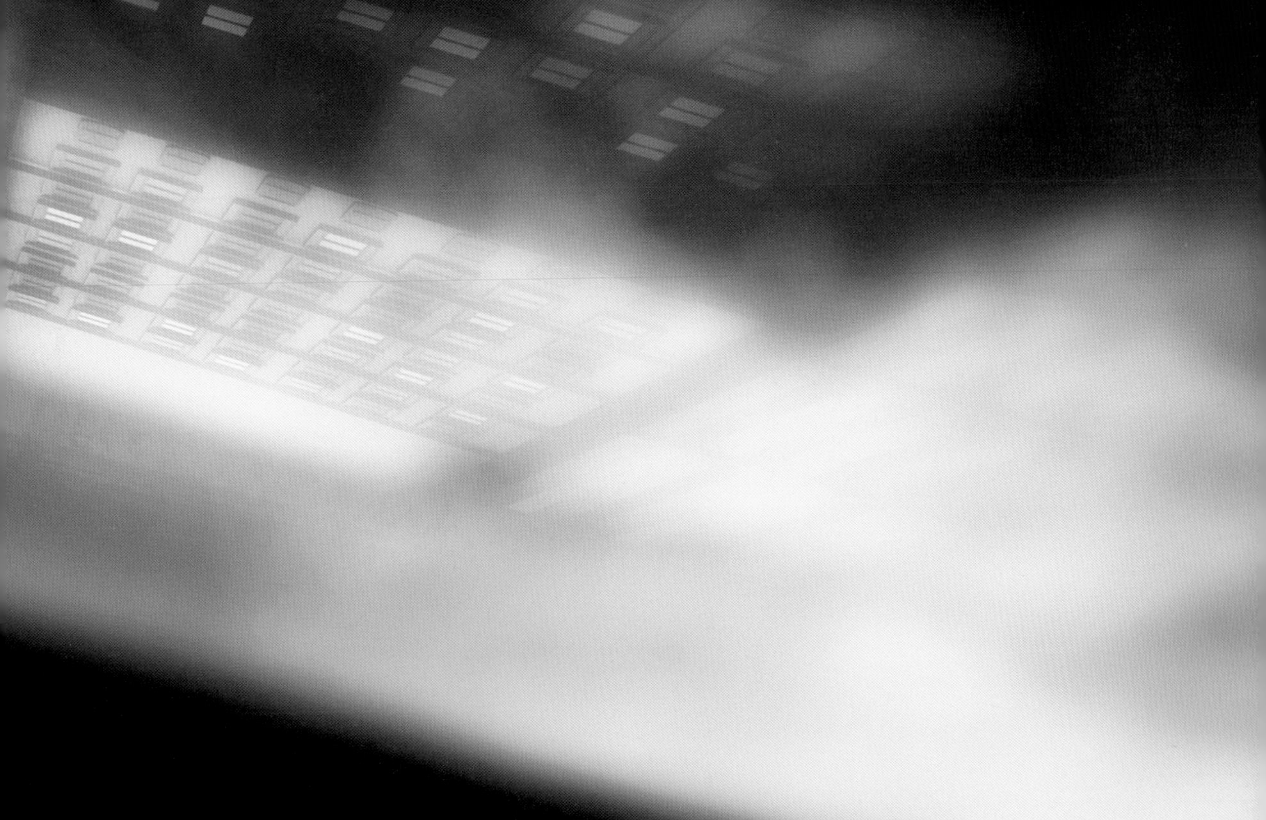

ah, Carl, mientras no estés a salvo yo no voy a
estar a salvo, y ahora estás realmente en la
total sopa animal del tiempo-

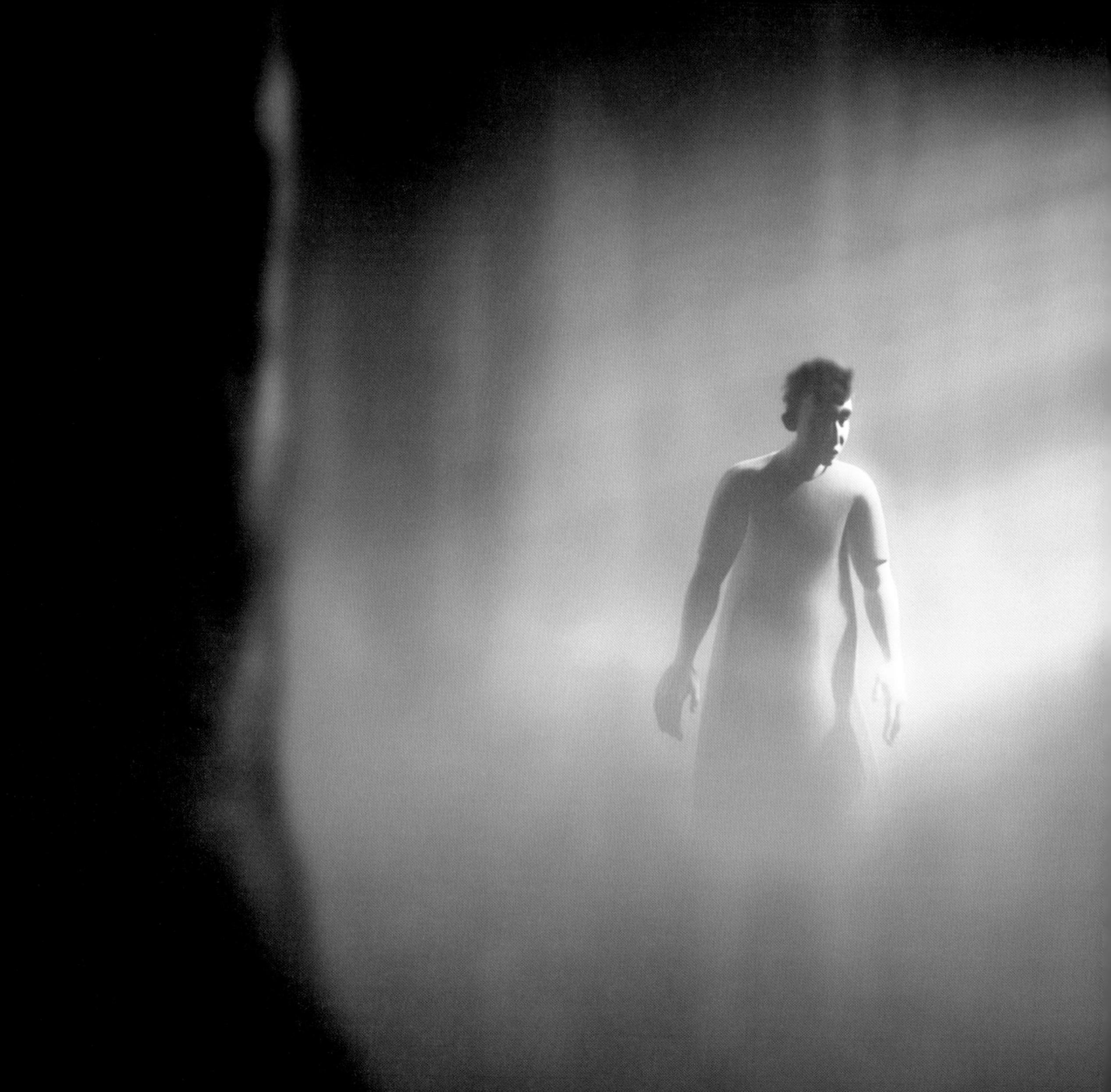

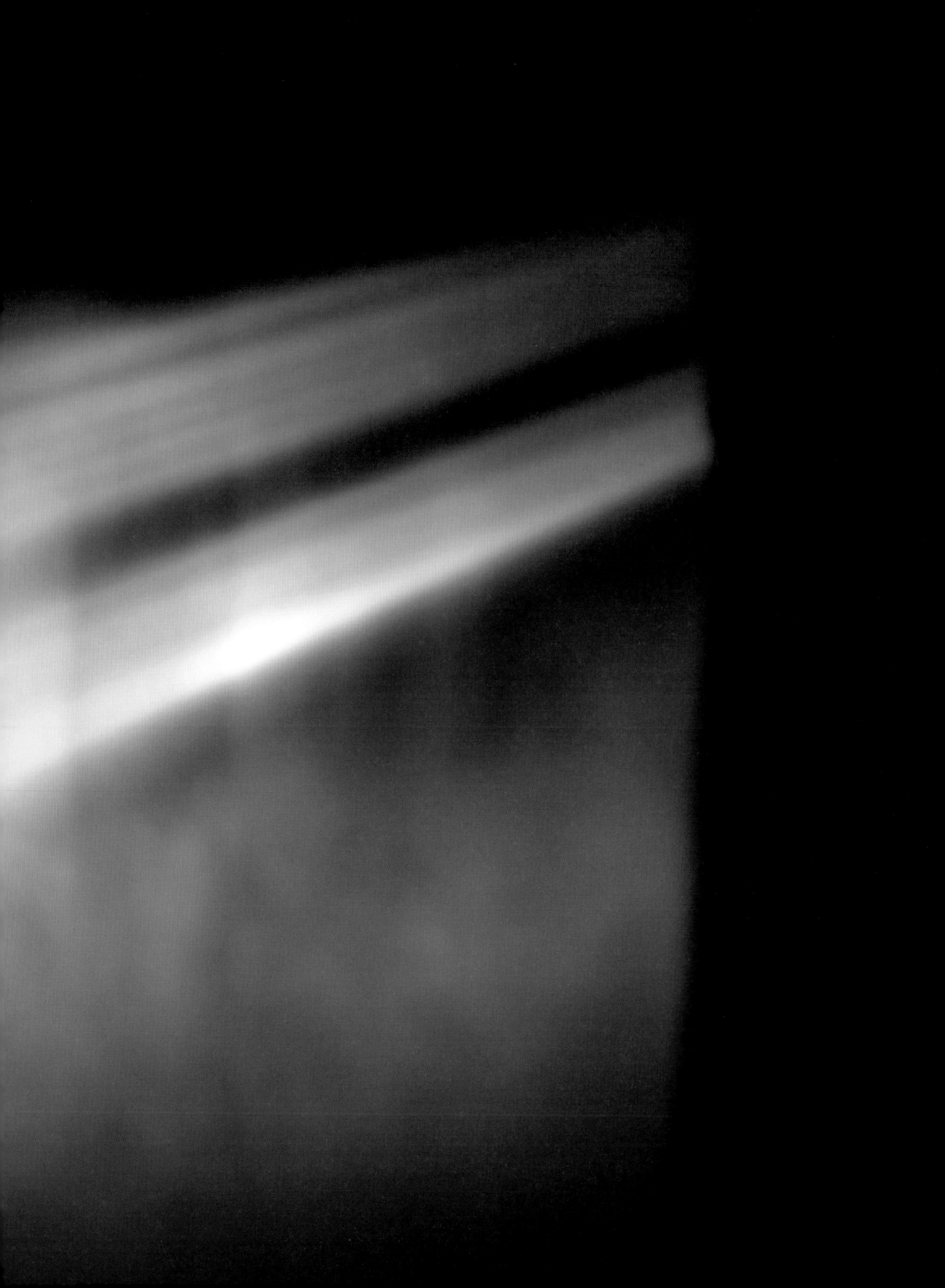

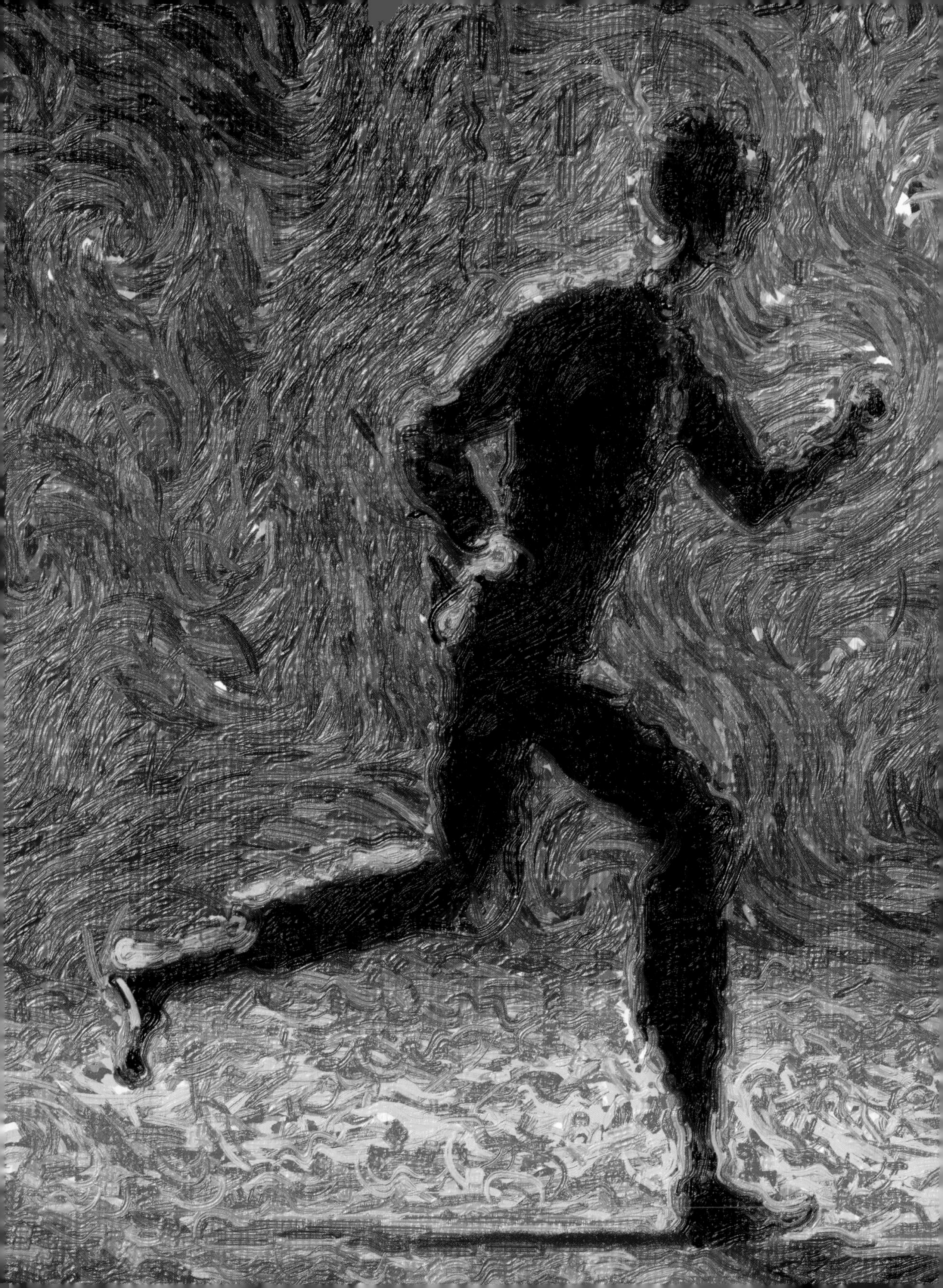

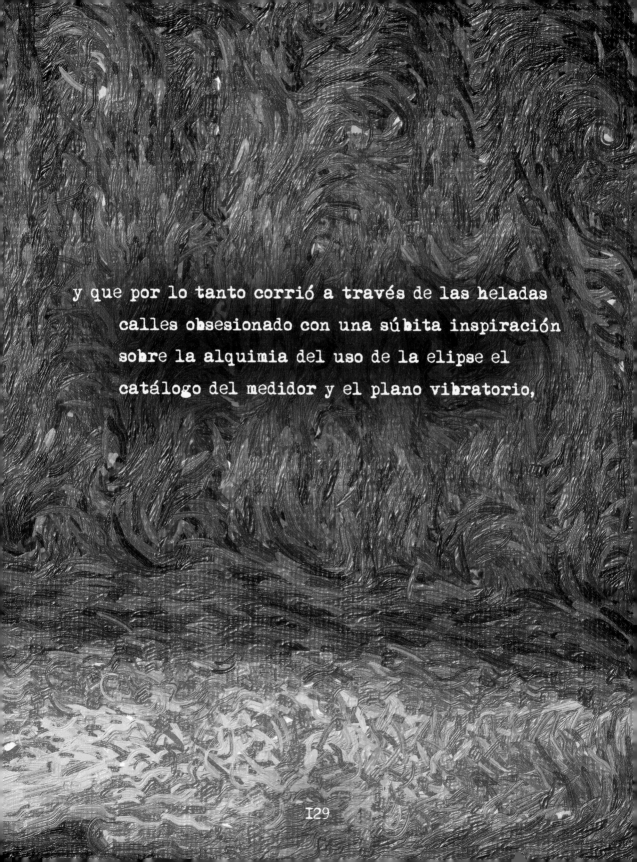

y que por lo tanto corrió a través de las heladas
calles obsesionado con una súbita inspiración
sobre la alquimia del uso de la elipse el
catálogo del medidor y el plano vibratorio,

que soñaron e hicieron aberturas encarnadas en el Tiempo y el Espacio a través de imágenes yuxtapuestas, y atraparon al arcángel del alma entre 2 imágenes visuales y unieron los verbos elementales y pusieron el nombre y una pieza de conciencia saltando juntos con una sensación de Pater Omnipotens Aeterna Deus

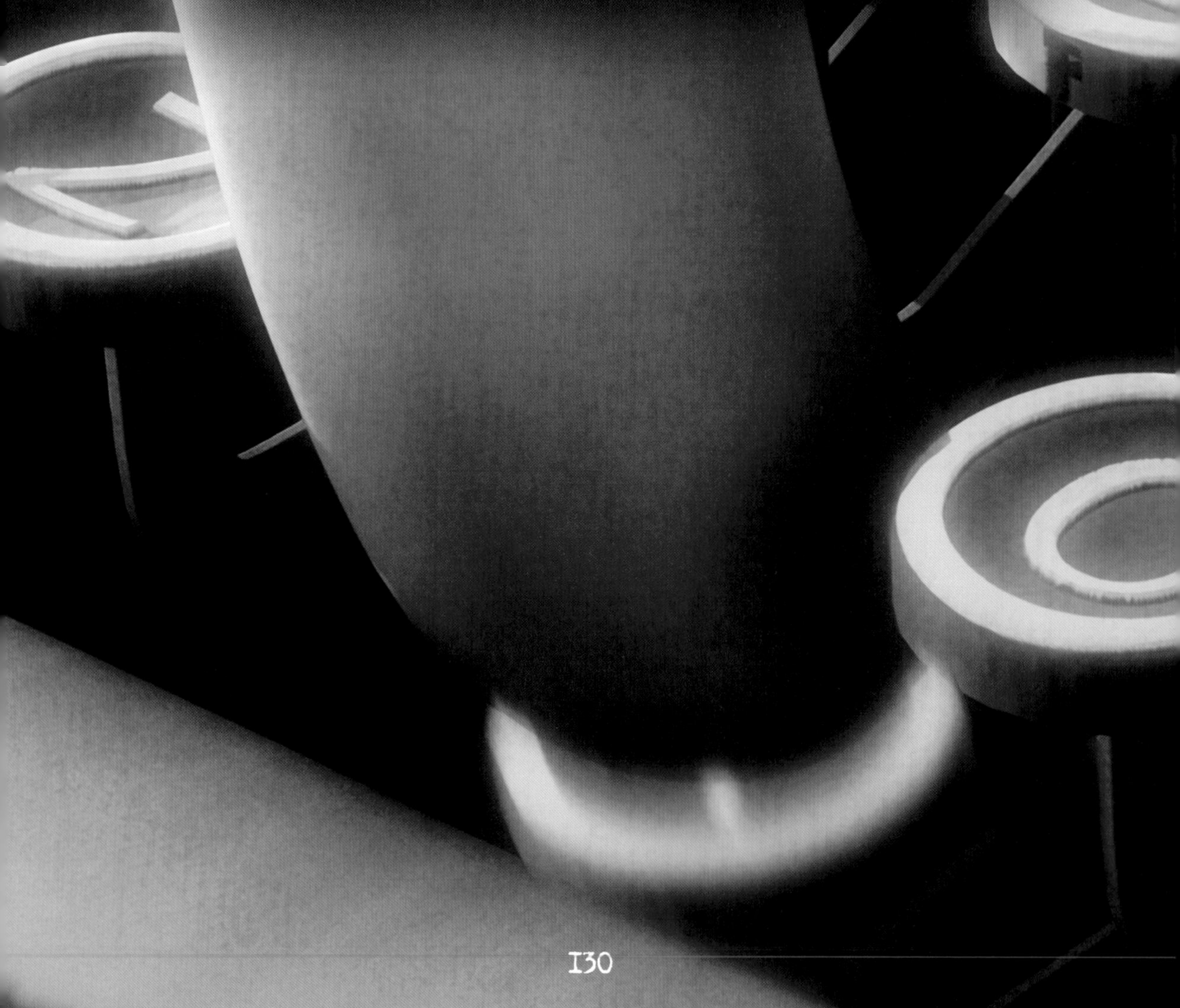

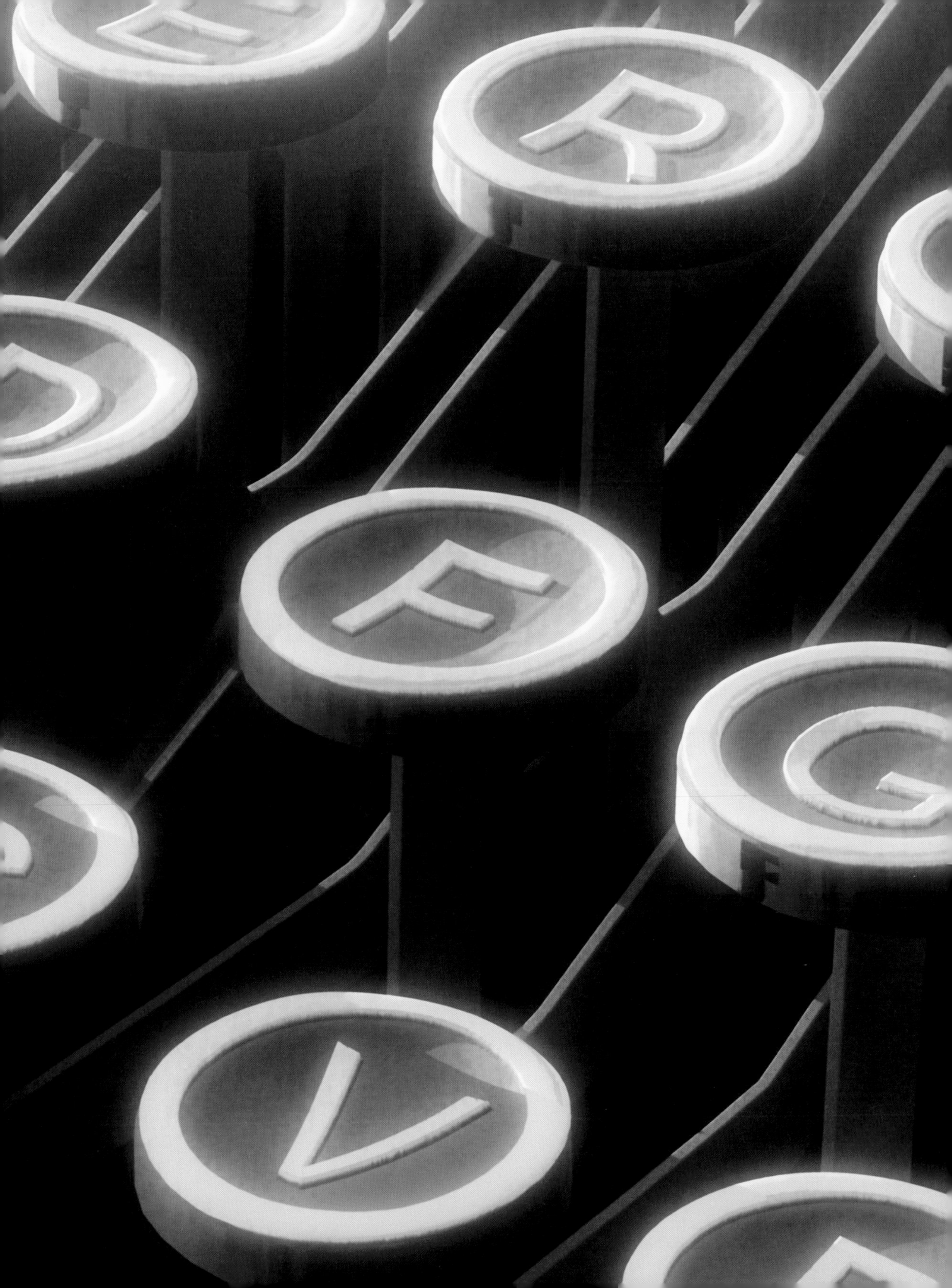

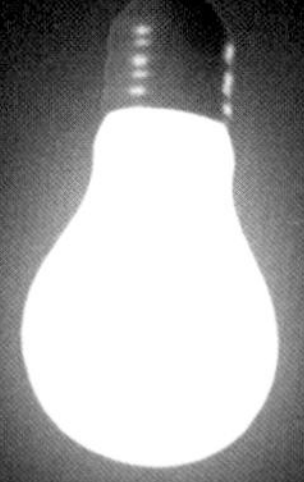

para recrear la sintaxis y medida de la pobre
prosa humana y pararse frente a ti mudos
e inteligentes y temblorosos de vergüenza,
rechazados y no obstante confesando el alma
para conformarse al ritmo del pensamiento
en su desnuda cabeza sin fin,

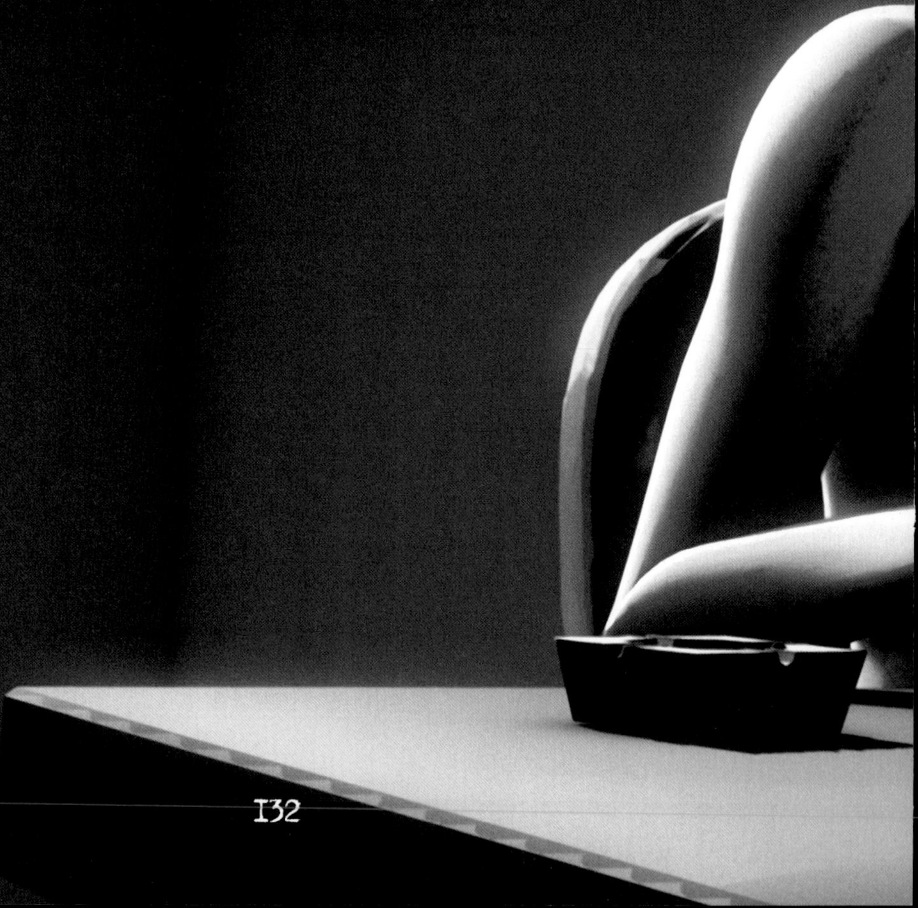

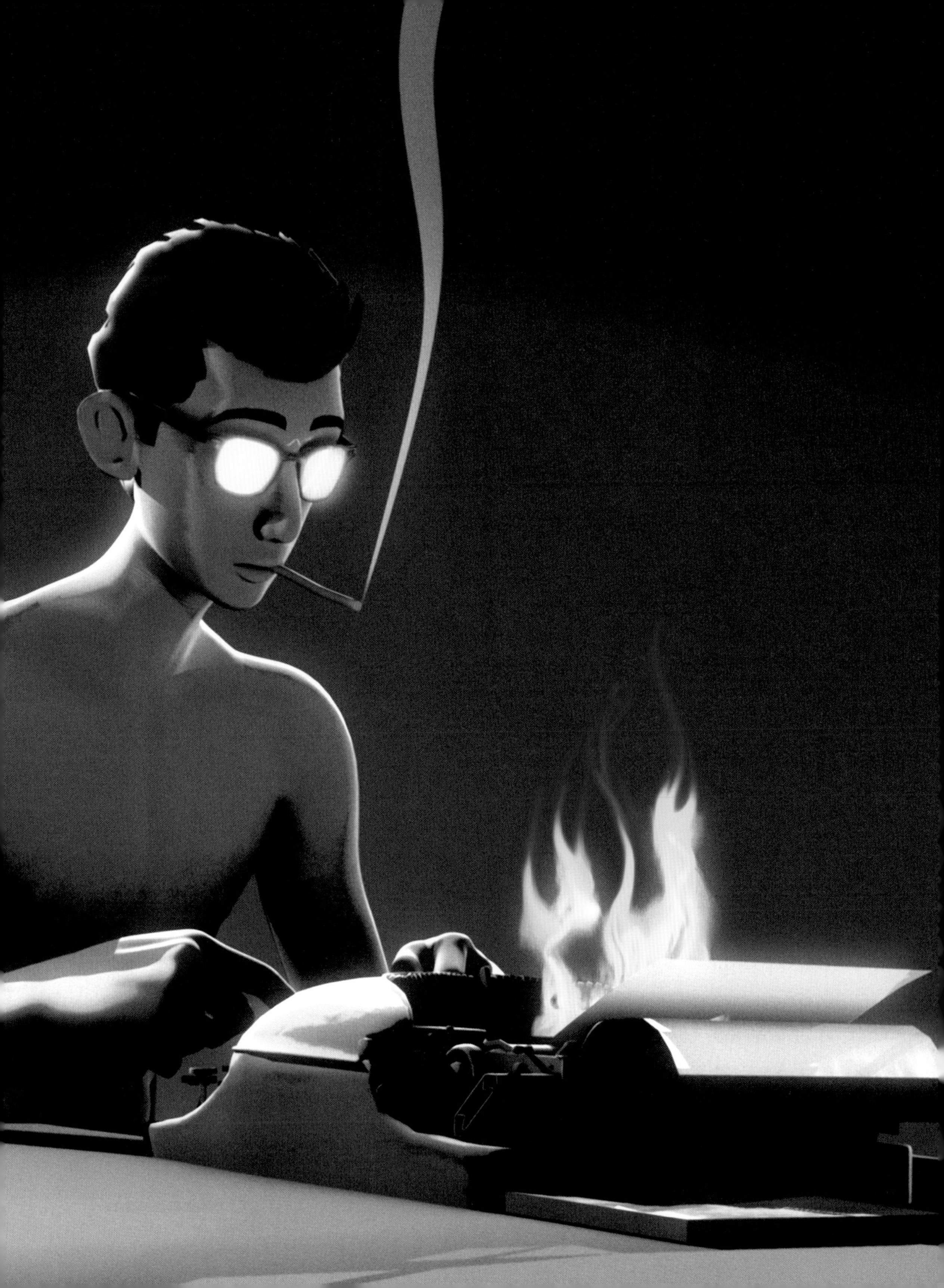

el vagabundo demente y el ángel beat en el Tiempo,
desconocido, y no obstante escribiendo aquí
lo que podría quedar por decir en el tiempo
después de la muerte,

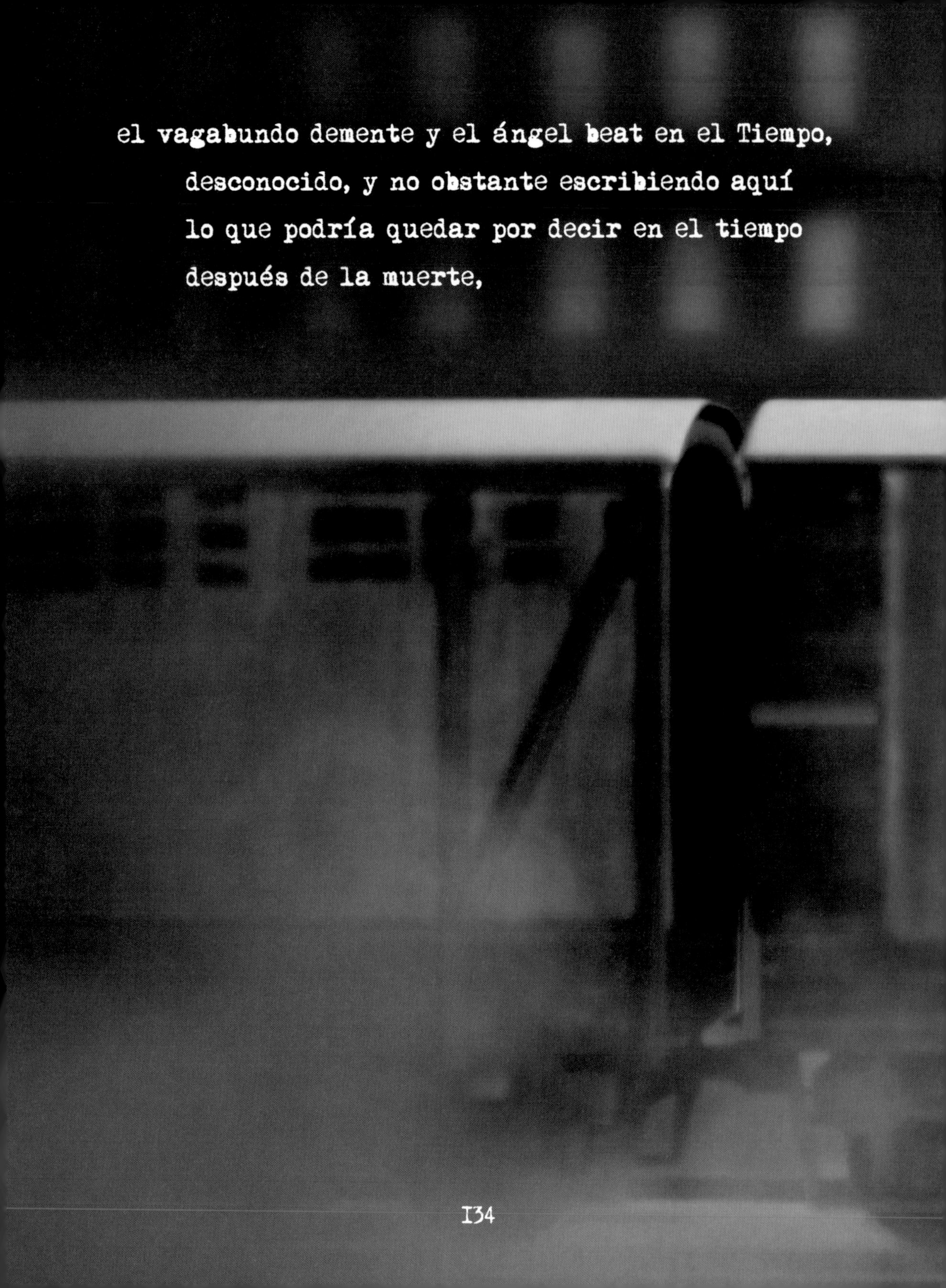

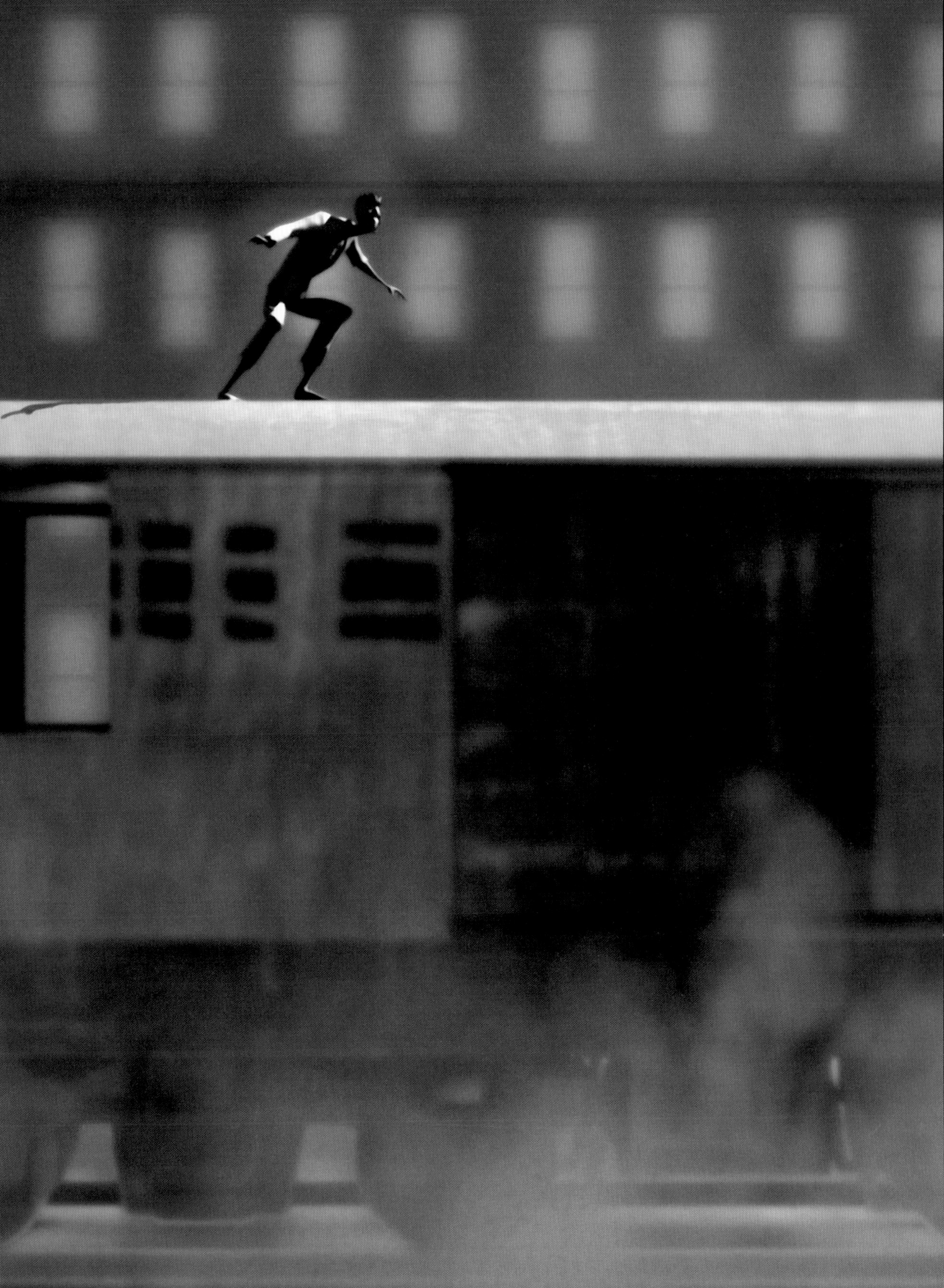

y se alzaron reencarnando en las fantasmales ropas
del jazz en la sombra de cuerno dorado de la
banda y soplaron el sufrimiento de la mente
desnuda de América por el amor en un llanto
de saxofón eli eli lamma lamma sabacthani
que estremeció las ciudades hasta la última
radio

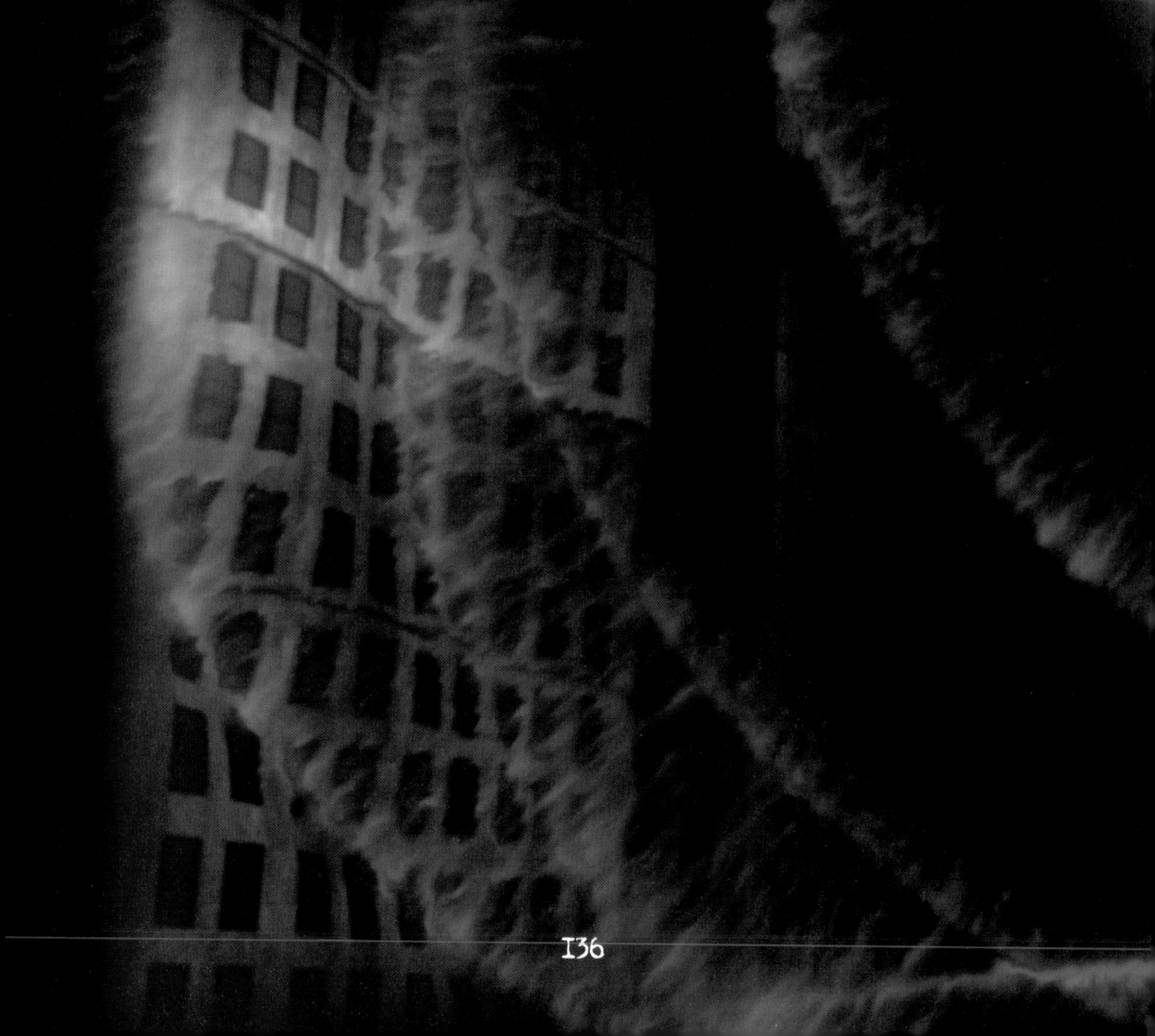

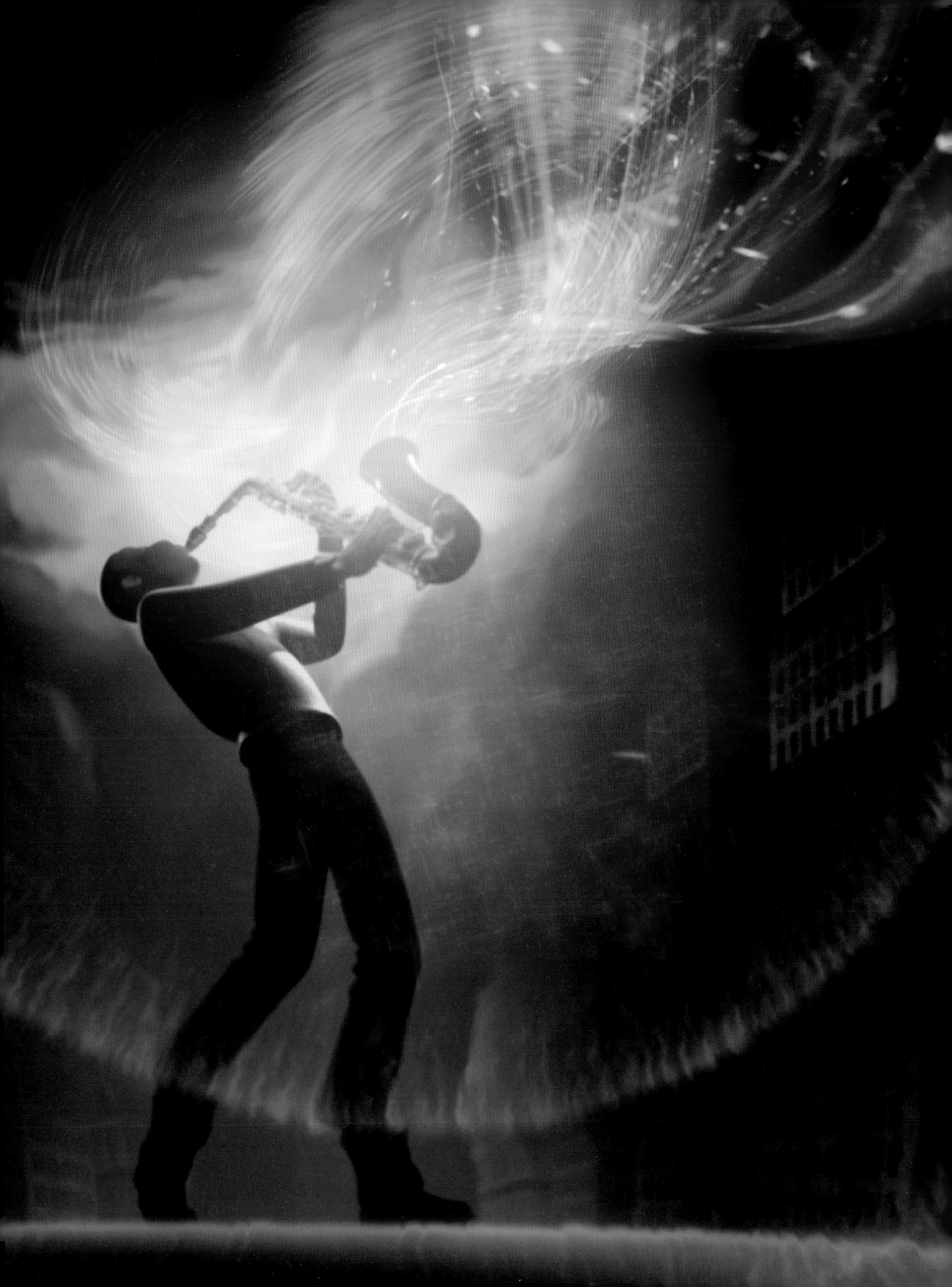

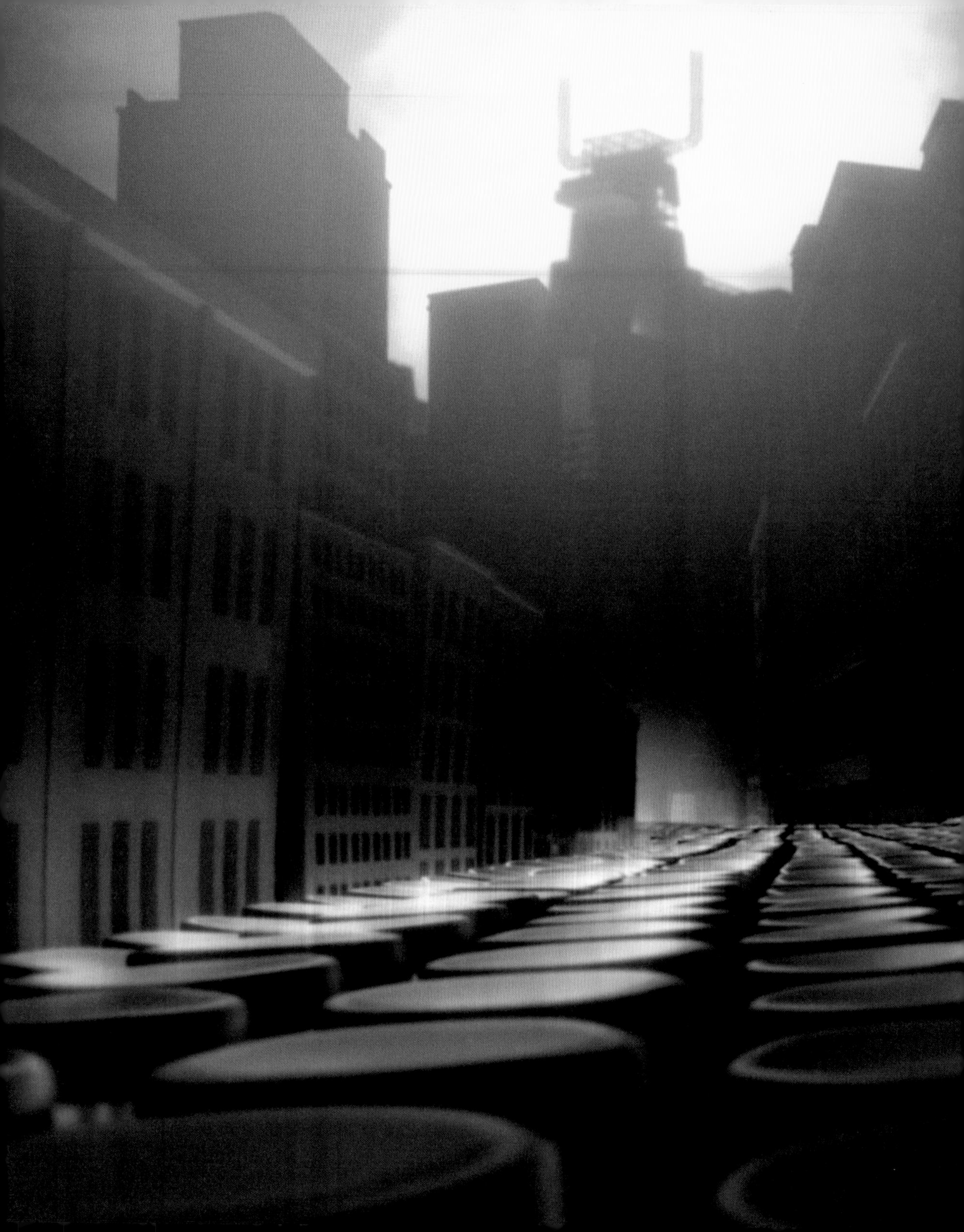

con el absoluto corazón del poema sanguinariamente
arrancado de sus cuerpos bueno para
alimentarse mil años.

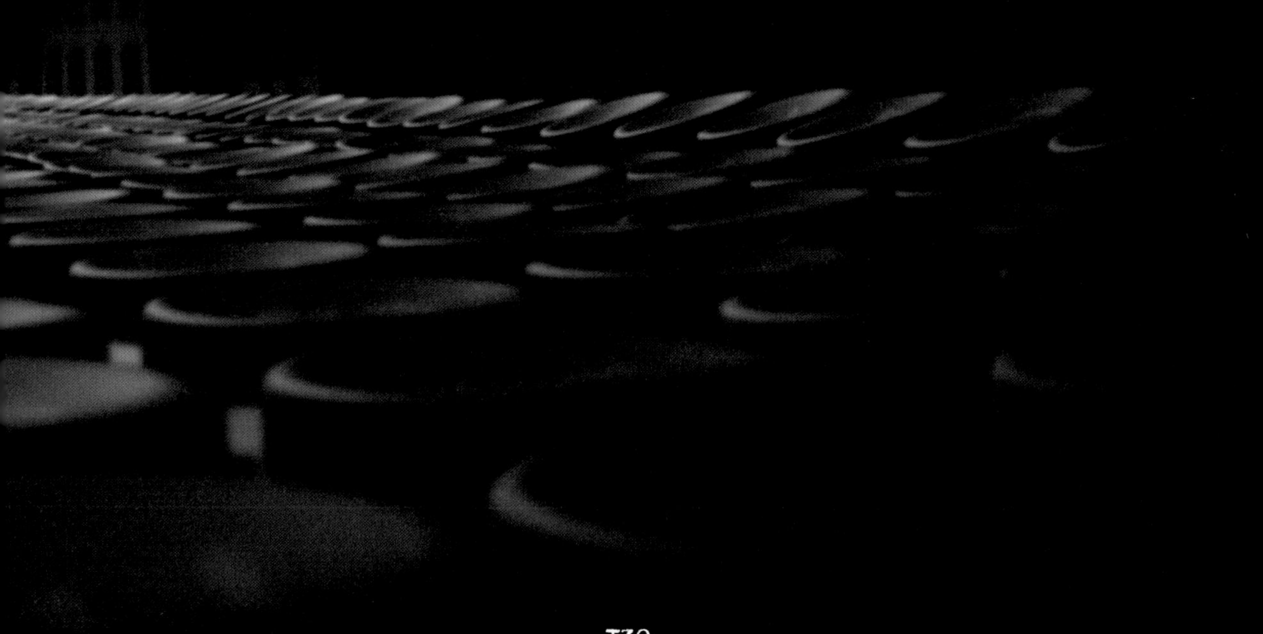

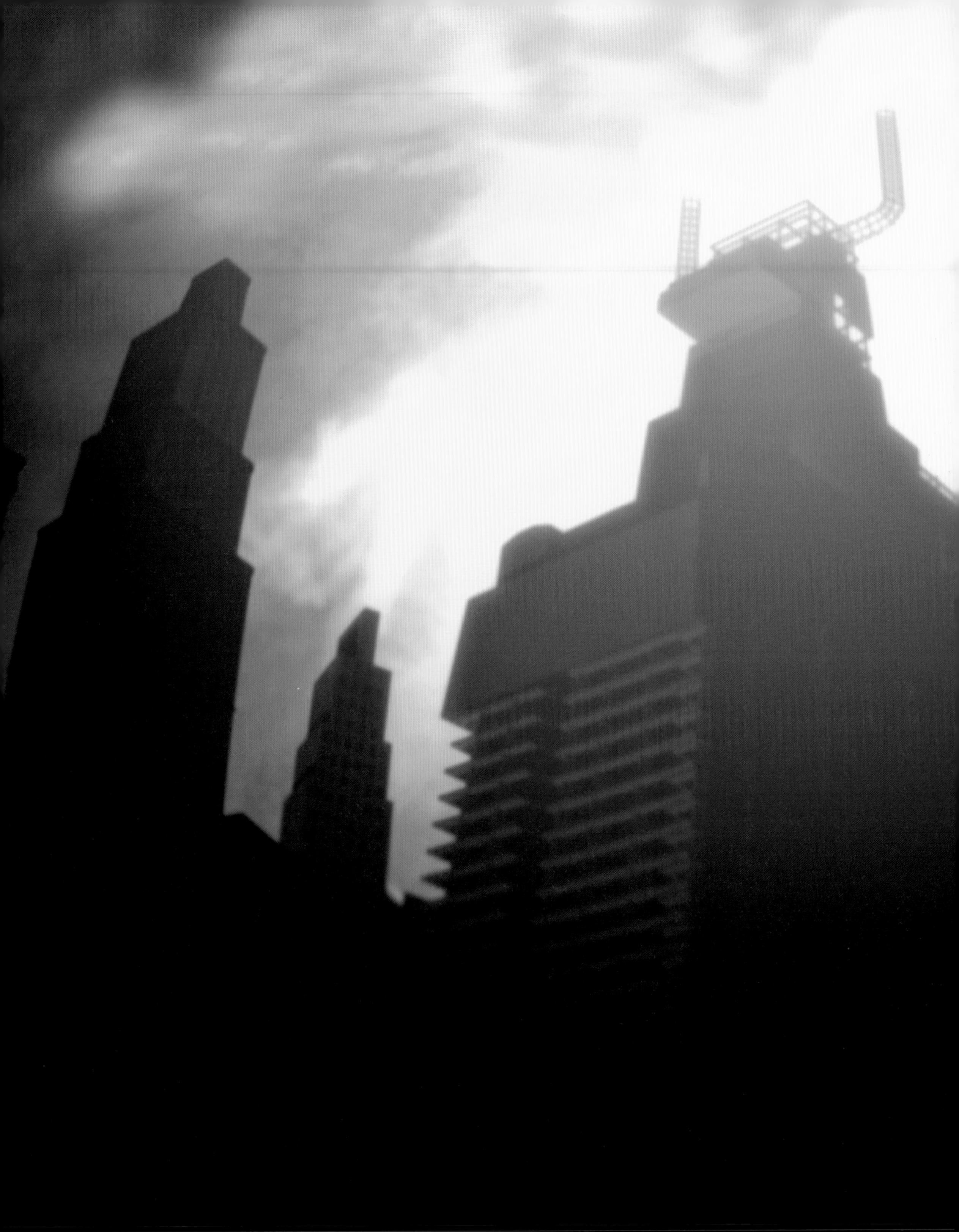

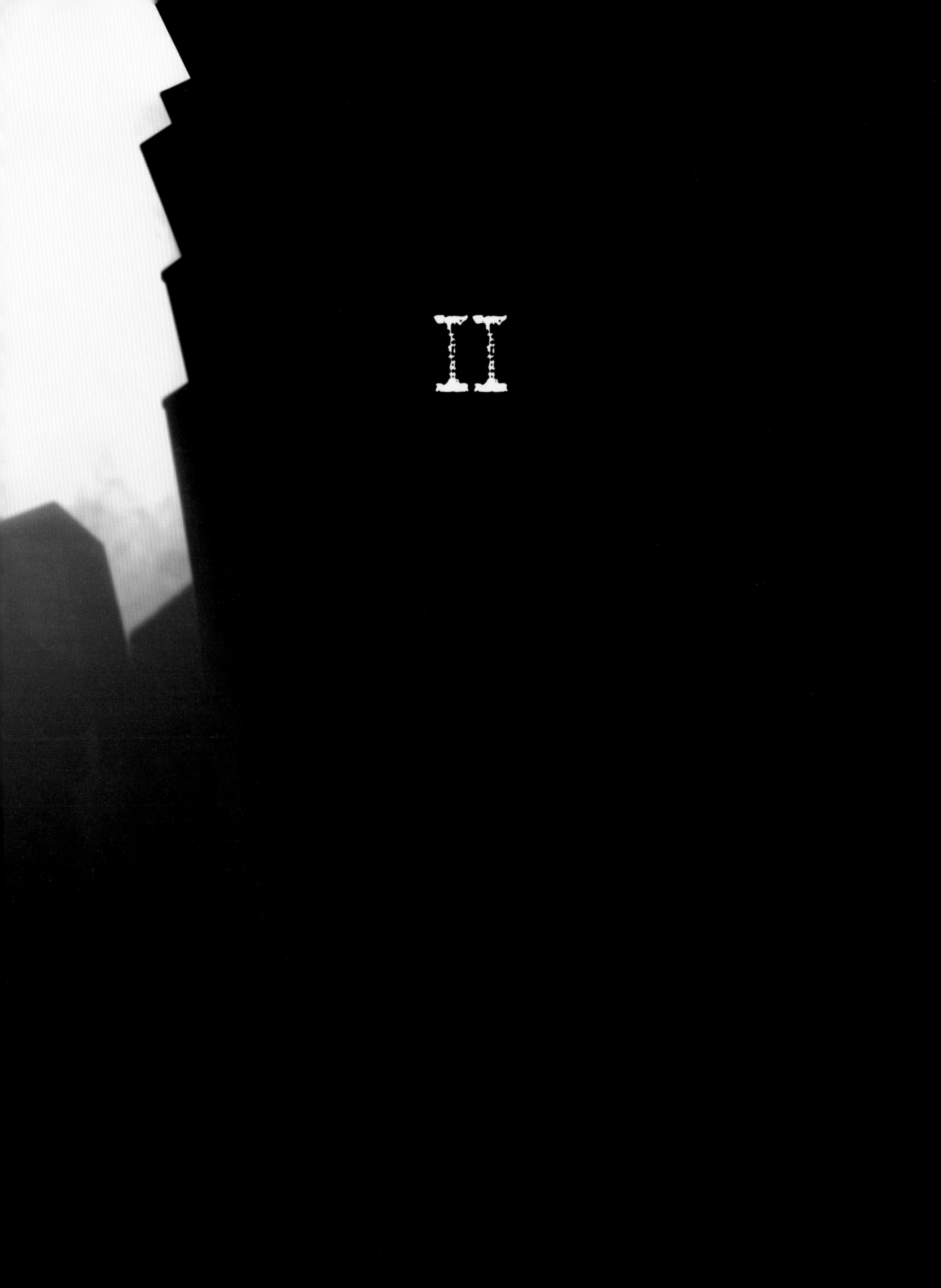

II

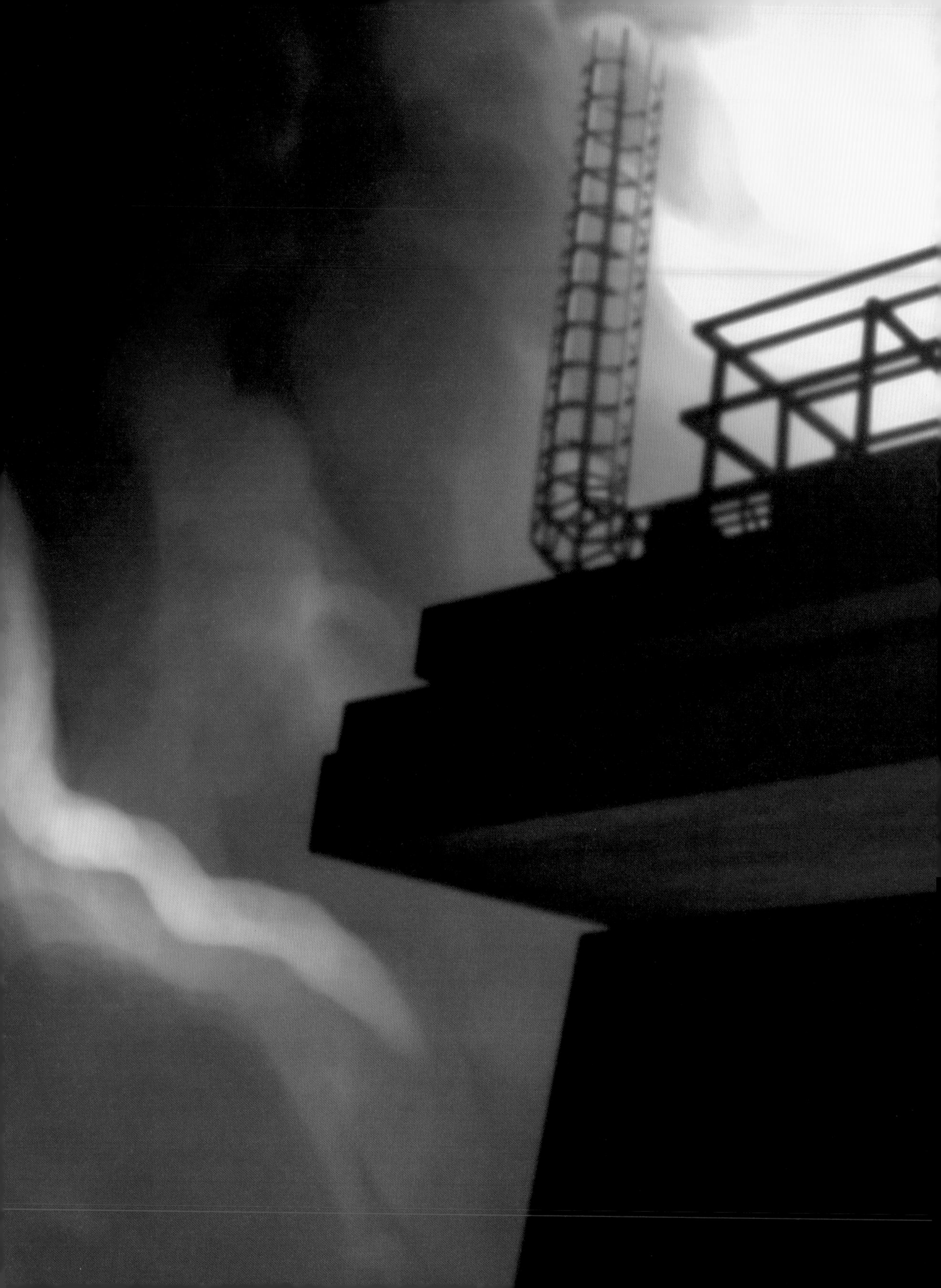

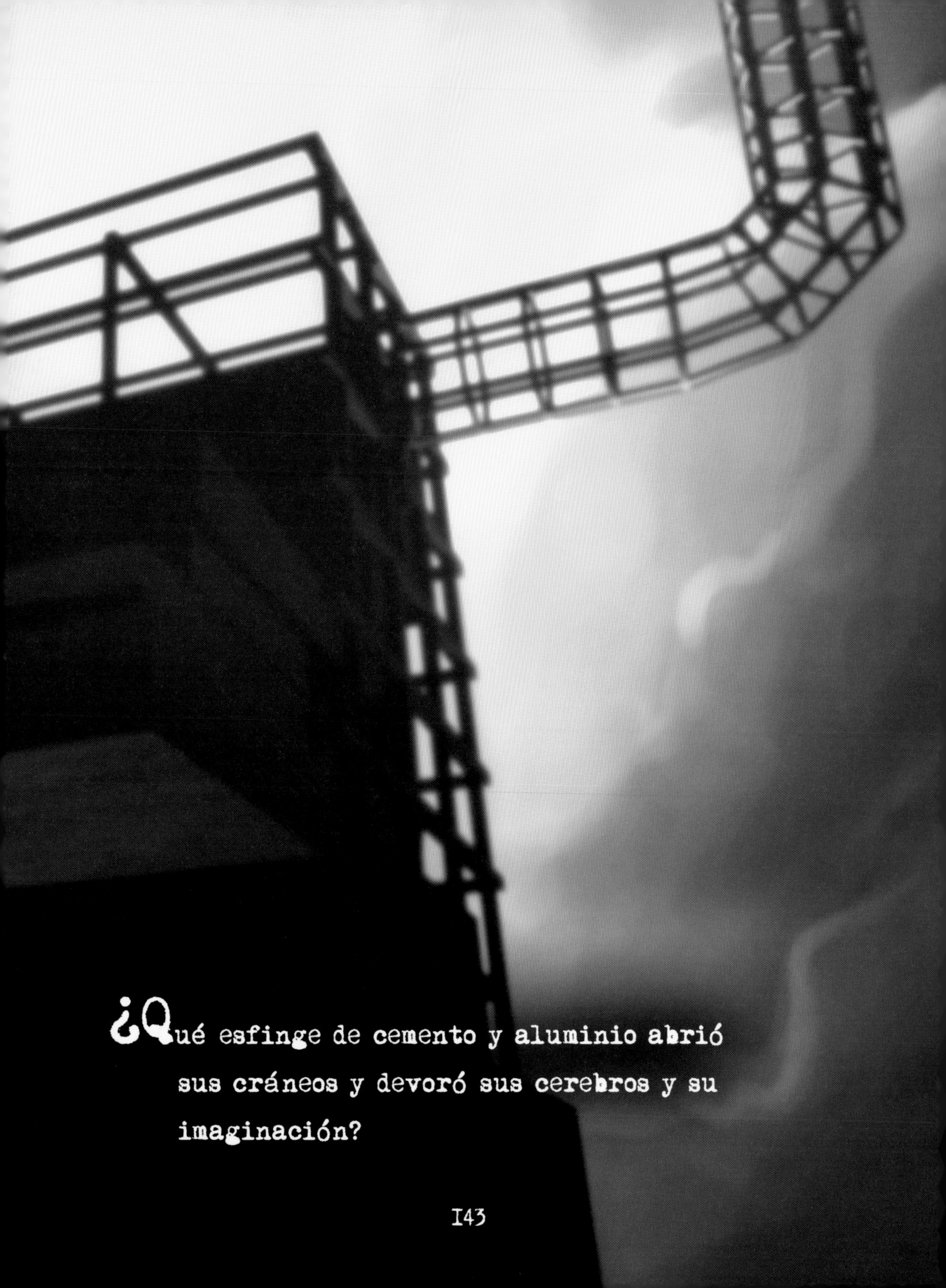

¿Qué esfinge de cemento y aluminio abrió sus cráneos y devoró sus cerebros y su imaginación?

¡Moloch! ¡Soledad! ¡Inmundicia! ¡Ceniceros y dólares
inalcanzables! ¡Niños gritando bajo las
escaleras! ¡Muchachos sollozando en ejércitos!
¡Ancianos llorando en los parques!
¡Moloch! ¡Moloch! ¡Pesadilla de Moloch! ¡Moloch el
sin amor! ¡Moloch mental! ¡Moloch el pesado
juez de los hombres!

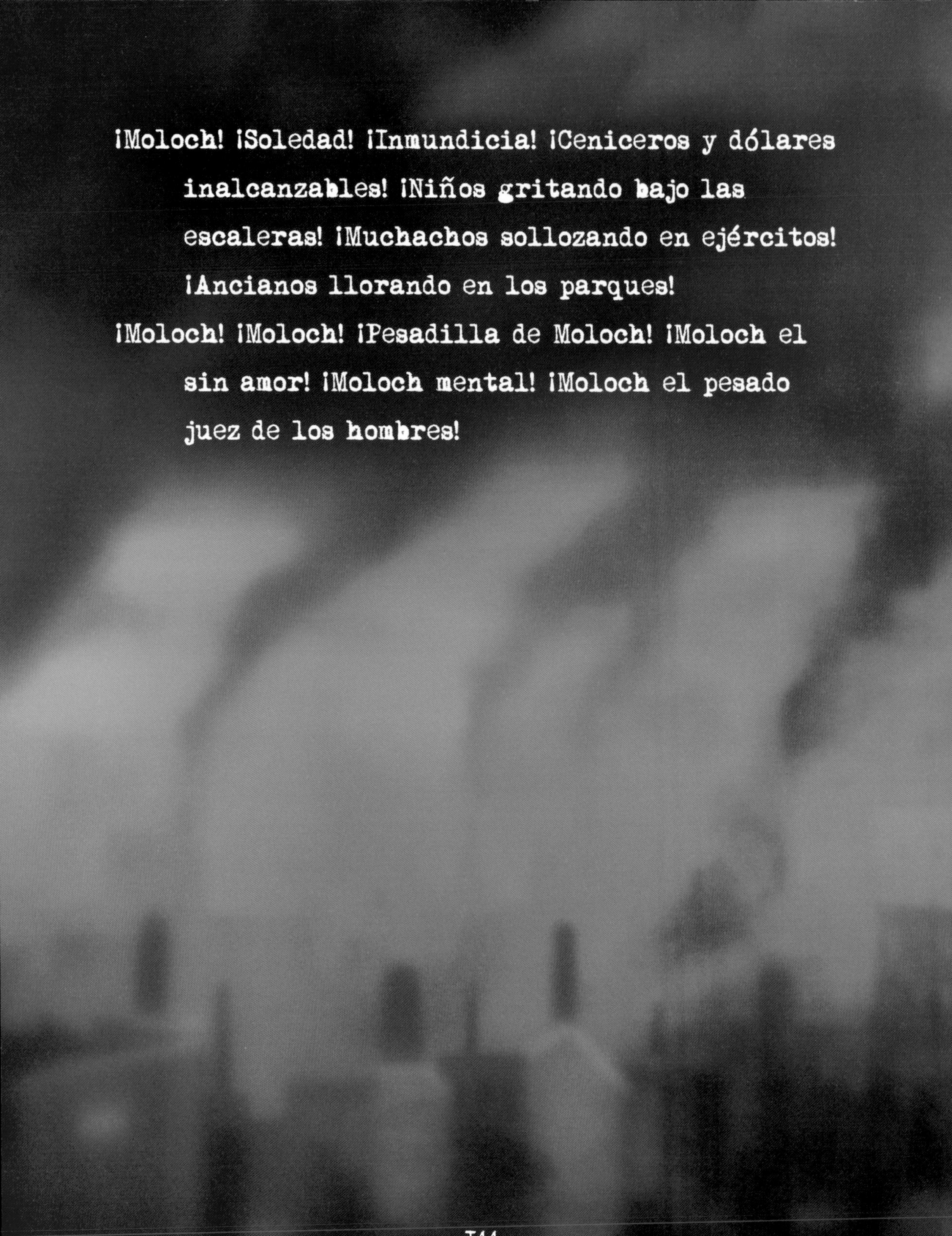

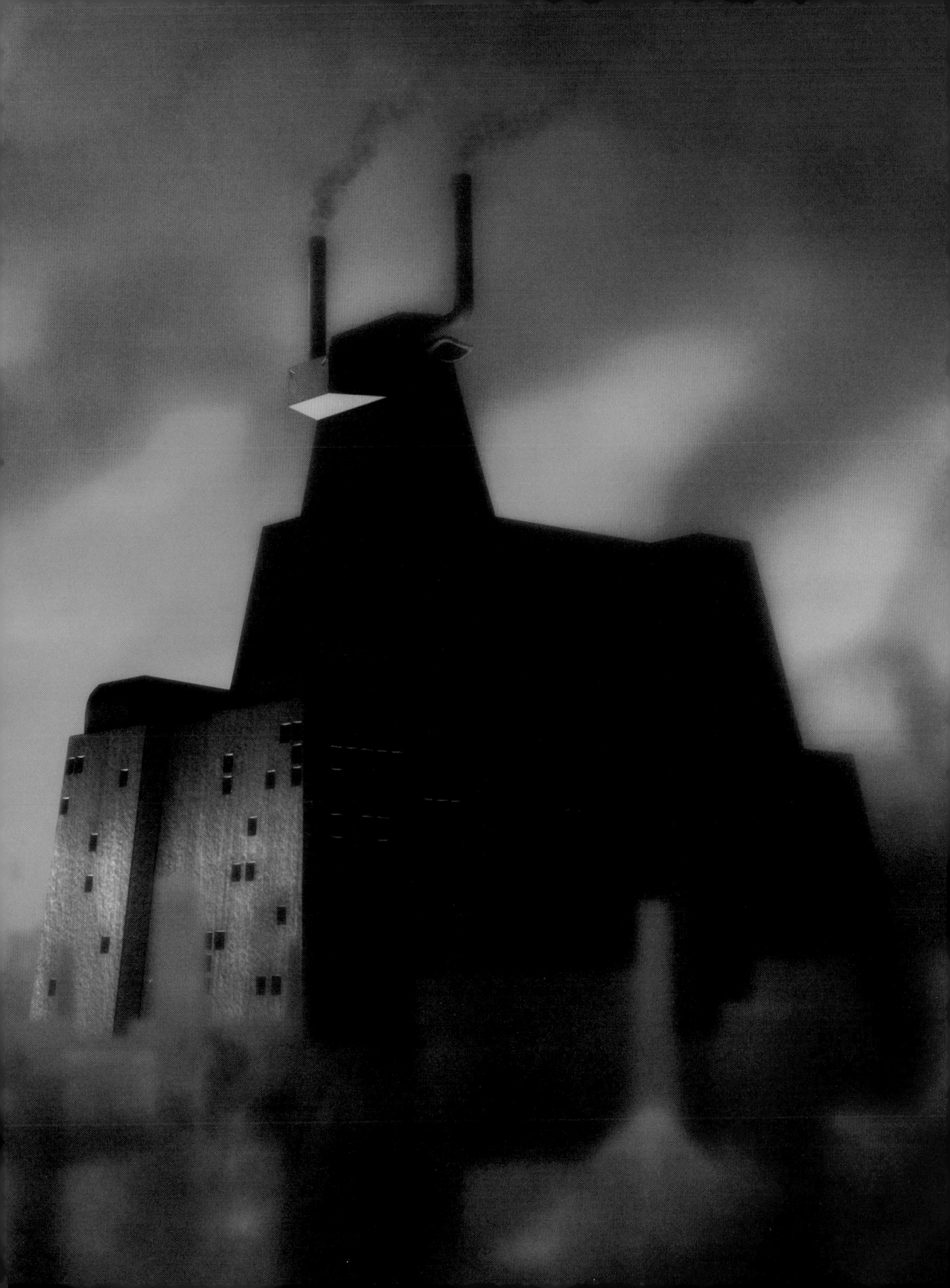

¡Moloch la prisión incomprensible! ¡Moloch la desalmada cárcel de tibias cruzadas y congreso de tristezas! ¡Moloch cuyos edificios son juicio! ¡Moloch la vasta piedra de la guerra! ¡Moloch los pasmados gobiernos!

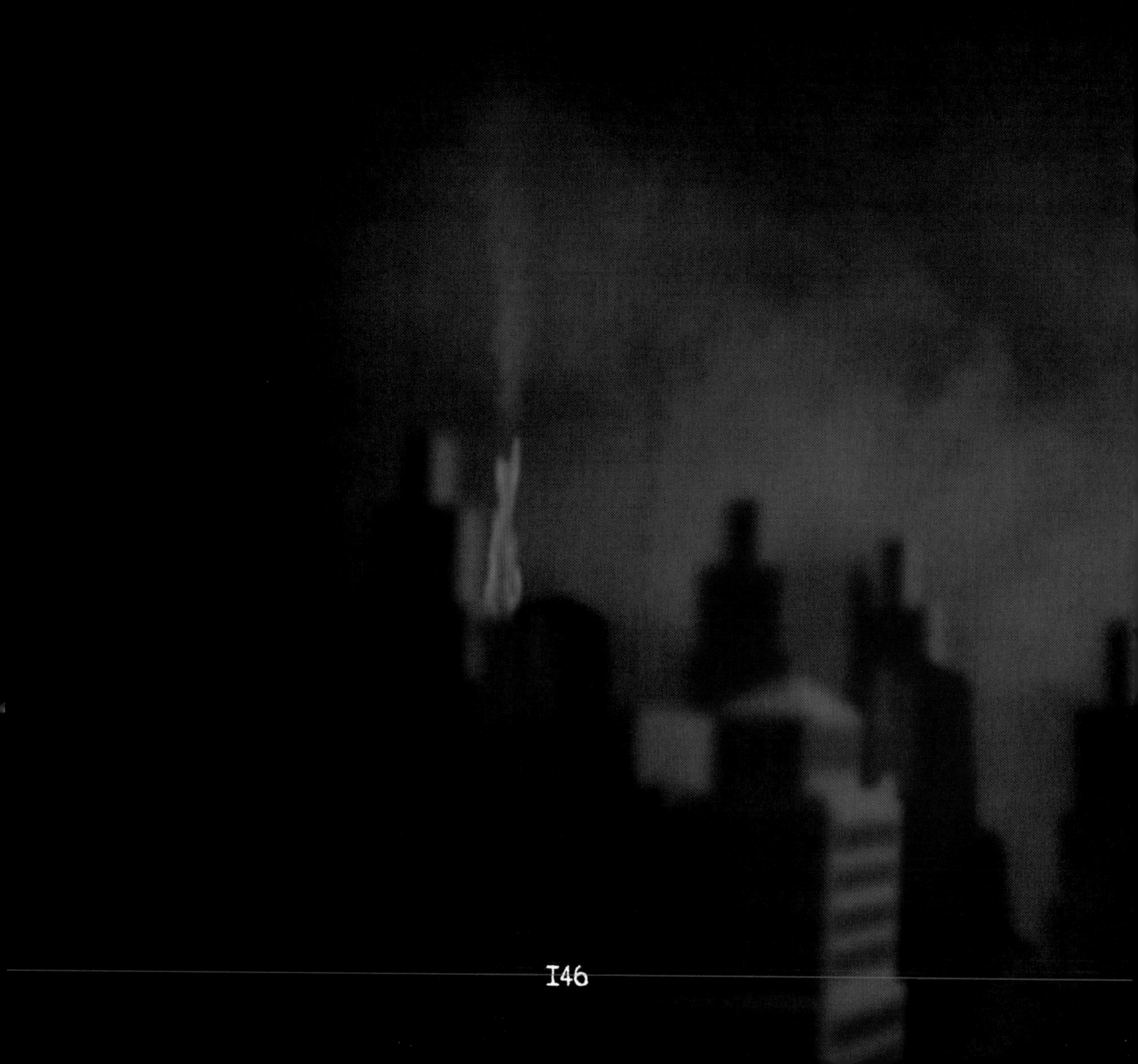

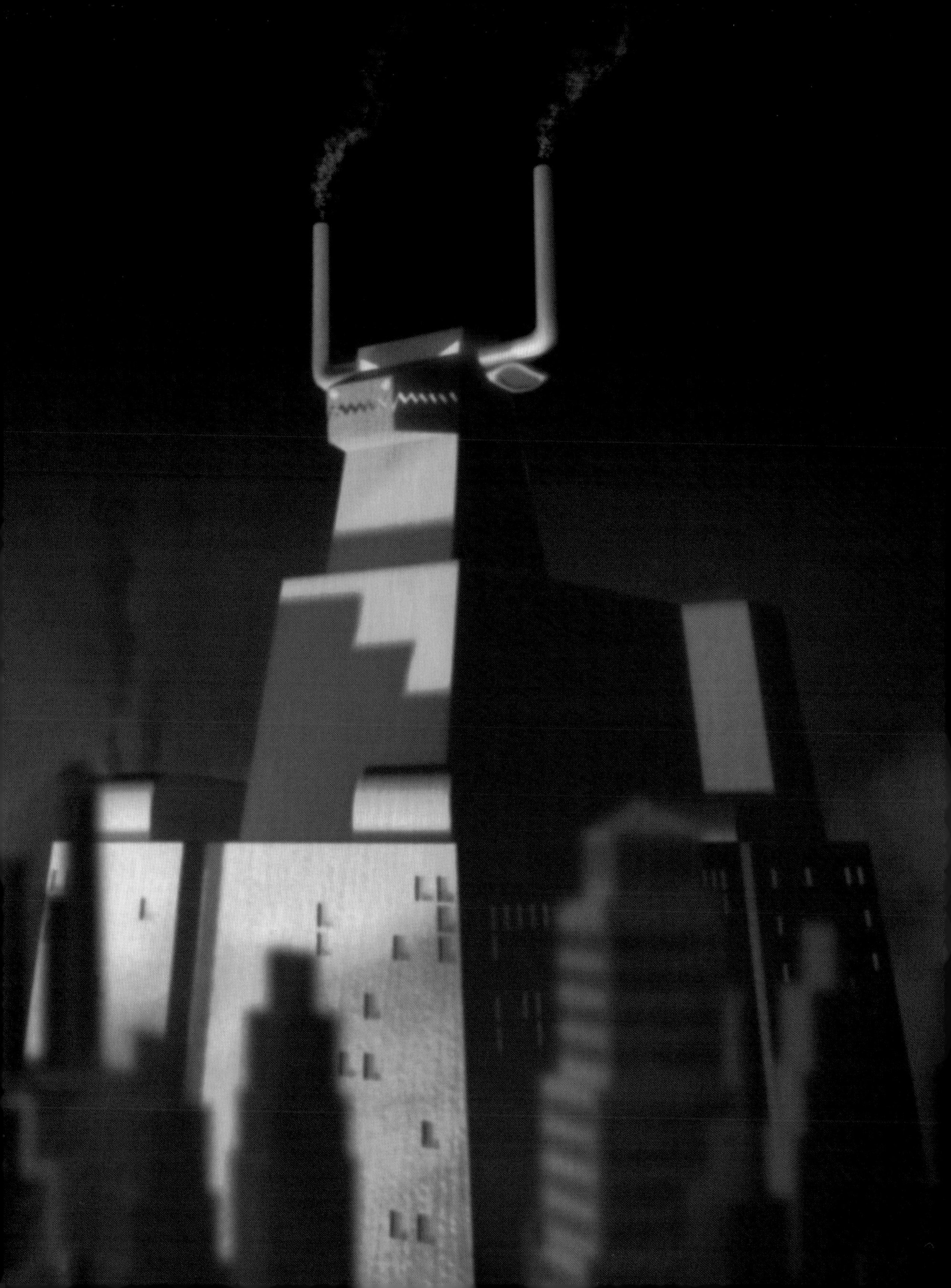

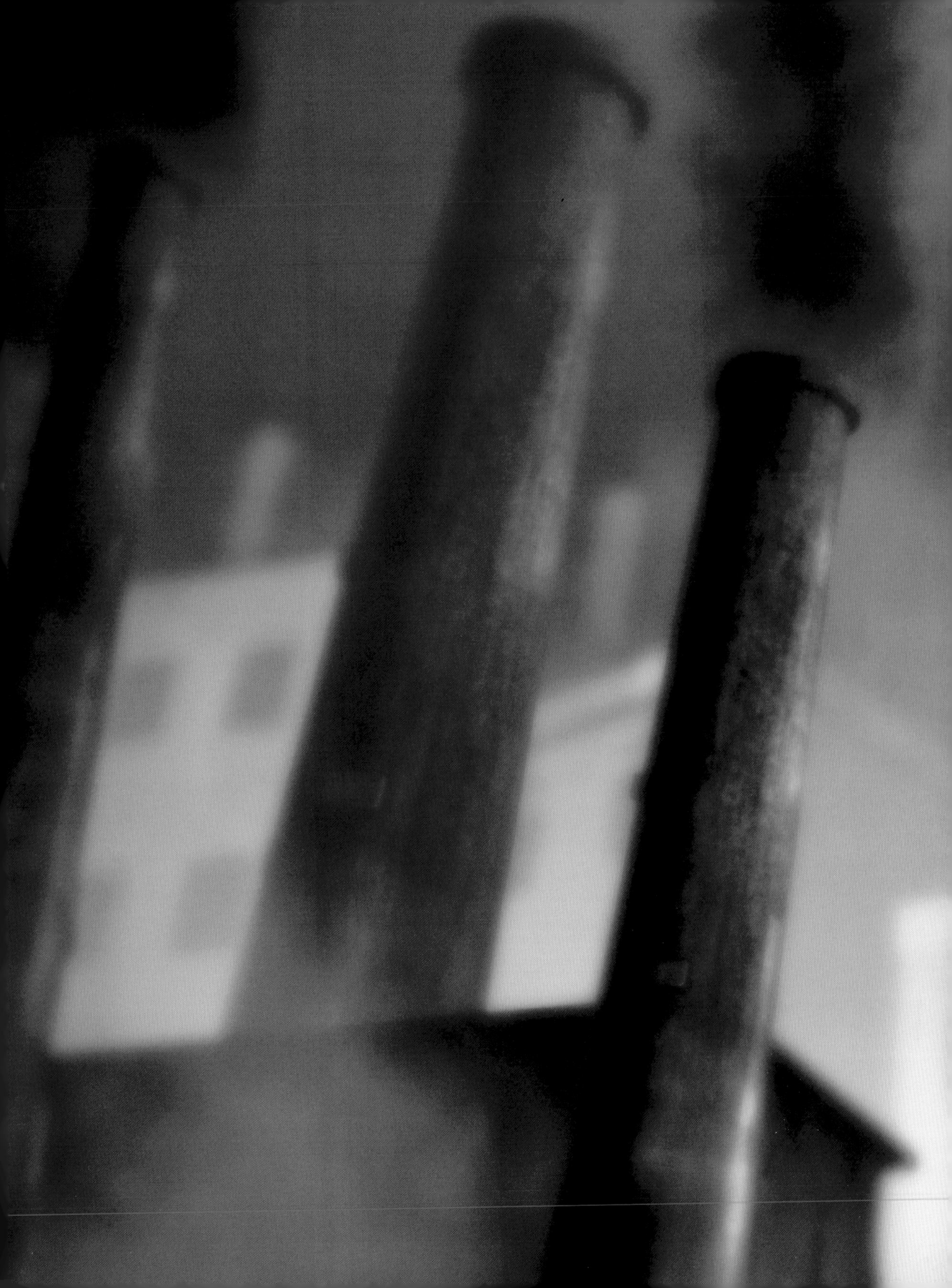

¡Moloch cuya mente es maquinaria pura! ¡Moloch
cuya sangre es un torrente de dinero! ¡Moloch
cuyos dedos son diez ejércitos! ¡Moloch cuyo
pecho es una dínamo caníbal! ¡Moloch cuya oreja
es una tumba humeante!

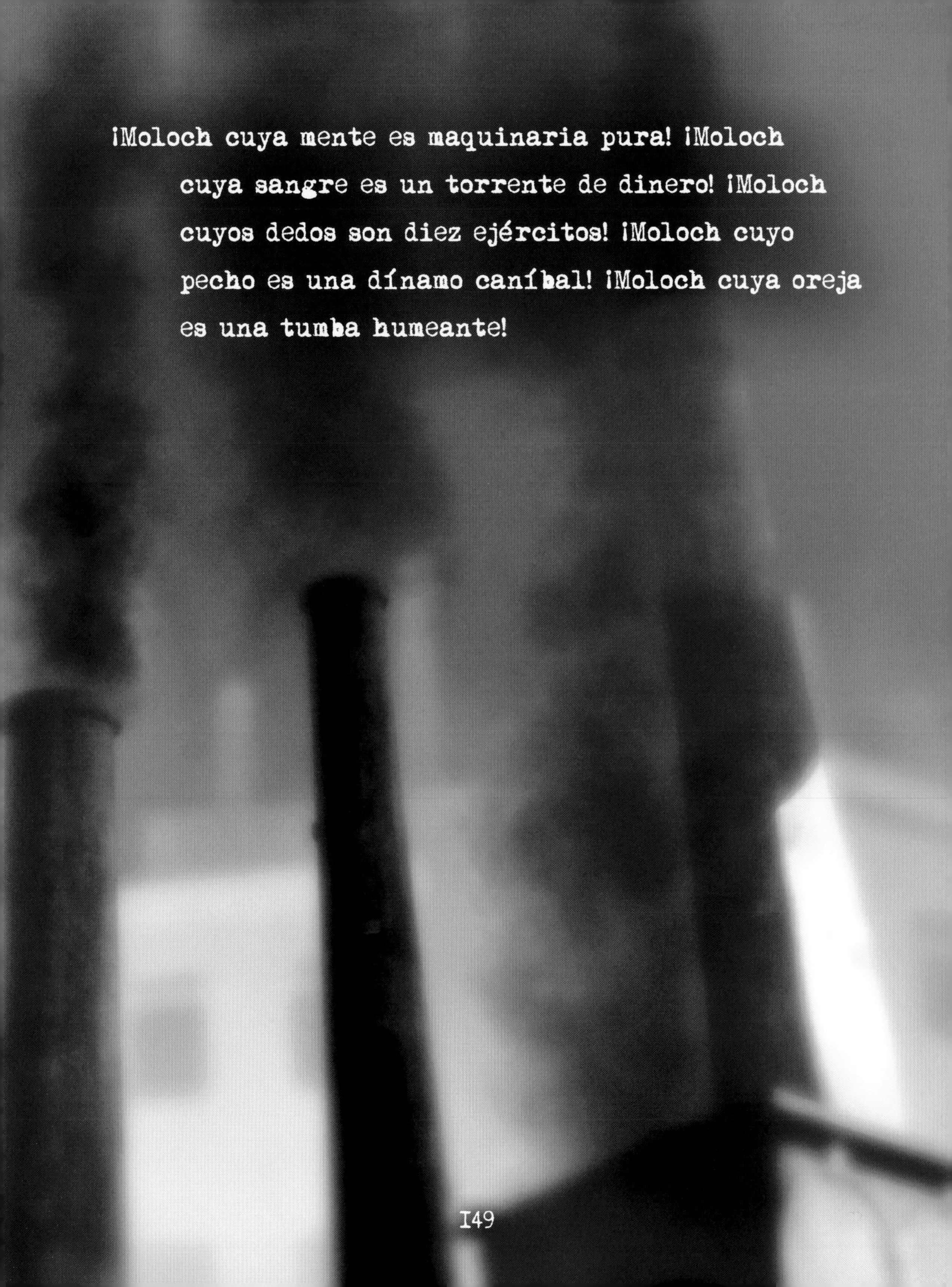

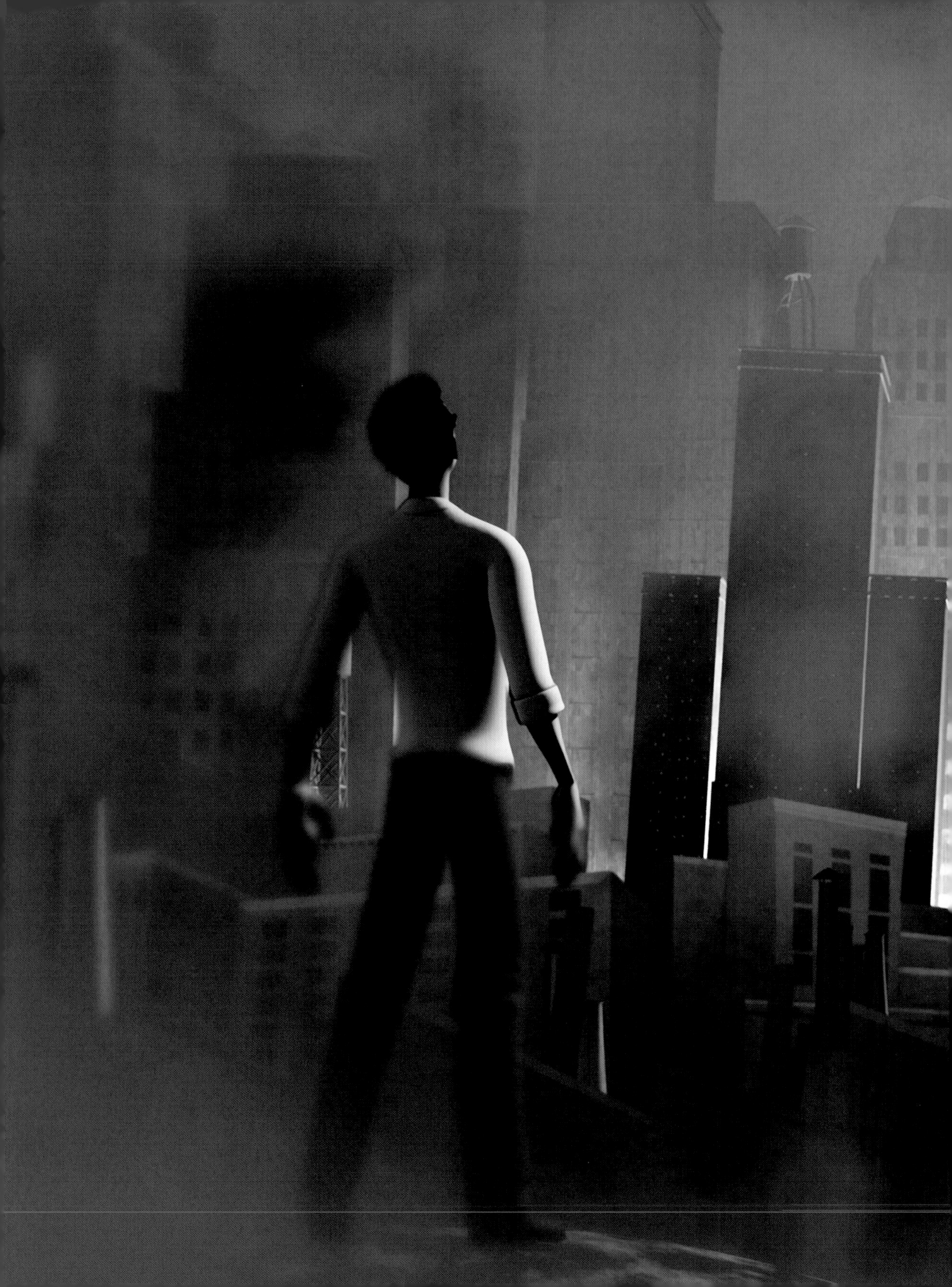

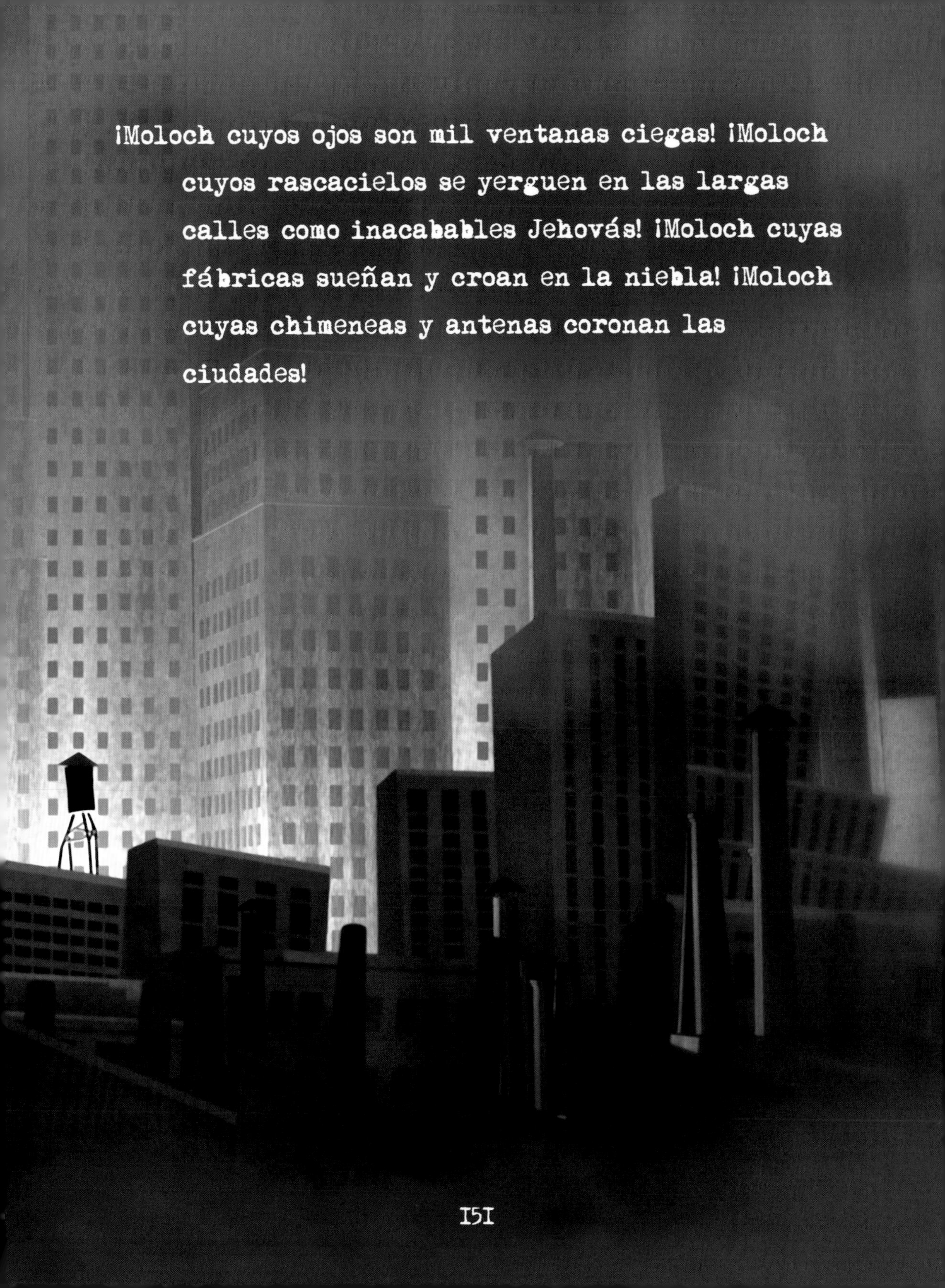

¡Moloch cuyos ojos son mil ventanas ciegas! ¡Moloch cuyos rascacielos se yerguen en las largas calles como inacabables Jehovás! ¡Moloch cuyas fábricas sueñan y croan en la niebla! ¡Moloch cuyas chimeneas y antenas coronan las ciudades!

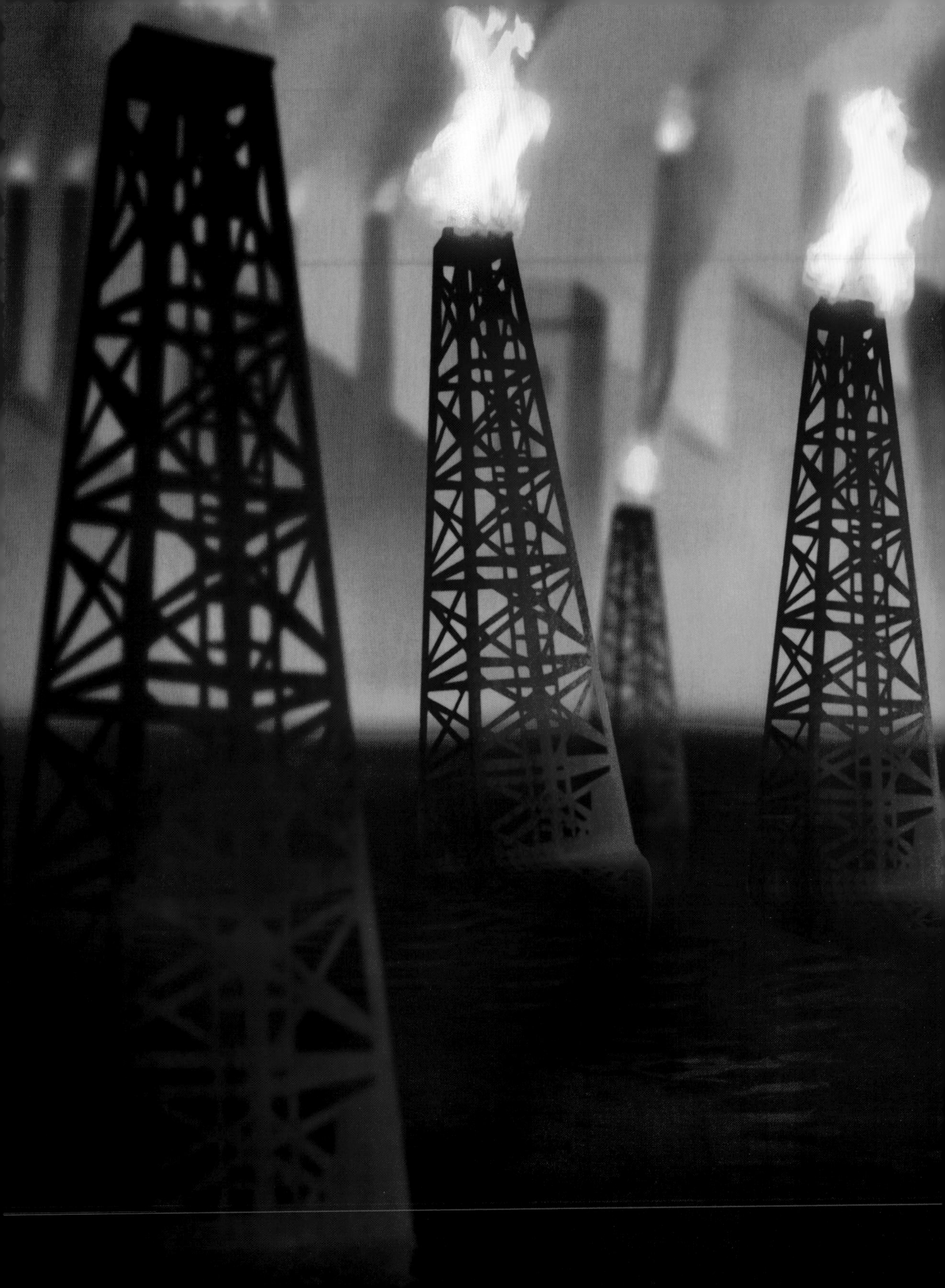

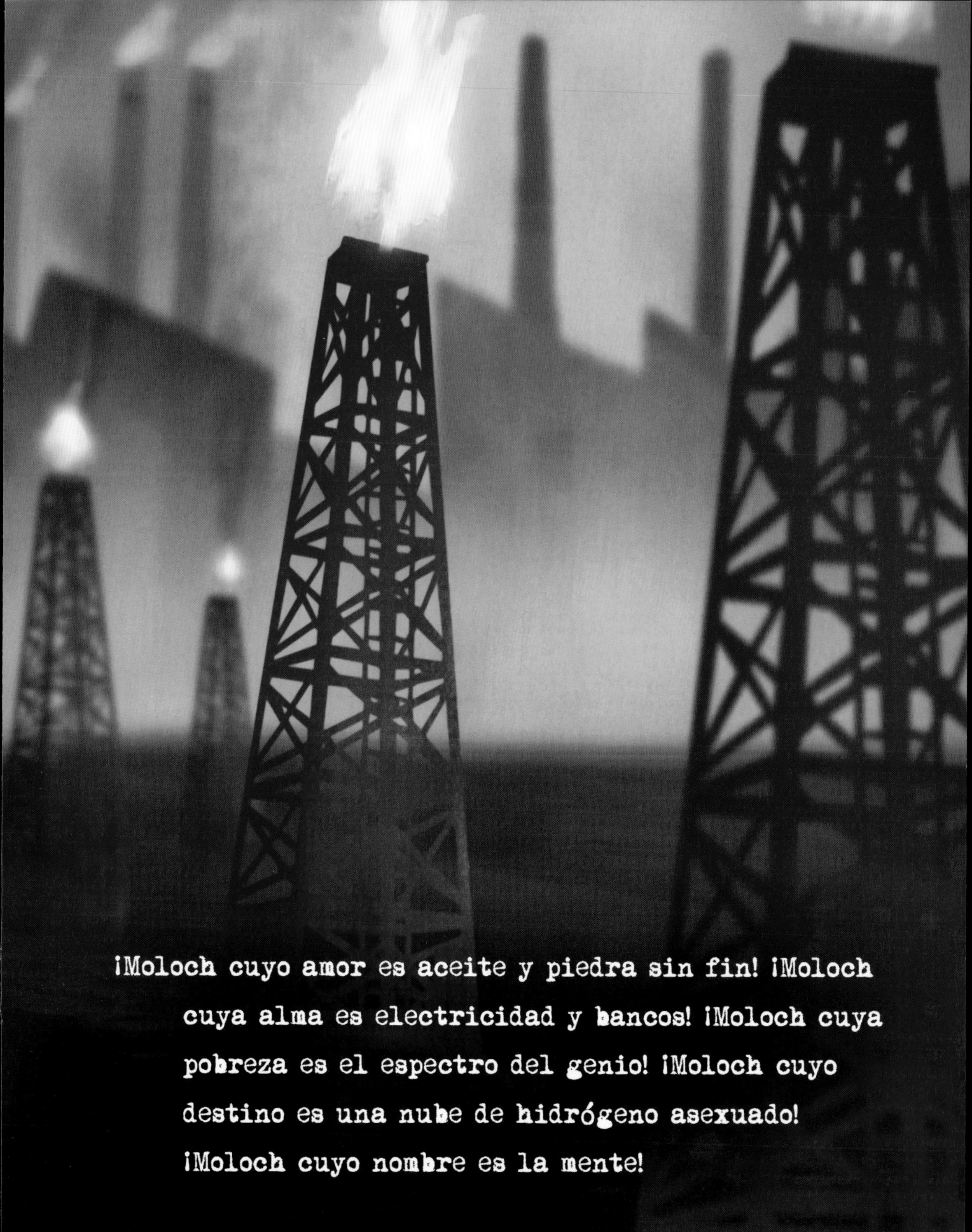

¡Moloch cuyo amor es aceite y piedra sin fin! ¡Moloch
cuya alma es electricidad y bancos! ¡Moloch cuya
pobreza es el espectro del genio! ¡Moloch cuyo
destino es una nube de hidrógeno asexuado!
¡Moloch cuyo nombre es la mente!

Moloch en quien me asiento solitario! ¡Moloch en
quien sueño ángeles! ¡Demente en Moloch!
¡Chupavergas en Moloch! ¡Sin amor ni hombre
en Moloch!
¡Moloch quien entró tempranamente en mi alma!
¡Moloch en quien soy una conciencia sin un
cuerpo! ¡Moloch quien me ahuyentó de mi
éxtasis natural! ¡Moloch a quien yo abandono!
¡Despierten en Moloch! ¡Luz chorreando del cielo!

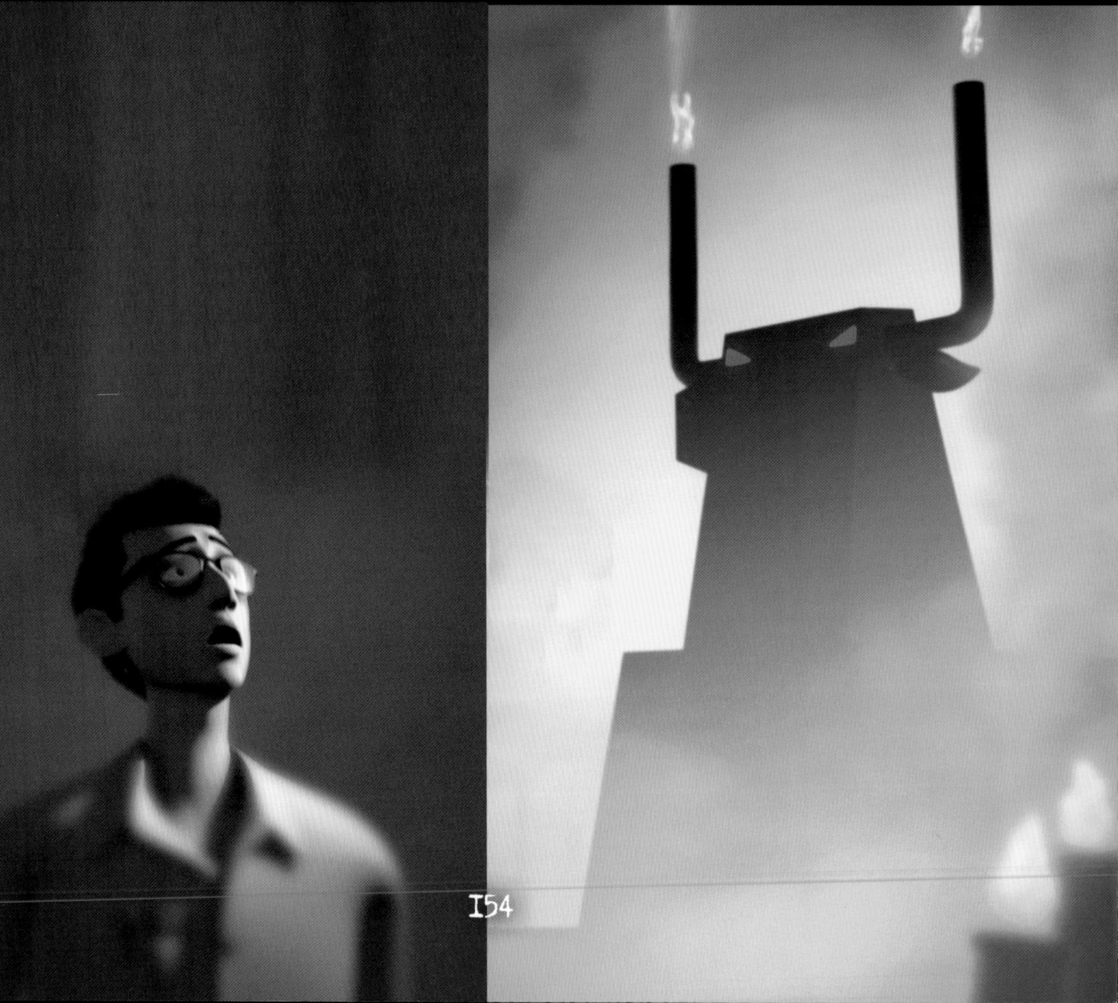

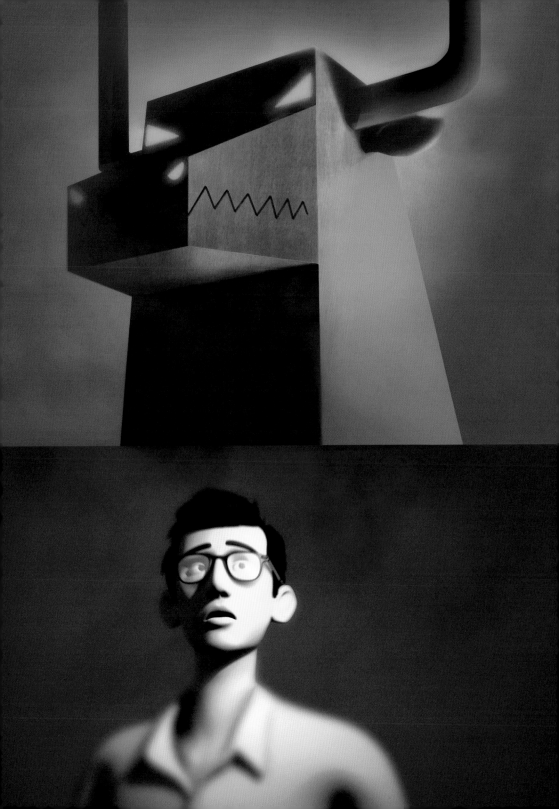

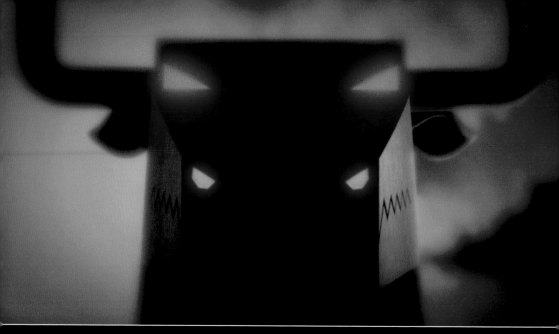

¡Moloch! ¡Moloch! ¡Departamentos robots! ¡suburbios
invisibles! ¡tesorerías esqueléticas! ¡capitales
ciegas! ¡industrias demoníacas! ¡naciones
espectrales! ¡invencibles manicomios! ¡vergas
de granito! ¡bombas monstruosas!

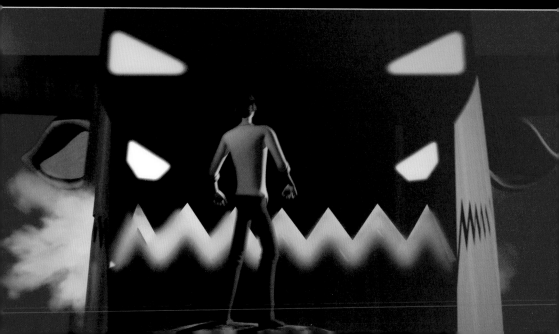

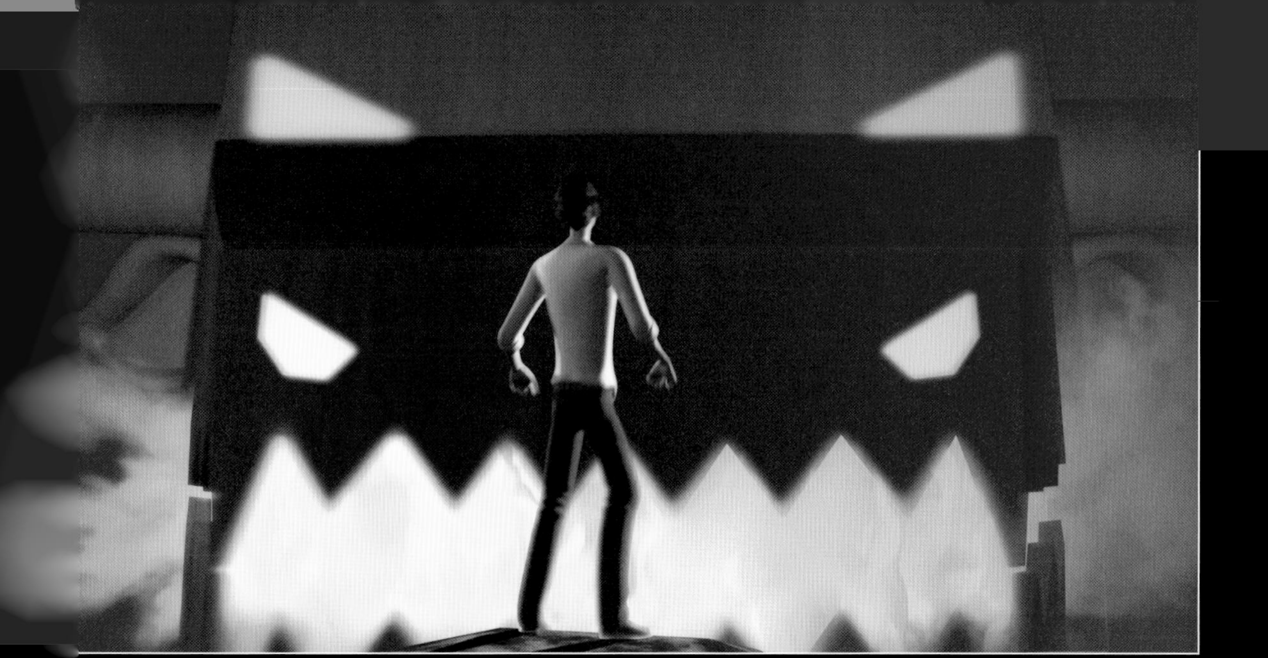

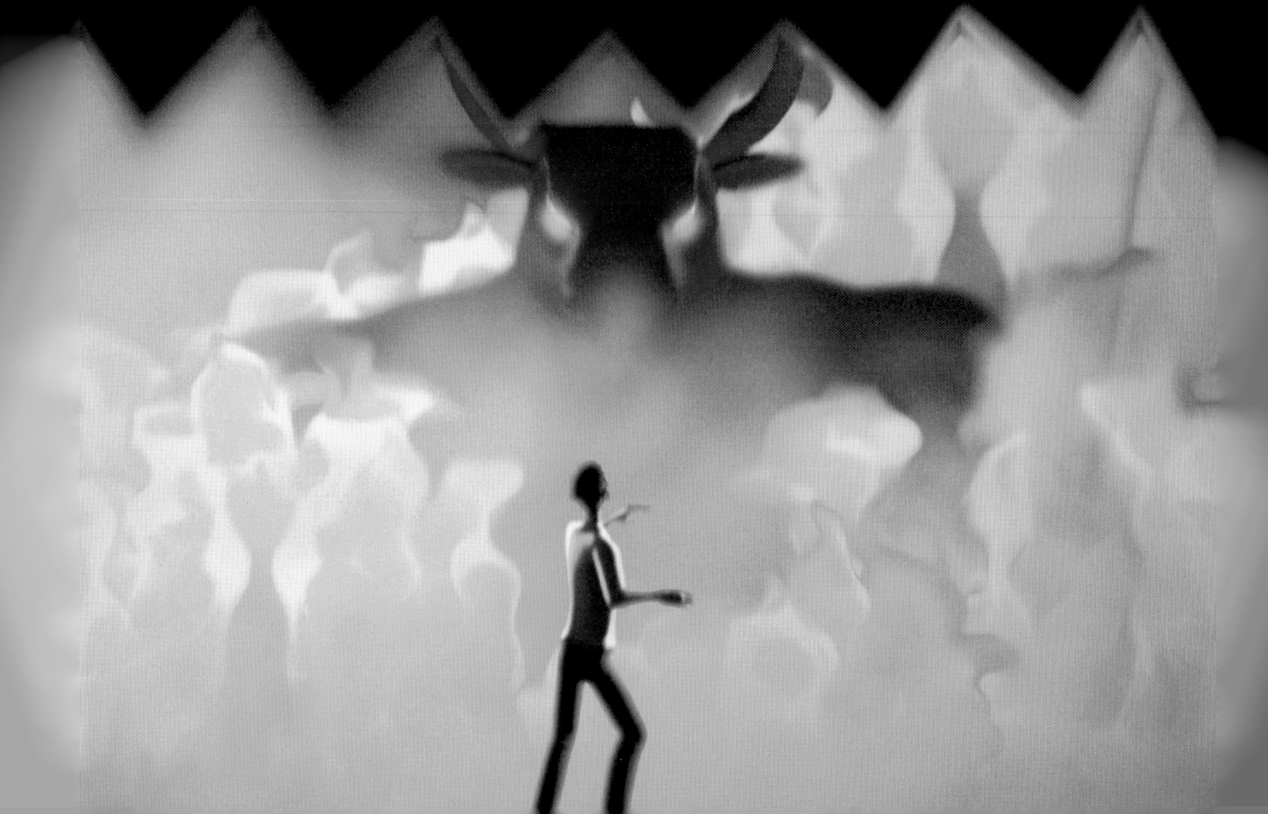

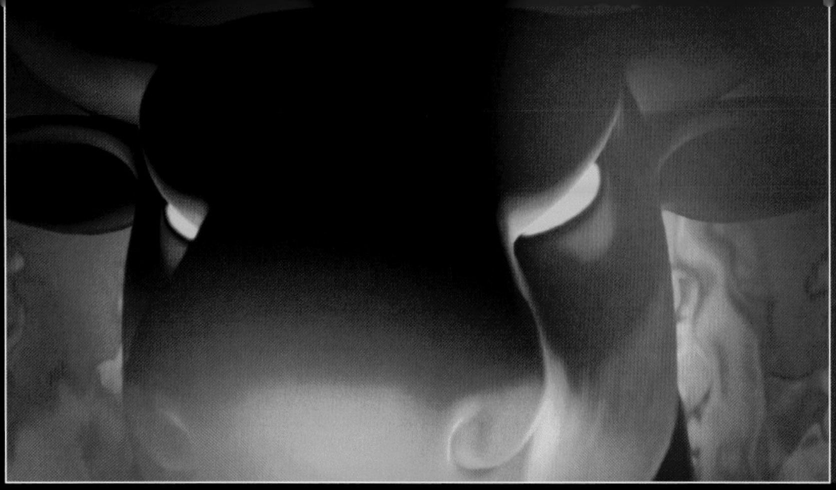

Rompieron sus espaldas levantando a Moloch hasta el cielo! ¡Pavimentos, árboles, radios, toneladas! ¡levantando la ciudad al cielo que existe y está alrededor nuestro!

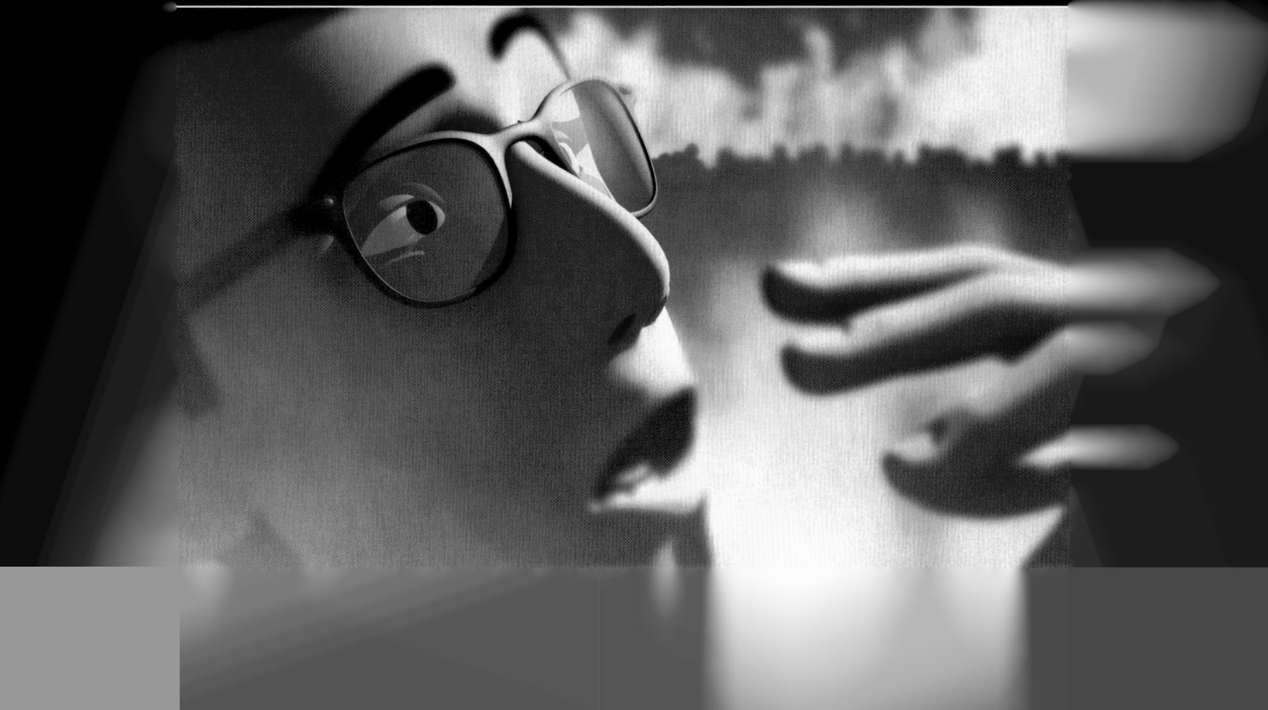

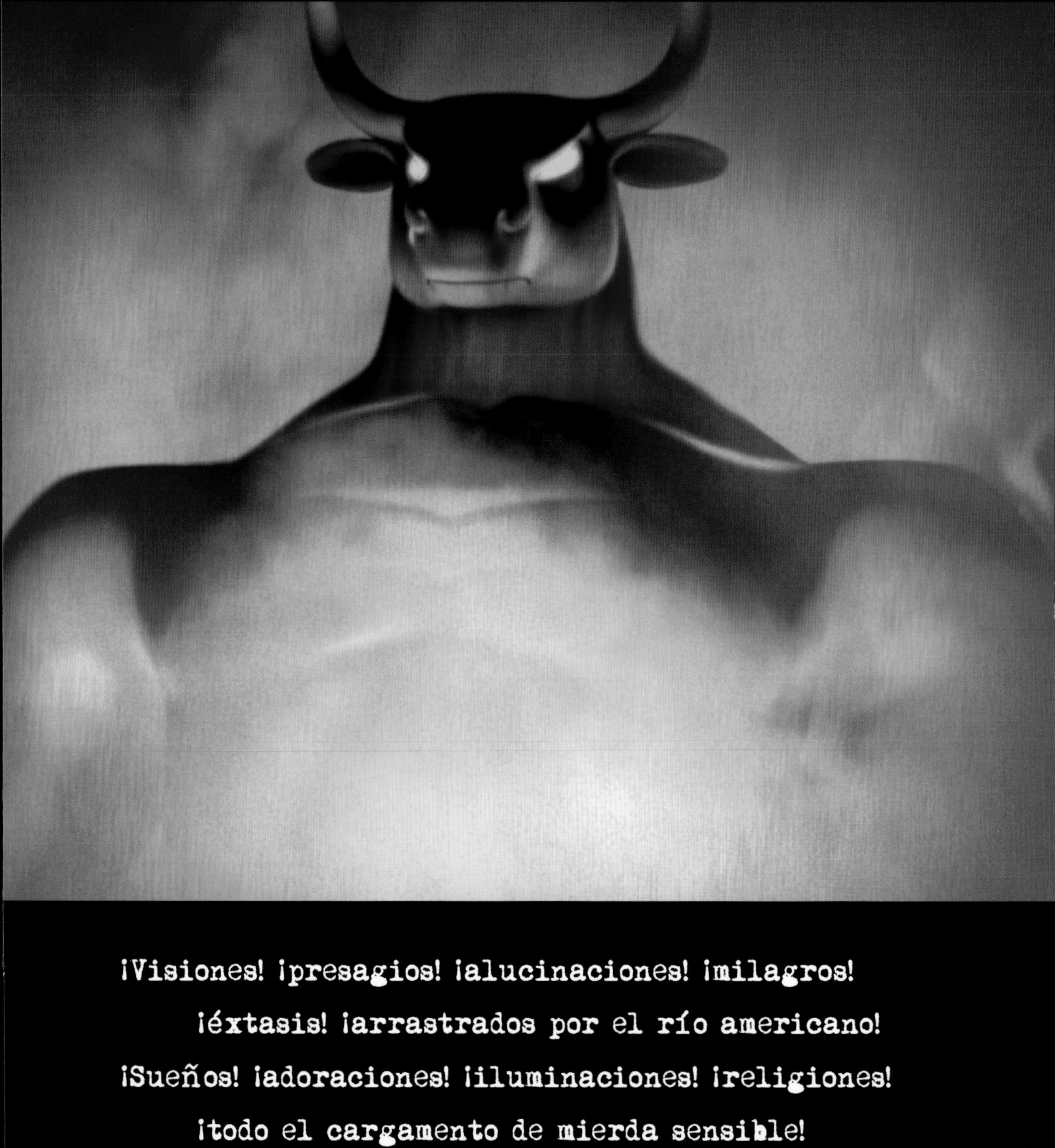

¡Visiones! ¡presagios! ¡alucinaciones! ¡milagros!
¡éxtasis! ¡arrastrados por el río americano!
¡Sueños! ¡adoraciones! ¡iluminaciones! ¡religiones!
¡todo el cargamento de mierda sensible!

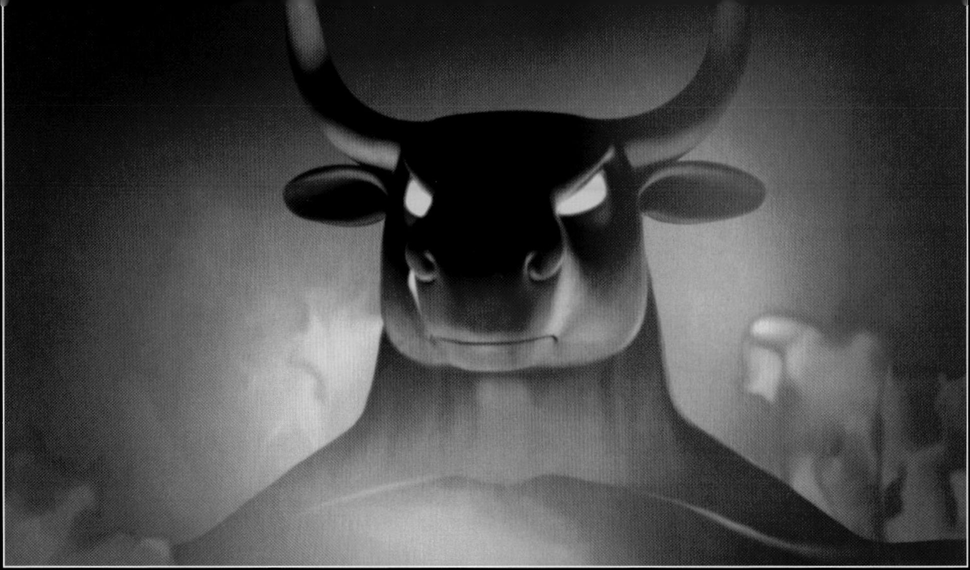

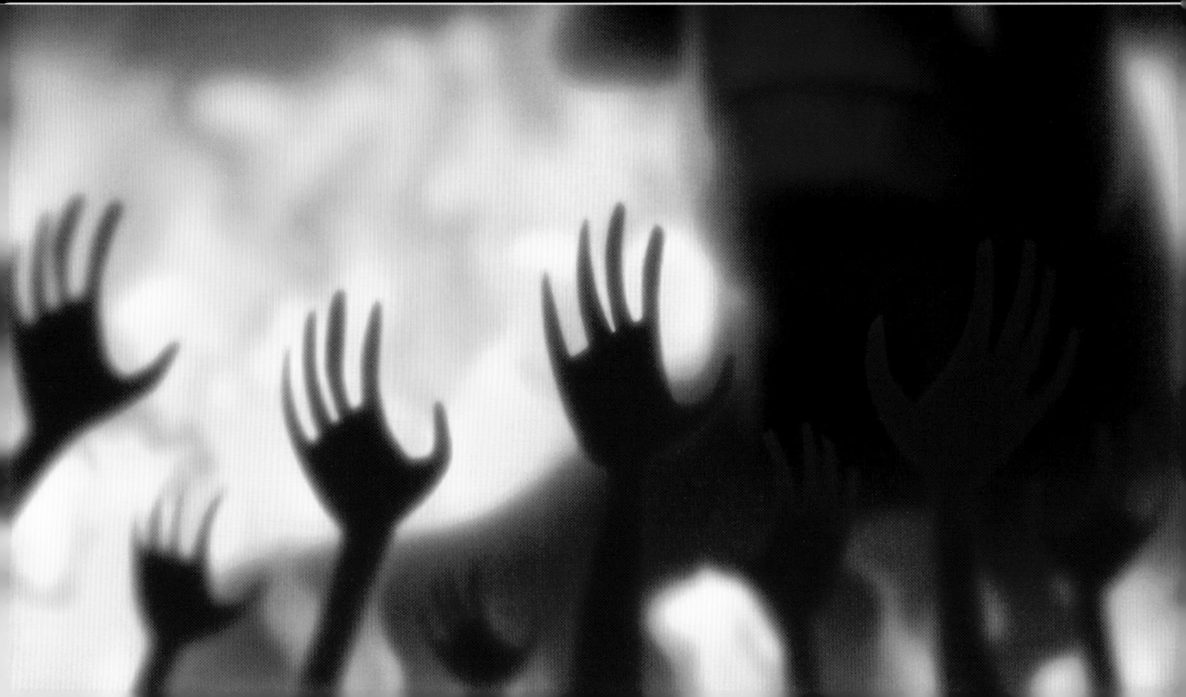

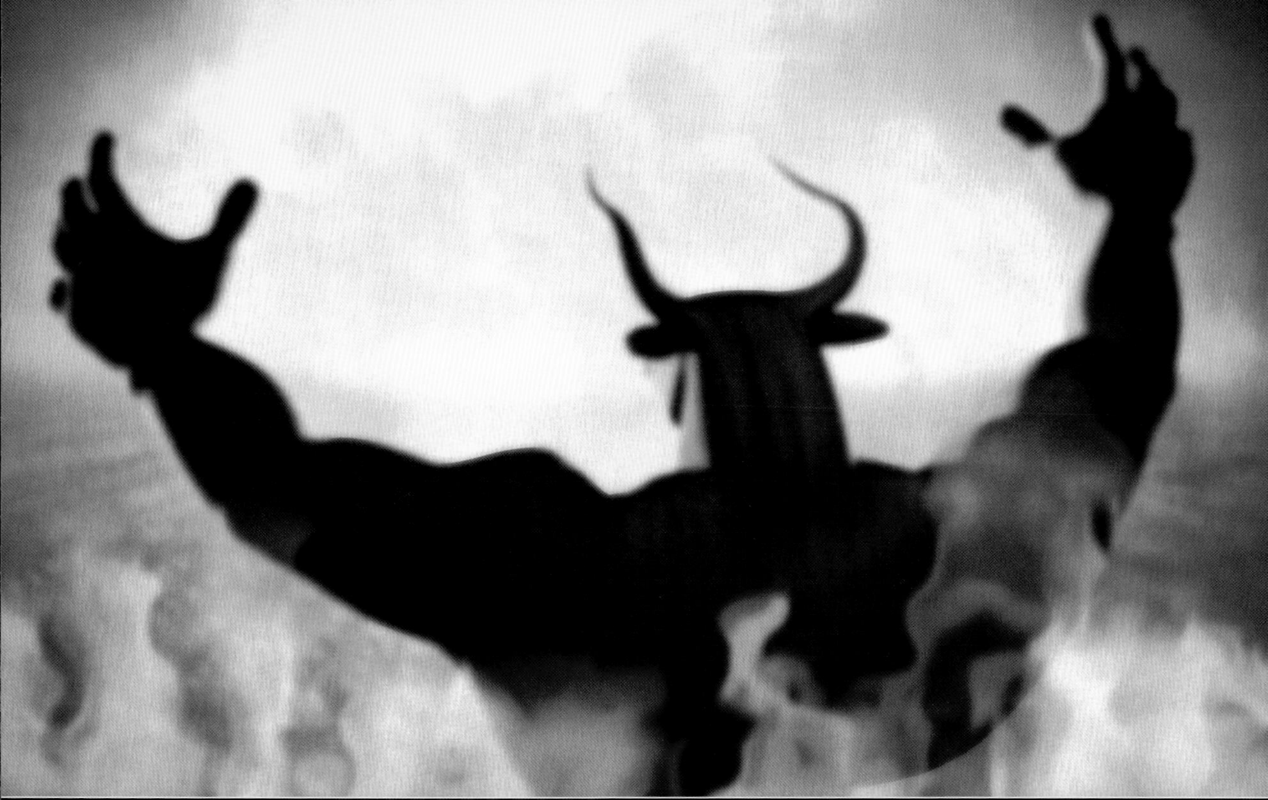

¡Progresos! ¡sobre el río! ¡giros y crucifixiones!
¡arrastrados por la corriente! ¡Epifanías!
¡Desesperaciones! ¡Diez años de gritos animales
y suicidios! ¡Mentes! ¡Nuevos amores! ¡Generación
demente! ¡Abajo sobre las rocas del Tiempo!

¡Auténtica risa santa en el río! ¡Ellos lo vieron
todo! ¡los ojos salvajes! ¡los santos gritos!
¡dijeron hasta luego! ¡saltaron del techo!
¡hacia la soledad! ¡despidiéndose! ¡Llevando
flores! ¡Hacia el río! ¡por la calle!

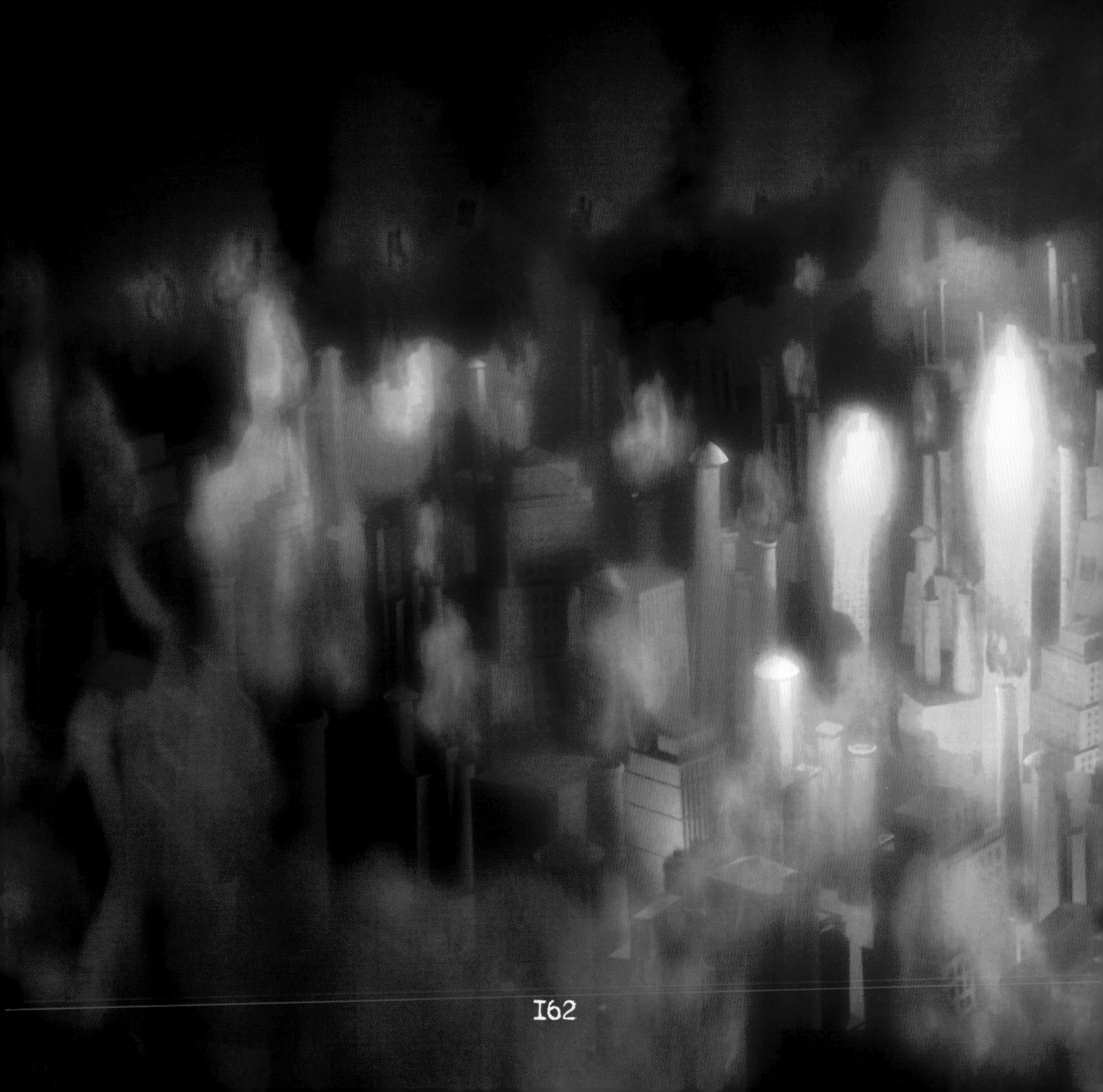

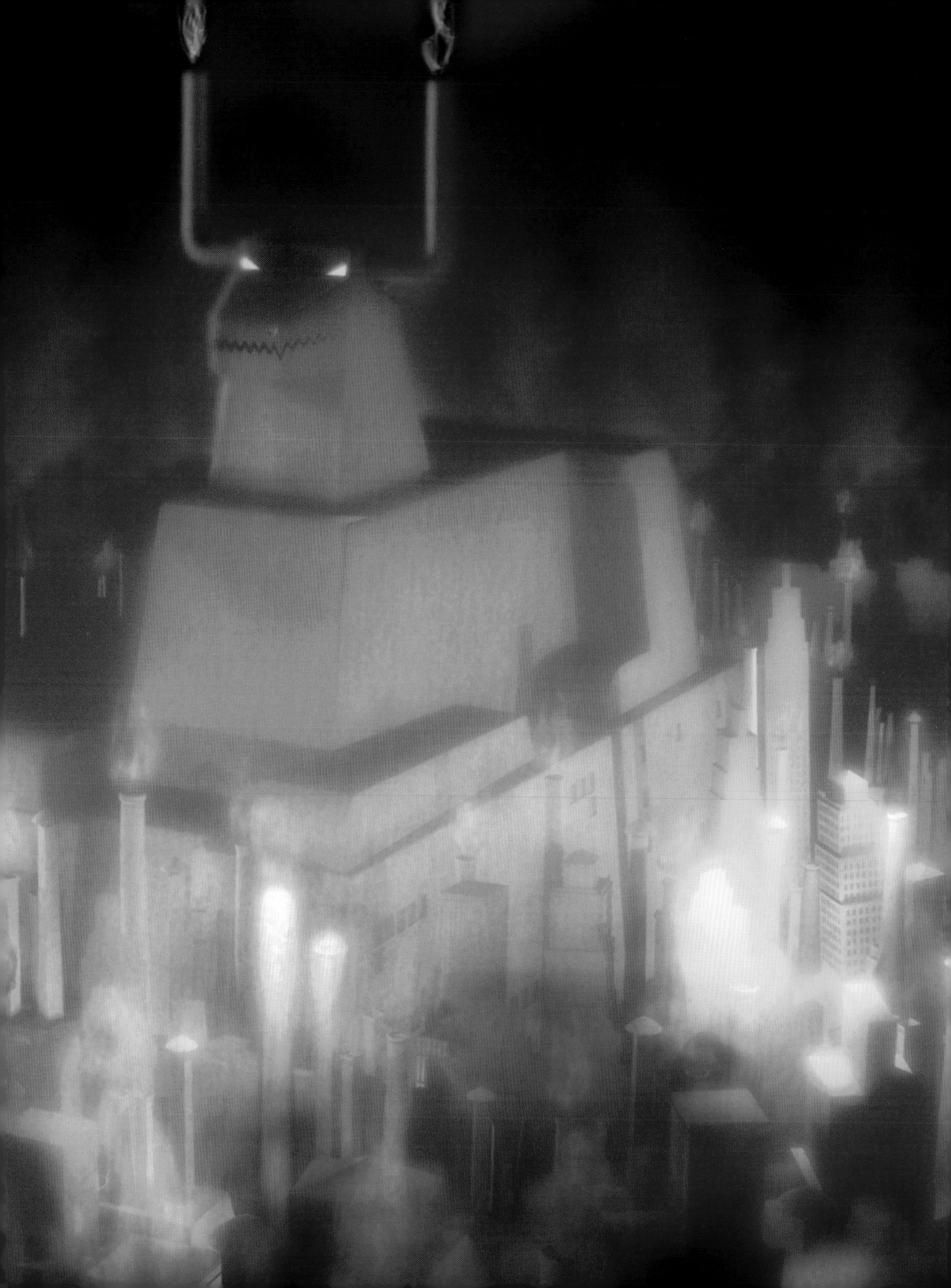

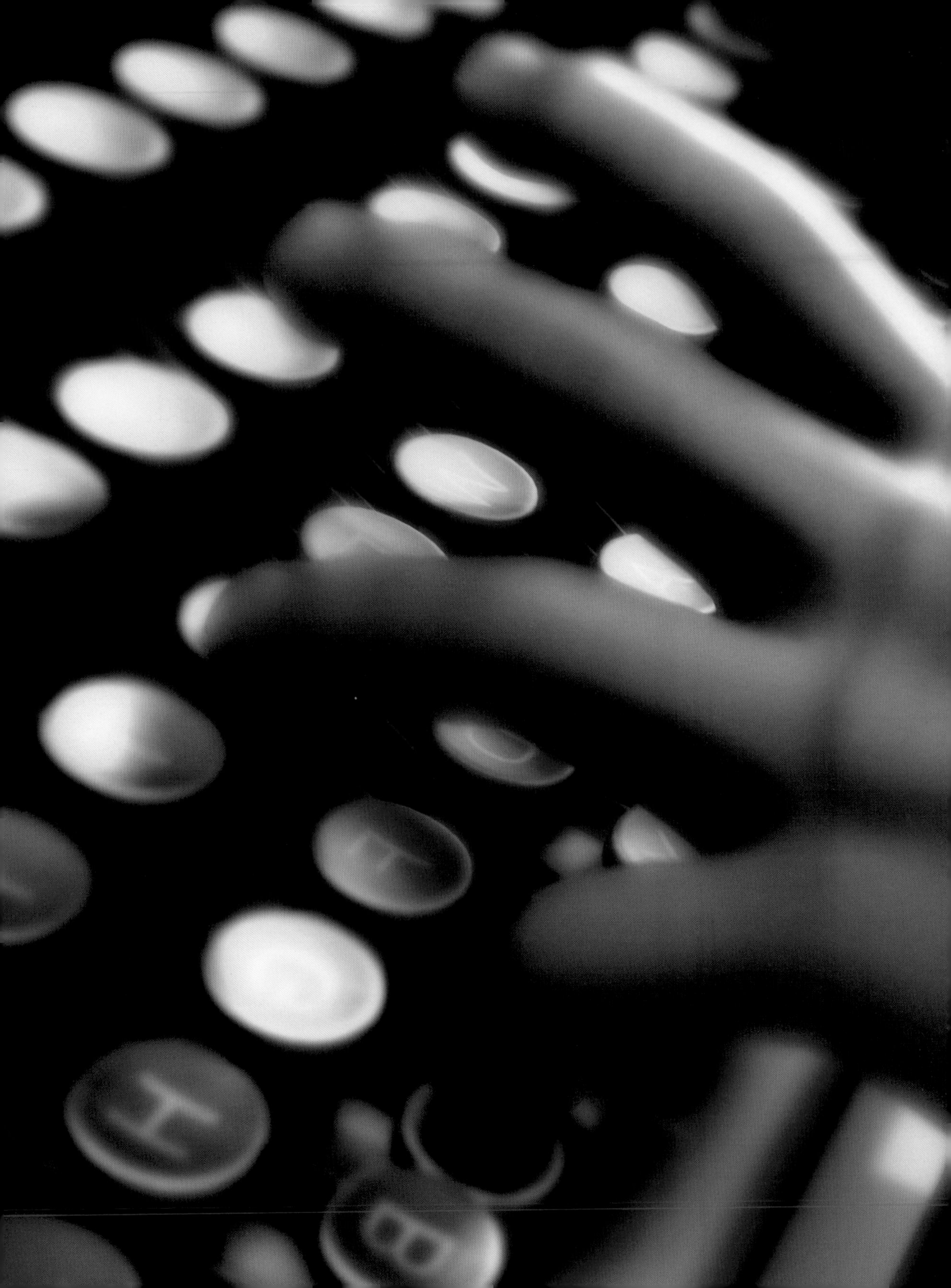

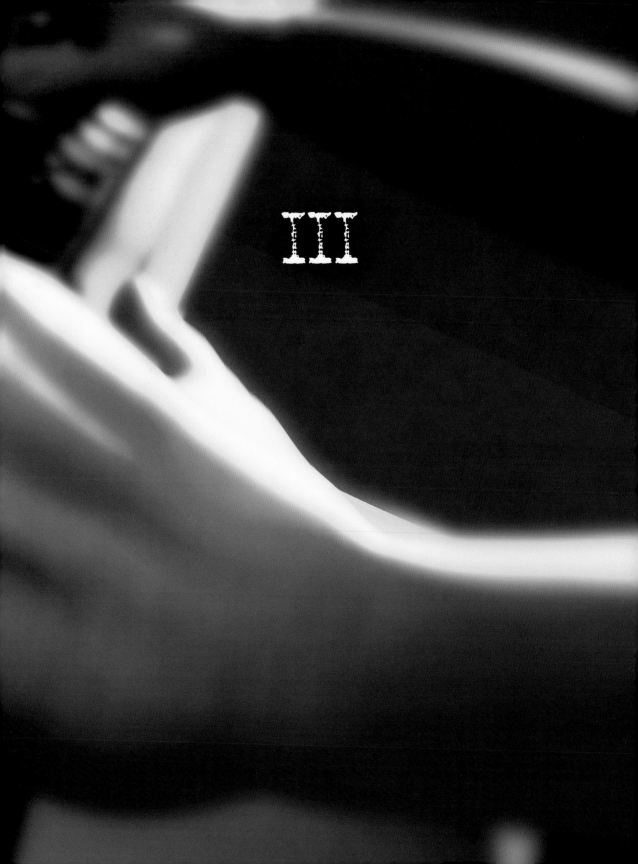

III

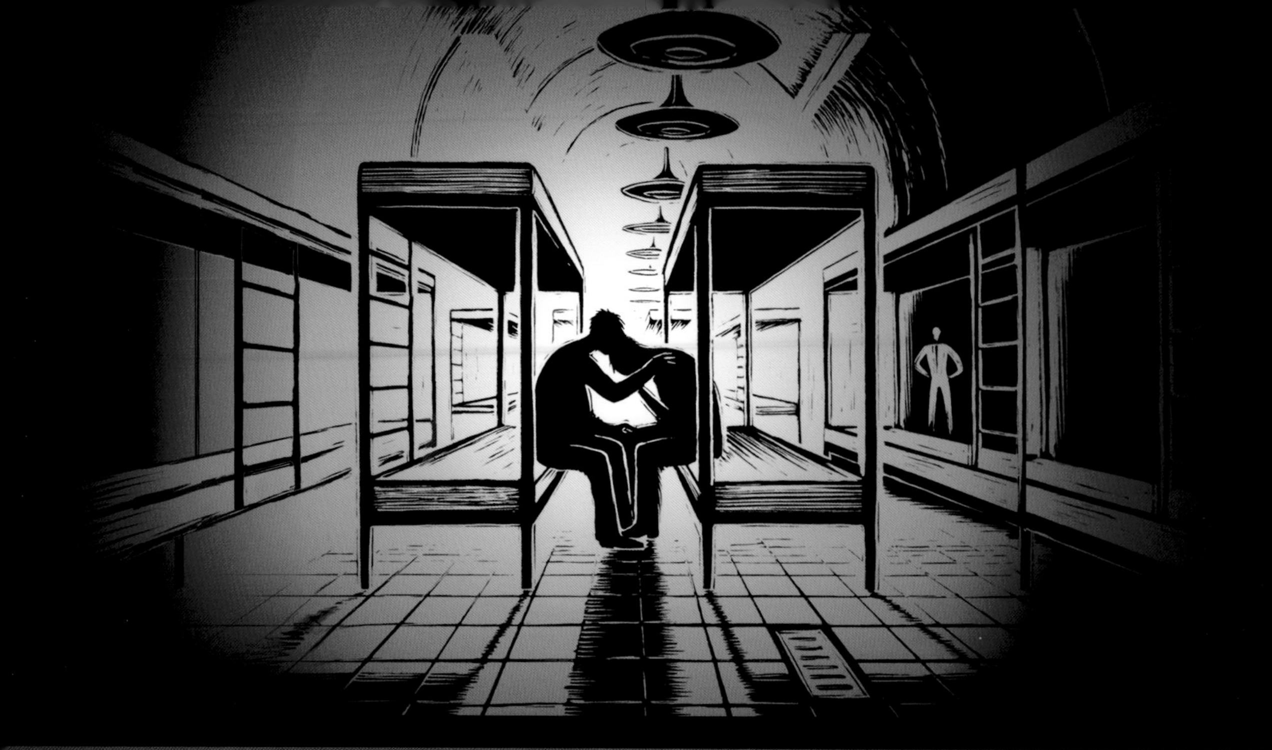

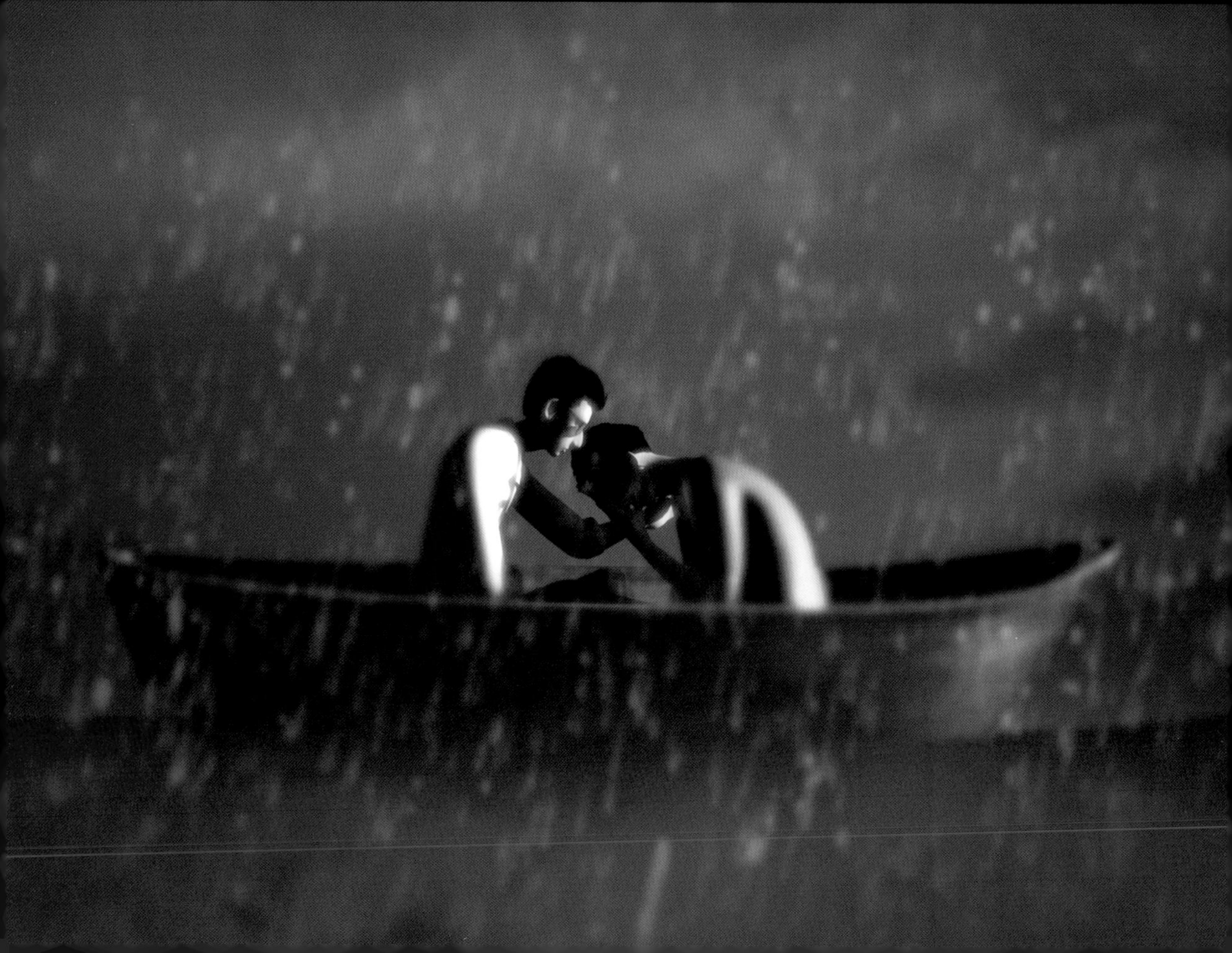

¡Carl Solomon! Estoy contigo en Rockland
donde estás más loco de lo que yo estoy
Estoy contigo en Rockland
donde te debes sentir muy extraño
Estoy contigo en Rockland
donde imitas la sombra de mi madre

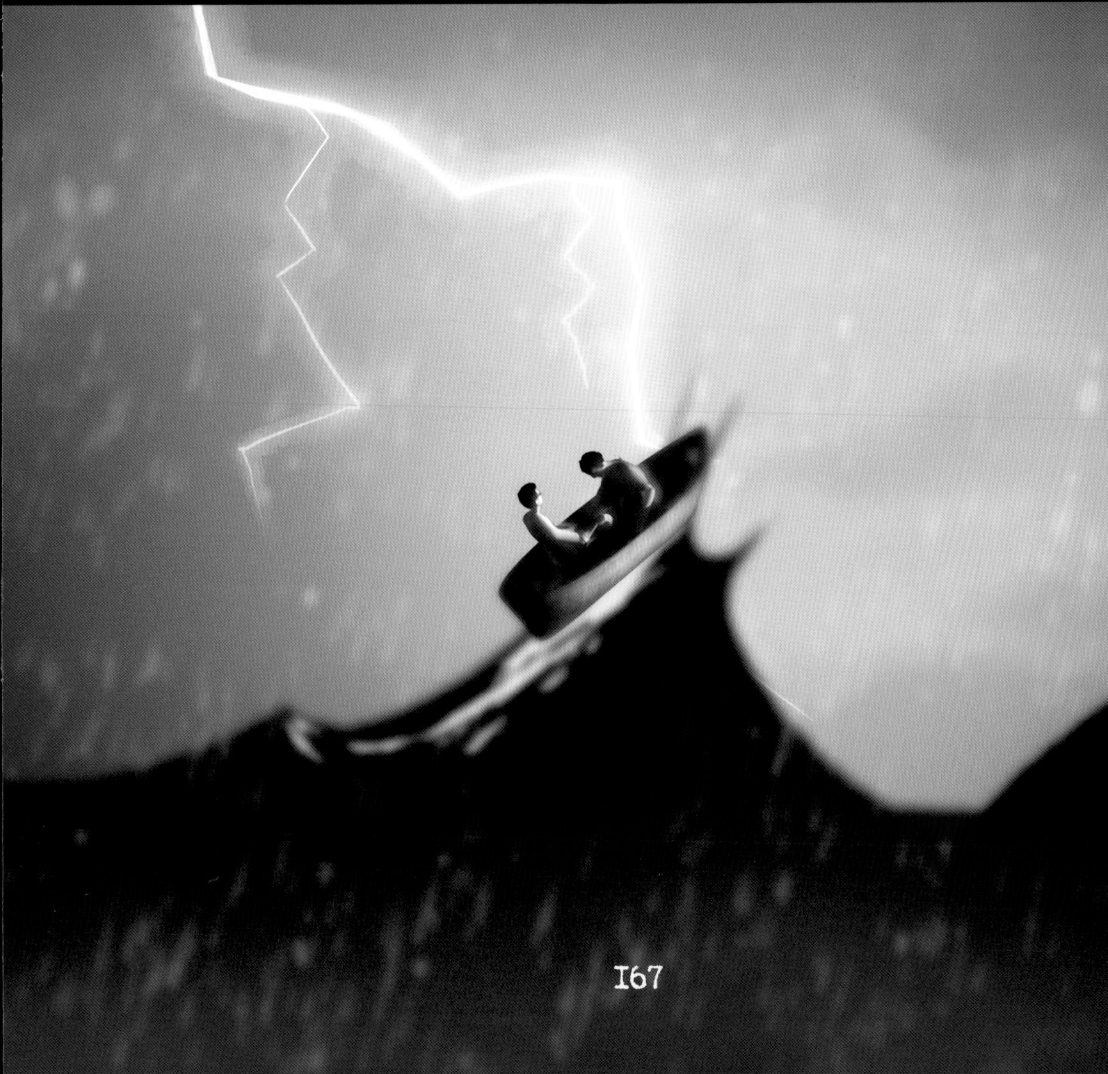

Estoy contigo en Rockland

donde has asesinado a tus doce secretarias

Estoy contigo en Rockland

donde te ríes de este humor invisible

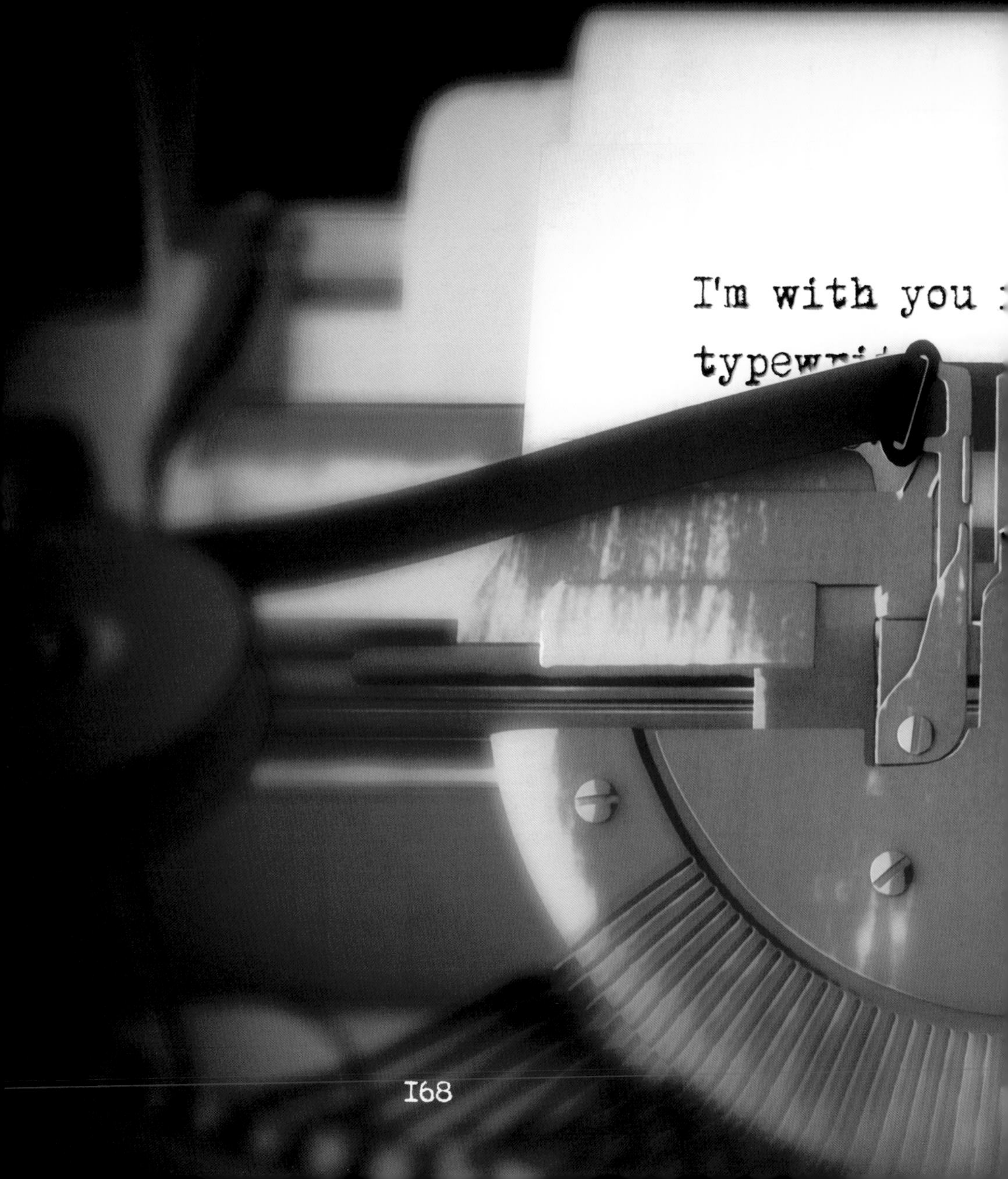
I'm with you

Estoy contigo en Rockland

donde somos grandes escritores en la misma

horrorosa máquina de escribir

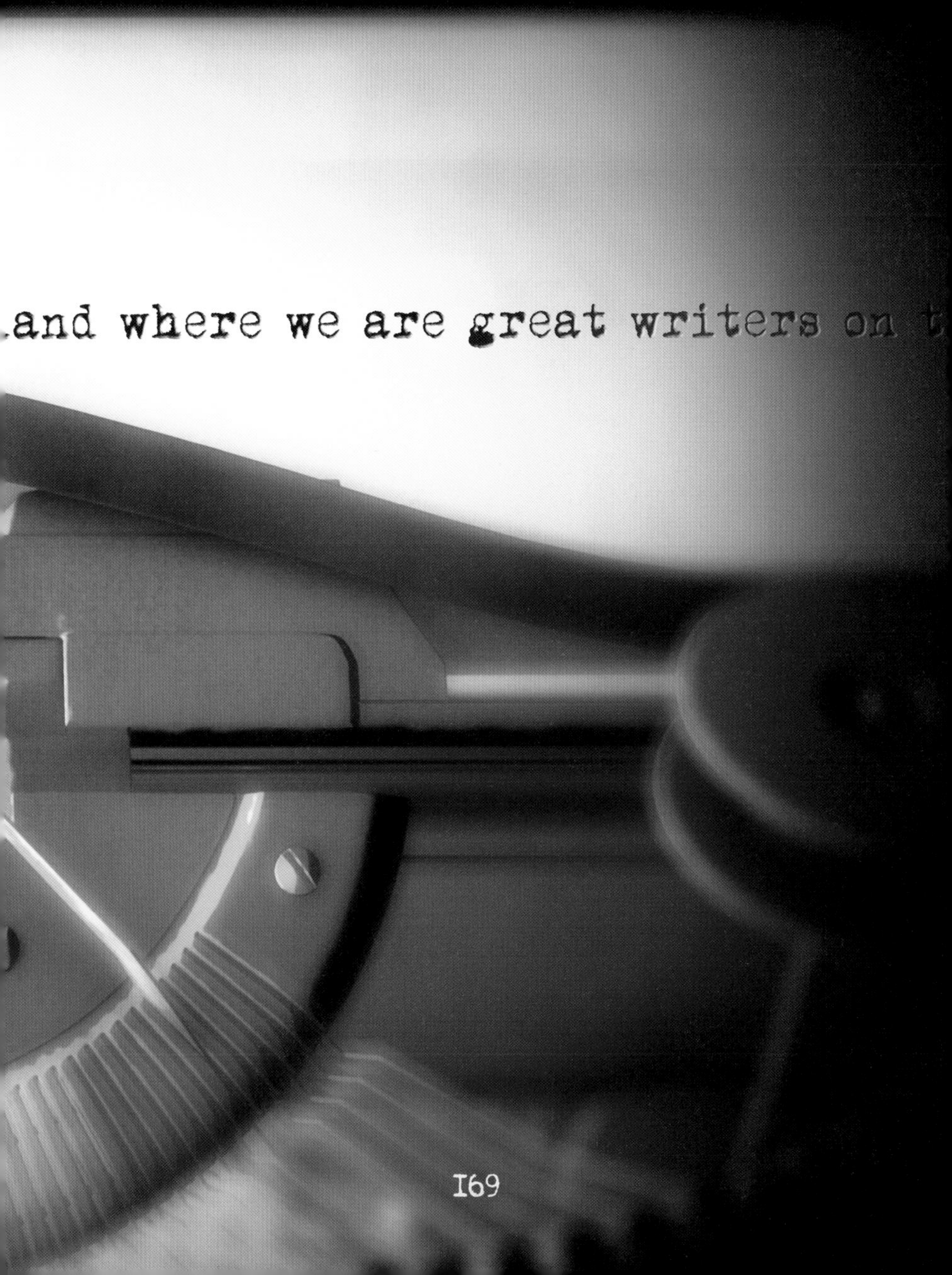
.and where we are great writers on

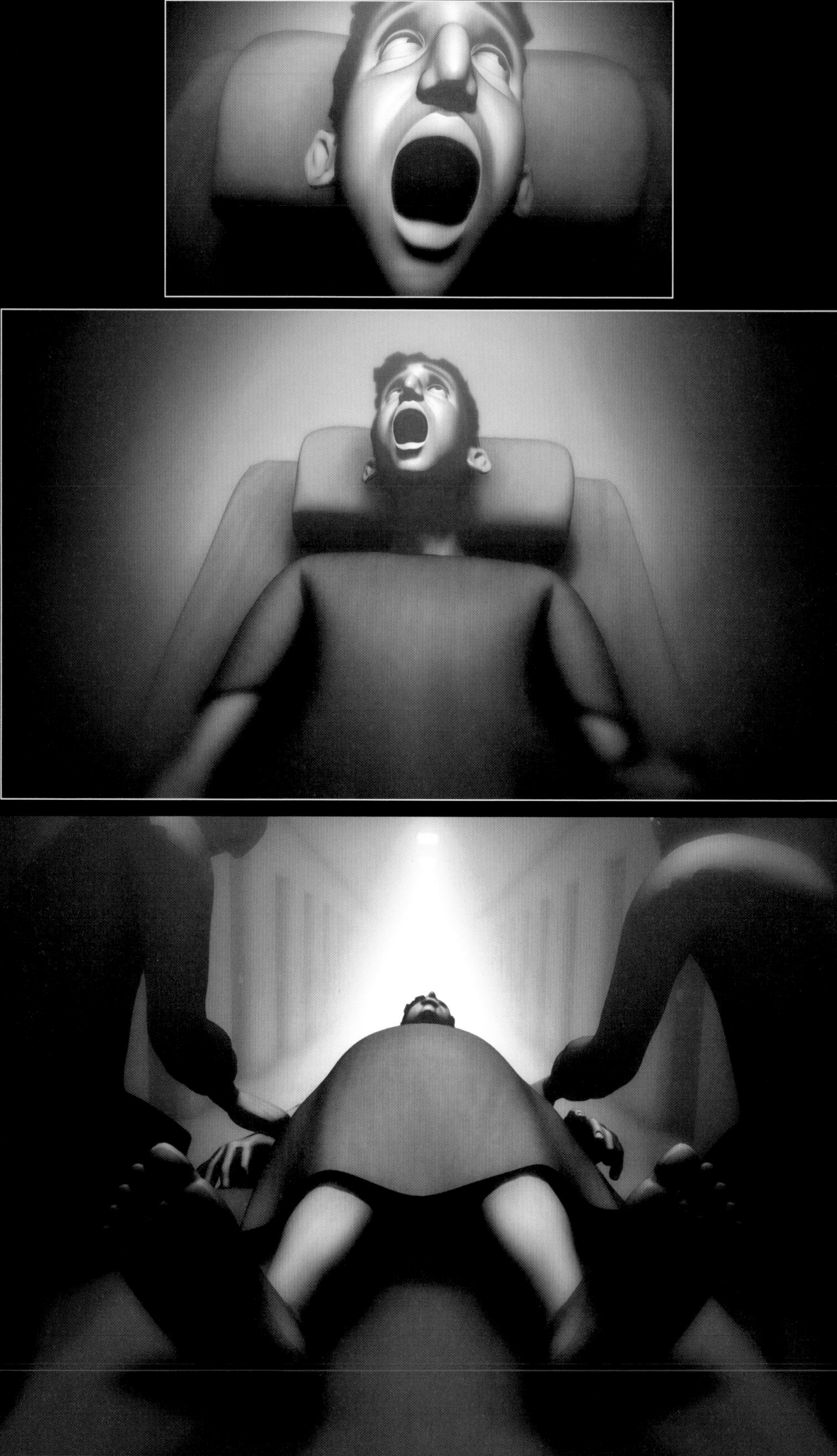

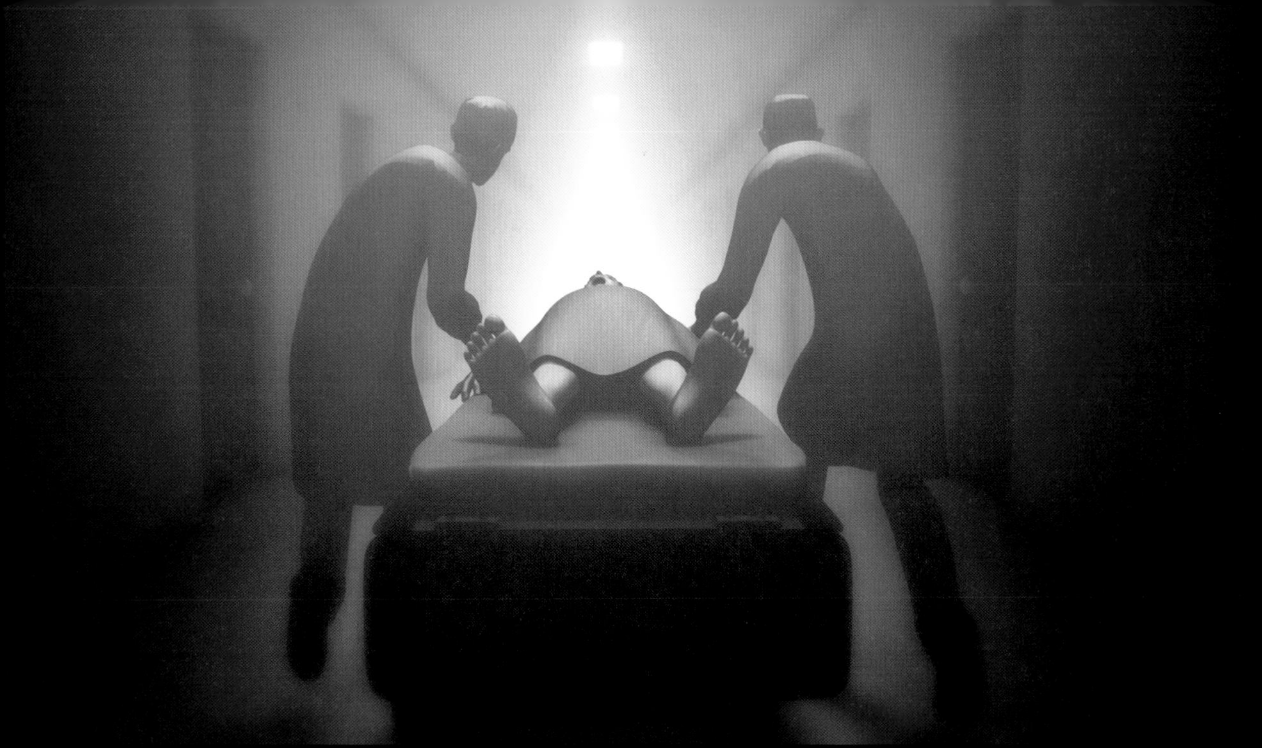

Estoy contigo en Rockland
    donde tu condición se ha vuelto seria
    y es reportada por la radio

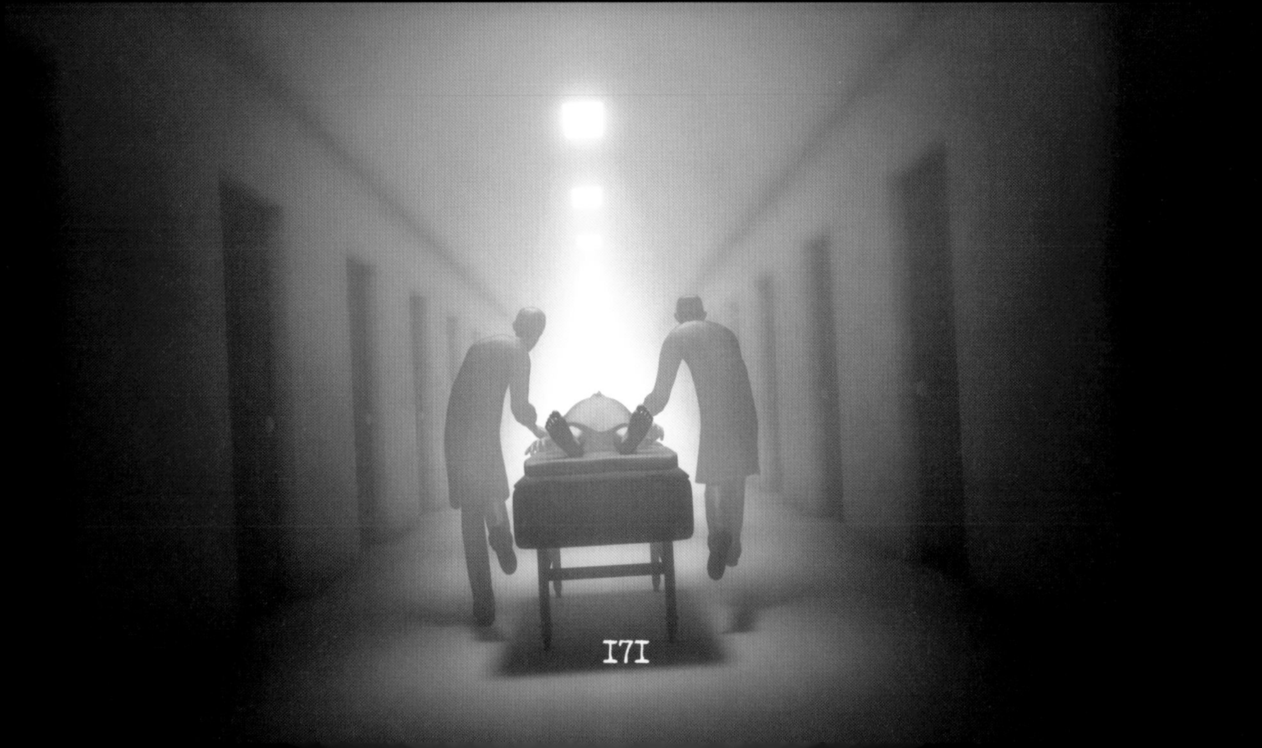

Estoy contigo en Rockland

donde las facultades de la calavera no

admiten más los gusanos de los sentidos

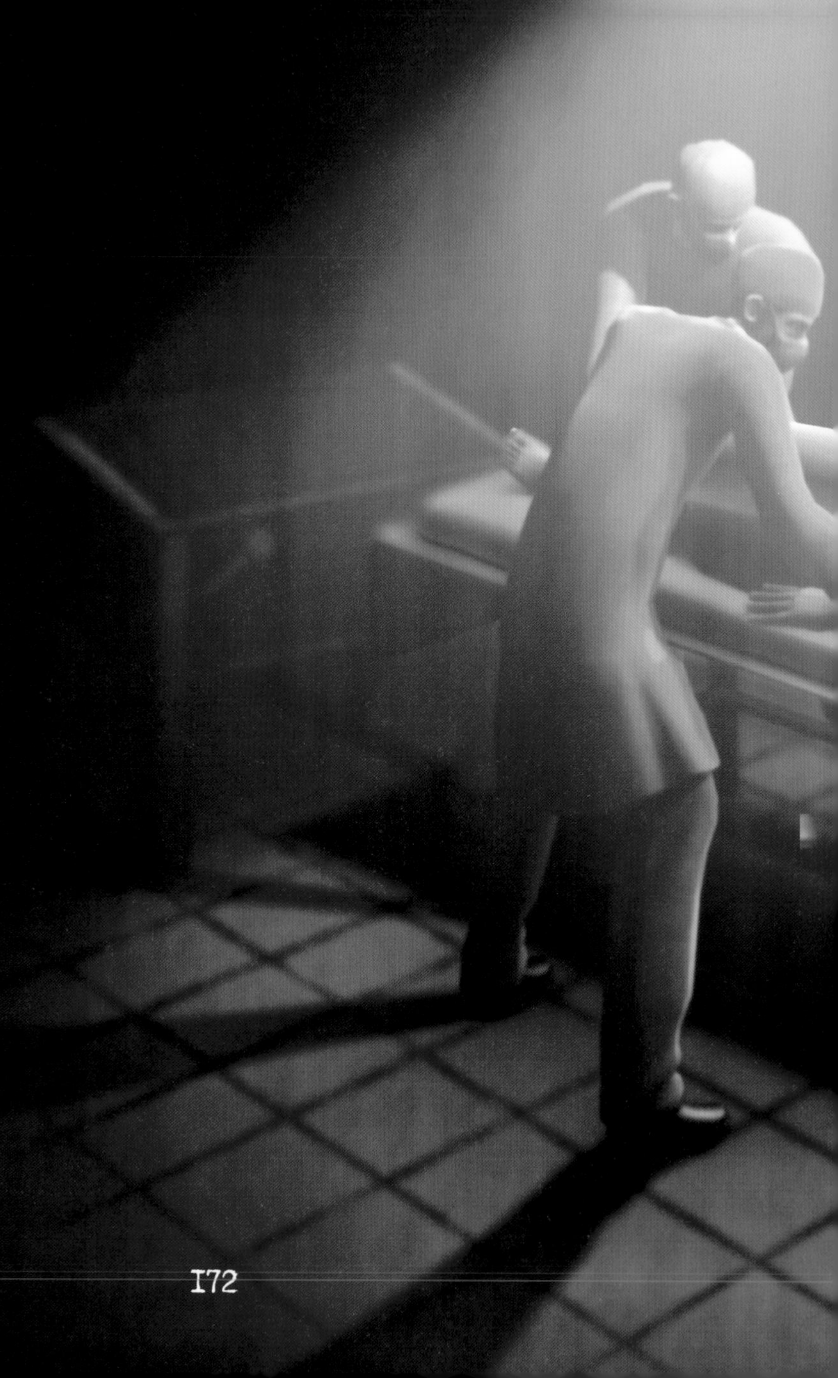

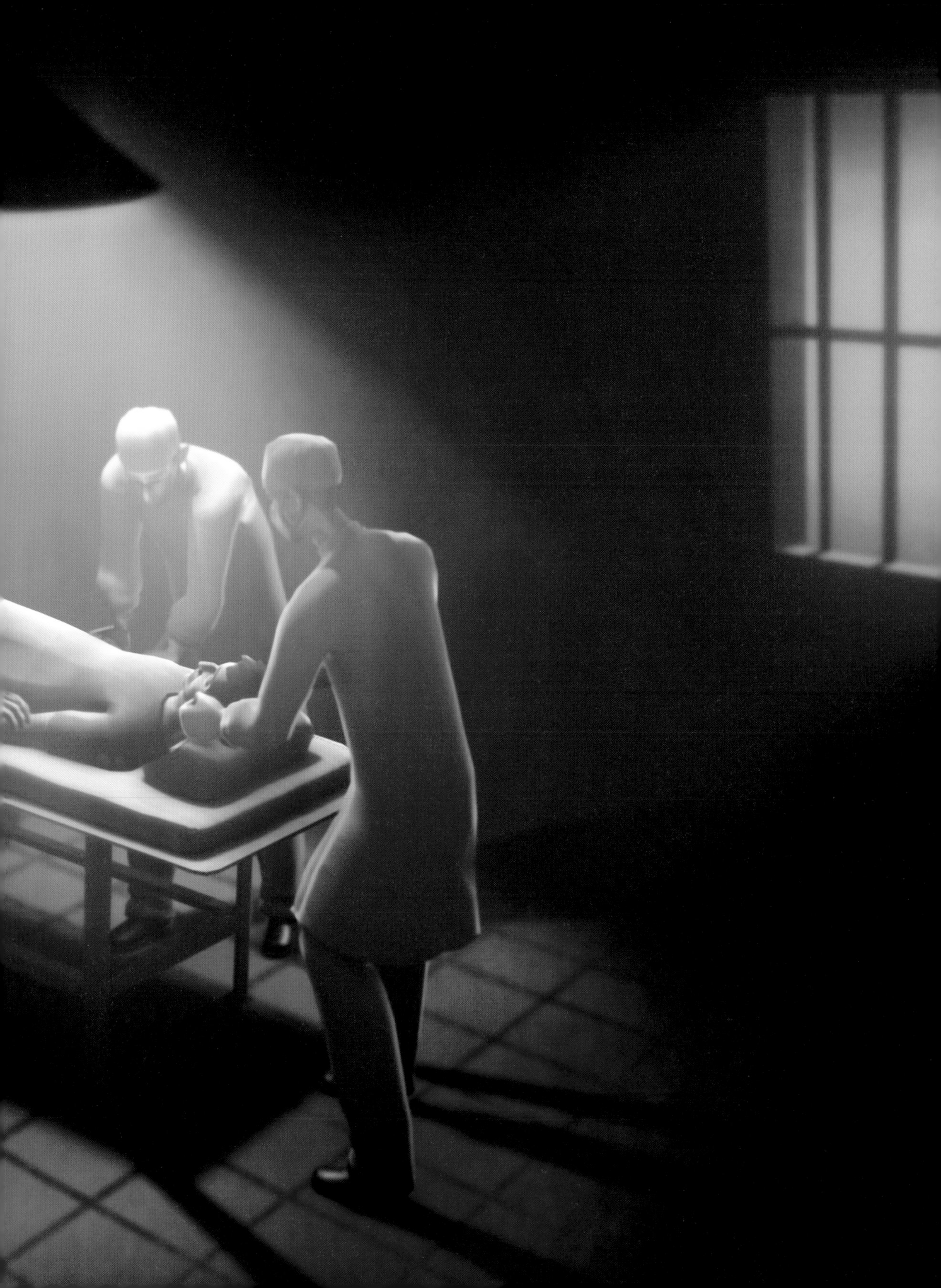

Estoy contigo en Rockland

    donde bebes el té de los pechos de las
    solteras de Utica

Estoy contigo en Rockland

    donde te burlas de los cuerpos de tus
    enfermeras las arpías del Bronx

Estoy contigo en Rockland

    donde gritas en una camisa de fuerza que
    estás perdiendo el juego del verdadero
    ping pong del abismo

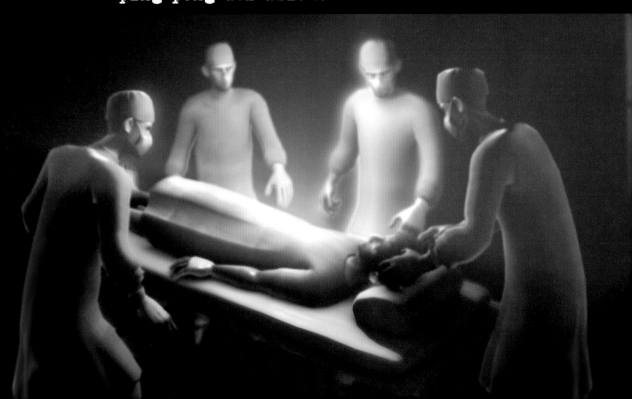

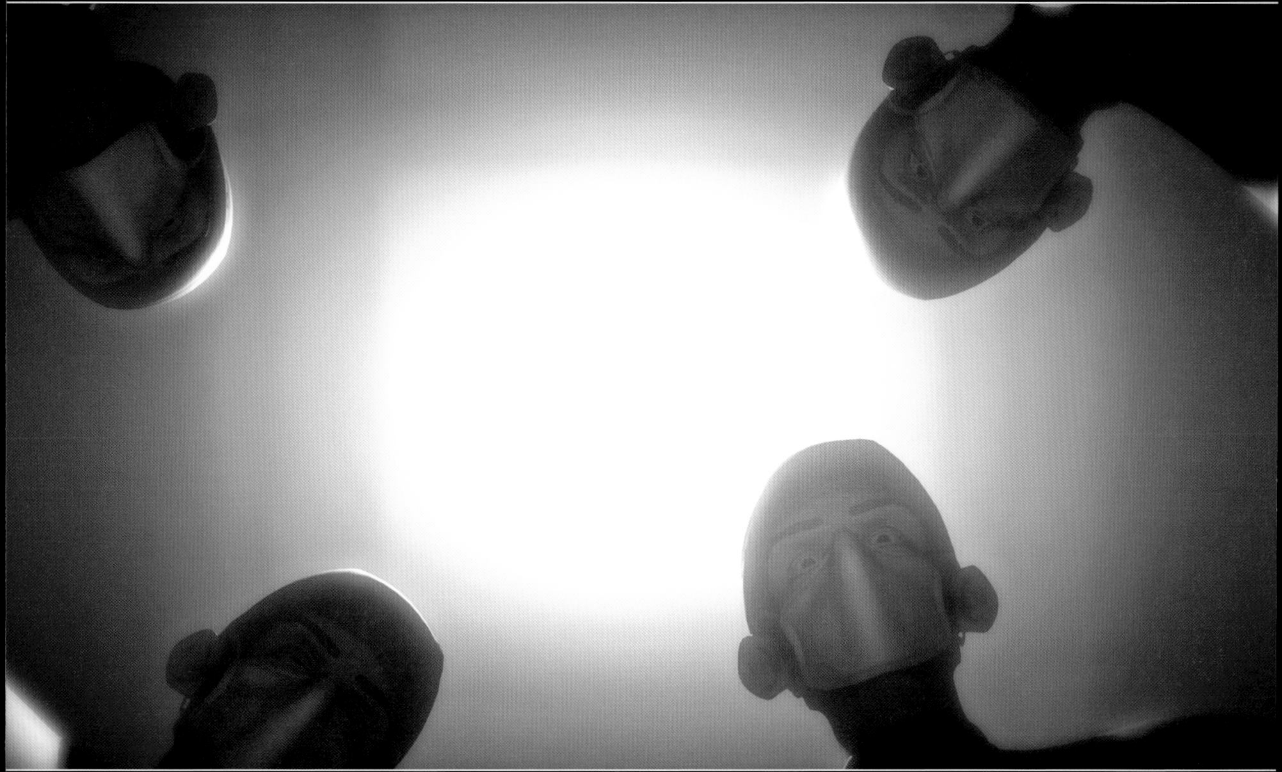

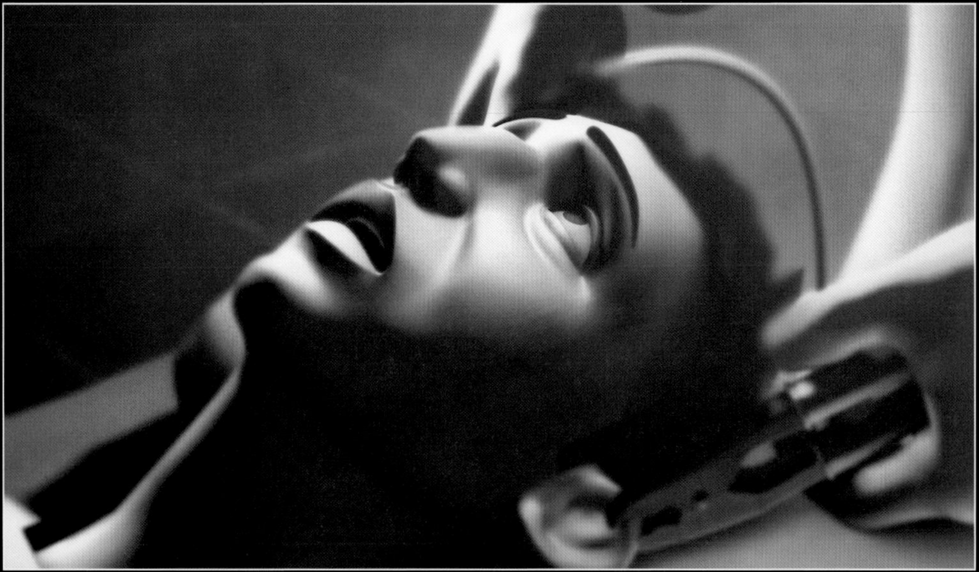

Estoy contigo en Rockland

donde golpeas el piano catatónico el alma es inocente e inmortal jamás debería morir sin dios en una casa de locos armada

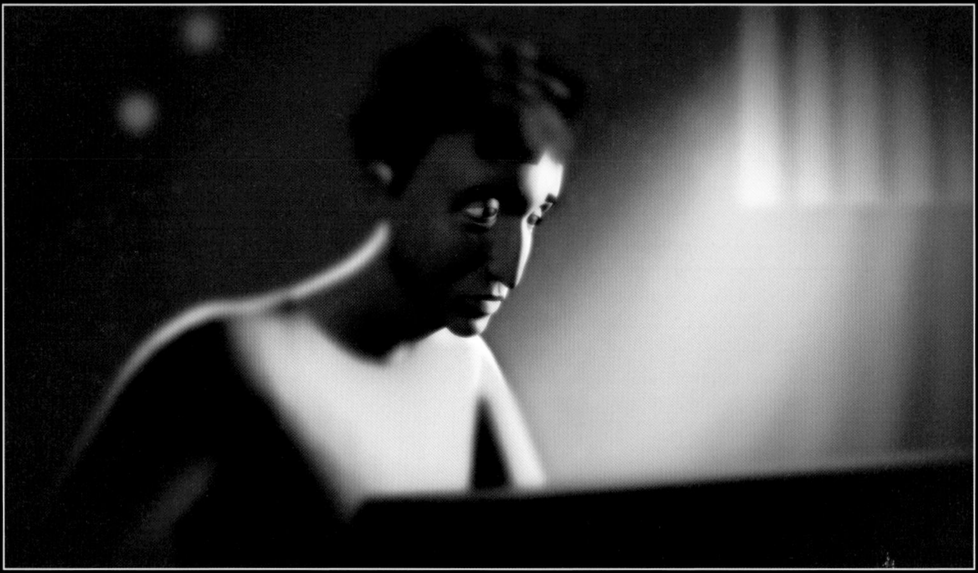

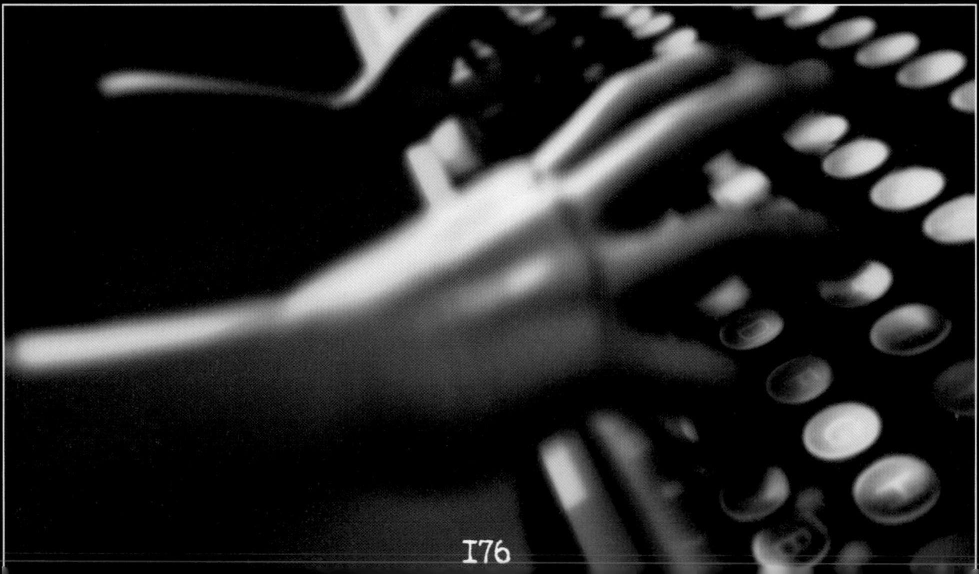

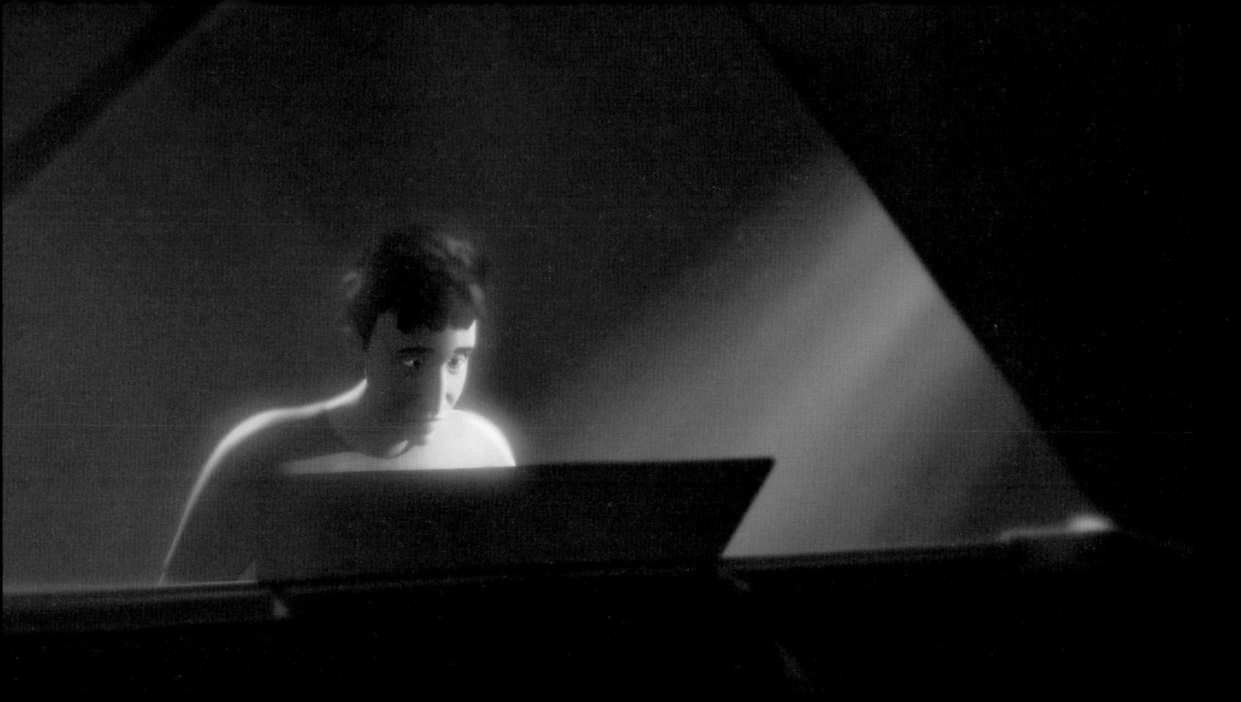

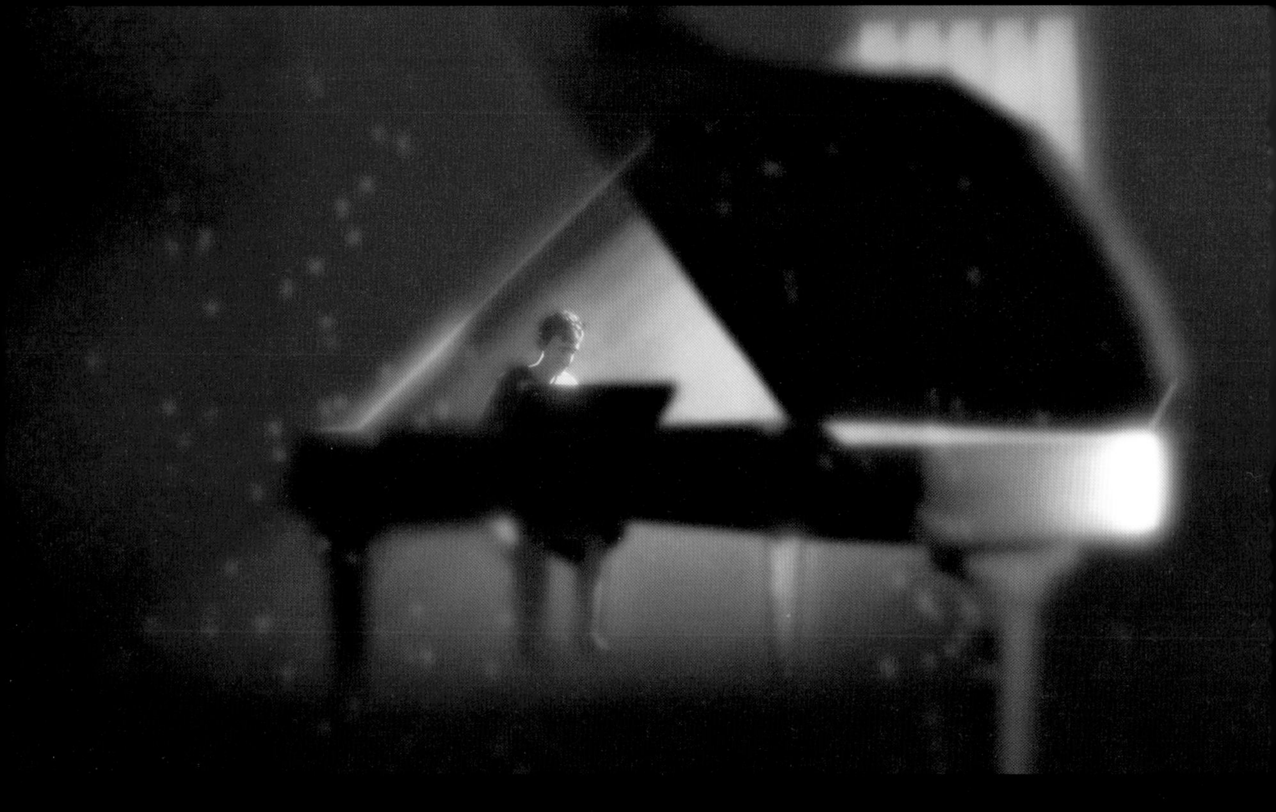

Estoy contigo en Rockland
donde cincuenta shocks más no te devolverán
nunca tu alma a su cuerpo de su peregrinaje
a una cruz en el vacío

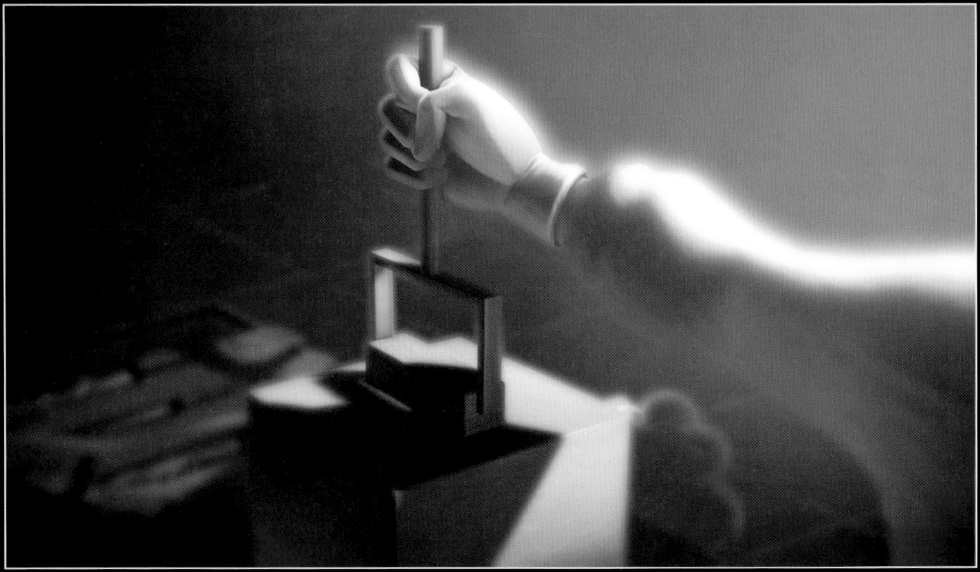

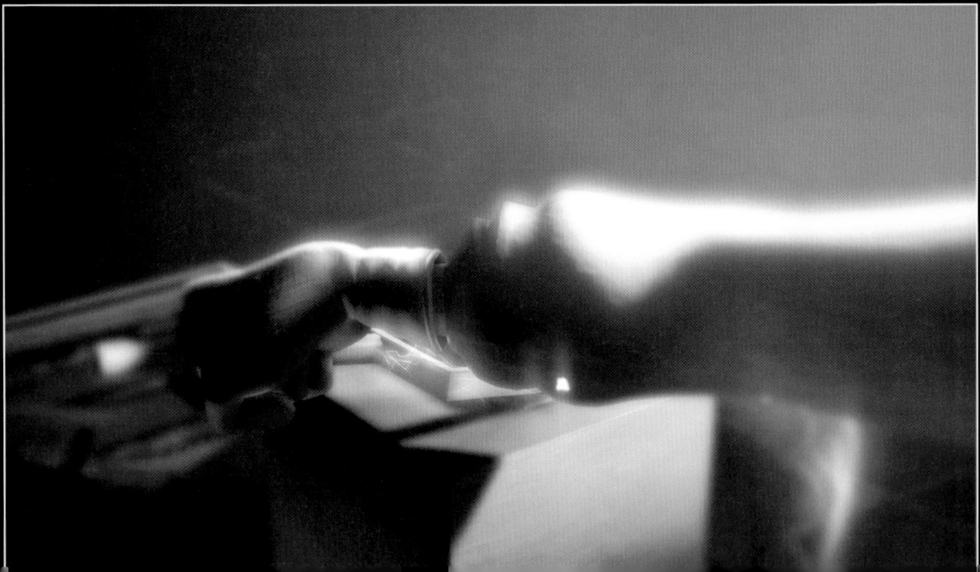

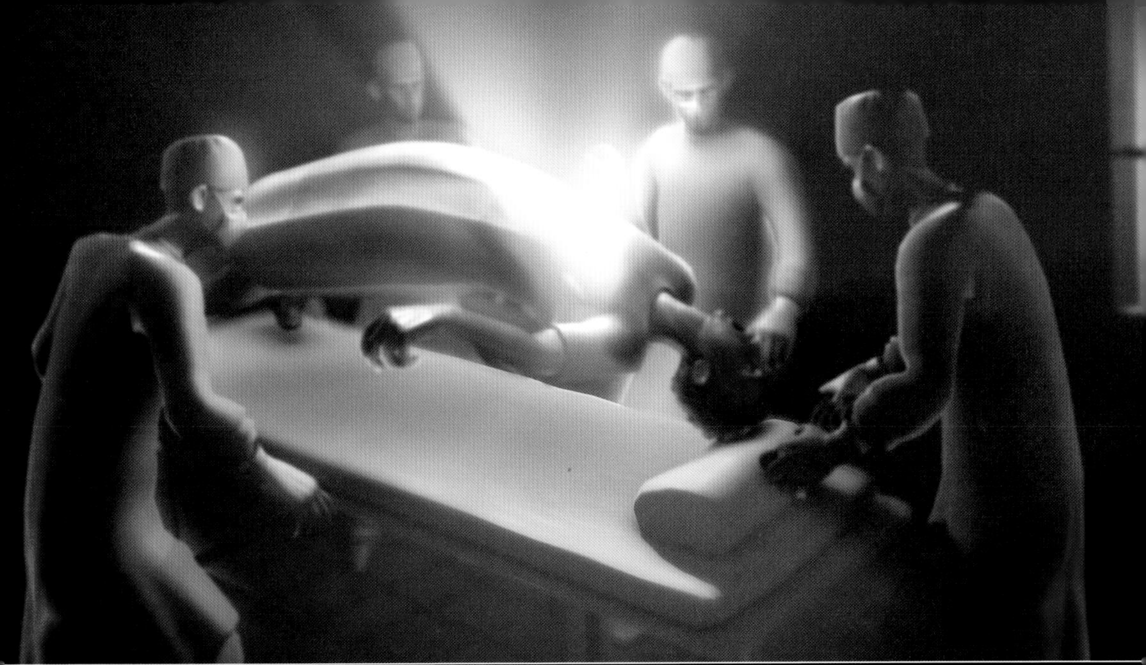

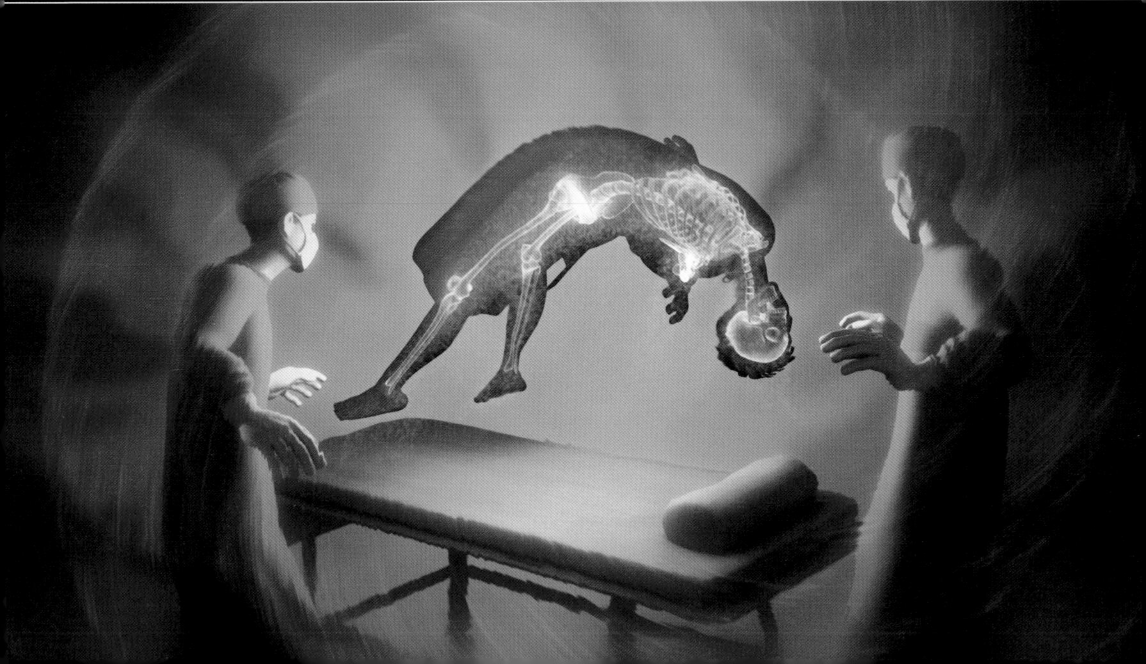

Estoy contigo en Rockland

    donde acusas a tus doctores de locura y

    planeas la revolución socialista hebrea

    contra el Gólgota nacional fascista

Estoy contigo en Rockland

    donde abres los cielos de Long Island y

    resucitas a tu Jesús humano y viviente de

    la tumba sobrehumana

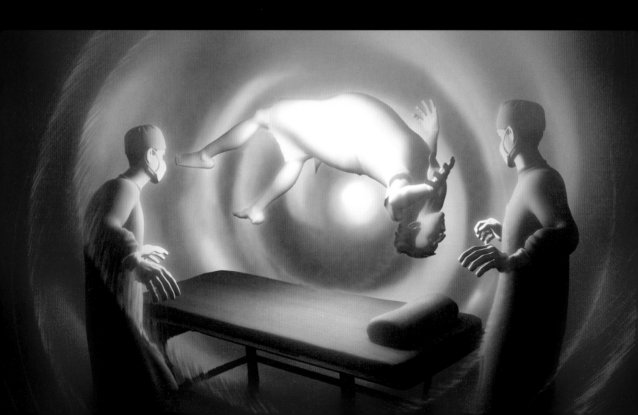

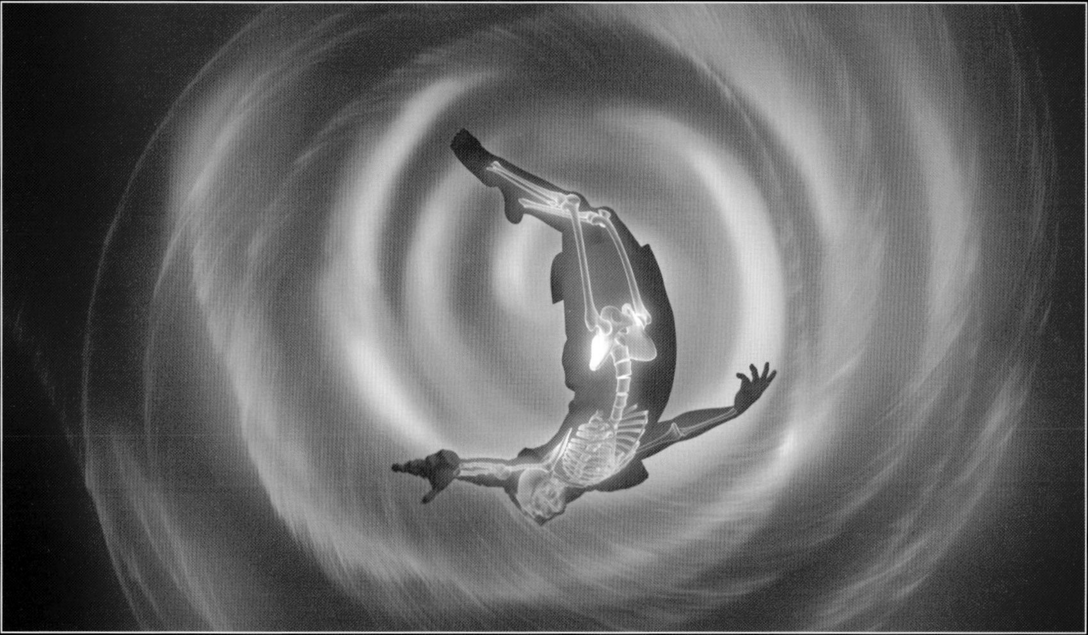

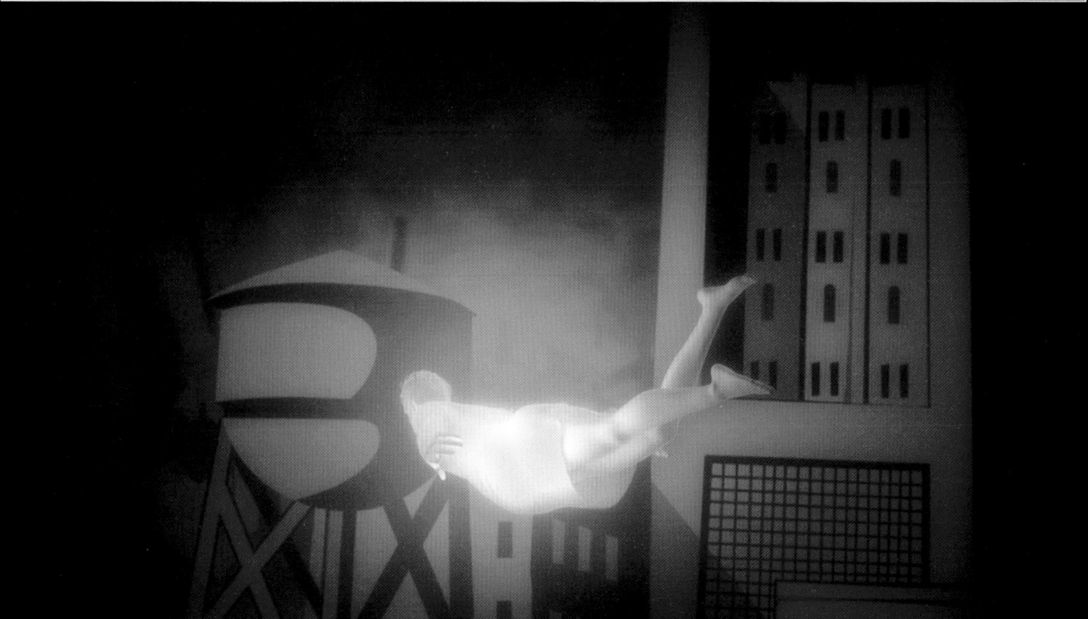

Estoy contigo en Rockland

donde hay veinticinco mil camaradas locos

juntos cantando las estrofas finales de

la Internacional

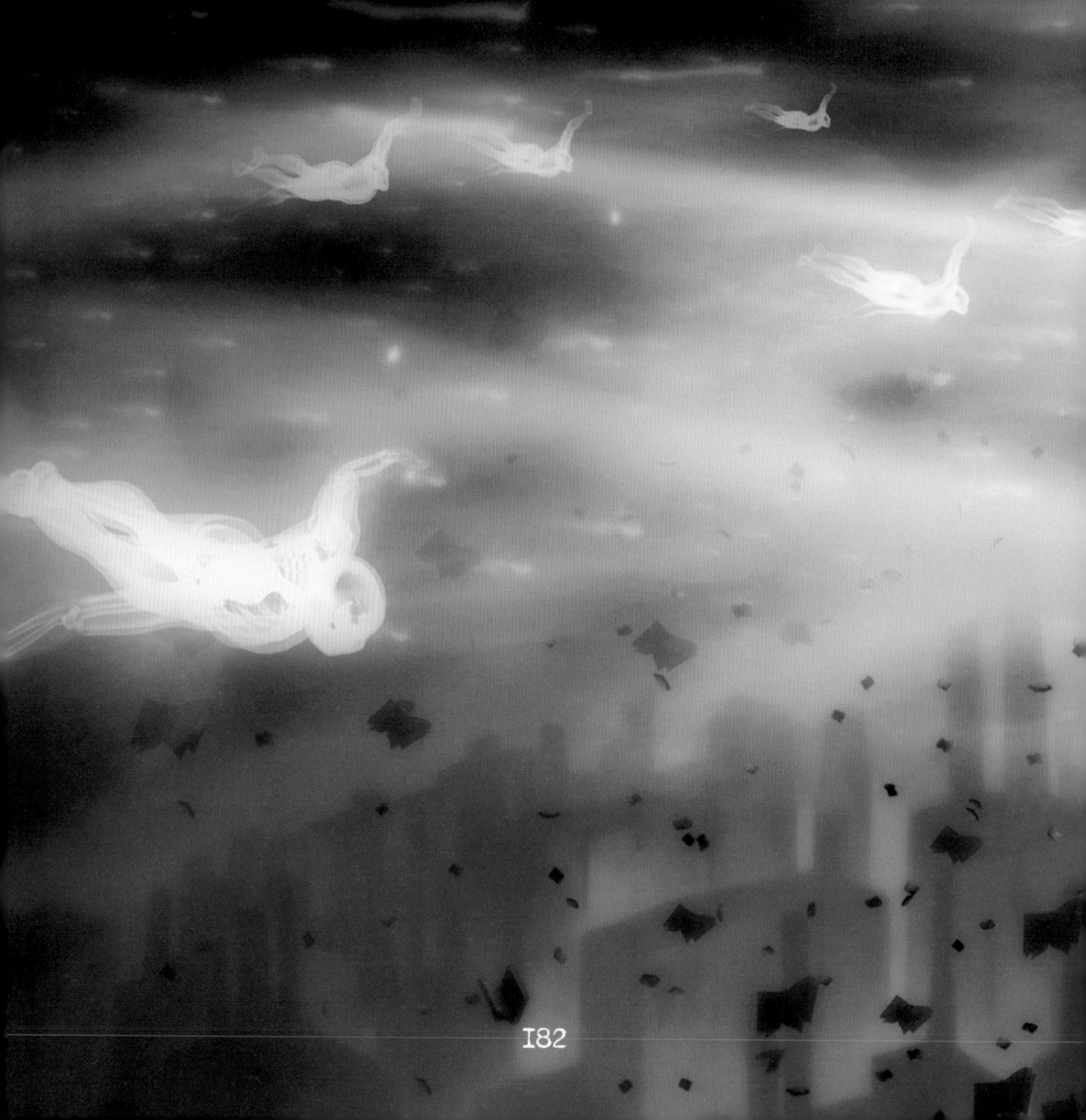

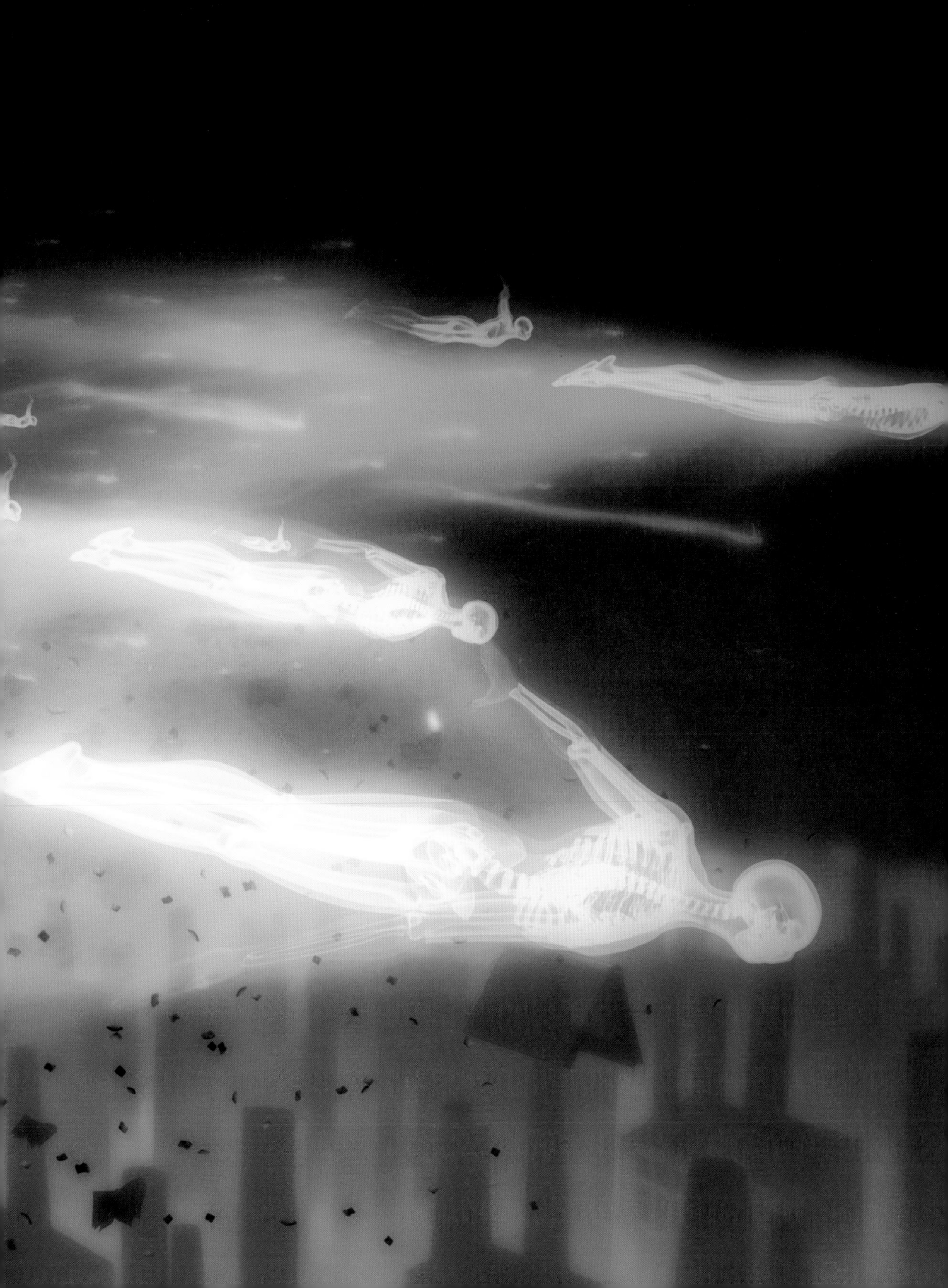

Estoy contigo en Rockland

donde abrazamos y besamos a los Estados Unidos

bajo nuestras sábanas los Estados Unidos que

tosen toda la noche y no nos dejan dormir

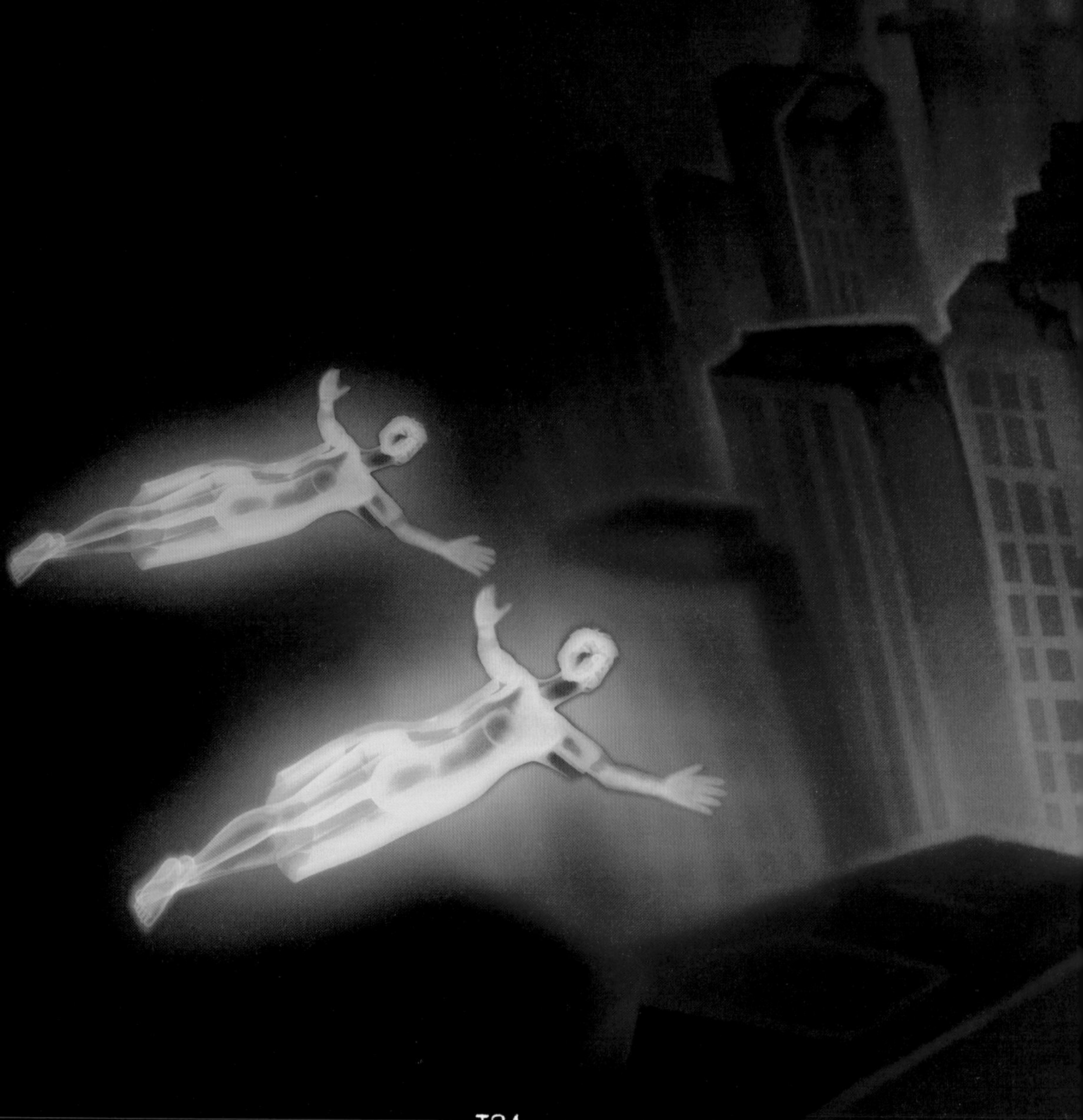

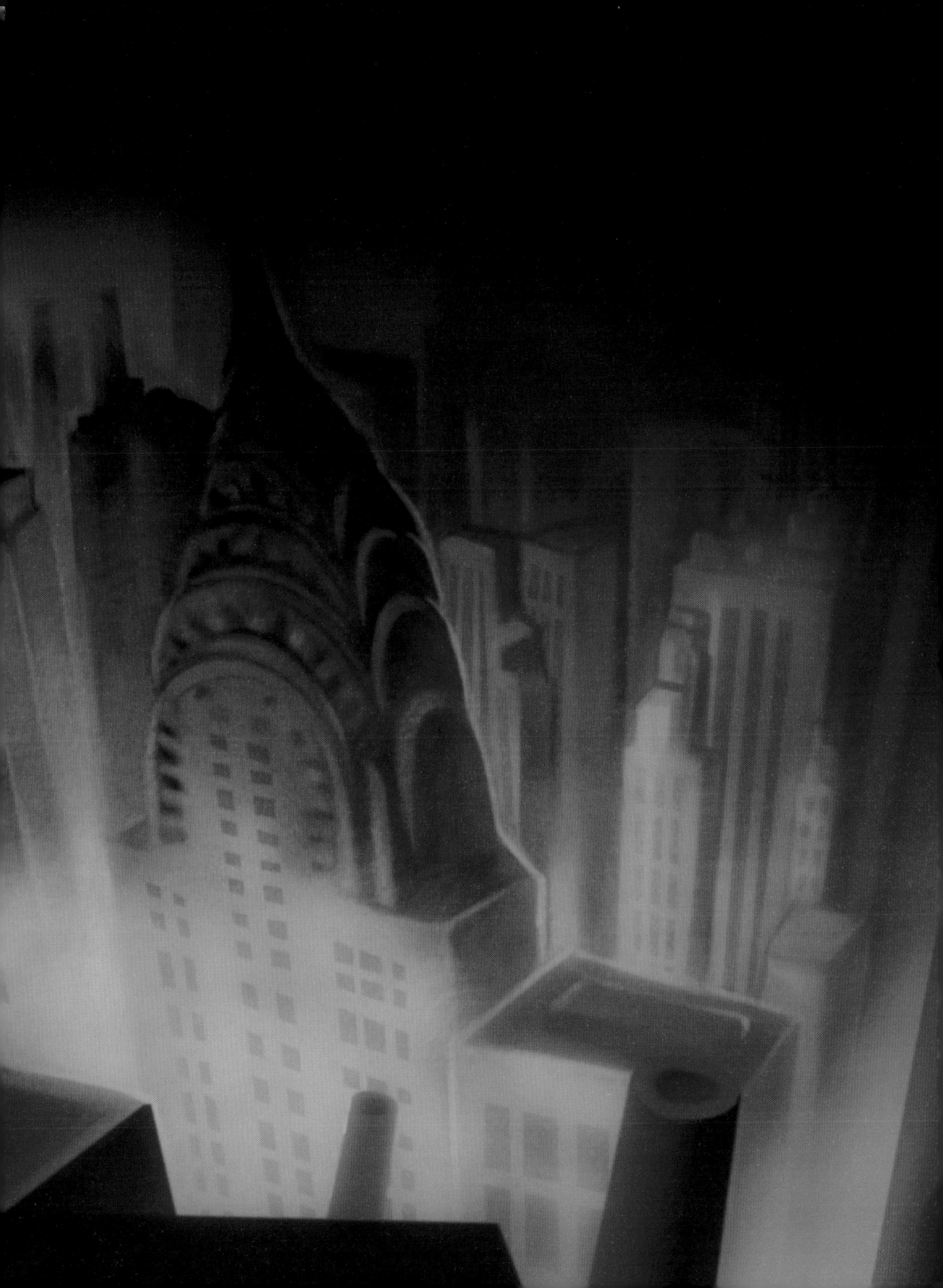

Estoy contigo en Rockland

    donde despertamos electrificados del coma

    por el rugir de los aeroplanos de nuestras

    propias almas sobre el tejado...

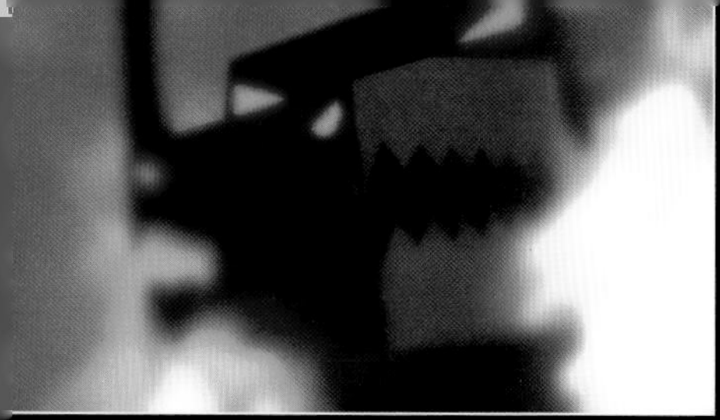

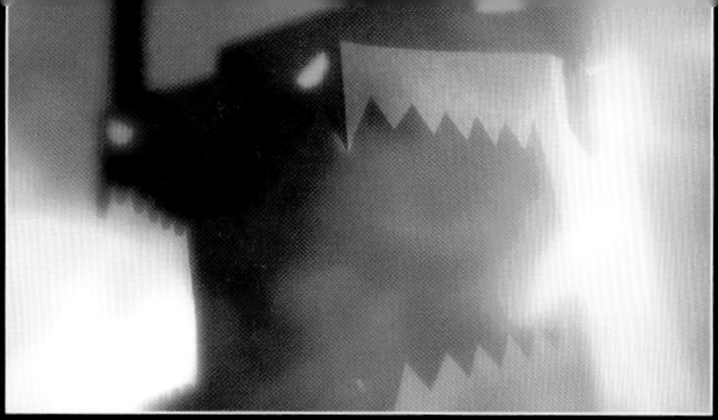

...ellos han venido para lanzar bombas angelicales el hospital se ilumina a sí mismo colapsan muros imaginarios Oh escuálidas legiones corren afuera Oh estrellado shock de compasión la guerra eterna está aquí Oh victoria olvida tu ropa interior somos libres

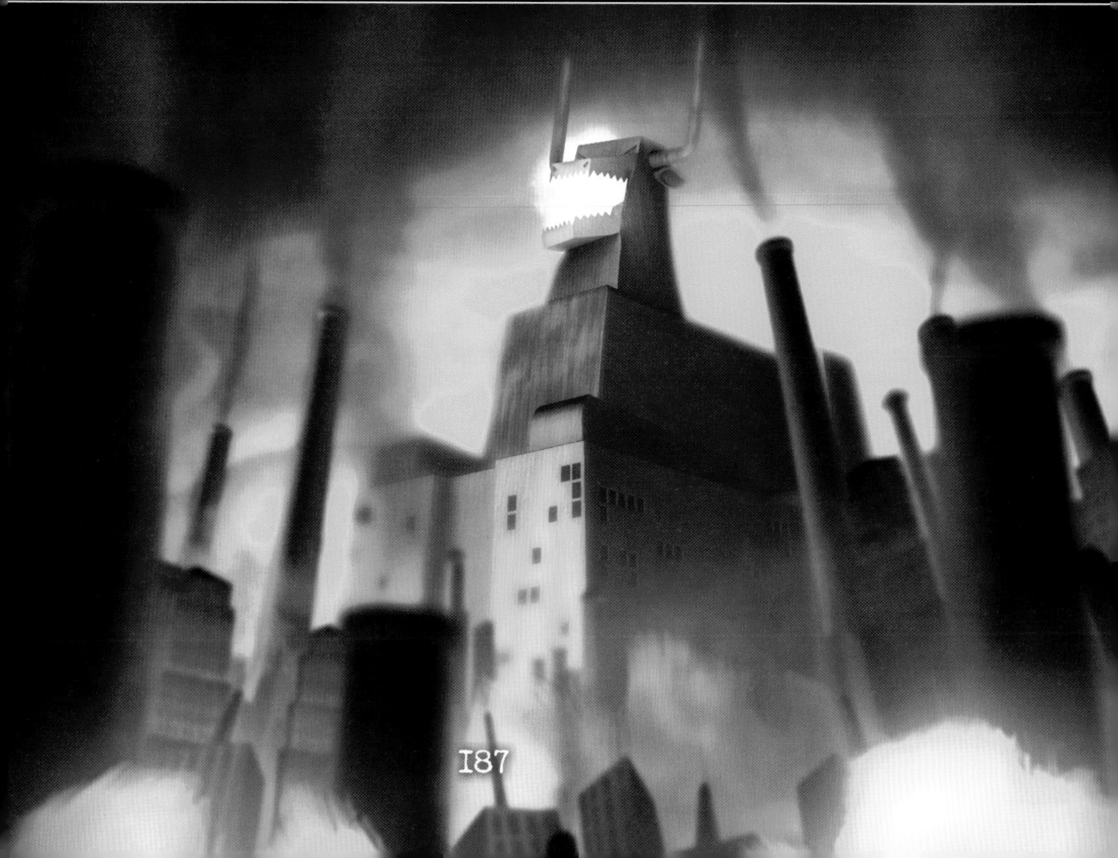

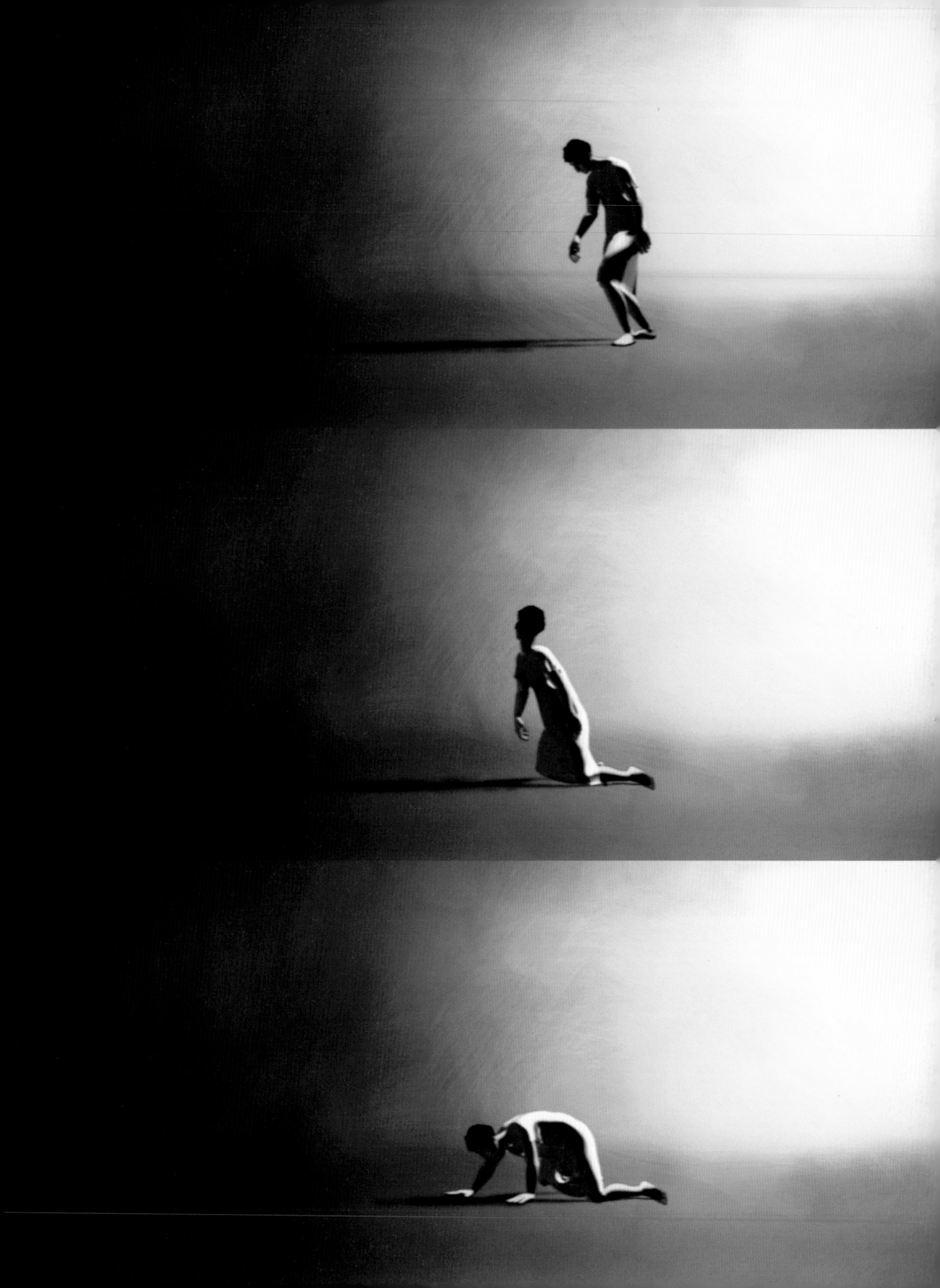

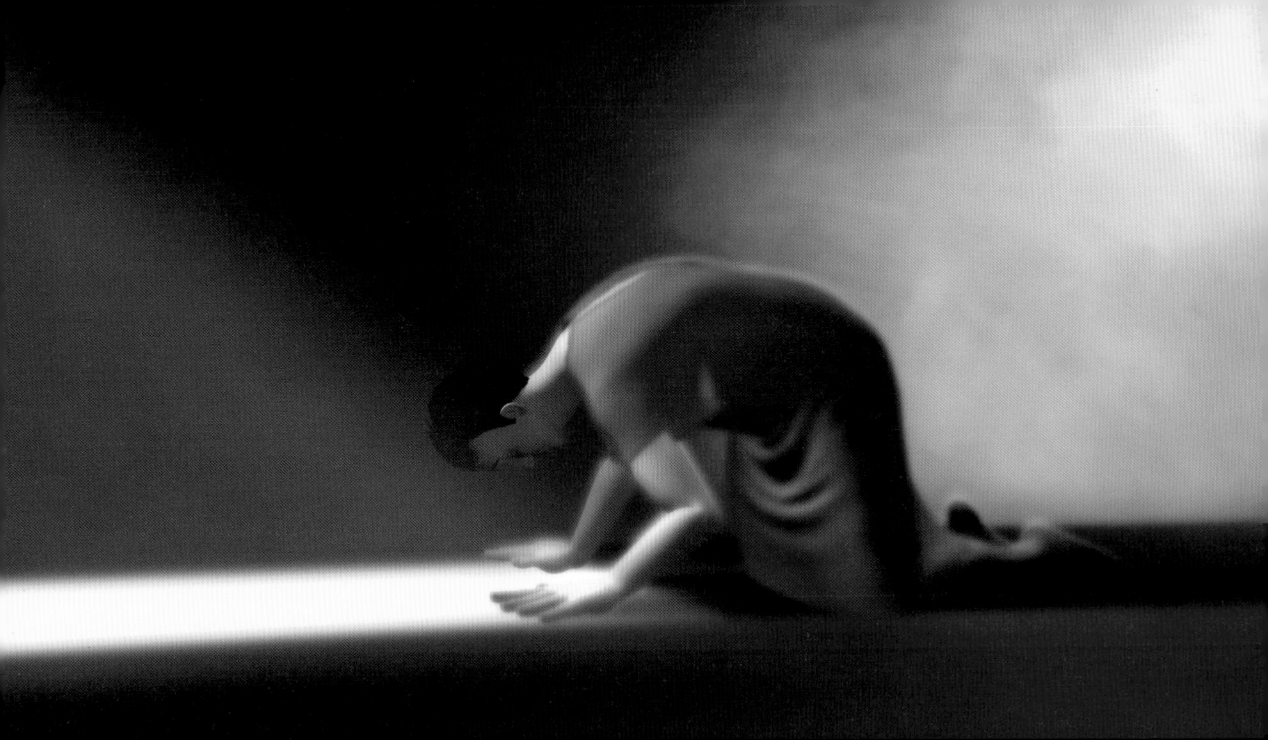

Estoy contigo en Rockland
en mis sueños caminas goteando por un viaje a
través del mar sobre las carreteras a través
de América llorando...

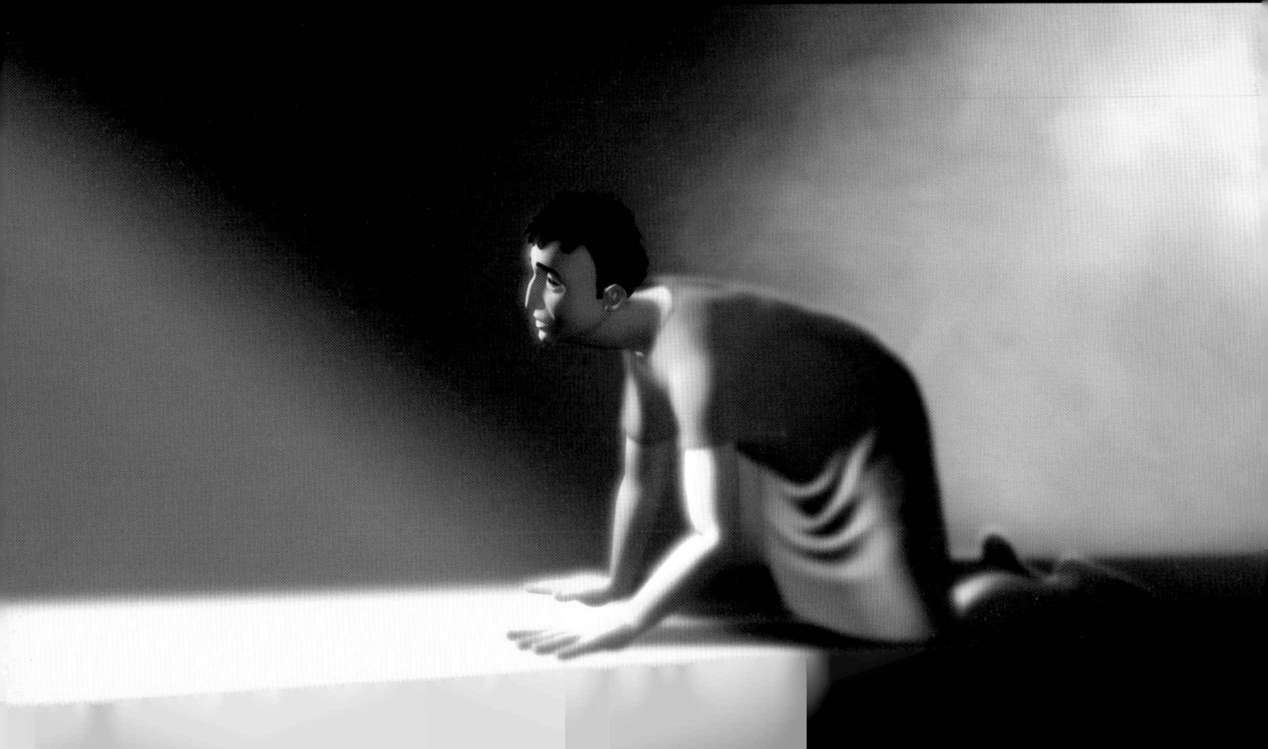

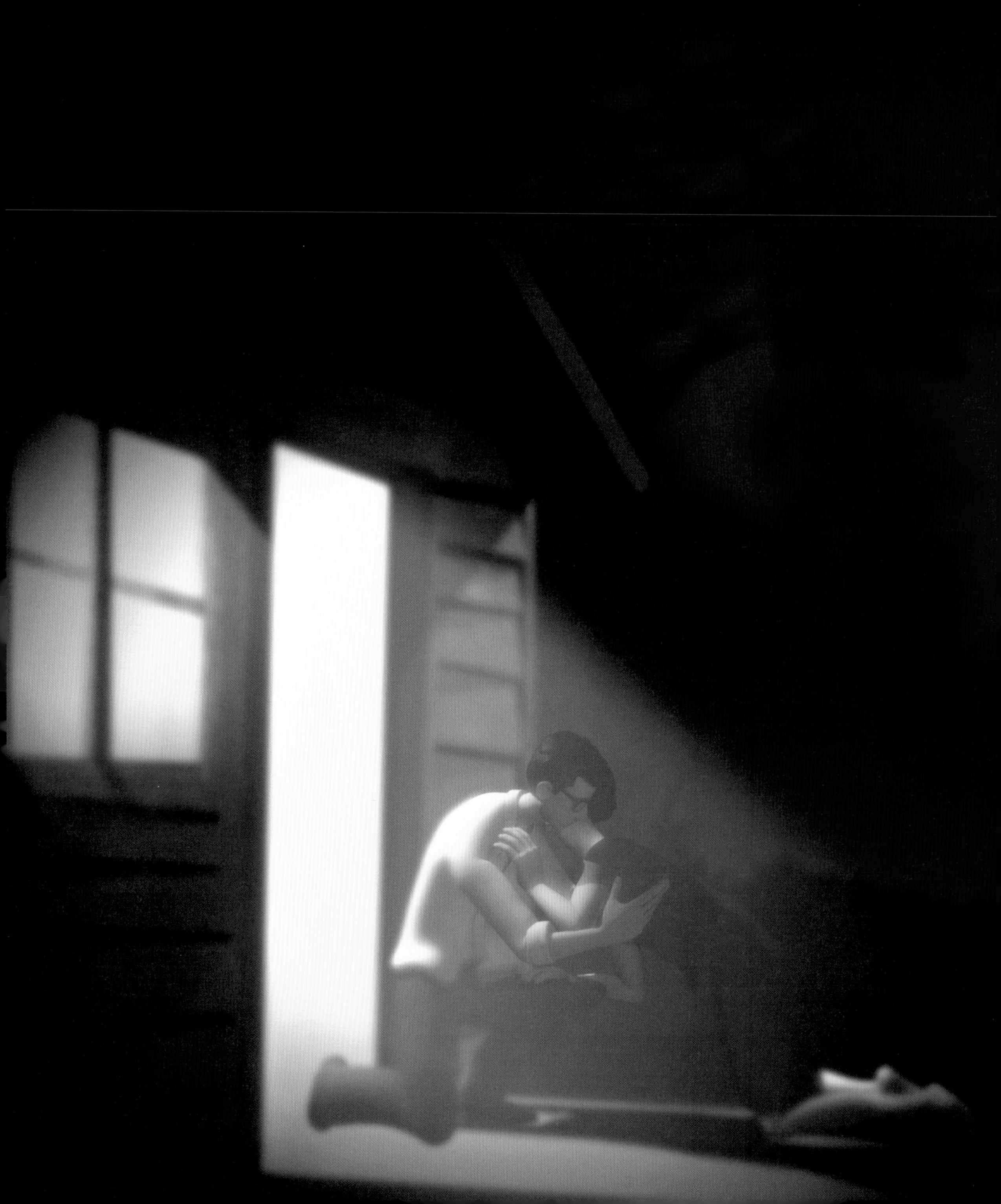

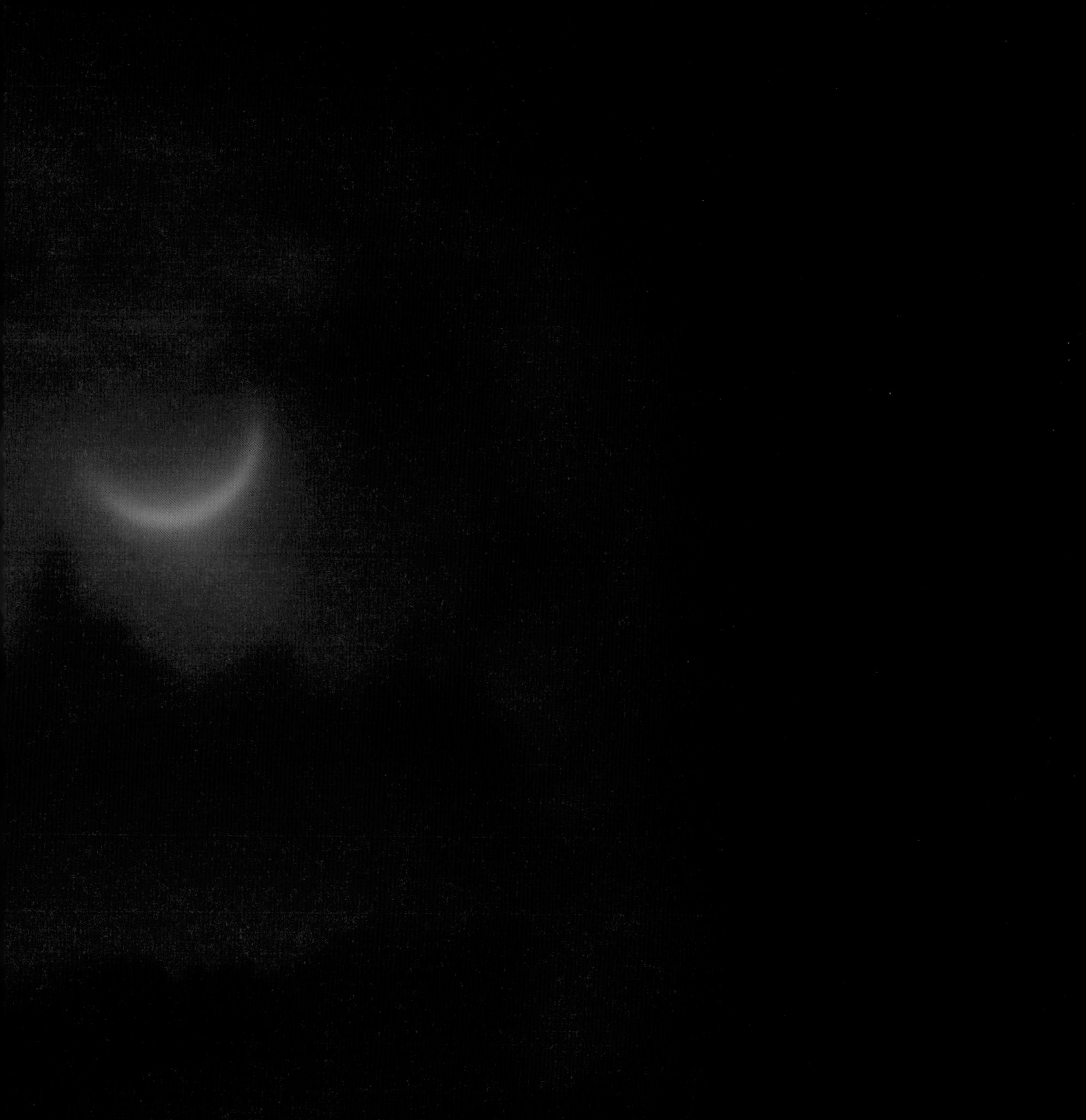

...hasta la puerta de mi cabaña en la noche del Oeste

San Francisco, 1955-56

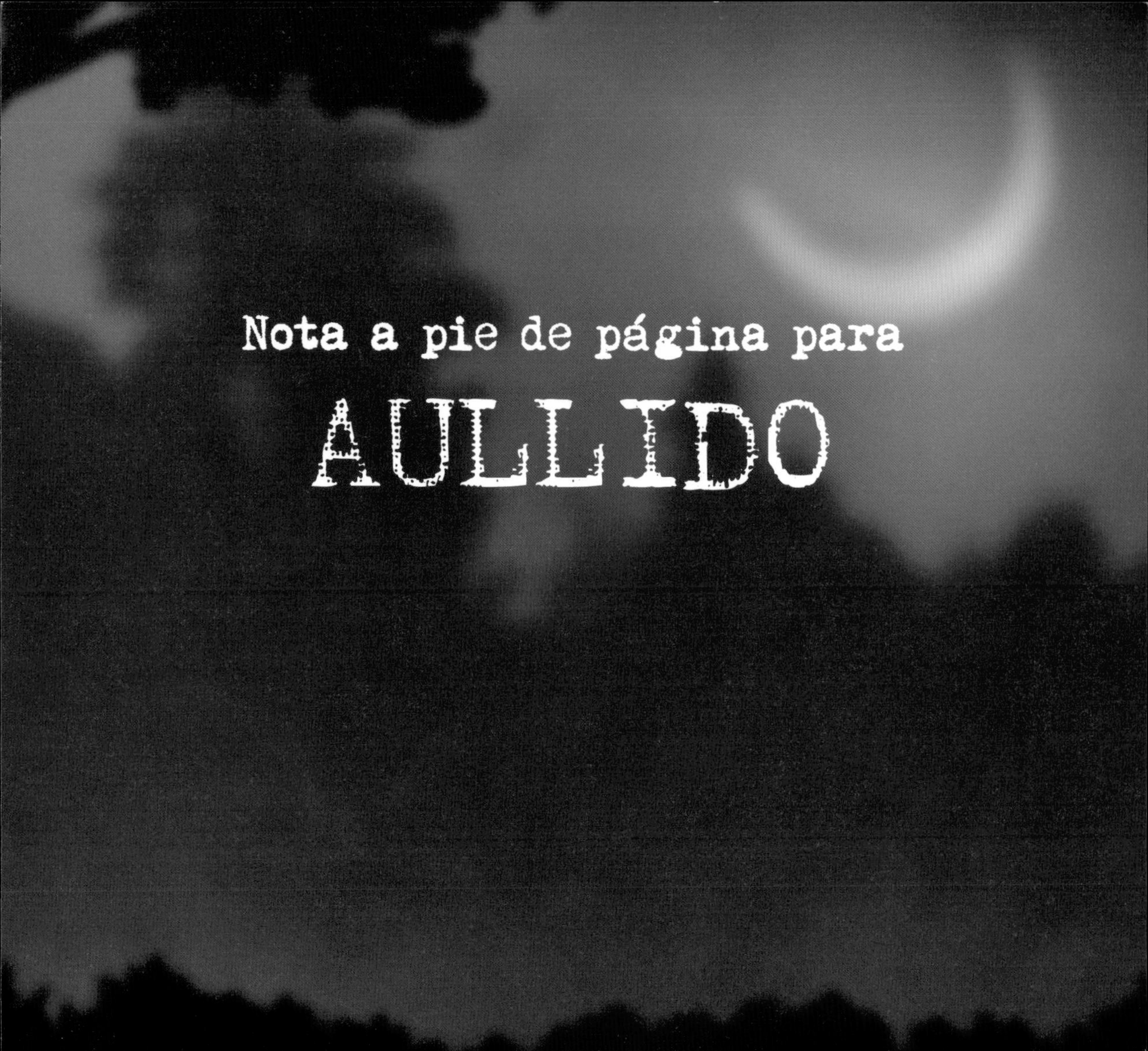
Nota a pie de página para
AULLIDO

¡Santo! ¡Santo! ¡Santo! ¡Santo! ¡Santo! ¡Santo! ¡Santo!
¡Santo! ¡Santo! ¡Santo! ¡Santo! ¡Santo! ¡Santo!
¡Santo! ¡Santo!

¡El mundo es santo! ¡El alma es santa! ¡La piel es
santa! ¡La naríz es santa! ¡La lengua y la
verga y la mano y el agujero del culo son
santos!

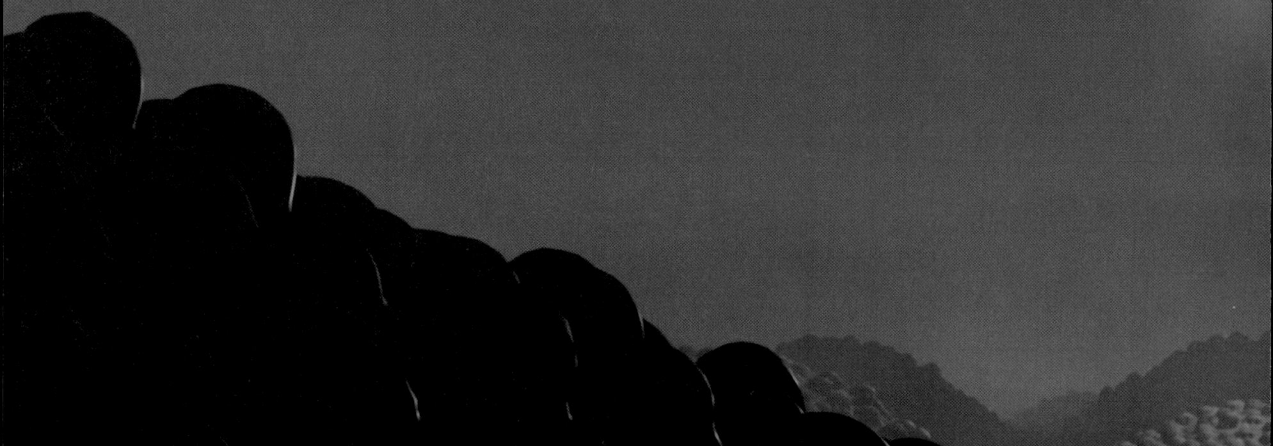

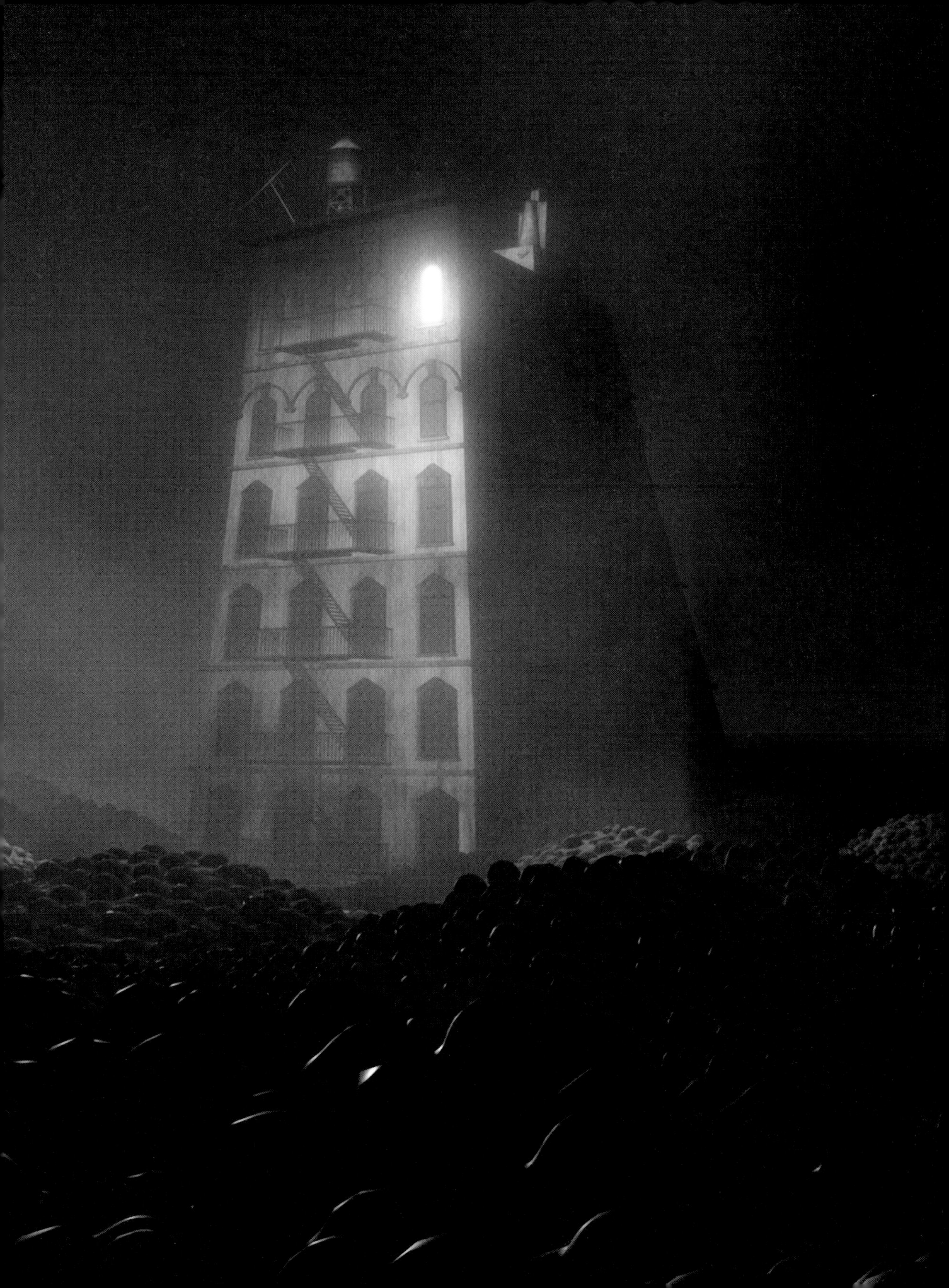

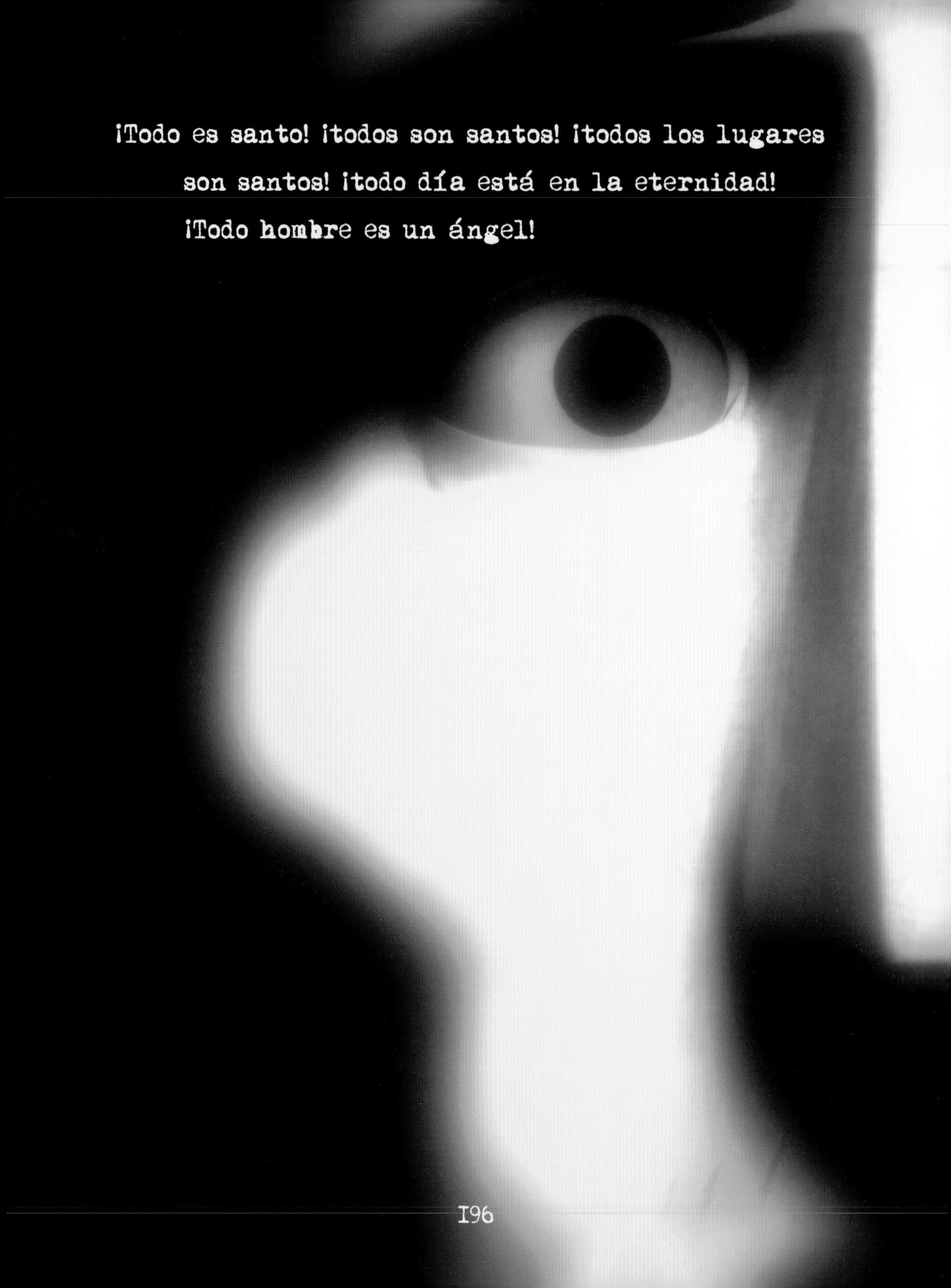

¡Todo es santo! ¡todos son santos! ¡todos los lugares son santos! ¡todo día está en la eternidad! ¡Todo hombre es un ángel!

¡El vago es tan santo como el serafín! ¡el demente es tan santo como tú mi alma eres santa!

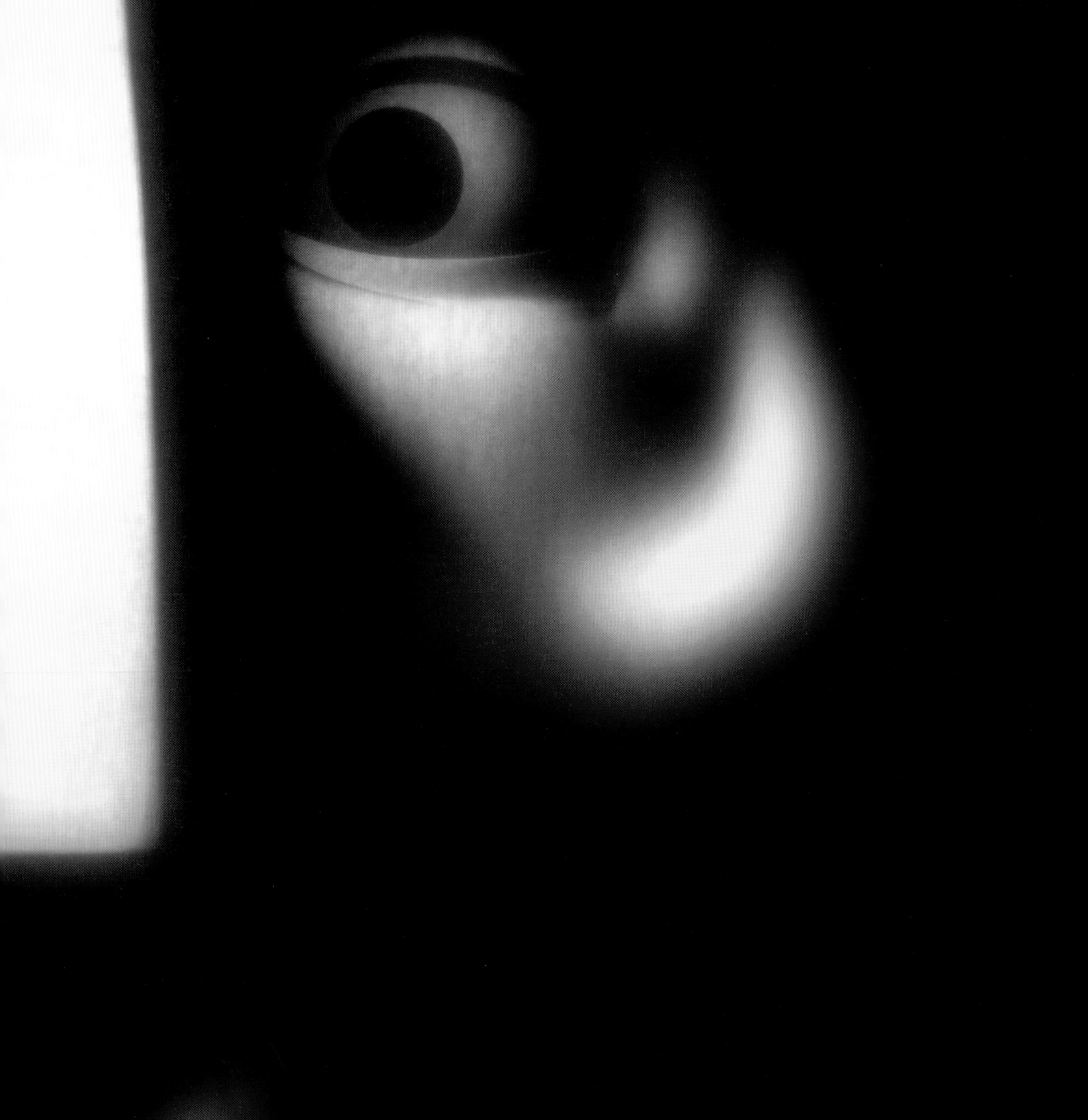

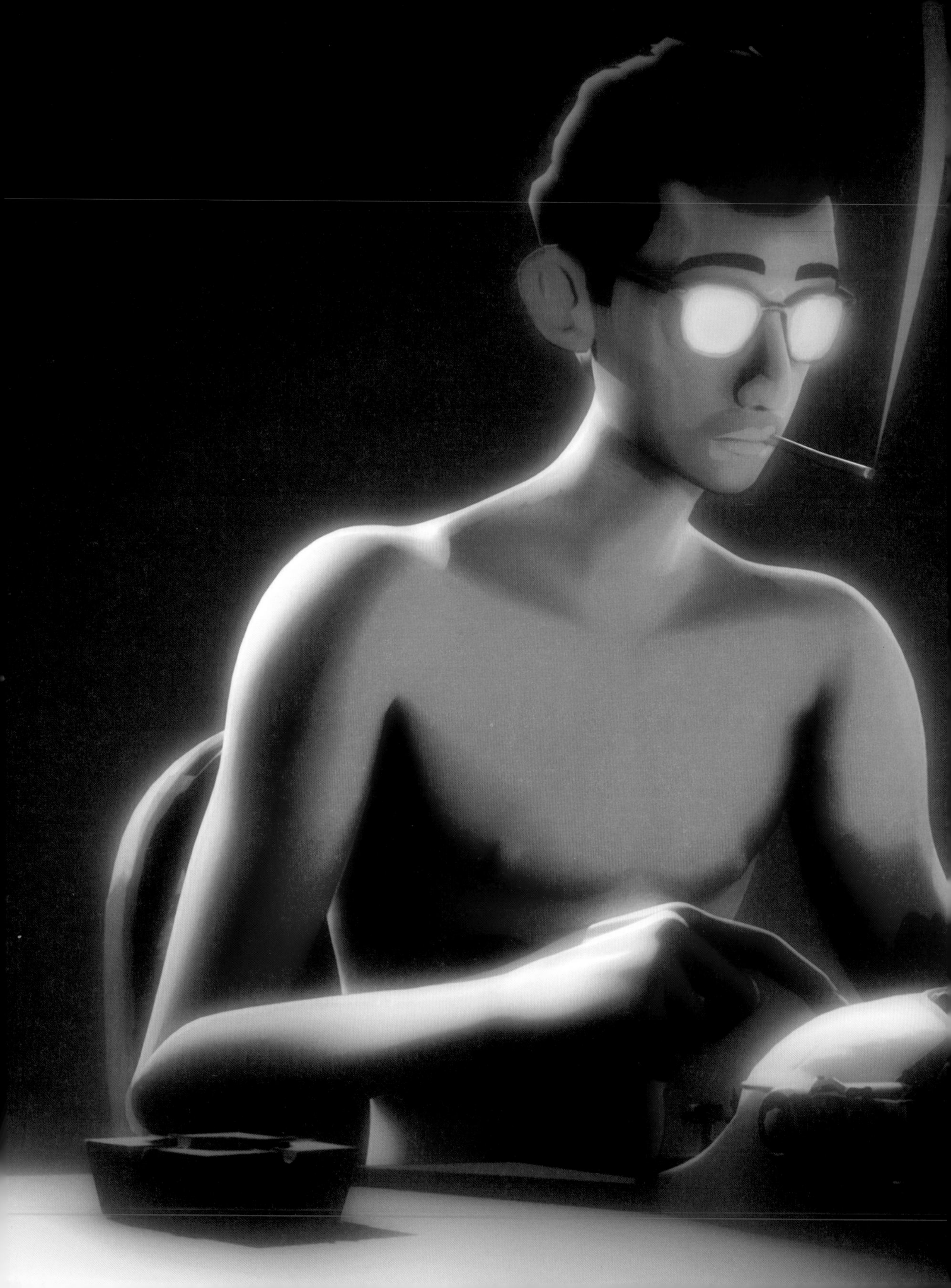

¡La máquina de escribir es santa el poema es santo
la voz es santa los oyentes son santos el
éxtasis es santo!

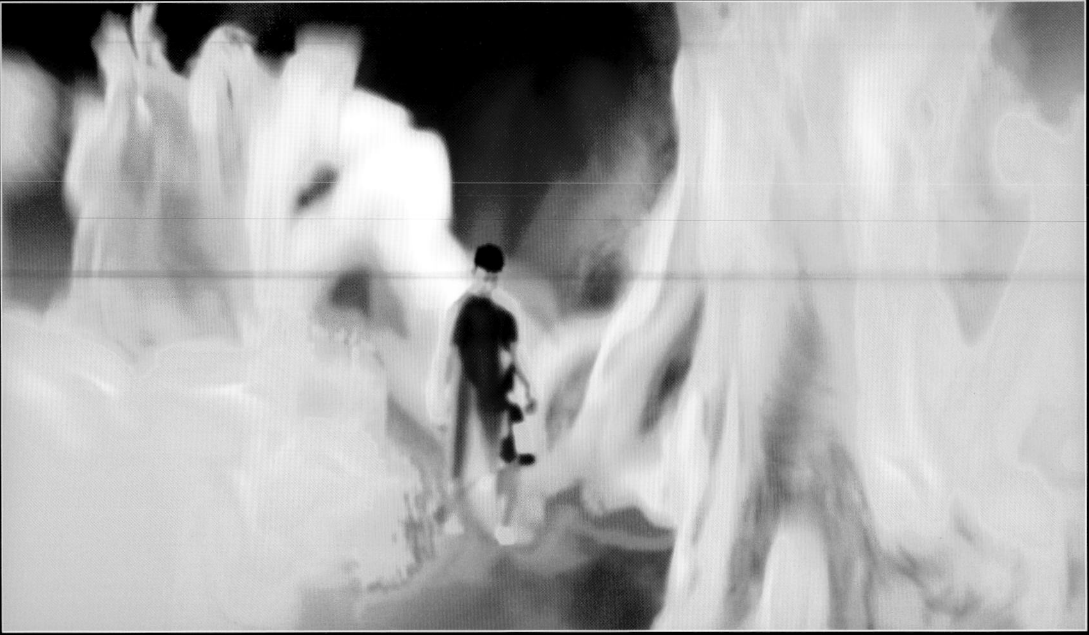

¡Santo Peter santo Allen santo Solomon santo
Lucien santo Kerouac santo Huncke santo
Burroughs santo Cassady...

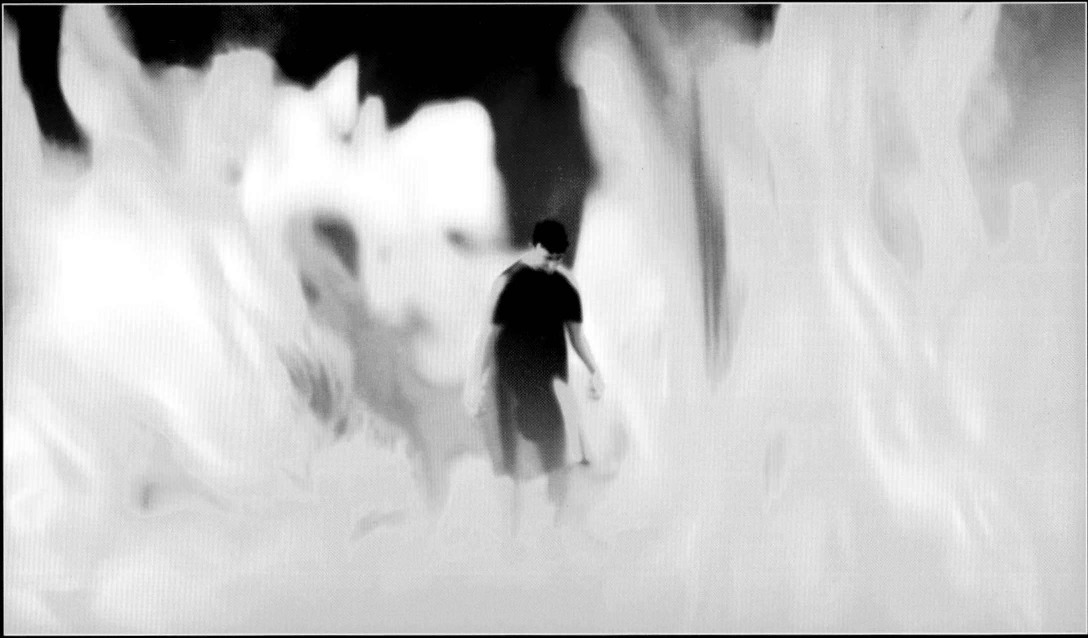

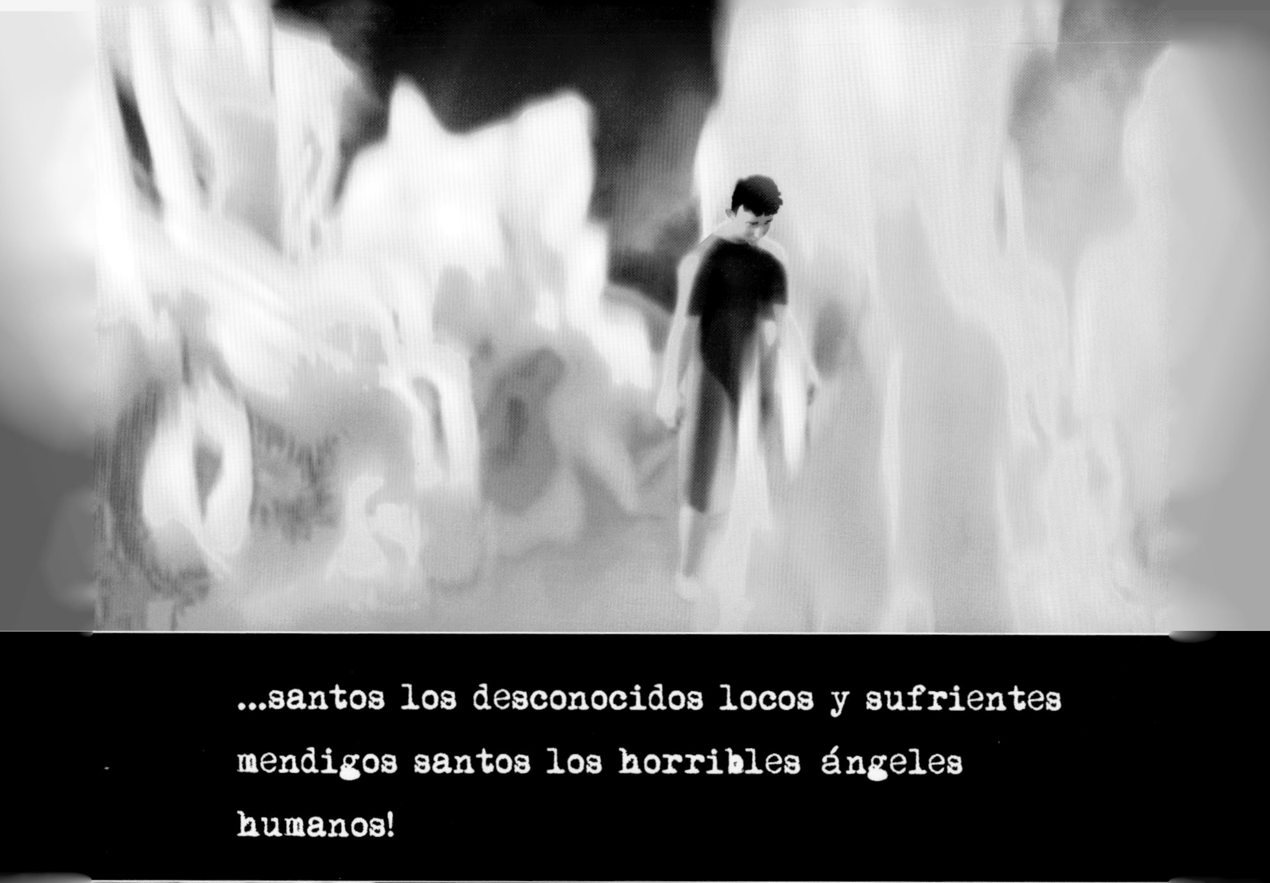

...santos los desconocidos locos y sufrientes mendigos santos los horribles ángeles humanos!

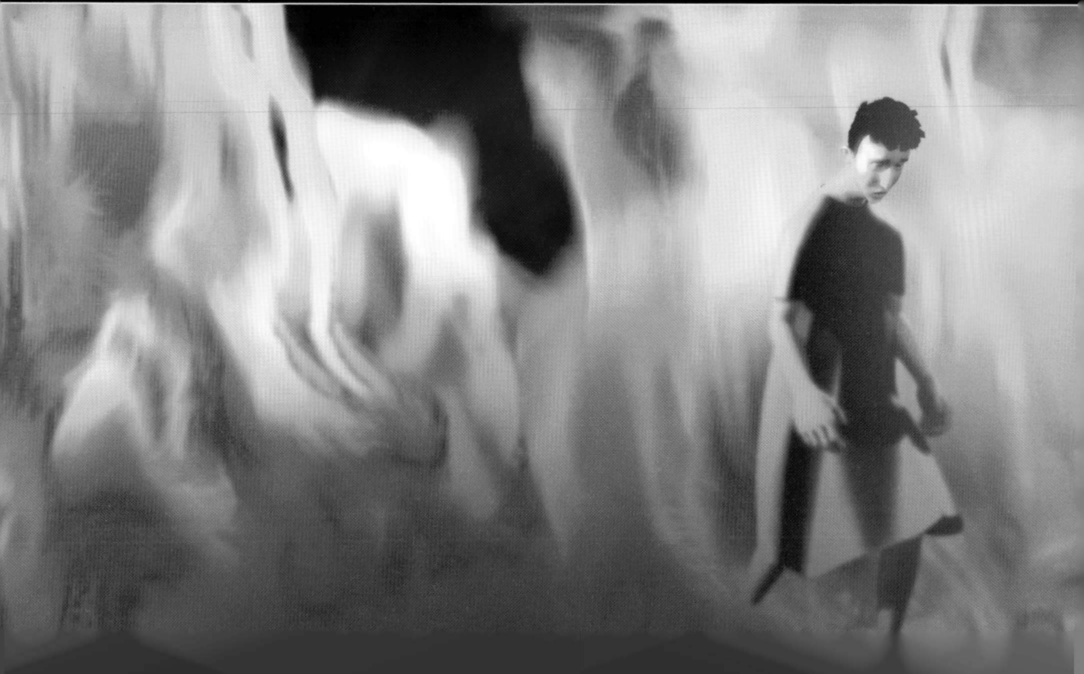

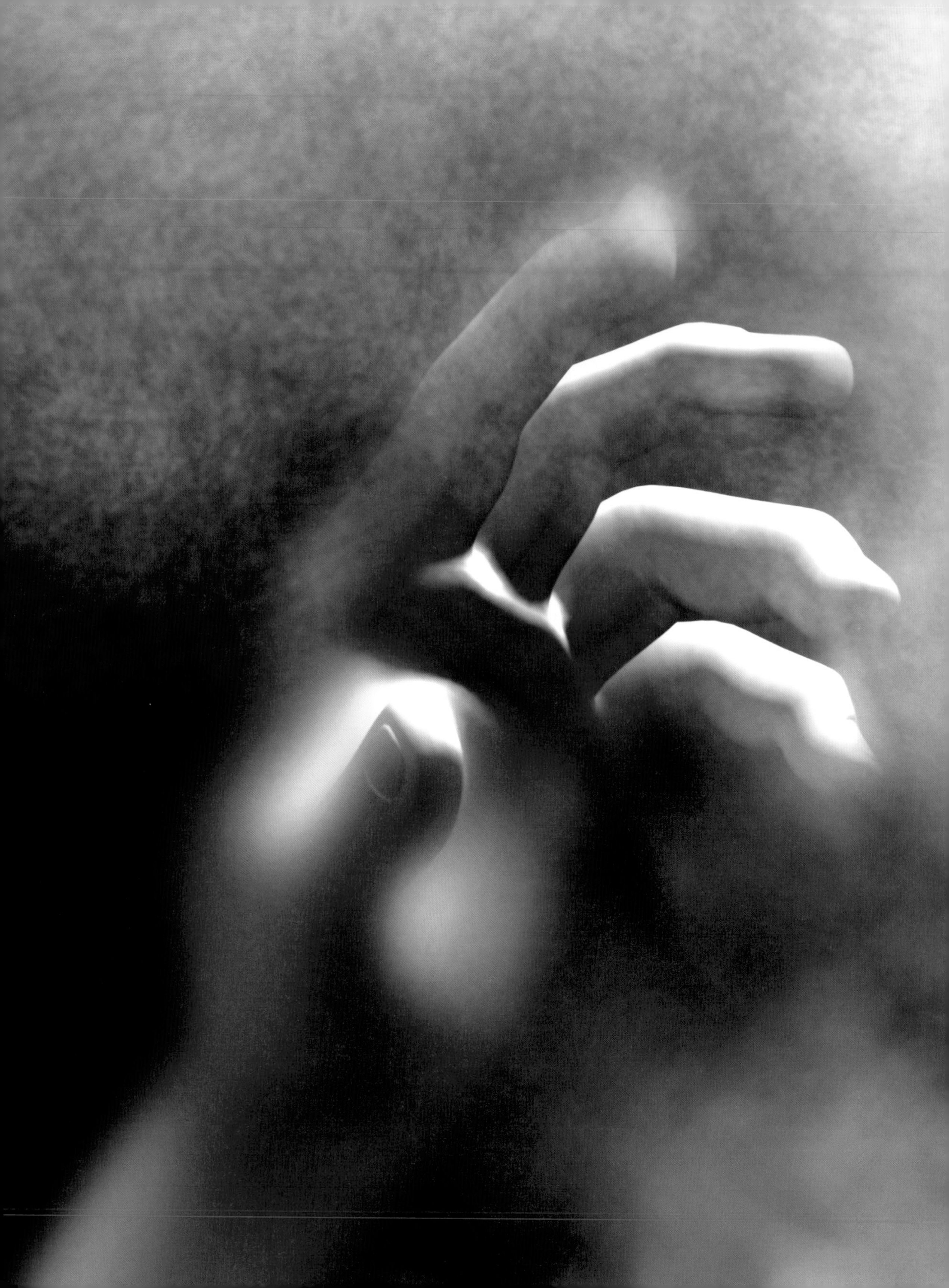

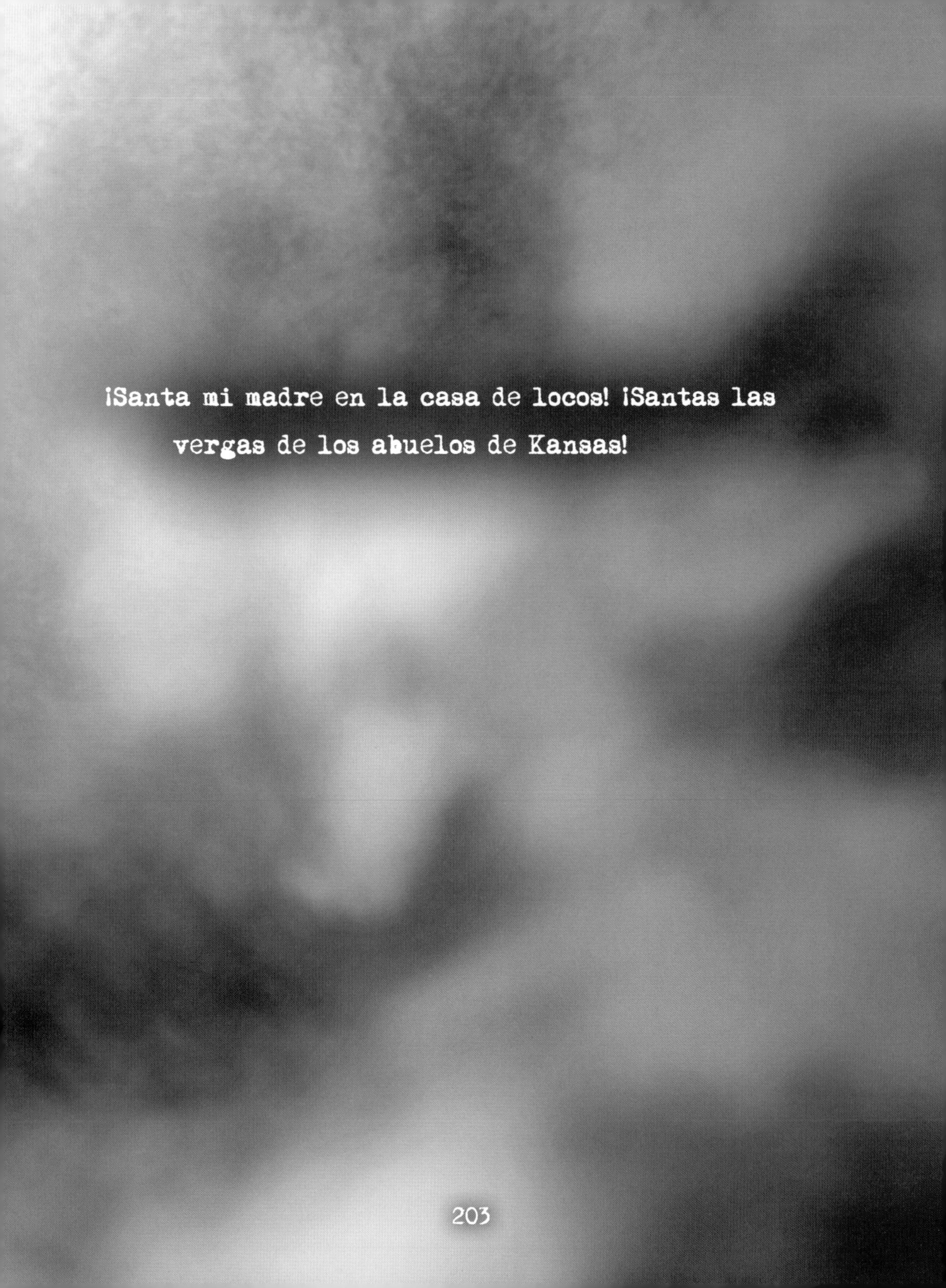

¡Santa mi madre en la casa de locos! ¡Santas las vergas de los abuelos de Kansas!

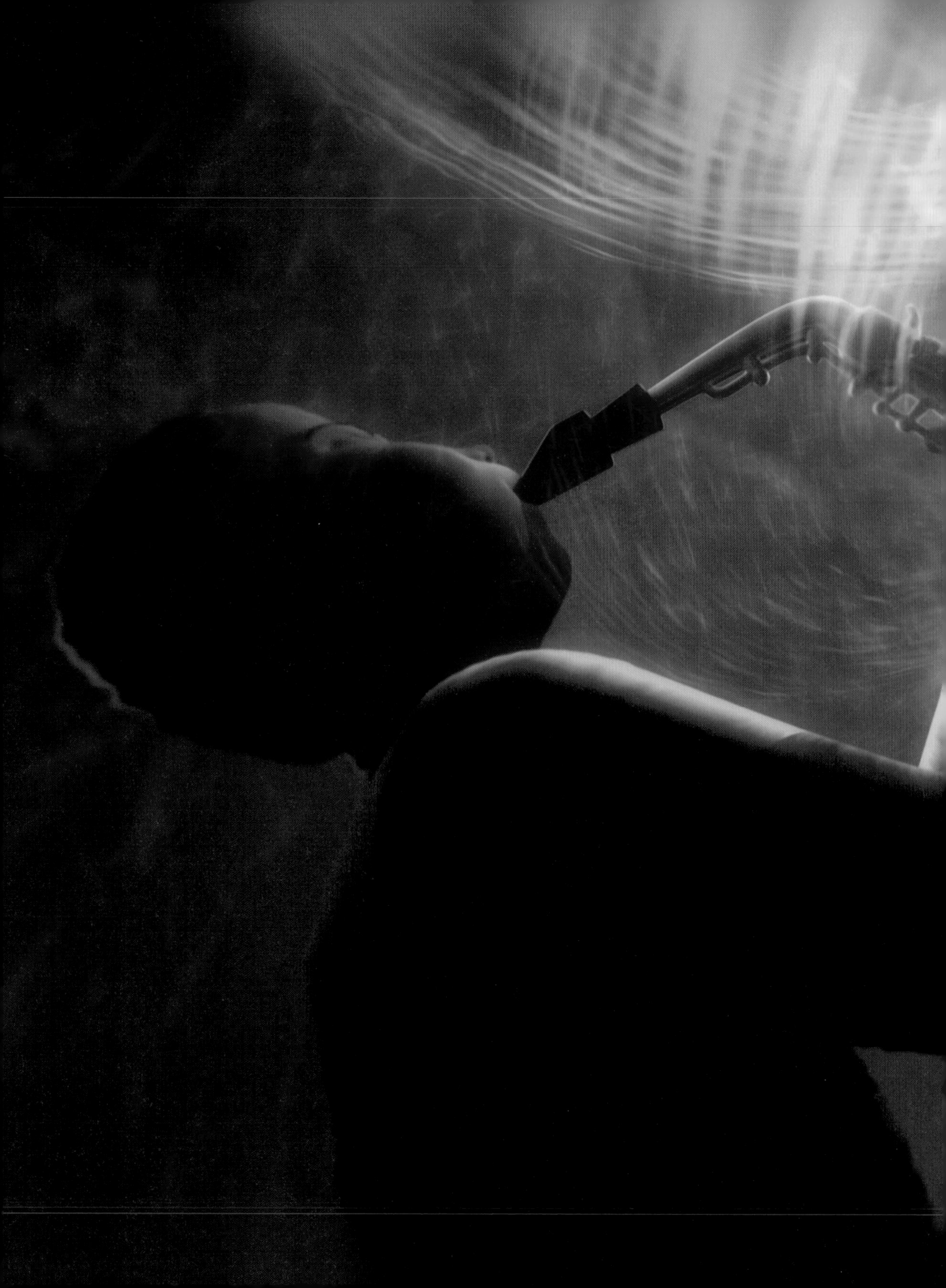

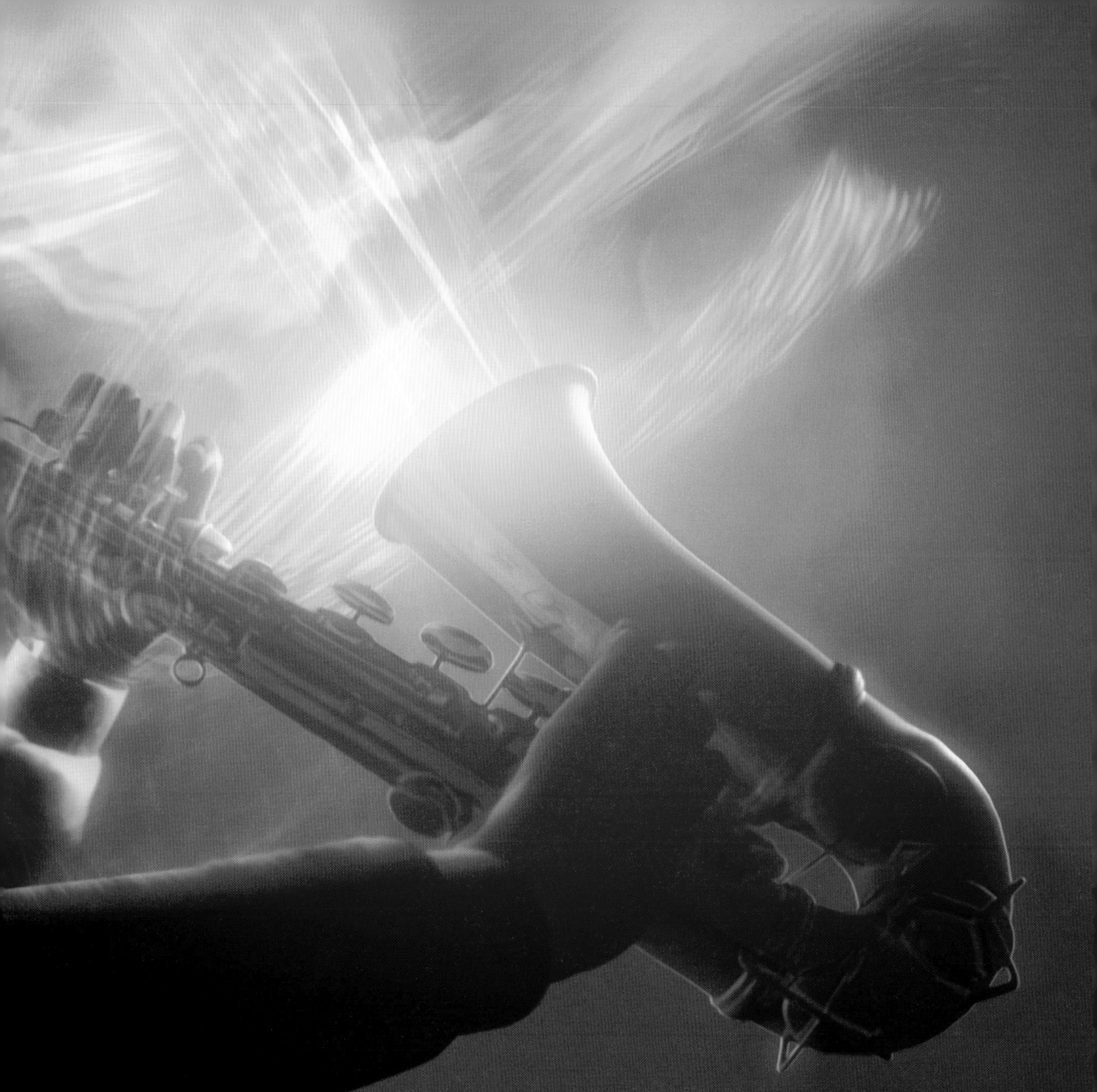

¡Santo el gimiente saxofón! ¡Santo el apocalipsis del bop! ¡Santas las bandas de jazz marihuana hipsters paz peyote pipas y baterías!

¡Santas las soledades de los rascacielos y pavimentos! ¡Santas las cafeterías llenas con los millones! ¡Santos los misteriosos ríos de lágrimas bajo las calles!

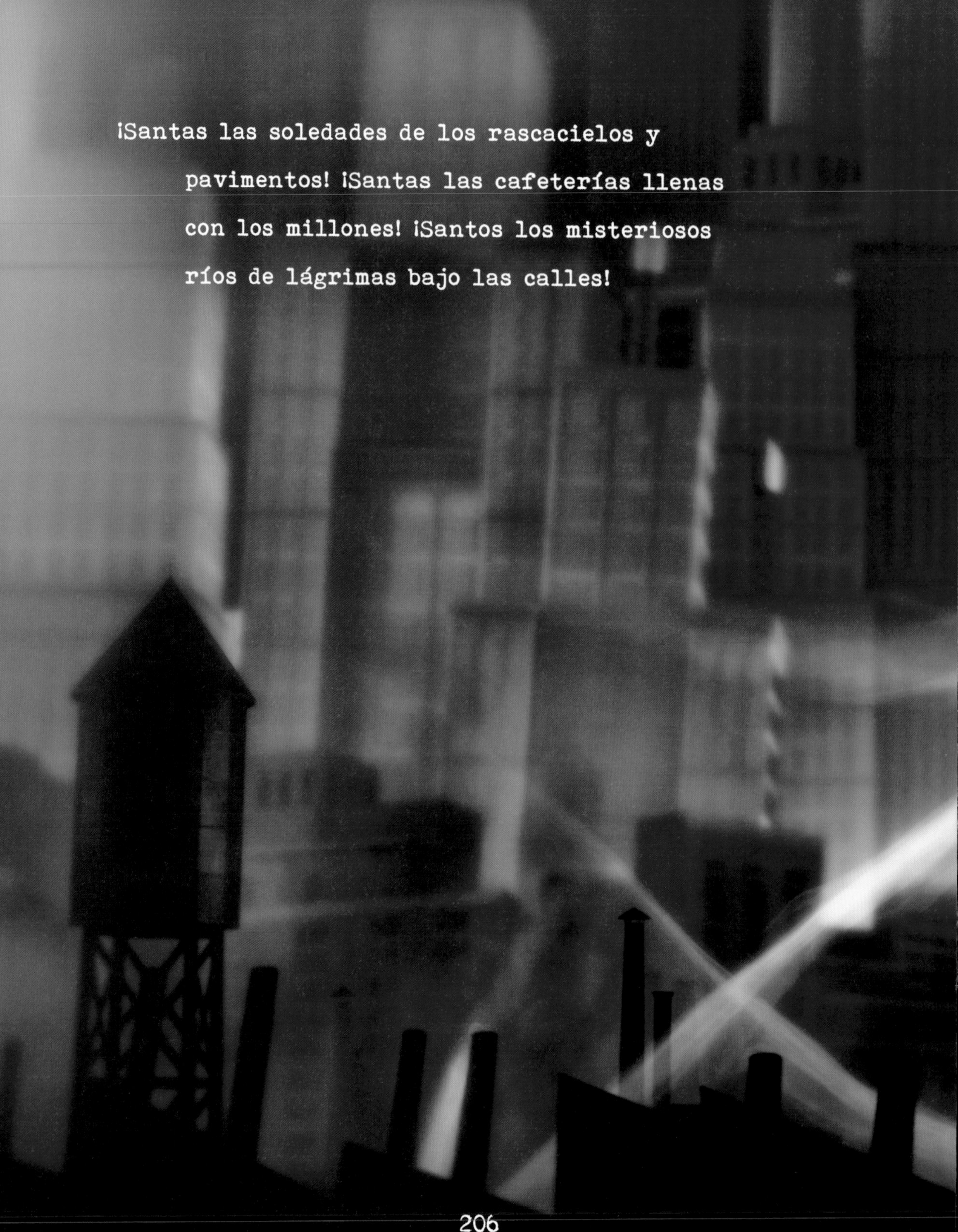

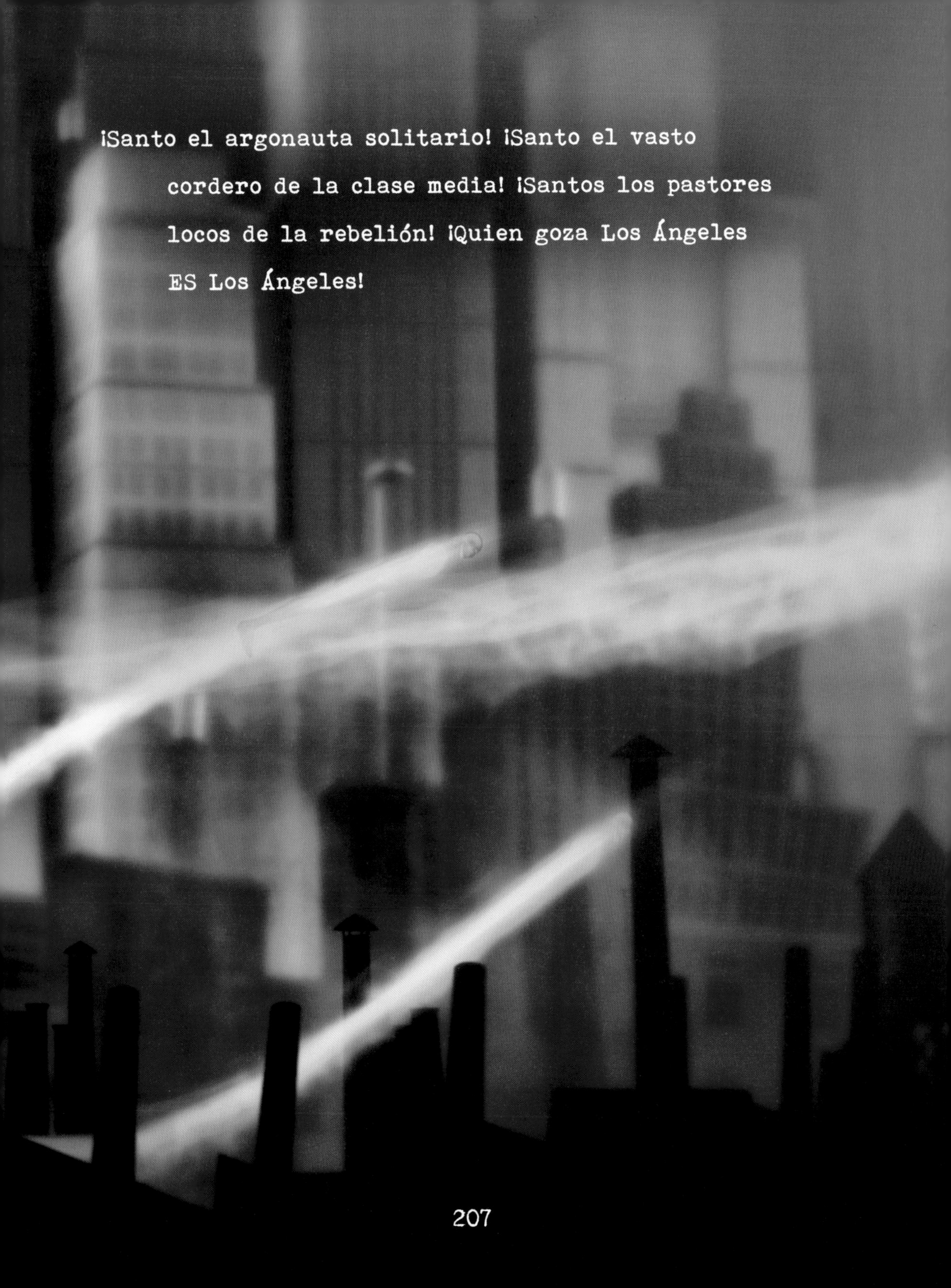

¡Santo el argonauta solitario! ¡Santo el vasto
cordero de la clase media! ¡Santos los pastores
locos de la rebelión! ¡Quien goza Los Ángeles
ES Los Ángeles!

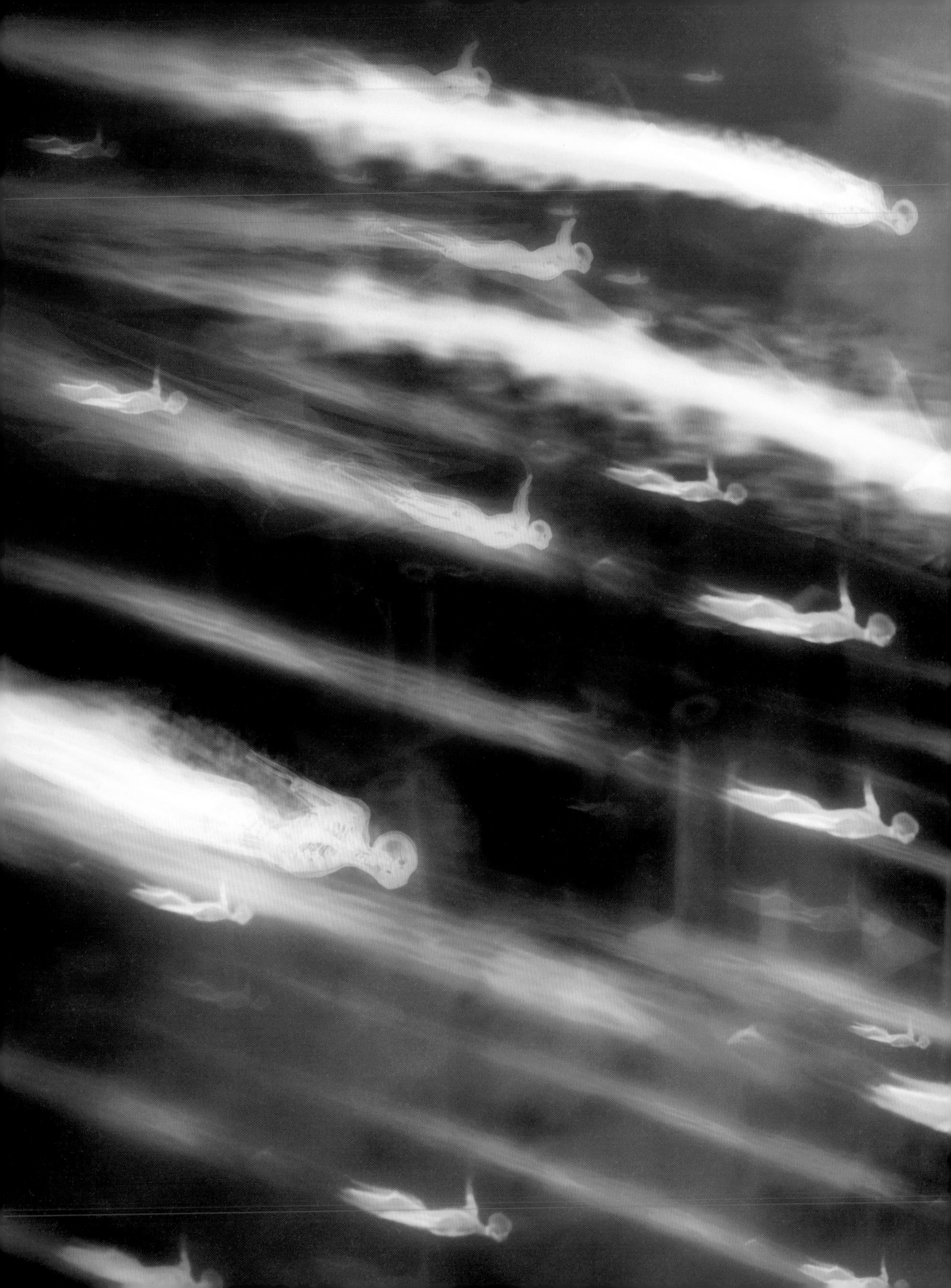

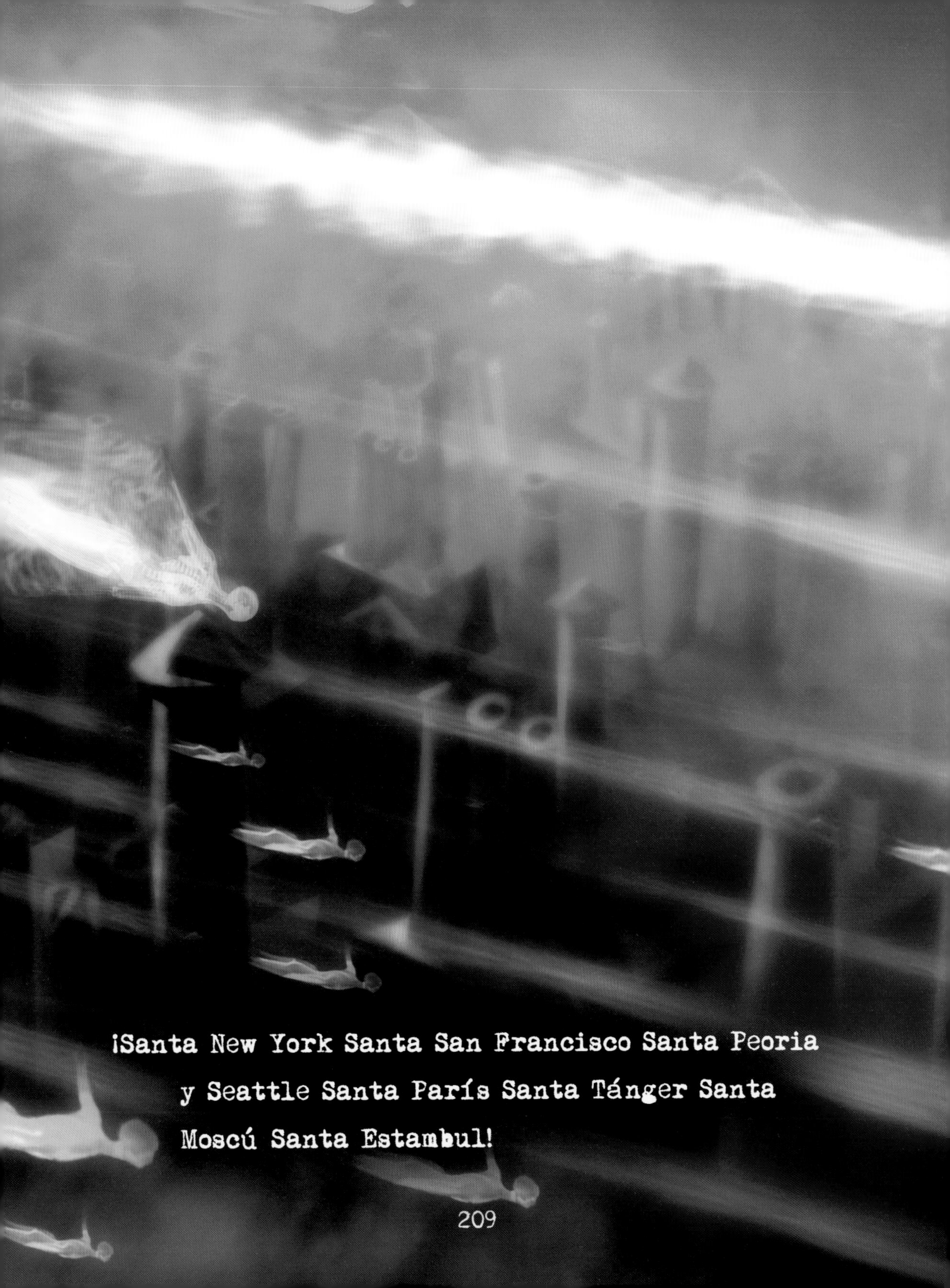

¡Santa New York Santa San Francisco Santa Peoria
y Seattle Santa París Santa Tánger Santa
Moscú Santa Estambul!

¡Santo el tiempo en la eternidad santa eternidad
en el tiempo santos los relojes en el espacio
santa la cuarta dimensión santa la quinta
Internacional santo el ángel en Moloch!

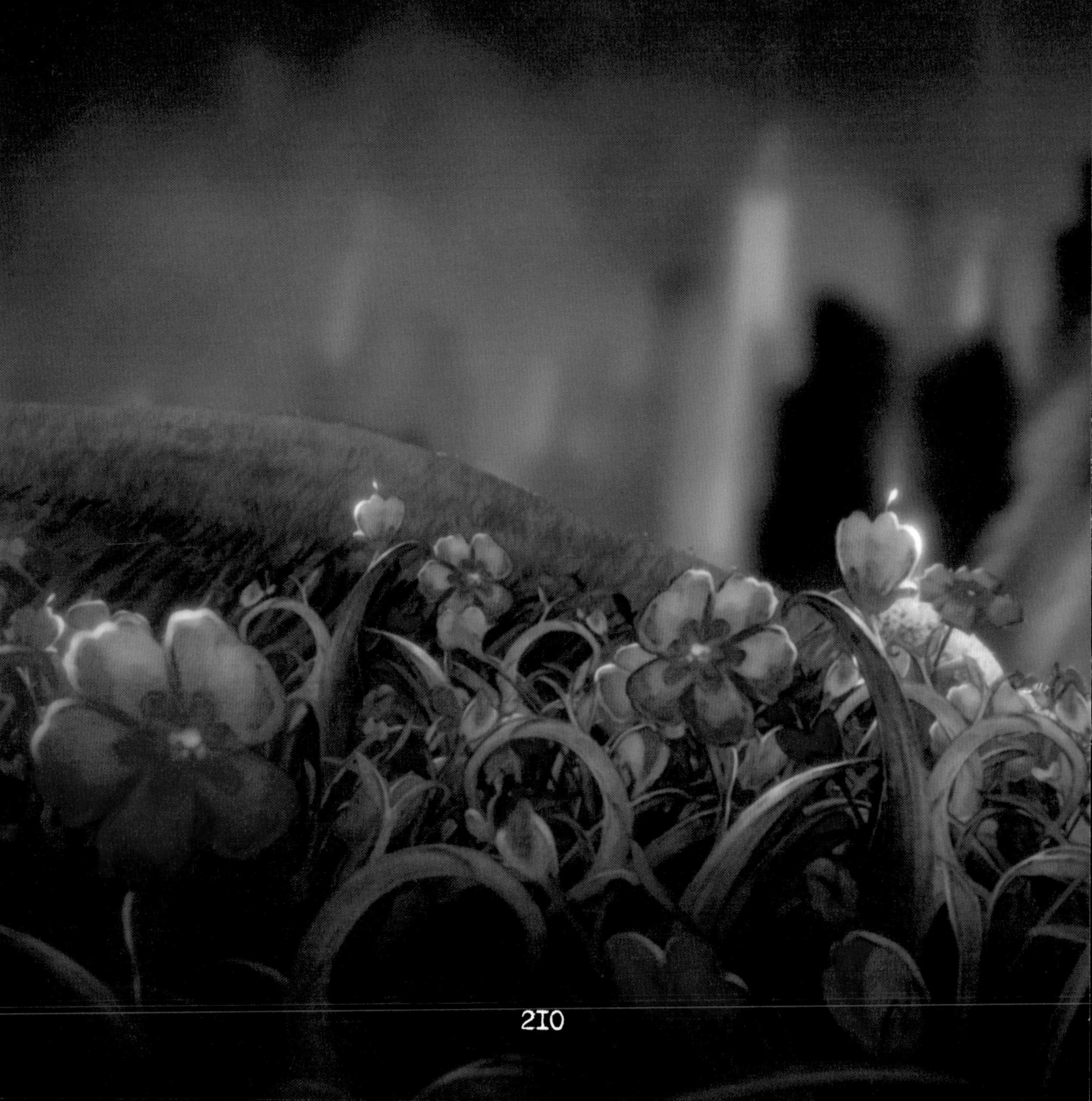

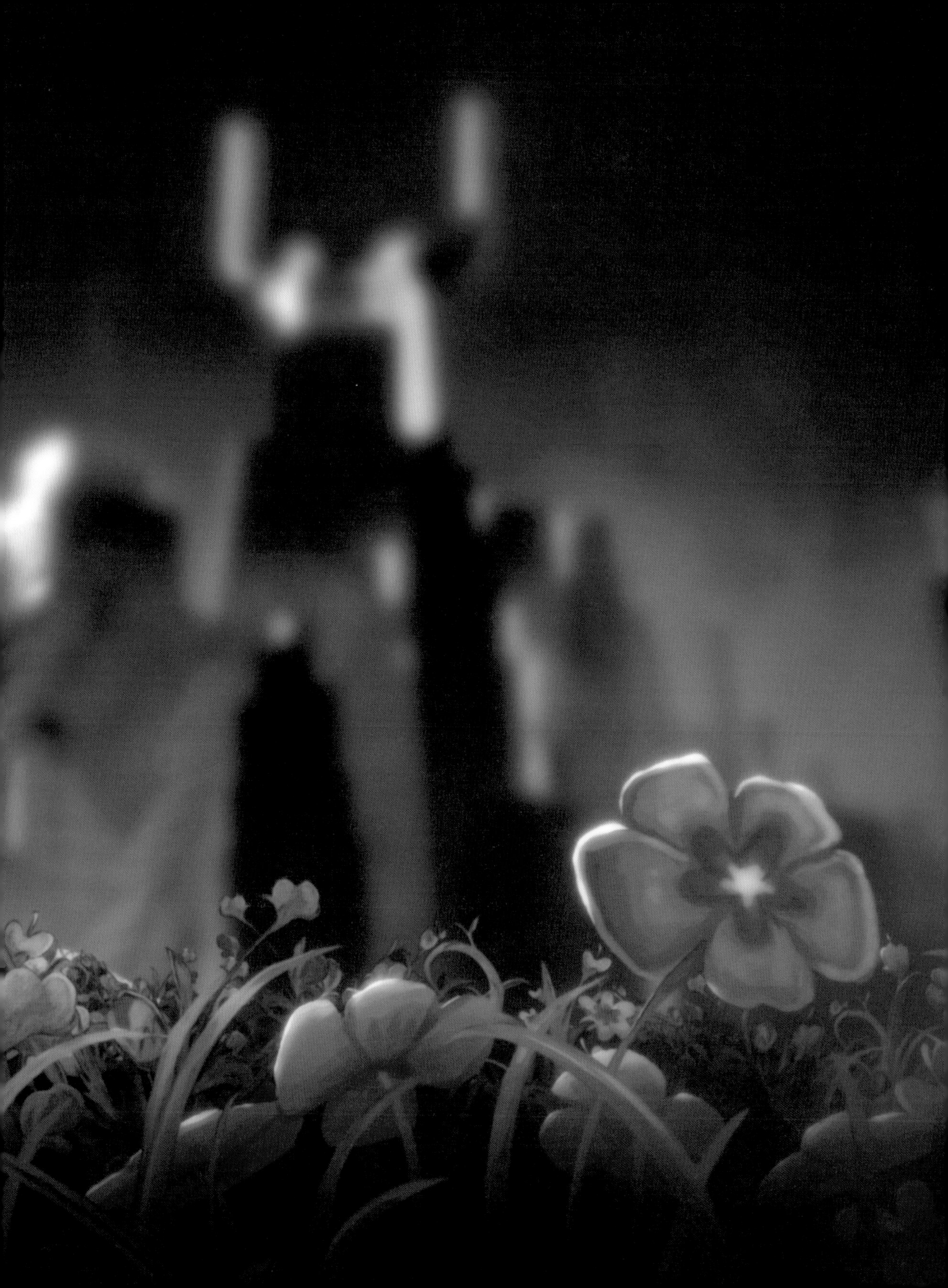

¡Santo el mar santo el desierto santa la vía férrea
santa la locomotora santas las visiones santas
las alucinaciones santos los milagros santo
el globo ocular santo el abismo!

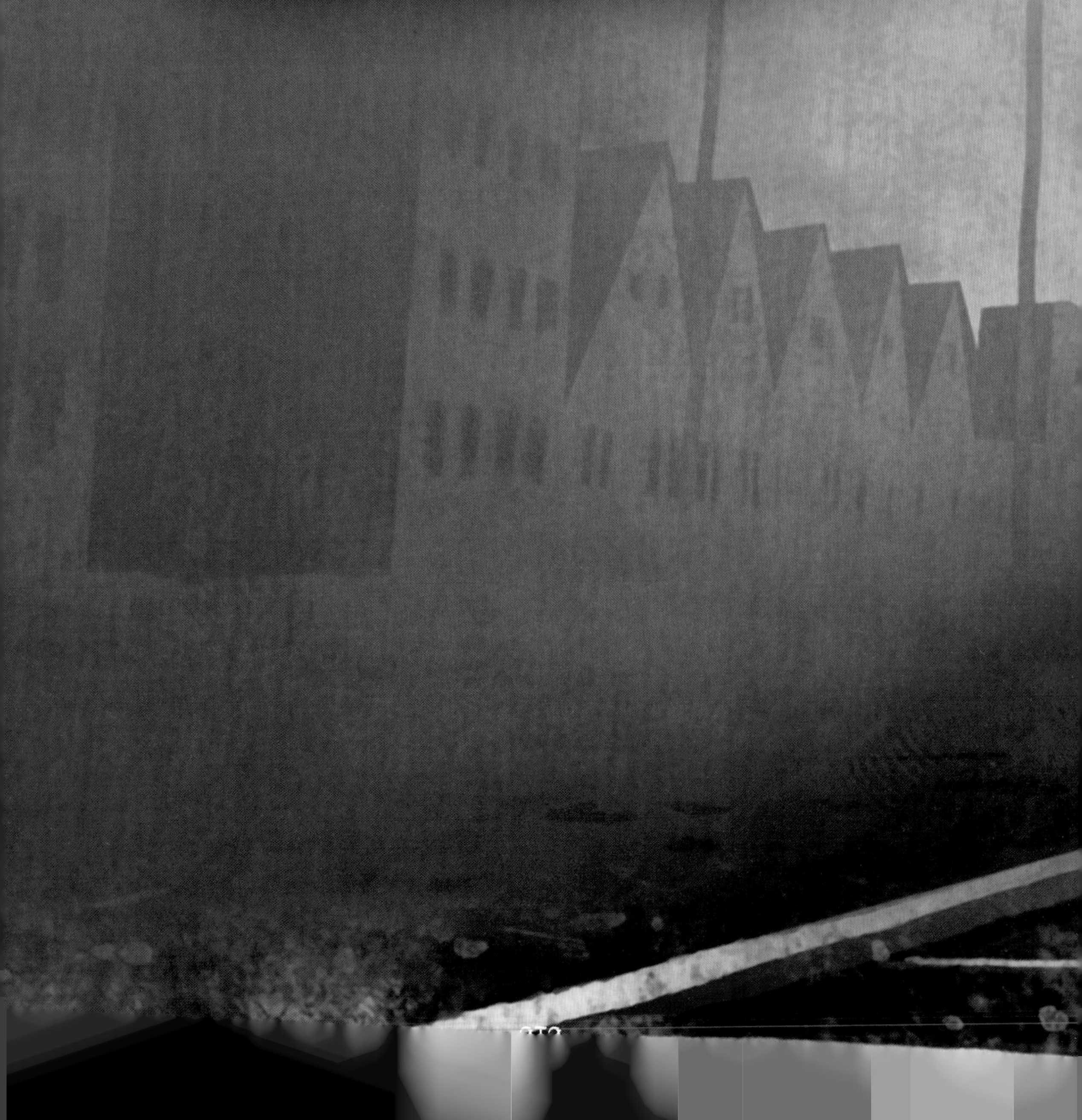

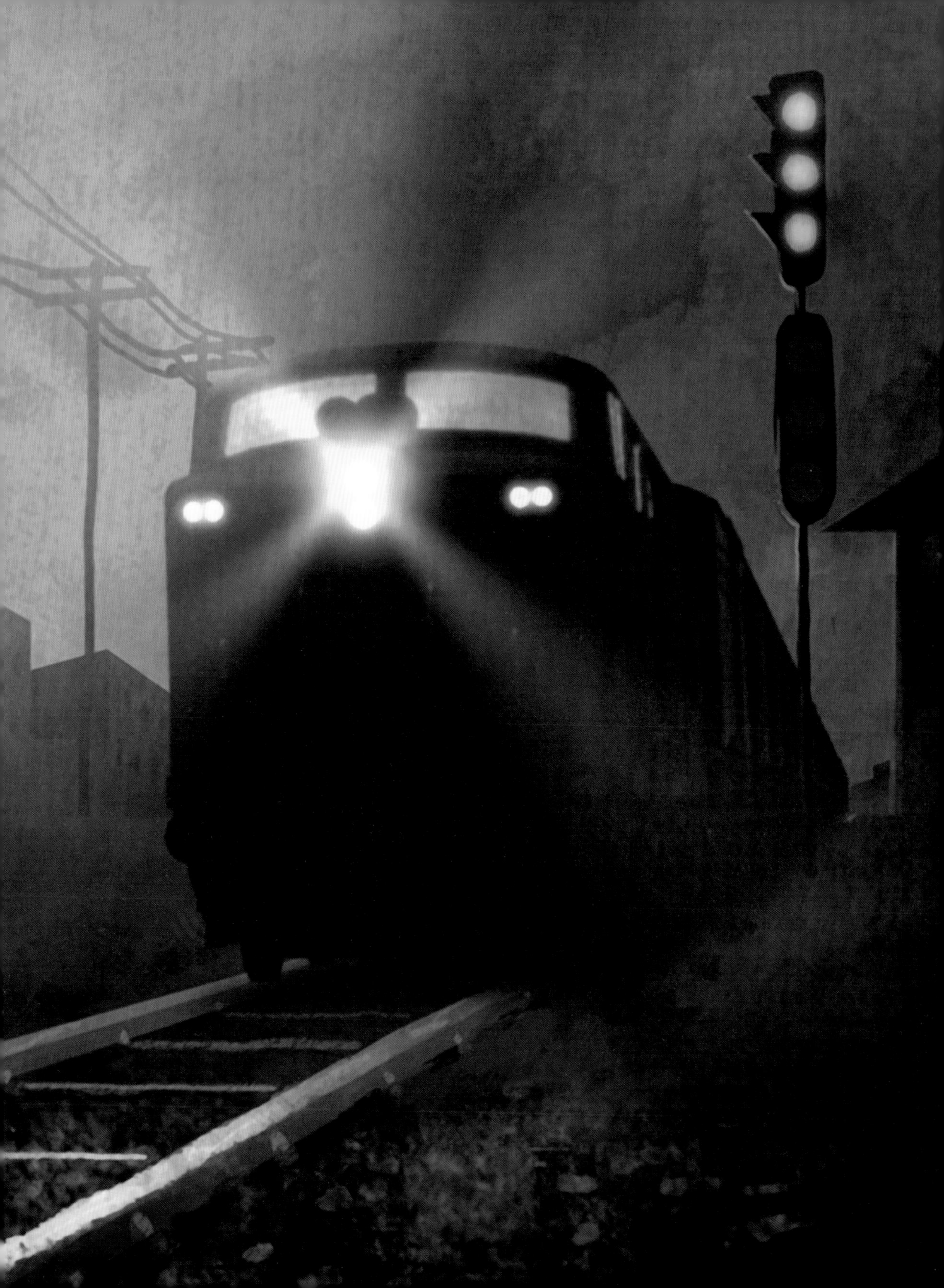

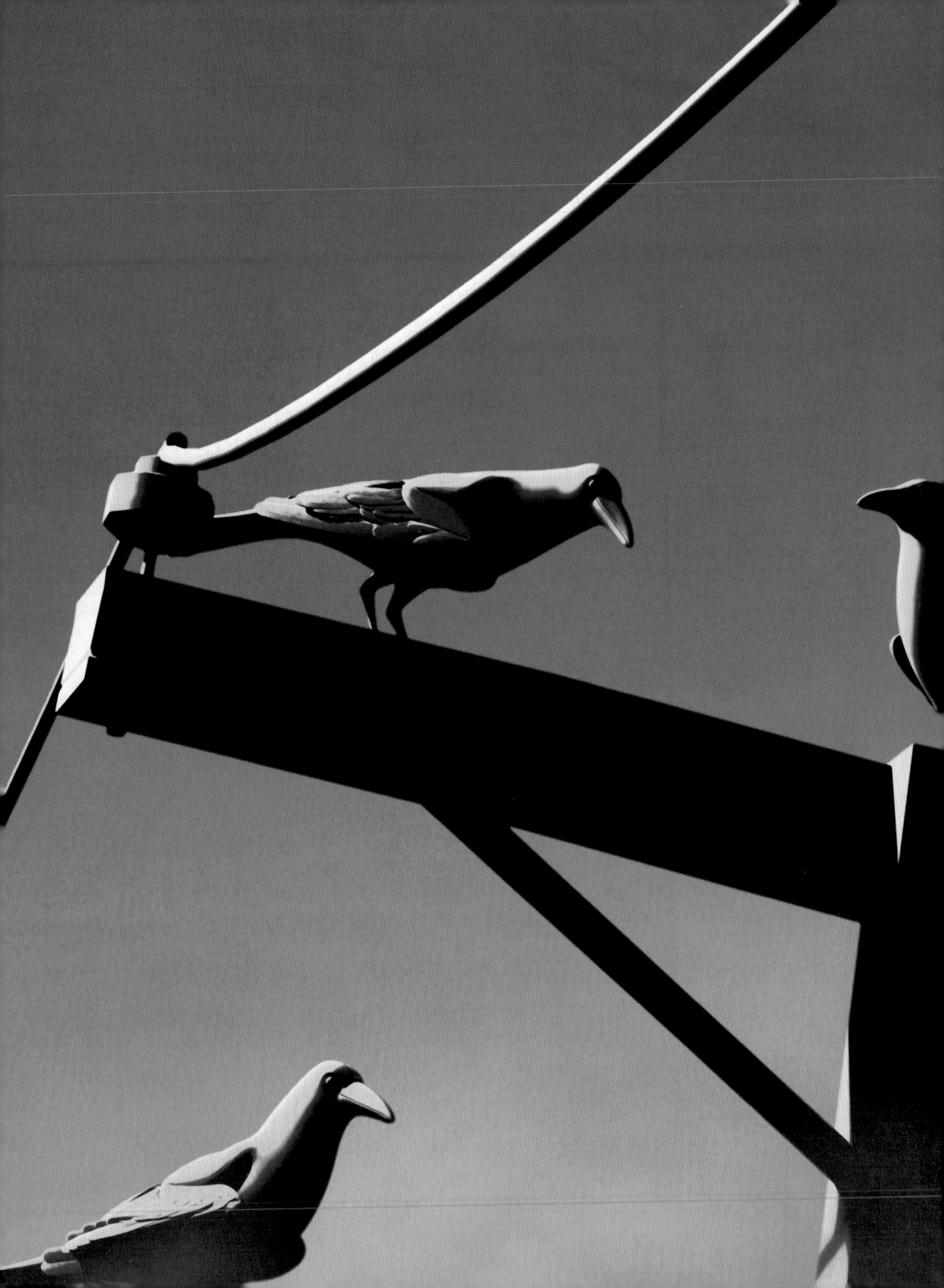

¡Santo perdón! ¡compasión! ¡caridad! ¡fe! ¡Santos!

¡Nosotros! ¡cuerpos! ¡sufriendo! ¡magnanimidad!

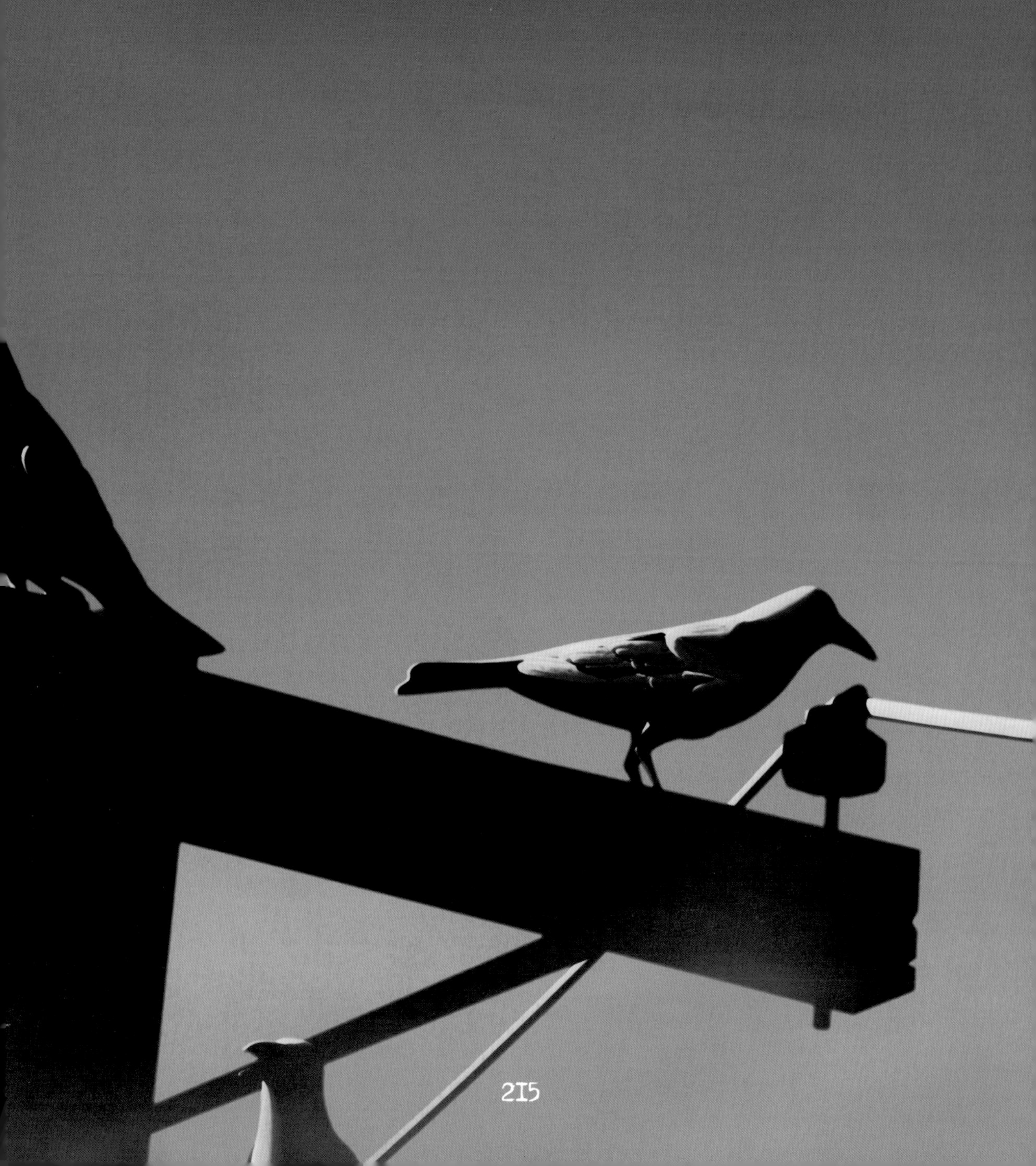

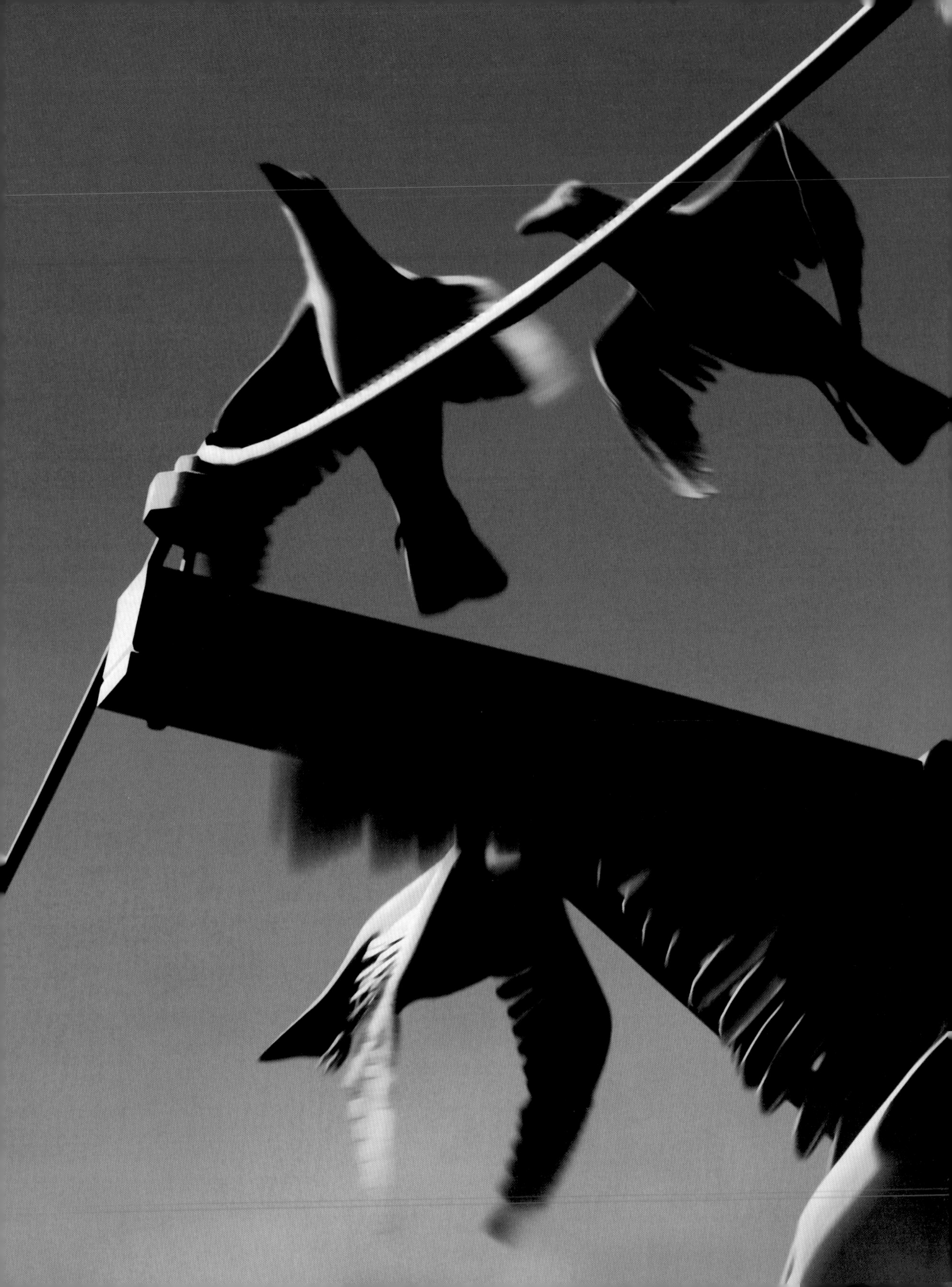

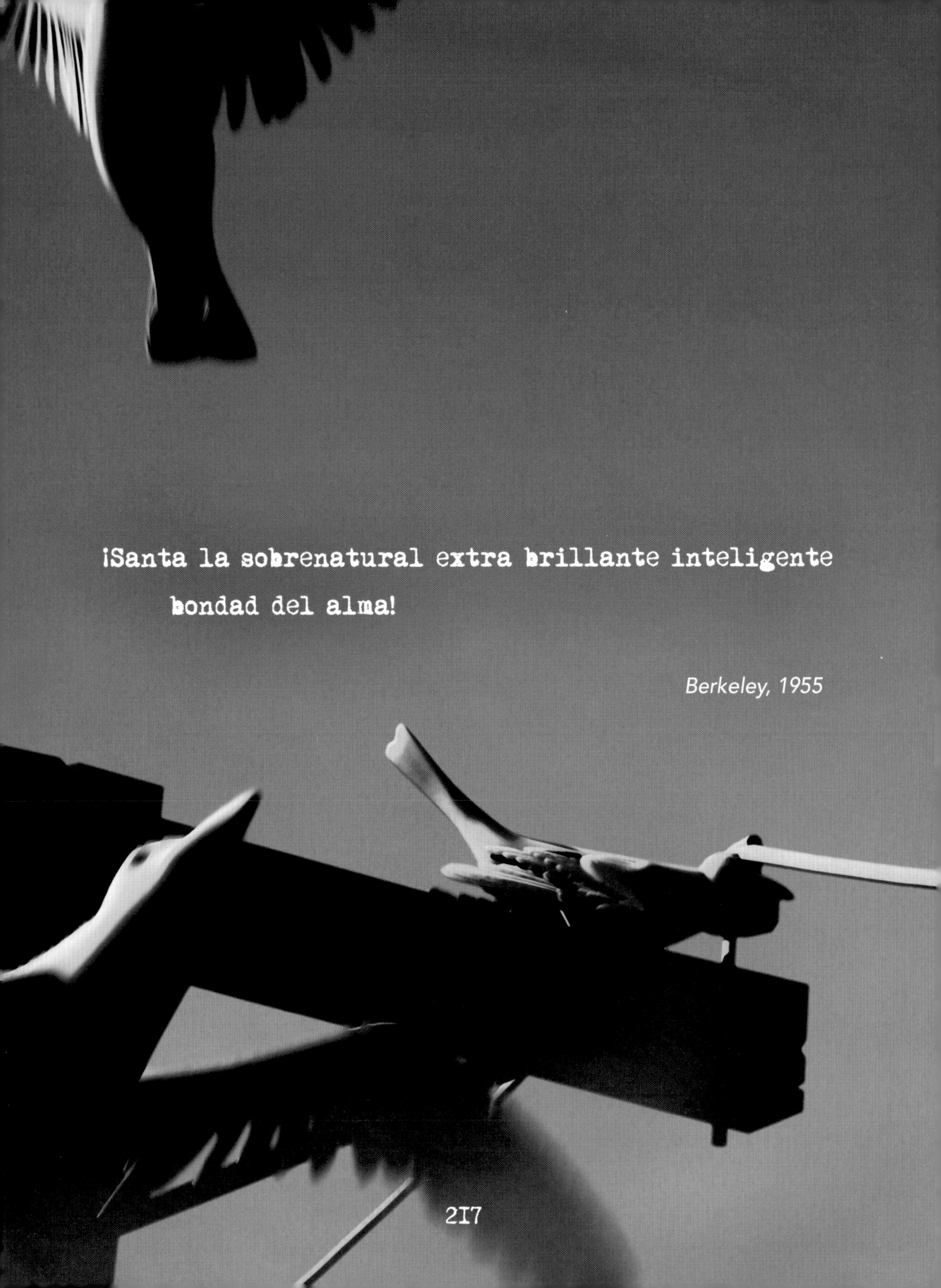

¡Santa la sobrenatural extra brillante inteligente bondad del alma!

Berkeley, 1955

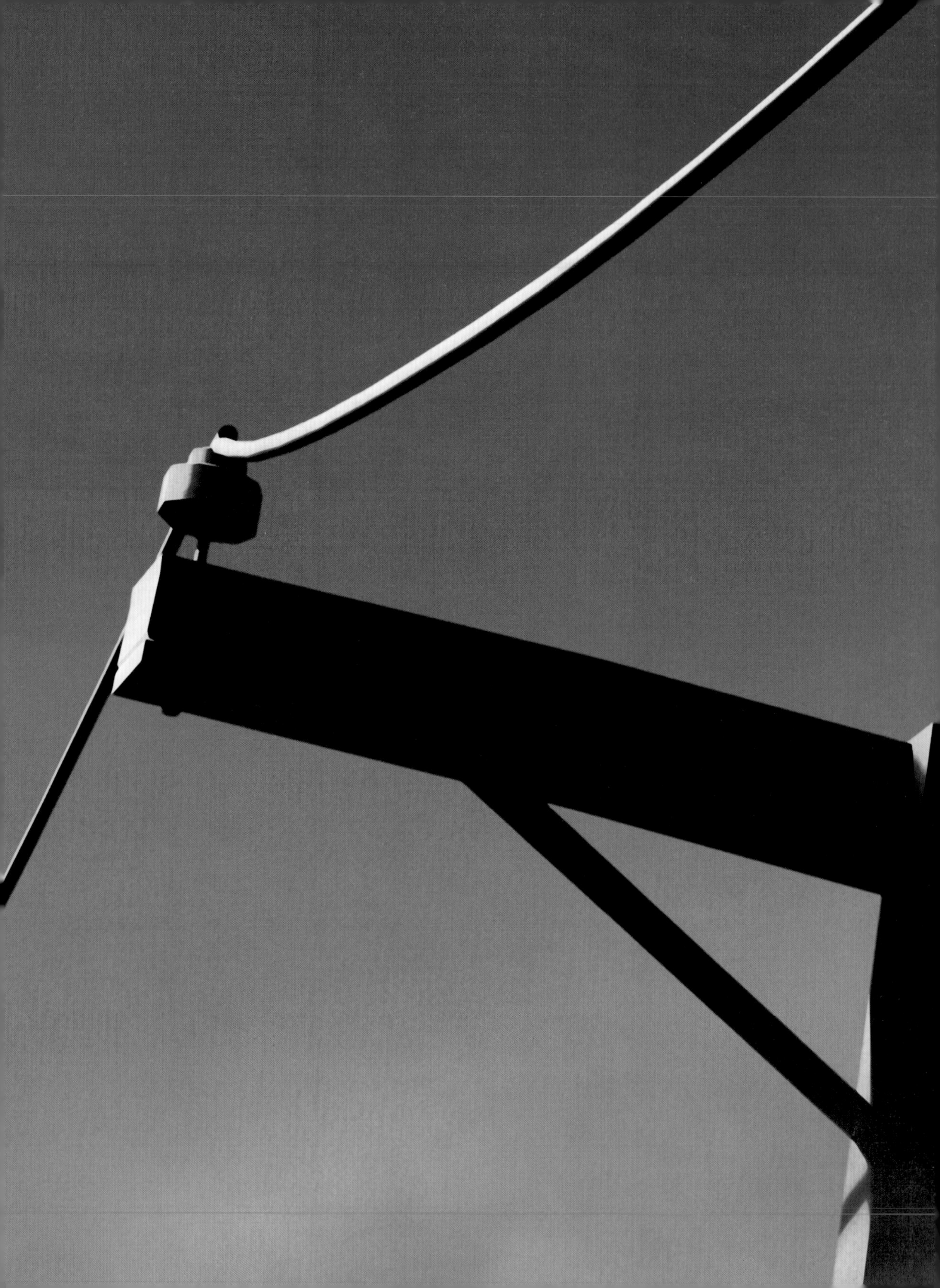

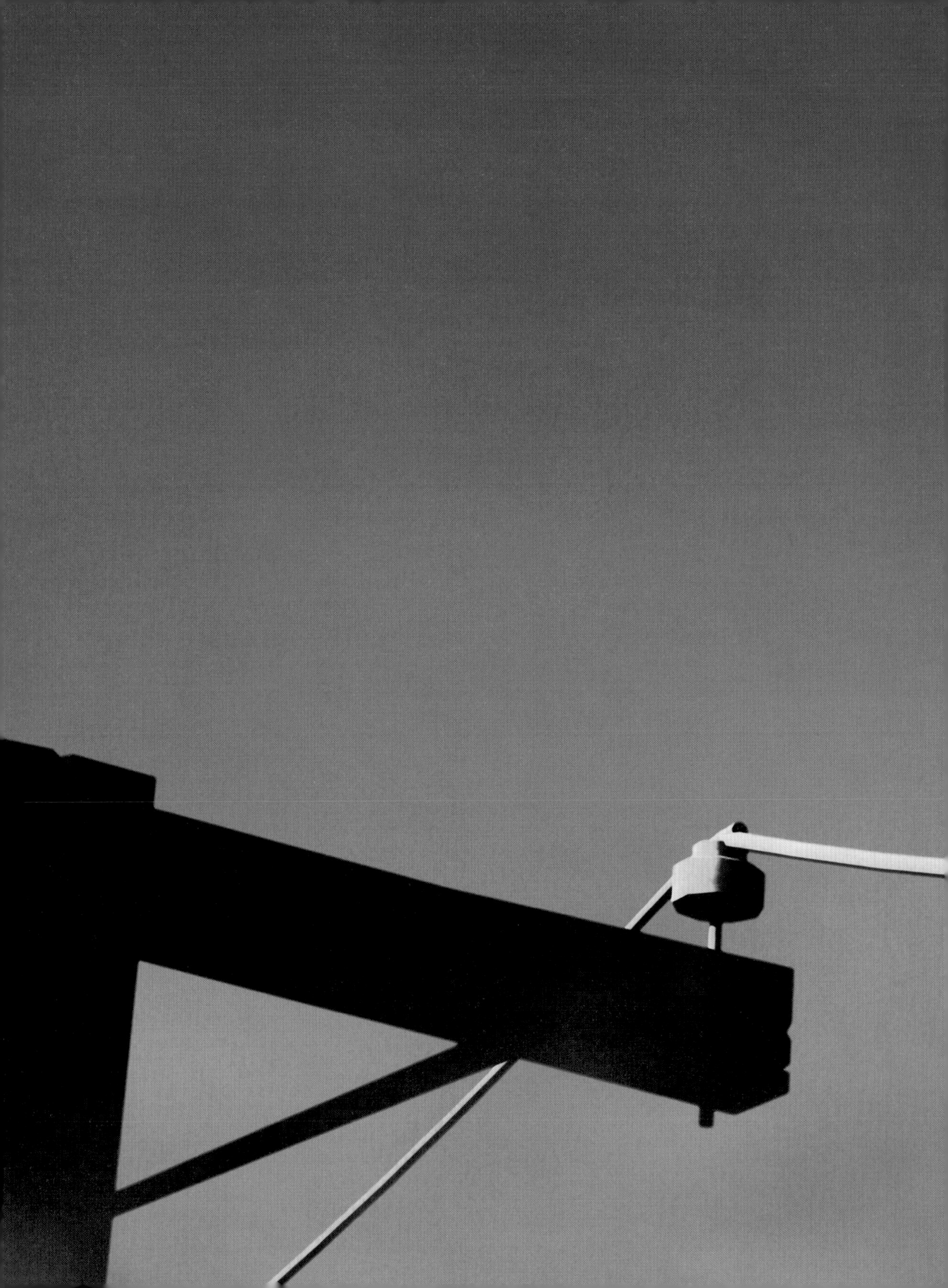

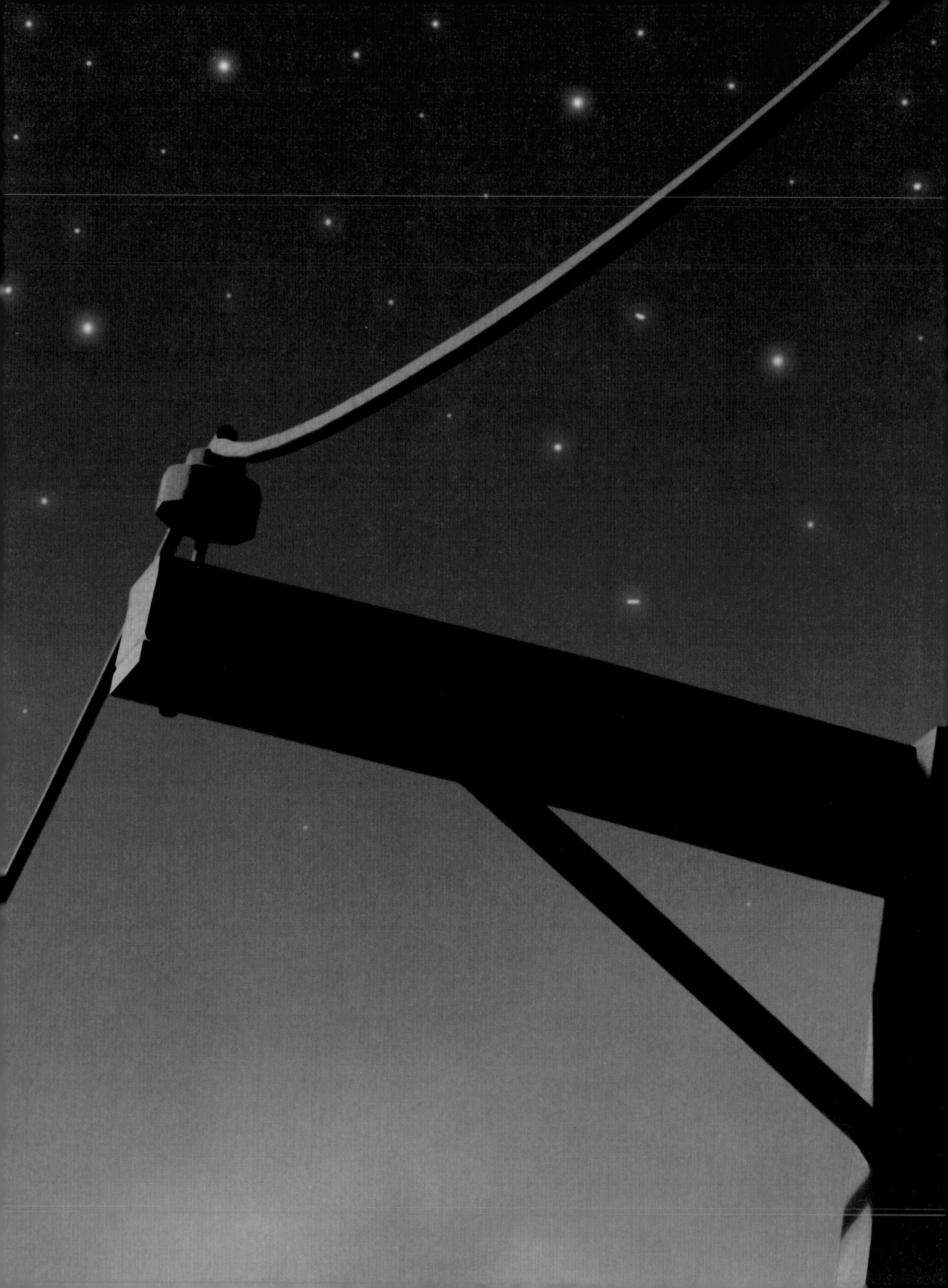

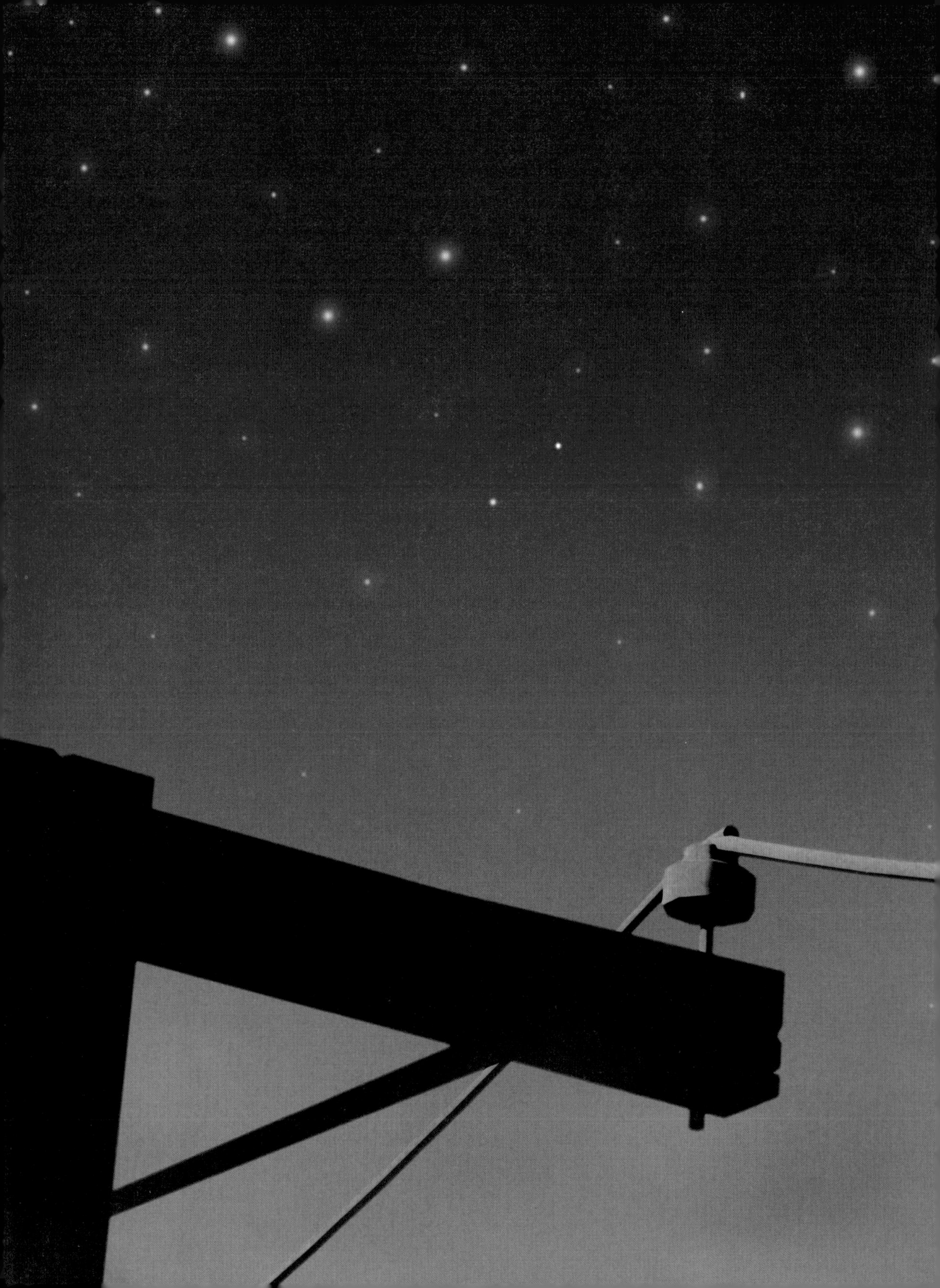

Agradecimientos

Este libro es el resultado del trabajo y la cariñosa atención de mucha gente.

Mi eterno agradecimiento a los directores de HOWL (AULLIDO), Rob Epstein y Jeffrey Friedman, que me invitaron a acompañarlos en este creativo viaje.

Mi profundo reconocimiento a Elizabeth Redleaf y Christine Kunewa Walker, por su pasión y dedicación al apoyar películas de carácter artístico, y cuya productora, Werc Werc Works, está llevando la poesía a una audiencia más amplia.

A Bob Rosenthal y Peter Hale, por muchos años secretarios de Allen Ginsberg, que primero sembraron la idea de una película de AULLIDO, en el 50 aniversario de su publicación.

Mi obra nunca podría haber sido animada de forma tan bella si no fuera por el talentoso equipo de animadores con el que tuve el honor de trabajar:

Un fuerte, estruendoso aplauso a John Hays, un mago de la animación, que trabajó conmigo incansablemente en el storyboard, y cuya paciencia y consejo fueron indispensables. Mi reconocimiento a Tod Polson, principal animador que ayudó a insuflar vida a cada estrofa, y a Juck Somsaman, que aceptó el desafío artístico con la ayuda creativa de su equipo de excelentes animadores de The Monk Studios: Valthip Srinaka, Aimsinthu Ramasoot, Rujira Poksomboonkij, Siriphon Anuntasomboon, Salvador Simo, Lee Croudy, Sasapitt Rujirat, Anusart Sapcharoenchai, Chalermphol Wattanawongtrakool, Thawatchai Chunhachai, Chawalit Kaewmanee, Thunyawat Puna-Ngarm, Chet Jeamkitrung, Chutinart Warunyuwong, Rapipol Koomsup, Ingo Schachner, Sakaret Limsithong, Asawin Konplean, Nat Anuntkosol, Nuttakorn Trivittayakorn.

Fue un placer trabajar con la gente de HarperCollins; Ferry Karten, Lucy Albanese, Susan Kosko y Amy Baker.

Hago extensivo mi agradecimiento a: Jeffrey Posternak & Andrew Wylie, Gus Vas Sant, Jawal Nga, David Fenkel, Dan Berger, Gordon Clark, Michael Jantze, Chris Lanier, Tom Rubalcava, Ed Bell, Valentino "Achiu" So, Brian Benson, James Chan, Stan Webb, Kevin N. Bailey, Michael Baker, Allison P. Brown, Michael Ehrenzweig, Mark Steele, Geoff Sass, Lippy, Nina Paley, Eliot Katz, Danny Schechter, Stephan Lelpi, Peter Orlovsky, Lawrence Ferlinghetti, Tuli Kupferberg, Hal & Nina... y Emma & Maya.

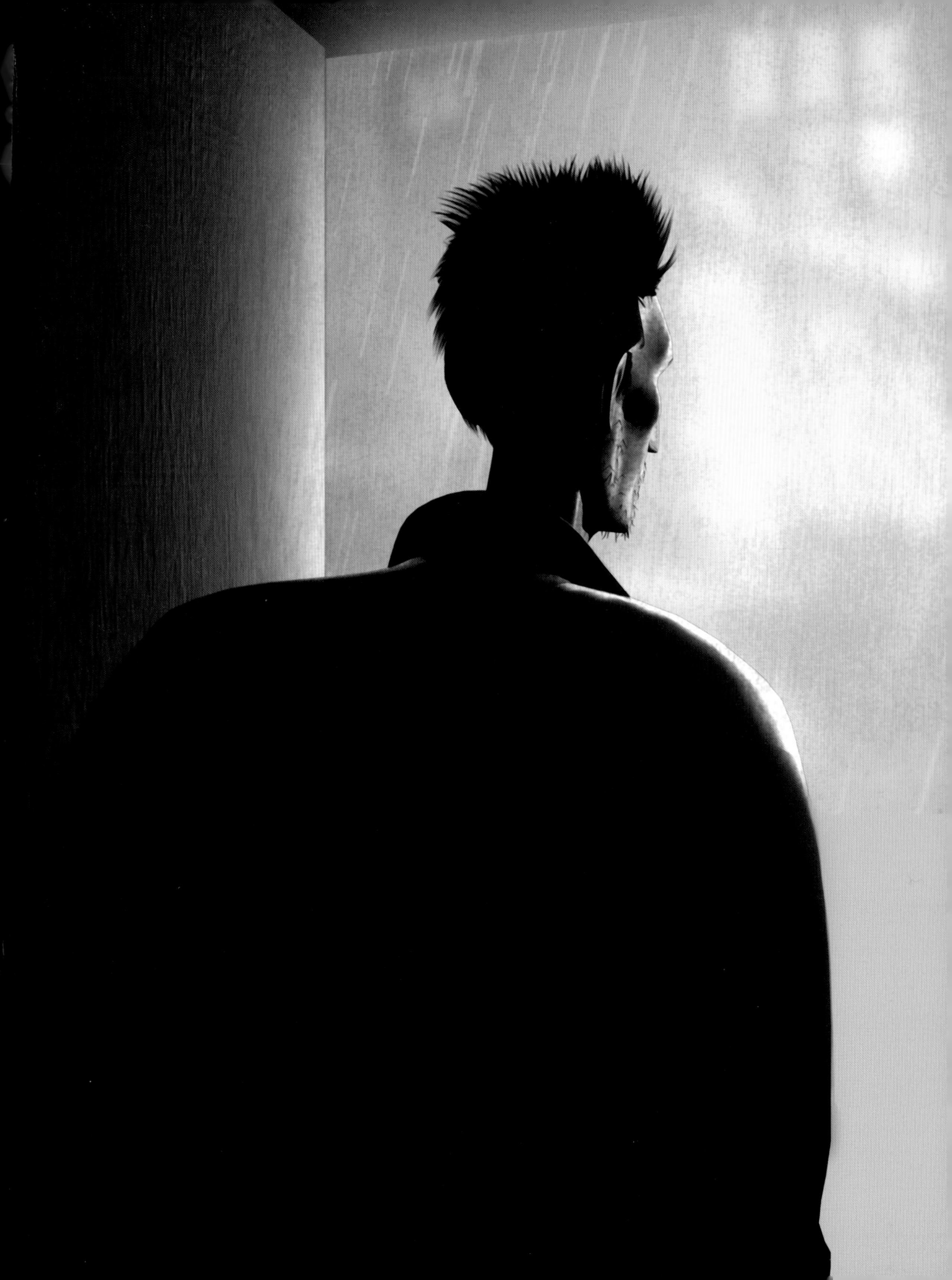

Allen Ginsberg nació en Newark, Nueva Jersey, en 1926, hijo de Naomi y el poeta lírico Louis Ginsberg. Cuando era estudiante en el Columbia College en la década de 1940 inició una estrecha amistad con William Burroughs, Neal Cassady y Jack Kerouac, y posteriormente se le asoció con el movimiento Beat y el Renacimiento de San Francisco en la década de 1950. Tras laborar como peón, marinero e investigador de mercado, Ginsberg publicó su primer libro de poesía, *Aullido y otros poemas*, en 1956. "Aullido" se sobrepuso a juicios de censura para convertirse en uno de los poemas más leídos del siglo, traducido a más de veintidós lenguas, incluidos el macedonio y el chino, erigiéndose en un modelo para generaciones jóvenes de poetas de todo el mundo.

Ginsberg fue miembro de la American Academy of Arts and Letters, se le concedió la medalla de Chevalier de l'Ordre des Arts et des Letters por el ministro de cultura francés, obtuvo el National Book Award por (*La caída de América*), y fue uno de los fundadores de la Jack Kerouac School of Disembodied Poetics en el Naropa Institute, la primera universidad budista reconocida en el mundo occidental. Murió en la ciudad de Nueva York en 1997.

allenginsberg.org

Eric Drooker es pintor y novelista gráfico, oriundo de y educado en la isla de Manhattan. Es el premiado autor de *Flood! A Novel in Pictures* y de *Blood Song: A Silent Ballad*. Durante muchos años Drooker fue un artista callejero, conocido por sus carteles provocativos que eran pegados en postes y lámparas de la ciudad. Su obra ahora aparece en las portadas de *The New Yorker* y forma parte de numerosas colecciones. Colaboró con Allen Ginsberg en el libro *Illuminated Poems* y después realizó la animación de la película, *Howl*. En 2006, la Biblioteca del Congreso adquirió el arte original de *Flood! A Novel in Pictures*, incluidos los dibujos y bocetos originales, así como las ilustraciones de portada.

drooker.com

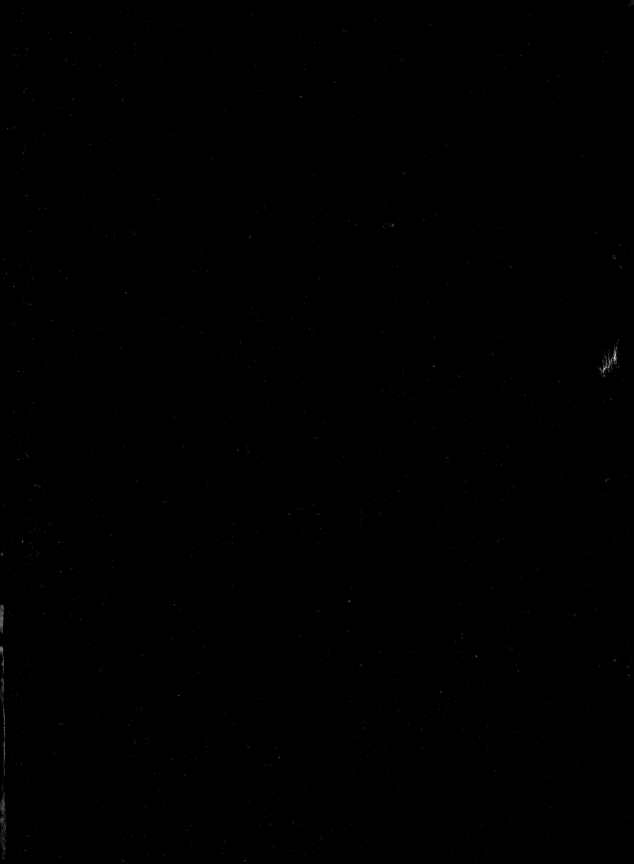